本书是教育部人文社会科学青年基金项目

"美国课程史学的演变研究"（批准号15YJC880089）研究成果

课／程／政／策／与／课／程／史／研／究／丛／书

顾问 钟启泉

主编 田正平
刘正伟

多重记忆：

美国课程史学的话语变迁

王文智 著

山东教育出版社

图书在版编目(CIP)数据

多重记忆:美国课程史学的话语变迁/王文智著.
—济南:山东教育出版社,2015
(课程政策与课程史研究丛书)
ISBN 978-7-5328-9235-8

Ⅰ.①多… Ⅱ.①王… Ⅲ.①课程—研究—美国
Ⅳ.①G423.04

中国版本图书馆 CIP 数据核字(2015)第 312213 号

多重记忆:美国课程史学的话语变迁

王文智 著

主　管:山东出版传媒股份有限公司
出版者:山东教育出版社
　　　　(济南市纬一路 321 号　邮编:250001)
电　话:(0531)82092664　传真:(0531)82092625
网　址:www.sjs.com.cn
发行者:山东教育出版社
印　刷:山东新华印刷厂潍坊厂
版　次:2015 年 12 月第 1 版第 1 次印刷
规　格:787mm×1092mm　16 开本
印　张:22 印张
字　数:331 千字
书　号:ISBN 978-7-5328-9235-8
定　价:57.00 元

(如印装质量有问题,请与印刷厂联系调换)
印厂电话:0536-2116806

丛书编委会

顾　　问　　钟启泉　田正平

主　　编　　刘正伟

编　　委　　（以姓氏笔画为序）

　　　　　　王文智　刘正伟　刘　徽

　　　　　　岳刚德　屠莉娅　潘洪建

总　序

一

　　课程研究是一个充满活力、面向未来的研究领域,无论是课程概念的发展,还是课程理论体系的建构,抑或是课程的实践改革,课程领域的专业工作者对课程理论和实践的重审、批判与建构从来都没有停息过。他们深知,"若要在价值日渐多元的社会形势下担负起价值整合和理想重建的使命,就必须成为理性的行动者"①,而要成为理性的行动者,就需要将课程同儿童幸福、社会进步与人类文化的发展联系起来,不断地更新关于课程理论与实践的认识,构建一个开放而常新的领域。这就意味着,课程不可能是某种社会规定的固化结构、某种外在于学习者的存在,而必须根植于学习者所生存的社会情境,并作为历史的产物给学习者提供一种不断变化的、能够被理解和超越的现实。

　　从 16 世纪开始,以科技革命为先导的社会革新与发展就从未停息过,从蒸汽机到电力的广泛应用,再到新能源和信息技术的革新,人类社会经历了从前工业社会到工业社会再到后工业社会的变迁。科学技术的发展带来的不仅仅是生产方式与生产关系的变革,更带来了人类认知方式的变革。从传统社会中口耳相传、偶发式的学习,到现代工业社会中的集体授课、系统批量的学习,再到后工业社会中合作对话、注重参与和生成的学习,人类学习的方式不断演化,尤其是新媒介的发展,公共的、虚拟的、互动的信息传播与沟通方式的出现,促使"人的思维从实体思维进入关系思维"。人们开始关注事物之间的关系,"关心人的存在方式、存在状态及其相互关系,而不只

---

　　① 施良方:《课程理论——课程的基础、原理与问题》,教育科学出版社 2011 年版,第285 页。

是在普遍的理性抽象中去探寻某种永恒的、客观的本质或规律"①。这就意味着,学习不再是对封闭的实体文化的被动复制或适应,而是一个在共同关系中拥有、体验、分享和创造新文化的过程,学习者和教学者的身份与关系被重新塑造。因此,科学技术的革命通过改变人类生活方式与相互关系,间接地塑造着学校课程与教学的内涵。

社会分工的扩大化和精细化促使知识进一步分化,学科门类不断增加。一方面,在层出不穷的新领域和新知识面前,斯宾塞的"什么知识最有价值"、杜威的"什么经验最有价值"成为学校选择与组织课程时重要的价值依据;另一方面,有关教育和学习的研究也分化为专业性更强的领域,尤其是20世纪50年代以来脑科学、神经科学和心理学的发展,促使新的认知理论、智力理论和学习科学的研究向纵深发展,不仅加深了人类对自身的认识,也更新着教育理论与实践的科学依据,改变了教与学的理念与方式。与此同时,儿童研究成为专门的领域。人类社会从"没有儿童""儿童成人化"和"童年消逝"的时代,进入到"发现儿童"的时代。② 学校课程也告别了以知识为本位、以客体化了的学习对象为中心的时代,步入了真正关心和尊重学习者的时代。

迅速变更的社会现实也带动着文化的多维发展,从前现代文明关注系统内部的完整、稳定与内在平衡,到现代文明的注重理性、逻辑、科学与效率,以及后现代文明对丰富性、开放性、多元性、对话与体验的追求,都推动着课程形态与文化的更迭。从最初学会与自然相处,到如今需要学会与更为复杂的社会文化相融,再到构建与他人、与自然共生的关系,从关注传统的"3R"的读、写、算等基础能力,到"3C"的"关怀、关心、关联",③以及数字时代对视觉和信息素养、跨文化能力和全球意识的关注,学校课程被赋予了更多的职责。当下真正能够践诺并推进社会历史进程的人,是需要关心变化与革新、能够反思自我、不断学习与创造、敢于发现、敢于批判、乐于合作、勤

---

① 靳玉乐、罗生全:《课程论研究三十年:成就、问题与展望》,载《课程·教材·教法》2009年第1期。

② 〔美〕尼尔·波兹曼:《童年的消逝》,吴燕莛译,广西师范大学出版社2012年版,第161、301页。

③ 钟启泉:《开发新时代的课程——关于我国课程改革政策与策略的若干思考》,载《全球教育展望》2001年第1期。

于实践,同时具有道德感、审美情趣、社会责任感与使命感的自主的人,要体现这种社会价值观念的转型无疑需要新的课程体系的支撑。

因此,作为社会变革敏锐的感应器,在不断变迁的社会现实中,课程研究必须与时俱进,不仅要直接地反映特定社会阶段人才培养的现实要求与具体条件,更要不断地建构社会发展的理想形态与未来价值。从这个意义上说,课程研究的领域自新具有重要的意义。

首先,作为一个独立的学科研究领域,课程研究同其他学科领域一样,都是"以特定的学术知识作为通向社会的通道",进而理解并建构其结构与关系。从最早的运用知觉经验和哲学思辨方法来认识课程问题,到实证分析的范式、实践探究范式,以及人文理解的范式和社会批判的范式,课程探究在方法论上的突破不断地打破思维界限和理论疆域,促使我们能够运用不同的信念、理论和方法,提出不同的课程问题,以特定的方式进行审视和解读。因此,从学科发展的内在规律来看,课程研究这个领域自身的理论疆域和研究方法处在不断演进之中。其次,课程研究还是一个现实的社会领域,它不仅关注当下人才培养的问题,也关心如何为未来培养社会公民的问题,需要在不断变迁的社会现实中做出"为什么教""为什么学"的价值判断,将社会现实与人的发展相互关联。因此,从社会演进的现实来看,课程研究总是要对现有社会的价值选择进行反思,重新塑造能够引领社会发展的课程观念与体系。最后,课程研究更是一个具体的实践场域,正因为我们都有学校,都需要教学,也因此会去思考"学什么""怎么学""如何评价"等基本的课程问题。课程研究总是同现实的学校教育相关联的,课程问题也是在实践中不断生成和创造的,是一个动态变更的实践领域。因此,课程研究是一个需要不断发展的领域,它需要我们关注课程领域的过去、现状以及可能的未来。

二

课程研究作为独立的学科领域真正进入研究视域始于 20 世纪初,并在博比特等人倡导的"课程科学化运动"中得到发展壮大。从那时起,课程的理论和实践就经历着研究视域和向度的不断拓展。首先,在实践领域,从 20 世纪 50 年代开始,发端于英美、波及全球的"新课程运动"带来了课程领域的系统变革。无论是 20 世纪 50 年代末到 60 年代末以"教育内容现代化"为主旨的课程改革运动，还是 60 年代末至 70 年代人本主义的课程改革运动，抑或是 80 年代以后新学科主义课程改革运动，以及世纪之交关于人的全面发展的国际课程变革，都推动着课程实践不断从"数量上的渐进的改革"(incremental reform)向"重建运动"(restructuring)乃至"系统变革"或"整体变革"(system-wide changes)发展，促使我们对课程的思考从传统的结构性、功能性和局部性理解发展到从一个系统或者一种文化的角度去思考课程变革的整体意义。其次，在理论建构层面，以西方发达国家为代表的课程研究在经历了科学化的课程开发阶段、课程概念重建阶段以后，开始进入课程研究的国际化和学科化发展的阶段。在这个过程中，课程研究也从传统的强调课程体系的规范组织、目标达成与效率控制的科学实证主义的取向发展到多元主义和多学科研究的阶段，从功能实证主义的理论假设转向解释性、批判性、激进人文主义的理论范型。应该说，从课程开发、课程实践走向课程理解与课程批判的学科建构路径，代表了课程研究取向的多样化，也拓展了课程研究的空间与方法，促使课程研究从"指令性、规定性、程序性的科学语言"走向"诗性语言"和"社会语言"，更为关注描述性、阐释性、情境性和体验性的课程理解，探索从政治的、种族的、性别的、现象学的、审美的、神学的、人文的、存在的、制度的、社会学的等多元的视角进行课程问题与现象的诠释与反思，同时关心课程的政治与社会属性，"将课程理论化同课程的社会基础结合起来"①。

　　正是伴随着课程实践的丰富和理论的多元发展，以及课程研究同社会现实的紧密相关，课程研究正日益成为一个重要的学术领域。特别是当课程研究已经进入到一个高度自由、创造性发展、多元化发展和多学科整合的阶段时，继续关注这个领域的持续创新和突破，保持课程研究内在的科学性、批判性、连贯性和清晰度，成为新时期课程研究确立其合法化地位、回应课程领域中理论和实践危机的重要课题。也就是说，在课程研究极大丰富和疆域不断拓展的过程中，如何在课程研究异彩纷呈的局面背后寻找课程研究未来发展的内核，赋予课程研究以新的内涵与方向，变得至关重要，其中有几个重要的向度是值得我们关注的。

---

　　① 〔美〕艾伦·C.奥恩斯坦、费朗西斯·P·汉金斯：《课程：基础、原理和问题》，柯森主译，江苏教育出版社 2002 年版，第 146 页。

一是联结课程研究中的历史视角与现实观照。学科领域的建构与发展必然是建立在对该领域的一些基本事实的共识之上，如果丢弃了一个领域的历史，那么任何多元化的发展都是缺乏根基的，是将现实与历史相分割的散漫的研究。因此，无论在国内还是国外，当下的课程研究特别注重对课程学术史和实践史的追溯，在强调课程问题的当下情境的同时，注重将课程现实与过去建立联系，希望通过了解过去来获得对现在的更好理解。要把课程研究"当作是一个回归性的过程，确立对过去的不间断的关注"[1]，把课程体系的建构看作是一个连续关联的过程，把课程研究的过去和现在视为共同的基础。

二是关注课程研究的本土建构与国际对话。任何的课程研究都置身于具体的文化、政治与社会现实之中，并不存在某种抽离社会历史情境和具体关系的课程研究。随着课程理论与实践在具体情境中的扎根与发展，那些一开始以吸收与借鉴发达国家课程研究体系为主要模式的国家与地区，也开始发出在国际课程领域中摆脱依附性的研究身份和确立本土化学科体系的诉求。从本土传统与现实出发，结合课程实践的需要，确立原生性的课程理论体系，积累独特的课程实践经验，以此打破同一性的课程话语体系，在国际课程研究中确立自己的身份。一方面，课程研究的本土建构是进行平等的国际课程对话和交流的基础，只有认识了自身课程研究的特质与价值，才能在课程的专业对话中立足本土、彰显个性；另一方面，凭借课程研究的本土品性的发展，才能真正促成多元的思维体系、价值取向与实践经验的相互碰撞与融合，在相互比较与激励中实现对本土课程研究的批判与反思，更好地理解所在国家和地区课程研究的过去、现在和未来，也同时尊重他国的课程历史、现实与价值。

三是注重课程研究中的多学科的会通与整合。课程研究发展到今天，对课程的探究与理解已经不可能仅仅依托某种单一的模式或方法，而是进入了"需要具有多样的概念和理论的工具箱，寻求一元化和复杂化之间的多元化发展"[2]的阶段，综合不同的哲学基础、理论范型、方法体系和学科依据，

---

① Pinar, William F. *Intellectual Advancement through Disciplinarity: Verticality and Horizontality in Curriculum Studies*. Sense Publisher, 2007, 13~14.

② Ball, S. J. *Politics and Policy Making in Education: Explorations in Policy Sociology*. London: Routledge, 1990, 43.

发展出课程的多元化认识，突破研究的思维定势与习惯，为课程研究提供新的洞察力与深刻性。一方面，课程研究不断超越传统的哲学、心理学、社会学的学科视角，从更广泛的政治学、文化学、语言学、人类学、艺术等多学科和跨学科的维度出发研究课程问题，一些研究甚至"做到同时运用几个不同的理论视角"①；另一方面，在研究范式的选择和方法的应用上，课程研究也主张确立开放的边界，寻求"应然与实然的谋和"，整合"实证分析""实践探索""人文理解"和"社会批判"等不同的研究取向。应该说，课程研究的多学科和跨学科的特性，已经成为课程领域学科建构过程中的重要特征。正如比彻姆等人所说的那样，人类行为领域中优秀的理论不管它怎样坚定地扎根于一门学科之中，它必然是跨学科的。② 也正是在这个意义上，课程研究是一个开放的领域，依据这个领域发展的自然规律、学科传统和具体处境，不断拓展新的研究空间和方法，而不是人为地限制研究的潜在可能。这种开放的学科建构的框架，已经成为课程研究综合化发展的一种重要趋势，将课程研究引入到更为细致和深刻的层次。

四是强调课程研究与实践的联结。马克思说，"哲学家只是用各种方式解释世界，而问题是要改造世界"。课程研究同课程实践具有天然的联系。一方面，课程研究是建立在课程现实与实践的基础之上对课程内在规律的探索；另一方面，课程研究又是以解决现实的课程问题、引领课程实践发展为使命的。课程研究的实践观照及其对实践的规范，一直是课程研究发展中的重要课题。在当下，课程研究同实践的关联尤为密切，主要表现为以下几个方面。其一，以课程改革为焦点的课程研究大量出现。世界范围内的课程改革浪潮，掀起了对课程体系的系统反思和整体变革，也推动了同改革相关的课程研究的发展，为优化改革实践、探索改革规律提供了重要的理论依据。其二，为了弥补课程政策研究缺位、课程政策运作缺少有效引导的不足，开始加强课程政策的基础性研究，以提升对政策运作的预见、调整与修正的能力，使课程政策成为联结课程理论与课程实践的有效媒介。其三，强调课程活动的社会建构性，关注课程在"广义的政治、经济、社会和文化过程

① 〔美〕保罗·A·萨巴蒂尔：《政策过程理论》，彭宗超等译，生活·读书·新知三联书店2004年版，第3页。
② 〔美〕乔治·A·比彻姆：《课程理论》，黄明皖译，人民教育出版社1989年版，第10页。

中的运作"①,也同样关注课程研究的情境性与复杂性,强调从课程发生的现场出发、从课程运作的情境与脉络出发、从现实的课程问题出发,注重个体的意义阐释与认识的解放。最后,当下的课程研究超越了课程本身的技术性或功能性的意义,特别注重检视课程的道德意义、社会价值、伦理与精神的内涵,彰显课程作为个体和社会的文化引导与价值规范的意义。从这个角度说,课程研究不仅在微观组织的层面上,更在广义的公共领域对现实产生影响,体现着同实践具体而实质性的关联。

　　总而言之,随着课程研究的自身发展以及课程改革实践的逐步深化,课程研究已经从关注外显的现象形态走向聚焦内部过程与本体特征,从事实性分析走向价值的追索和规范的探讨,从发现问题走向问题分析和问题解决,研究不断趋向深入。无论课程研究发展到什么阶段,如果一个学科没有对领域发展历程和未来走向的深入认同,没有对它植根其中的社会文化情境的深切体验,没有对其他学科丰富学术资源的开放态度,没有对它所服务的相关实践活动的责任担当,就无法获得成功。

三

　　面对 21 世纪世界范围内的课程与教学革新的挑战,以及中华民族伟大复兴的机遇,如何在新的历史起点上实现教育的可持续发展,需要我们在系统的理论研究与实践探索的基础上,追本溯源,立足现实,放眼未来,为中国课程改革与发展、课程领域的建构与国际身份的确立提供平台与支点。《课程政策与课程史研究丛书》体现的正是这样的努力。丛书包括《危机与变革:民族主义与近代课程改革》(刘正伟)、《颠覆与重构:现代学校德育课程变革》(岳刚德)、《概念的寻绎:中国当代课程研究的历史回顾》(刘徽)、《从概念化到审议:课程政策过程研究》(屠莉娅)、《多重记忆:美国课程史学的话语变迁》(王文智)和《致知与致思:课程改革的知识论透视》(潘洪建)等六个分册,主要遵循狄尔泰人文科学研究的逻辑,在历时性和共时性视域内对课程与教学问题展开历史、理论与实践的多维度研究,从政治、文化、学术、政策和哲学的视角对领域内的重点与难点问题进行深度探究与系统思考,

---

① 谢少华:《试论教育政策研究分类的理论基础》,见《教育政策评论》,袁振国主编,教育科学出版社 2001 年版,第 297 页。

以寻找课程领域未来发展的新路向和支撑点。

研究秉持了一以贯之的历史关怀。历史探究已经成为课程领域最重要的研究方式之一，对共同历史的认同是研究多样化发展的基础。尤其在当前的中国语境里，源自西方的理论在课程改革实践中的适用性遭受着质疑，课程专业工作者普遍意识到需要提防不顾社会文化情境简单"移植"西方理论的倾向。该丛书尝试将理论研究的新取向与新观点放置在具体的社会历史脉络之中把握，并尝试反映理论探索与政策实践等不同场域当中"鲜活"的中国经验，在历史研究提供的纵深中挖掘掩藏于课程变革背后的社会动因和文化价值。

这样的研究反映了本土学科建构的迫切愿望。研究带着广阔的国际视野和开放的研究思路，着力对中国的课程经验和特征进行探讨。对国外前沿研究及改革实践进行的系统梳理和提炼，均源自于对本土问题的反思。研究关注中国课程改革与发展的内在动力、本体矛盾、结构性要素和复杂性关系等问题，强调研究内生化特征和本土意义，寻求国际化与本土化之间张力的平衡，探索本土课程研究话语创生和理论建构的可能路径。

无论是《危机与变革：民族主义与近代课程改革》从文化分析视角对我国近代以来课程改革在思想理论、经验教训上的回顾与总结，《颠覆与重构：现代学校德育课程变革》对学校德育课程的现代化历程中历史逻辑特征的提炼与概括，还是《概念的寻绎：中国当代课程研究的历史回顾》以课程概念史的视角追溯改革开放三十年来课程思想史的变迁，《多重记忆：美国课程史学的话语变迁》对美国课程史研究发展历程和演变趋势所作的整体把握，抑或是《从概念化到审议：课程政策过程研究》在理论分析和跨文化比较的基础上对新时期我国课程政策过程的一般框架和本土意义的提炼与建构，以及《致知与致思：课程改革的知识论透视》以知识论分析为依据为课程开发所确立的理论基础和实践策略，都从不同向度拓展了课程研究的领域空间和认识视域，联结了课程理论与实践，打通了课程变迁的历史与现实，展望了课程发展的未来可能与趋向。

诚然，作为一个开放的领域，课程研究如何有效地整合研究的学术性、前沿性和应用性，实现当前与未来课程理论与实践的永续发展，不仅是本土的研究课题，也是国际课程领域发展的重要方面，需要每一个有责任感的课程专业工作者和对此感兴趣的人们共同为这个领域的智力突破和实践优化做出勇敢而务实的努力。

《课程政策与课程史研究丛书》是在山东教育出版社的组织策划下问世的,钟启泉先生、田正平先生慨允担任丛书顾问,他们对丛书的编撰提出了许多重要建议及支持。2011 年 4 月,山东教育出版社与教育部浙江大学基础教育课程研究中心联合举办丛书专题研讨会,田正平、肖朗、刘力、张文军等教授出席了研讨活动,并提出了许多宝贵意见,为丛书体例的确立与内容的修改提供了重要参考,在此一并表示由衷的感谢!

刘正伟

2014 年 10 月 7 日于浙江大学西溪校区

Contents
目　录　■

绪　论

It is time to place historical study at the center of the curriculum enterprise. ①

—Ivor Goodson

是时候将历史研究置于课程研究的中心了。

——艾沃·古德森

It can be said that curriculum has a long past but a short history②.

—Daniel Tanner

可以说课程有着悠久的过去,却只有短暂的历史。

——丹尼尔·坦纳

第一节　研究的背景与意义

一、课程史研究的意义

日常语言中,历史一词,常被用来指称已过去的事实,或者对过去事实的记载。然而在历史哲学的讨论中,是否存在这样一些"事实",它们是真的"已经过去"还是依然存在于当下,则是有疑问的。相对而言,"历史是一种思维方式,是一种代表人类记忆的基本知识形态,是智慧的基本来源"③,这种动态的而非静止的、认识论的而非本体论的历史定义,能更好地解释课程

---

① Goodson, I. Curriculum Reform and Curriculum Theory: A Case of Historical Amnesia. *Cambridge Journal of Education*, 1989, 19(2):131~141.

② Tanner, D. Curriculum History. *Encyclopedia of Educational Research*. New York: Macmillan, 1982: 412.

③ 牛可、李芸:《历史是一种思维方式》,载《科学时报》2009 年 4 月 16 日 B3 版。

史研究的价值①。时间是事物的存在方式，课程也不例外。通过历史思维，我们能够对世界的历时性存在有所理解，借此获取一些有价值的认识。概念重建主义运动的先驱休伯纳（D. Huebner）曾宣称，有一种直觉可以被看作是贯穿了他所有问题和求索的一条主线，这种直觉就是，"理解时间的本质对于理解教育的本质来说是至关重要的"②。

对于课程史研究的意义，几乎每位课程史经典作家都有相关的论述。例如，古德森（I. F. Goodson）等人对学校知识演变的历史研究是课程史研究中非常有影响的一支。古德森认为这类研究主要有三方面的意义："（1）细致描述学校科目定义与形成背后的多变的人为因素，以促进我们更好地理解学校课程；（2）解释为何能在教师群体中持续存在着一种'反研究'的传统；（3）尝试影响政策和实践，帮助他们意识到前人的工作。"③

台湾学者杨智颖综合了多位西方学者的观点，将课程史研究的任务或意义概括为七种："（1）提供课程的过去、现在与未来之间的复杂关系；（2）在历史背景下探究某个特殊时期的课程为何被教，是如何被教的，以及是为谁的利益而被教；（3）理解过去的课程是如何限制目前课程发展的；（4）为现在及未来课程的研究与实践提供借鉴；（5）提供学科的正式结构背后的人类活动的过程与动机；（6）帮助理解目前课程发展模式的评价；（7）协助了解已经被界定的专业与个人生活的历史。"④这一说法覆盖面很广，包含了许多研究者的重要观点。但是作为一种分类方法，则略有缺陷，因为各个子类之间有交叠或互相涵盖的情况。

在此，笔者无意对课程史研究意义的观点作严格的重新分类，只是依据不同研究取向对"史用"这一核心问题的不同理解，分别介绍五种对课程史

① 如果说上述这种对历史的认识有什么比较明显的问题，那就是历史未必是"一种"思维方式，而可能是有很多种。本研究的主要任务之一就是厘清课程史作品中所包含的多种思维取向和路径，这也是题目中"多重记忆"这一隐喻所要表达的一部分意义。

② Huebner, D. Curriculum as Concerns for Man's Temporality. *Curriculum Studies：The Reconceptualization*. Berkeley, CA：McCutchan Publishing, 1975：318～331.

③ Goodson, I. *Social Histories of The Secondary Curriculum：Subjects for Study*. London；Philadelphia：Falmer Press, 1985：6～7.

④ 杨智颖：《台湾地区乡土语言课程的回顾与分析》，见欧用生、陈伯璋主编《课程与教学的飨宴》，复文出版社 2003 年版，第 192～193 页。

研究意义的认识:重现过去的"事实"、借鉴有用的观念、检验和修正理论、学科知识的累积和认知倾向的反思。

重现过去的"事实"

持这类观点的研究者认为"过去"是真实存在的,而且是能被历史学家"客观"地认识和把握的,历史研究者的任务是"如实"地描述和重构历史,只告诉读者发生了什么,而不附加研究者自身对史实的意义解读。受到倡导"如实直书"的兰克(L. V. Ranke)等人的客观主义史学的影响,一些课程史研究者只回答"是什么"、"是怎样的",而避免回答"应该是什么"、"应该怎么做"。他们进而认为,历史研究者的工作只是描述而不应有判断,除了呈现过往的事实以外,历史学家应该警惕任何外在的意义。例如,贝拉克(A. A. Bellack)就警告道,课程史研究者要避免扮演传道者的角色,"不应为了鼓舞教师的职业热情而有所讳言,而应该帮助他们理解在学校的课程开发过程中实际上发生了什么事情"①。

借鉴有用的观念

课程领域曾经抱着"今必胜昔"的观念,不做细致的考察就将过去说得一无是处,以此为各种"改革"和"创新"张目。与之相反,一些课程史学者认为课程史绝不是无用的,因为许多古老的思想具有不朽的特征。例如,劳雷尔·坦纳(Laurel Tanner)借鉴了科学家与科学史学家博纳(Bernal)的观点,即过去的物理学仍活在今日的物理学中,许多老的观念到今日仍然有用。坦纳认为这对课程领域同样适用②,因而我们应该对过往的课程思想抱有信心,可以在历史中寻找有用的思想和观念,解决现在的问题,为今日今时的实践提供建议;而且,"历史研究在这方面的优势在于,它使课程工作者能专注地思考那些时间上比较久远,但与他们当前所面临的难题相似的一些问题,同时又不会因为个人牵连或自身利益让问题变得复杂"③。"如果我们想

① Bellack, A. A. History of Curriculum Thought and Practice. *Review of Educational Research*, 1969, 39(3): 283~293.

② Tanner, L. N. Curriculum History as Usable Knowledge. *Curriculum Inquiry*, 1982, 12(4): 405~411.

③ Franklin, B. M. Curriculum History: Its Nature and Boundaries. *Curriculum Inquiry*, 1977, 7(1): 67~79.

加以利用的话，课程史是一种实用的过去。"①

"课程是特定社会背景下知识选择的结果，因而课程也是社会史的重要成分。课程史研究……能对当下和未来的教育措施提供指导作用，也即是日后的课程计划实施、确定何种知识最有价值的指南针。"②

当然，对课程史中思想资源的运用要审慎，避免简单的"好古主义"——不加评判和消化就套用。戴维斯(O. L. Davis)就曾提醒，课程史不能提供直接的指导③，而坦纳也指出，"如果没有对当代课程问题全面而准确的了解，在历史中寻找对今日有益的思想是很危险的。对于 20 世纪 80 年代的课程工作者来说，19 世纪的学校教育和月球上的教育同样遥远"④。英国学者查尔顿(K. Charlton)在探讨历史方法与课程理论的关系时也指出，历史研究的内容对课程开发的作用不在直接提供问题的答案，而在"使我们认识到变革的可能性和变革的复杂性"⑤，并认识到我们是背负着过去进入现在，并走向未来的。

检验和修正理论

课程史研究的另一个意义是检验和修正社会科学理论，对课程事务的复杂性产生更好的理解，在历史研究中寻找新的概念和框架来理解当前的课程活动。古德森早期的研究是这种研究取向的典型代表，受其影响，关于学校科目的社会历史形成的课程史研究很多都有这样的倾向。古德森认为，除了研究课程如何演变，理解历史背景和起源以便为当代的探究提供一个情境以外，课程史研究还可以实现一个"走向理论的过程"，去检验和修正理论假设。这不仅是对研究范围的一个扩展，而且可以通过对我们现有的理论提出问题，来促进产生新的理论和研究方向。钟鸿铭也指出："当我们揭示并阐明某一特定时空下的课程时，事实上等于在挖掘重要的文化人工

---

① 〔美〕丹尼尔·坦纳、劳雷尔·坦纳：《学校课程史》，崔允漷等译，教育科学出版社 2006 年版，第 3 页。

② 任平、邓兰：《不能忽视和懈怠的主题：课程史研究》，载《中国教育学刊》2007 年第 5 期。

③ Jr. Davis, O. L. The Nature and Boundaries of Curriculum History: A Contribution to Dialogue over a Yearbook and Its Review. *Curriculum Inquiry*, 1977, 7(2): 157～168.

④ Tanner, L. N. Curriculum History as Usable Knowledge. *Curriculum Inquiry*, 1982, 12(4): 405～411.

⑤ Charlton, K. The Contributions of History to the Study of the Curriculum. *Changing the Curriculum*. London: University of London Press, 1968: 63～78.

制品,从课程的文化片断重新构建某些赋予我们社会生活意义的概念。"①这类课程史研究有着明显的社会科学研究的色彩,甚至有些研究成果的呈现形态也更接近实证的社会科学研究,而不像传统的历史叙事,一些研究论文很明确地分为研究意义、检验的假设、研究对象、新的解释框架和结论等部分。②

然而这一研究取向不可避免地要面对社会科学研究对普适性的追求和历史研究对特殊性的坚守之间的矛盾。正如别尔嘉耶夫所说的,"社会学处理抽象的范畴,不与任何个别概念打交道;而历史只与这些概念打交道"③,要调和这两种不同的逻辑体系实属难题。从过往的特定时空中抽象出的概念、原则和规律等,是否在时空转移后的今日今时还适用,是存在疑问的。

学科知识的累积

如果以1918年博比特的《课程》一书作为起点,课程作为一个专门的研究领域已经有近百年的时间。(有学者将课程领域的出现时间界定到更早的时间点,如1893年甚或1828年④)"课程领域即它自己的学术产品"⑤,"课程领域的知识发展和其他专业领域一样,都是累积性的"⑥。以这种认识为依据,整理课程思想遗产,让当代学者"站在巨人的肩膀上"自然成了课程史研究的一种重要意义。坦纳很明确地表达过这种看法:"课程领域的核心思想必须代代相传,课程史应履行这种职责……没有课程史的知识,留给我们的会是现在不完整的知识,因为现在的知识毕竟是过去经验的结果。如果现在要比以往做得更好的话,我们就需要理解和依赖于我们先辈们的贡献。"⑦这种课程史研究对理解课程作为一个特定的职业角色和专业群体的

---

① 钟鸿铭:《H. M. Kliebard的课程史研究及其启示》,载《教育研究集刊》2006年第1期。

② 例如古德森早期的一些论文,见 Goodson, I. Subjects for Study: Aspects of A Social History of Curriculum. *Journal of Curriculum Studies*, 1983, 15(4): 391~408。

③ [俄]别尔嘉耶夫:《历史的意义》,张雅平译,学林出版社2002年版,第9~11页。

④ [美]派纳等:《理解课程:历史与当代课程话语研究导论》,张华等译,教育科学出版社2003年版,第70~72页。

⑤ 同上,第48页。

⑥ Tanner, L. N. Curriculum History as Usable Knowledge. *Curriculum Inquiry*, 1982, 12(4): 405~411.

⑦ [美]丹尼尔·坦纳、劳雷尔·坦纳:《学校课程史》,崔允漷等译,教育科学出版社2006年版,第Ⅱ、Ⅲ页。

历史演进，促进学科知识的累积性进步有重要的作用。但是其认识前提是课程知识和自然科学知识一样是累积性的，或者说课程研究正在一个特定范式之内持续发展，而不是在经历革命性的断裂和转向。对于课程史研究诞生以后的课程领域，这些前提假设恐怕很难成立。

认知倾向的反思

与借鉴过往的思想和观念指导实践，以及在原有的知识基础上继续学术生产这两种乐观主义取向不同，最后一种对课程史研究意义的思考，带着浓厚的批判意识和对学科发展的深切担忧——课程史研究要理解本领域固有的倾向，突破过往研究带给我们的可见的框域和暗藏的限制。克利巴德（H. M. Kliebard，又译克利伯德）最早意识到这一问题，他说："课程史的重大意义，不在于给我们提供答案，而在于让我们敢于对我们的学术前辈的提问方式提出挑战。最重要的事情，不是回答问题，而是摆脱它。"①富兰克林（B. M. Franklin）也认为之所以历史研究对于课程领域是必要的，是因为它有希望帮助该领域克服一些不良传统，特别是以控制为导向的传统，至少也能把这些不好的倾向揭示出来。② 波普科维茨（T. S. Popkewitz）认为，课程史研究应该致力于揭示课程话语是如何历史地形成的，在其形成过程中又如何内嵌了某种特定的理性。这种理性通过区分和归类对人的理解和行动进行了形塑和锻造，而这正是权力运作的机制。课程领域业已形成的一些前提和假设，根植于特定的现代性戒条和权力效应之上。同时，借助后现代理论特别是福柯的理论力量，波普科维茨等人力图揭示埋藏于课程话语实践之下的统治机制，以重新审视课程的历史角色。亨德里（P. M. Hendry）则从女性主义的视角指出，课程史研究可以成为一种发掘课程思想当中的女性要素、突破单一的男性思维控制的契机。如今，这种对认知倾向的反思越来越紧密地和对语言的反思联系起来。

需要重申的是，这并非是对研究意义的绝对化的分类，随着时间的推移和研究的进展，关于研究意义必然会出现新的认识。但无论如何，我们看到课程史研究是有着丰富而多样意义的，我们完全有理由相信，在我国推进课

---

① Kliebard, H. M. Curriculum Past and Curriculum Present. *Educational Leadership*, 1976, 33(4):245～248.

② Franklin, B. M. Curriculum History: Its Nature and Boundaries. *Curriculum Inquiry*, 1977,7(1):67～79.

程史研究也同样可以获得丰厚的成果。

二、我国课程史研究概况

上世纪 80 年代以来,我国课程研究领域在经历了一段缄默期之后走向复兴,告别了从属和依附的地位,理论研究"在自我批判和检讨中走向未来"①。而新一轮基础教育课程改革在理论探索和实践推进之后,也已经进入反思和调适阶段。此时应该如何批判和继承我国已有的课程思想资源,如何整理和利用历次课程改革中的经验教训,如何理解和评价发生在特定历史时空内的课程活动的意义,这些问题的解答都需要明确课程领域中历史研究的任务和使命,思考对课程思想和实践展开历时性反思的路径。然而即便课程研究方兴未艾,发展势头迅猛,课程史研究却似喧闹集市中的寂静角落,少有人问津。

研究本国的课程历史的学术作品不多,虽然在解放前便有徐雉的《中国学校课程沿革史》(1929 年),盛朗西的《小学课程沿革》(1933 年)和陈侠的《近代中国小学课程演变史》(1944 年),然而彼时论述十分简要,内容略显单薄。例如《近代中国小学课程演变史》,把近代小学课程的演变划分为五个时期,即草创时期(1902～1911 年)、因袭时期(1912～1921 年)、改造时期(1922～1928 年)、革新时期(1928～1941 年)和现行小学课程(1941～1943 年),对各个时期课程宗旨及目标、课程内容及特色、课程的实施及其成效进行了分析。尽管在制度层面清晰地勾勒出了近代以来学校课程改革与发展的阶段与轨迹,但是作品的理论意识并不明确,概略地探讨分期之后并没有对课程演变的外部条件或者内在规律进行分析。

建国后,对课程理论的探讨曾经较为"沉寂",课程史研究也一度销声匿迹。直到改革开放后,才由吕达教授推出了一部重要的课程史研究专著——《中国近代课程史论》②。该书通过对我国近代普通中学课程渊源和沿革的探讨,"从一个侧面反映我国封建教育如何向半封建半殖民地教育演化的过程,从而加深对学校课程与经济社会发展之间相互关系的认识;同时,力图从我国近代普通中学课程演变轨迹中,寻找一些带有规律性的历史

---

① 靳玉乐、李殿森:《课程研究在中国大陆》,载《教育学报》2005 年第 3 期。
②《中国近代课程史论》后更名为《课程史论》。

经验，并为今天的课程编订和课程改革提供有益的启示，以便少走弯路或不走弯路，少犯或不犯历史上曾经出现过的错误"①。这本专著"以近代几个学制的制定、颁布和实施为线索，以历史唯物主义为指导，既对近代特定历史语境下的课程改革做了比较深入的考察，引证史料翔实，又评论中肯，是一部史论结合得较好的学术著作"②。然而由于受到特定时代的局限，意识形态对研究思路和叙述用语的影响比较明显：唯物史观成为了过滤一切的筛子和滤镜，受政治史和革命史的书写传统影响至深，政治判断和学术考察的界限不很明晰。在这本专著出版之后长期没有出现相关的同类研究，没有形成一种研究趋势和潮流，课程史作为一个研究领域未能就此在我国建立起来。

21世纪以来，国内课程史研究的方法及意识渐趋明晰，如刘徽使用概念史的方法，由概念名称的更迭和概念内涵的变换去发现课程理论研究在每个时期的不同特点。对每个历史时期"动态的、多维的、交错的概念网络"进行呈现，并"挖掘这些概念变化后反映的理论和实践背景，以及和其他领域的关联，从而展现当代课程研究的历史变化"③。吴刚平等人则尝试梳理我国古代的课程思想④和制度⑤遗产，以期为当代课程实践开掘新的思想资源。这些工作为课程思想史研究提供了新的视角和研究路径。⑥

从总体上说，我国课程史研究的著述还不多，力量还不强，今后很长一段时间内我们都要致力于课程史领域的基础性建设工作。在基础史料方面，课程教材研究所编辑出版《20世纪中国中小学课程标准·教学大纲汇编》，无疑有着相当重要的意义；而课程史研究的内容、方法和意义等基本理论问题，也亟需有相应的基础理论研究做出解答。关于什么是课程史研究，

---

① 吕达：《课程史论》，人民教育出版社1999版，第6～7页。

② 刘正伟：《民族主义与近代课程改革》（内部交流手稿，未发表）。

③ 刘徽：《概念史：当代课程研究历史回顾的新路径》，载《全球教育展望》2008年第11期。

④ 吴刚平、余闻婧：《白鹿洞书院"道一化"课程思想探析》，载《全球教育展望》2011年第8期。

⑤ 吴刚平、夏永庚：《学业考试为主课程评价制度的古典遗产与现代转型》，载《全球教育展望》2012年第3期。

⑥ 田正平、刘徽：《课程理论研究六十年——基于概念史的研究》，载《社会科学战线》2009年第11期。

为什么要进行课程史研究,怎样开展课程史研究等基本问题还鲜有论述。任平和邓兰在《不能忽视和懈怠的主题:课程史研究》一文中指出,课程史研究"可以用史学的方法来厘清和审视过去和现在的课程改革,这种研究有助于了解课程改革的历史脉络,从而得到一些对现在改革有意义的启示"①。文章借鉴台湾学者白亦方的研究,介绍了课程史研究的"意义与重要性"、"内容和特色"以及"研究题材"。其中对研究内容和题材所做的框定,其主要依据是西方,特别是美国的课程史研究现状。而对研究意义的把握,则同样注重借鉴美国学者的观点。

与中国情形迥异的是,美国作为课程理论的发祥地和一直以来的研究中心,在课程史研究方面硕果累累,并形成了一种向心力,对国际课程史研究有很大的影响。虽然相对课程领域而言,美国学者开展课程历史的研究较晚,但自 1969 年贝拉克的《课程思想和实践的历史》一文明确提出开展课程史研究这一课题以来,经过几代学者的不辍耕耘和开拓,美国课程史研究已经有了一片富饶而广阔的疆土。美国课程史研究一方面以历时性反思丰富课程研究的思维取向和研究方式;另一方面以独特的关注重心和理论追求,扩展了教育史学的研究范围和问题领域。在美国,课程史作为一个新兴的学科交叉研究领域,已经成为一种独特的课程探究方式,与美国教育史学既密切联系又相对独立。② 对美国课程史研究的发展历程和现状进行描述和分析,对我国学者开展和深化本国的课程史研究无疑有着相当积极的作用。

三、美国课程史的译介与研究

正是基于上述的学术现状,近年来国内学者颇为重视对西方课程史研究成果进行介绍,特别注重研究范例的译介③、研究路径④和研究取向⑤的总结。

---

① 任平、邓兰:《不能忽视和懈怠的主题:课程史研究》,载《中国教育学刊》2007 年第 5 期。

② 参见附录 1 中介绍的围绕课程史研究独立性所展开的辩论。

③ 何珊云:《课程史研究的经典范式与学术意义——试析〈1893～1958 年的美国课程斗争〉》,载《北京大学教育评论》2010 年第 5 期。

④ 陈华:《西方课程史的研究路径及内涵探析》,载《全球教育展望》2012 年第 4 期。

⑤ 叶波:《20 世纪美国课程史研究的取向》,载《全球教育展望》2012 年第 9 期。

研究范例的译介

坦纳夫妇的《学校课程史》(崔允漷等译,2005 年出版)和古德森的《环境教育的诞生》(贺晓星等译,2001 年出版)这两本课程史专著在我国翻译出版,引起了较大的学术反响,课程与教学论专业中为数不多的几篇明确以课程史作为研究主题的硕士①、博士学位论文②,就有参照古德森的课程社会史研究模式开展研究的。

作为《学校课程史》一书中文译者之一,夏雪梅 2006 年在《全球教育展望》上发表了《1642～1989:杜威式的课程者眼中的冲突年代》一文,对该书做了简评。文章首先分析了《学校课程史》的史观,指出作者所持的坚强的进步史观直接影响到他们的历史书写方式,然后探讨了坦纳夫妇如何从杜威式的民主社会观出发对美国复杂的课程事件做描绘和解读,最后讨论了该书是如何梳理课程理论遗产的,以及阅读这本著作能带给我们怎样的思考。克利巴德的《1893～1958 年的美国课程斗争》③一书在美国课程理论界广受赞誉,是课程史研究中的一项标志性成果。何珊云 2010 年在《北京大学教育评论》上撰文《课程史研究的经典范式与学术意义》,对克利巴德撰写此书的背景及该书的分析框架、主要内容、学术意义与启示进行了评述。

研究路径的比较

在这些针对个别专著所做的译介工作的基础上,陈华以《西方课程史的研究路径及内涵探析》为题,结合台湾学者杨智颖等人的研究,对西方课程史的兴起和发展分期做了介绍。作者认为"克利伯德的《1893～1958 年的美国课程斗争》、坦纳夫妇的《学校课程史》和古德森的《学校科目和课程的演进》这三部著作提供了课程史研究的三种经典写法,分别是关注利益冲突的课程思想史、关注主流思潮的课程思想史和关注具体科目演进的科目社会

---

① 石艳:《信息技术课程的诞生:一项课程社会史的个案研究》,南京师范大学 2005 年度硕士学位论文。

② 陈华:《中国公民教育的诞生——课程史的研究》,华东师范大学 2012 年度博士学位论文。

③ Kliebard, H. M. *The Struggle for the American Curriculum*, 1893～1958. New York: Routledge, 1995.

史"①,并对这三部著作的研究路径做了简要介绍。她认为,克利巴德采用"知识社会学"的分析框架将课程视为社会学意义的活动领域,考察其中"不同的利益群体"展开课程争夺的过程;坦纳采取的是"关注主流思潮的课程思想史写法,即按照年代顺序忠实地记录各个时期的主流课程理念与争辩";而古德森则"聚焦在具体的学校科目,他考察的是学校科目形成的原因及其持续制度化的'发生学'过程"。②作者还指出,"课程史所立论的课程论基础是一种课程理解观而非课程改革观,它把课程理解为一种'社会建构'而非'社会控制'","采取课程理解观的课程史研究则把课程视为社会建构的产物,注重对已经存在和发生的课程思想和课程实践从历史的、社会的、政治的等各个方面进行理解、解释和分析"。③

借鉴台湾的研究成果

除使用第一手资料对课程史研究的经典作品进行解读以外,目前大陆学界对西方课程史研究的介绍较多地借鉴了台湾学者的研究。

讨论关于课程史研究的基本问题时,杨智颖和白亦方的研究经常被大陆学界借鉴。杨智颖 2006 年发表的《课程史研究的历史回顾及重要议题分析》一文介绍了西方课程史研究的兴起与发展、课程史研究的范畴、美国课程史研究取向的历史转折,并探讨了课程史研究的重要议题。④ 2008 年白亦方教授出版了台湾第一部课程史研究专著《课程史研究的理论与实践》。书中收录的论文《课程史研究,此其时也》援引黛拉多拉(D. Della-Dora)和贝拉克等学者的观点阐述课程史研究的意义。文章称,历史研究的价值之一,"在于协助我们不至于被每一种提出来的'新'的万灵丹给绊倒,让我们体会并认识我们曾经实际尝试的想法以及那些想法之所以无法拥有璀璨未来的理由",课程领域太专注于现实问题了,"导致忽略那些问题原来产生的种种历史根源"。⑤ 而作者在自序中也提到,在教育改革风潮中"应具备适切的历史观,从过去课程改革之社会脉络、学界主张与基层心声,与当前之情境类

---

①②③ 陈华:《西方课程史的研究路径及内涵探析》,载《全球教育展望》2012 年第 4 期。

④ 杨智颖:《课程史研究的历史回顾及重要议题分析》,载《课程与教学季刊》2006 年第 2 期。

⑤ Bellack, A. A. History of Curriculum Thought and Practice. *Review of Educational Research*,1969,39(3):283~293.

似现象,将之交融沉淀"①,否则极容易沉迷于对新名词、新口号、新组织、新人选、新学派、新标准的追求之中。

在经典研究范例的介绍和比较方面,钟鸿铭于 2004 年和 2005 年分别撰写了《H. M. Kliebard 的课程史研究及其启示》②和《美国课程改革的历史辩证》③两篇文章,介绍了克利巴德的课程史研究;宋明娟的《D. Tanner、L. Tanner 与 H. Kliebard 的课程史研究观点解析》比较了坦纳夫妇和克利巴德关于课程史研究的观点及其研究课程史的意图和价值,并对二者的美国课程史专著进行具体分析,最后综合对比,得出"课程史学者的研究观点或暗或明,皆寓含于著作当中"④的观点。杨智颖的《课程史研究观点与分析取径探析:以 Kliebard 和 Goodson 为例》则是目前中文学界对西方课程研究介绍和分析最为详尽和深入的一本著作。该书先是简要介绍了西方课程史研究的演进和发展历程,并以此为背景,分别介绍了克利巴德和古德森两位学者的课程史研究观点和分析取径,再在对二者综合比较的基础上,结合对台湾地区课程史研究的趋势和问题的把握,提出了台湾地区课程史研究的努力方向。书中对两位课程史研究经典作家的重要观点和研究路径做了非常细致的分析和回顾。在介绍和评析西方课程史研究的成果方面,应该说台湾学者走在了大陆研究者的前面。

不过总体上看,无论大陆还是台湾学者对西方课程史研究出现的一些新取向的关注力度都还不够,也没有将这些作品置于西方课程研究和历史研究的整体学术脉络中理解。值得一提的是,大陆的年轻学者叶波借鉴了波普科维茨对课程研究的发展历程的回顾⑤以及杨智颖的相关研究⑥,倡导

---

① 白亦方:《课程史研究的理论与实践》,高等教育文化事业有限公司 2008 版,第 1 页。

② 钟鸿铭:《H. M. Kliebard 的课程史研究及其启示》,载《教育研究集刊》2006 年第 1 期。

③ 钟鸿铭:《美国课程改革的历史辩证》,载《课程与教学季刊》2005 年第 4 期。

④ 宋明娟:《D. Tanner、L. Tanner 与 H. Kliebard 的课程史研究观点解析》,载《教育研究集刊》2007 年第 4 期。

⑤ Popkewitz, T. S., Franklin, B. M. & Pereyra, M. A. *Cultural History and Education: Critical Essays on Knowledge and Schooling.* New York/London: Routledge Falmer, 2001:9.

⑥ 杨智颖:《课程史研究的历史回顾及重要议题分析》,载《课程与教学季刊》2006 年第 2 期。

借助各种课程史研究取向形成时研究者所处的不同社会历史背景来理解作品之间的差别,认为美国课程史研究按价值预设、研究内容、研究方法上的不同可分为"进步取向"、"修正主义取向"和"文化历史取向"①。尽管"进步"、"修正主义"和"文化历史"是不同范畴内的概念,文章以此作为区分不同取向的标识未必准确,且有忽视课程史领域中成果最为丰富的课程社会史研究之嫌;同时,将教育史和课程研究领域中一些涉及课程历史主题的作品当作课程史研究也容易引起争议。但是,作者重视从整体上把握美国课程史研究的演变历程,而且将课程史学的学术努力置于当时的社会背景中理解,认为"20世纪美国课程史研究取向的嬗变历程,既是课程史研究内在逻辑展开的过程,也是课程史研究者根据现实的社会历史环境,通过重新定位历史研究功能而进行主动选择的结果"②。这无疑是一种"历史地"解读历史的方式,也是对美国课程史做进一步研究时值得继续深化的一个合理方向。

第二节 研究的内容与范围

一、课程史研究领域的兴起

心存推动我国课程史研究快速发展的愿望,本书对美国课程史研究的考察主要集中在课程史研究意识日趋明晰和课程史作为一个研究领域逐步确立之后。

关于历史的忧思并不存在于课程领域早期的天真岁月中。正如很多学者批评的那样,课程开发范式具有非历史(ahistorical)的特性,由于一定程度上受到技术理性的支配,追求"普适的"、不以时间空间为转移的课程开发"规则"。在行为科学的心理学和技术学的框域内,时间退化为一条可以虚化的轴线。虽然作为"程序"的课程要沿它展开,目标、实施和评价渐次排开或环环相扣,但是这条坐标轴只有模糊的方向而没有刻度。对于"时间"、

---

① ② 叶波:《20世纪美国课程史研究的取向》,载《全球教育展望》2012年第9期。

"过去"和"历史"的思考,在课程领域曾是缺位的。"作为学术活动的一个集中领域,课程研究首先是在北美制度化的,其目的是为学区提供理解应如何提高、修订或改革课程的教育领导者","这种改革家取向,结合对进步的信念"①,使众多课程改革抱着追求光明"未来"的信念,而"过去"被视为是一种黑暗的时期②。正如哈兹莱特(J. S. Hazlett)所批评的那样,本领域对过往的课程思想和实践做判断时,往往是没有深入到当时的历史情境中就"轻松"而武断地做否定。③ 他认为阻碍课程史研究的因素,正是课程研究本身的实践取向,而且总是或主动或被动地要去应对时代的要求。课程领域只是"向前看",积极进取、活力十足却缺乏反思。甚至有课程学者抵制课程史研究,称这类研究就像是在开车时一直看着后视镜,而不管前方的道路一样。这个领域对历史的漠视近乎仇视,"已过的世代,无人纪念;将来的世代,后来的人也不纪念"④。

在 20 世纪六七十年代,课程专家已逐渐失去课程改革的主导权。正是在整个领域遭遇生存危机的艰辛岁月中,在剧烈的震荡和转型的过程中,课程学者们也开始对领域中这种非历史的研究氛围所带来的问题做出反思。古德莱德(Goodlad)在对当代课程改革进行批评时谈到,"有相当多的一批课程改革者天真地认为他们所面对的这些顽固的、一再出现的老问题,都是以前从来没有人遇到过和思考过的"⑤。克利巴德则认为,不仅直接参与课程改革的实践者,大学当中的课程研究同样忽视历史,在课程研究中问题总好像是凭空生出的,每一代的课程学者都在重新解决那些持续存在而令人费解的问题。学者总是在不同的时空坠入相似的迷雾中。克利巴德认为,

---

① [美]派纳等:《理解课程:历史与当代课程话语研究导论》,张华等译,教育科学出版社 2003 年版,第 41 页。

② Reid, W. A. Curriculum Theory and Curriculum Change: Can We Learn from History? *Recent Developments in Curriculum Studies*. Berkshire: NFER - Nelson, 1986:75~83.

③ Hazlett, J. S. Conceptions of Curriculum History. *Curriculum Inquiry*, 1979, 9(2):129~135.

④《圣经·旧约·传道书》,第 609 页(和合本,第 1 章第 11 节)。

⑤ Goodlad, J. I. *The Changing School Curriculum*. New York: Fund for the Advancement of Education, 1966. 转引自 Bellack, A. A. History of Curriculum Thought and Practice. *Review of Educational Research*, 1969, 39(3):283~293.

课程作为一个研究领域要想获得成功的话,就要对自身所承袭的对课程问题的思考方式做认真的考察和批判性的检视。他号召课程理论家和实践者不仅要与同侪对话,还要和自己领域中的先辈们对话。

研究者对于课程史研究是何时产生的存在着不同的看法,有很多重要事件都曾被看作课程史研究扬帆启航的起锚点,如 1969 年贝拉克在《教育研究评论》(*Review of Educational Research*)上发表的《课程思想与实践的历史》(History of Curriculum Thought and Practice) 一文,玛丽·路易斯·赛古尔(Mary Louise Seguel)的专著《课程领域:其形成年代》(*The Curriculum Field:Its Formative Years*)于 1966 年出版,以及拉格(Rugg)1926 年发表的全美教育研究会第 26 次年鉴《课程建构的基础和技术》(*The Foundations and Technique of Curriculum Construction*)。

本书将课程史研究领域的形成粗略定位于上世纪六七十年代,因为一个研究领域的出现,其标志不应该是某一孤立的文本的发表,而应该是学术共同体形成某种共同的旨趣。在上世纪 60~70 年代,教育史研究中克雷明的《学校的转变》(*Transformation of the School*,1961 年)和克鲁格(Krug)的《美国高中的形塑》(*The Shaping of the American High School*,1964 年)等作品为课程史研究的出现提供了重要学术资源;1966 年赛古尔的著作对早期重要课程学者的思想进行了回顾,1969 年贝拉克明确提出开展课程史研究的命题(几乎与此同时,施瓦布宣称课程领域濒临消亡,引发整个领域广泛而全面的反思);纲领性课程著作中开始出现关于课程史的章节(例如,坦纳夫妇 1975 年的《课程开发:理论到实践》中的第二部分①,蔡斯于 1976 年出版的《课程:原则和基础》②中的第二和第三章);1975 年美国教育研究协会(AERA)的年会上,课程与目标分会和教育史分会联合提出了课程史研究的重要性和迫切性;而 1976 年,课程开发与管理协会(ASCD)为课程史领域献上了一份具有标志性意义的年鉴——《课程发展之视角:1776~1976》;1977 年,劳雷尔·坦纳领衔成立了课程史研究协会(SSCH);同时,随着整个课程领域开始出现更加多样化的社会科学和人文学科的研究取向,

① 详见本书第二章。

② Zais, R. S. *Curriculum:Principles and Foundations*. New York:Crowell, 1976.

有越来越多的刊物愿意发表课程史研究的成果。这一系列事件,都表明课程领域内外种种条件的具备和课程学者自身历史研究意识的觉醒,课程史研究领域在逐渐形成。

到20世纪80年代,课程史已经确定成为一个学科或研究领域了,因为"此时已经有众多研究者将自己在这方面的工作称为'课程史'研究,而且课程史研究在多个国家都成立了学会,有了相应的研究成果和学术期刊"①。

二、课程史与教育史:关于独立性的辩论

课程史可否被当作一个相对独立的研究领域来考察？回答这个问题就需要考虑课程史研究与教育史研究的区别和界限。在课程史领域建立的初期,课程史学者也确实围绕"相对独立性"这一问题,表达了许多对学科的建设有着重要价值的看法,不同观点之间也有精彩的交锋。其中最有影响的莫过于富兰克林和戴维斯(O. L. Davis)等人围绕课程史的本质与边界、课程史与教育史的关系等问题展开的一场学术论辩(详见附录1)。

针对戴维斯等人处理课程史的定位,以及课程史与教育史之间关系时的含糊(戴维斯声称这种模糊是为了保有更多的可能性),富兰克林旗帜鲜明地表示,课程史的研究应该突出地反映课程研究的专业特性,成为课程领域的"内史",尤其应该体现批判课程理论的思考方式,而不应该仅仅作为一般教育史学的一个部分出现。课程史应该由课程研究者书写,而不是由偶然对课程问题产生兴趣的教育史学者来完成。

相似地,马斯格雷夫(P. W. Musgrave)认为美国修正主义教育史学家们过于关注学校的政治和管理方面,他提出课程史研究者应该更关心"课程要素"本身。②和富兰克林一样,马斯格雷夫的这种取向也主要是从为课程史争取一个独立的研究领域的学术地位的角度出发。

而多数课程史研究者的观点更趋折中。劳雷尔·坦纳认为课程史与教育史没有必要截然分离,考虑课程史与教育史之间的关系似乎更有意义。在坦纳看来,如何处理"反历史"的问题比划分势力范围更重要,分析教育史和课程史的关系既重要又十分有趣。首先,教育史很大程度上是课程史,教

①② Baker, B. The History of Curriculum or Curriculum History? What Is the Field and Who Gets to Play on It. *Pedagogy*, *Culture & Society*, 1996, 4(1): 105~117.

育变革几乎总是涉及到科目和方法的问题。如果把斯宾塞、赫尔巴特、帕克、杜威和康茨等经典教育作家的思想中与课程相关的部分去除,可能就所剩无几了。其次,由于教育史学者不断将注意力转移到更广阔的社会场域中去理解教育,关注社会中各色的教育主体,家庭、教堂、工厂等等,教育史不再局限于正规教育,越来越少地关注课程。这就需要课程史研究来保证课程的历史不被遗忘。同时,教育史研究者也在帮助课程研究寻找过去与现在联系的线索。但是她同时又承认,从总体上来说教育史和课程史的受众不同,教育史是为一般教育者和公民而写的,而课程史的受众一般就是课程工作者,①也就是说她和富兰克林一样注重课程史研究中的专业意识。而从她与其丈夫丹尼尔·坦纳的课程历史书写实践来看,正是对该学术领域的热情使得他们极力维护课程学者的专业地位,为该领域的一些传统意义上的"先进"思想和实践做辩护。

古德森和克利巴德虽然批评了早期课程史研究以教育史为圭臬而带来诸多不足,然而他们并不赞同课程史要和教育史划清界限,或者说应完全脱离教育史。② 古德森认为课程史应该保持与教育史的建设性对话,而且应该和社会史研究保持紧密的联系。③ 课程史研究的先驱贝拉克也曾指出,课程史的思想和实践是不能与整个美国教育历史割裂开来的,而美国教育史也不能脱离整个文化和理性演进的历史洪流。④ 可以说这些学者在要求保持宽广的视野的同时,也赞同课程史成为一个相对独立的研究领域,并吸引更为多样的学术力量参与进来。

总之,将课程史研究范畴缩小到课程领域自身进行的反思,乃至缩小到对课程领域自身的反思,甚至再缩小到对自身学术作品的反思的这种"聚焦"取向,对于审视课程领域自身的问题,对于建设学科和强化对集体学术

---

① Tanner, L. N. Curriculum History as Usable Knowledge. *Curriculum Inquiry*, 1982, 12(4): 405~411.

② 杨智颖:《课程史研究观点与分析取径探析:以 Kliebard 和 Goodson 为例》,高雄复文图书出版社 2008 年版,第 31~32 页。

③ Goodson, I. *Social Histories of the Secondary Curriculum: Subjects for Study*. London; Philadelphia: Falmer Press, 1985: 6~7.

④ Bellack, A. A. History of Curriculum Thought and Practice. *Review of Educational Research*, 1969(30): 283~292.

事业的忠诚,纠正本领域的"非理论"、"非历史"等不良倾向,都有着积极的意义。这种专业化的取向也使得本书对研究的范围做出规定成为可能。不过,确定自身的身份不意味着完全的割裂。任何从事课程史研究的人,都需要也都应该借助教育史学者已有的研究。将过往的课程文本①放置到当下的教育乃至整个社会的情境中去解读,怀抱开放的心态,不急于框定界限,不断突破各种限制去书写有多样意义的历史作品,更有利于课程史研究的发展。

三、研究内容的限定

本研究的主要任务是描绘美国课程史学的概貌,梳理其发展取向,揭示其演变逻辑,着重关注的是课程史的研究假设和书写方式。本研究尝试站在中国学者的立场对研究的意义做一次再发现,帮助中国研究者了解国际课程史研究的前沿动态,从而为我国学界开展课程史研究提供一些借鉴。

出于这种研究目的,笔者对自己的研究内容和范围做了一些限定。本研究主要关注有明确的课程史研究意识的学术作品。这些作品有对课程改革成败的历史反思,有对课程研究思想的历史梳理,有利用历史方法走向历史深处对特定时空情境中的课程活动做考察和澄清等。课程史研究的取向多样而庞杂,哪些作品是课程史研究、哪些不是课程史研究很难有清楚的界定。本书仅从自身研究目的的角度考虑,确定考察的范围。

首先,绝大多数研究都会对相关的研究文献进行回顾和综述,但本文并不打算把所有的文献回顾工作都当作历史研究。除非有一些研究的侧重点就在历史地看待某些课程观点的产生情境和演变历程。比如艾斯纳和克利巴德将课程制定者们用关于行为的术语来界定课程目标的传统追溯到20世纪20年代博比特的作品中,认为行为目标的教条会带来严重的局限,并指出这些思想戒条与它们产生时的特定历史时空之间的联系。

其次,对个别课程理论家的思想研究、传记研究,也是认识课程思想史研究的一个重要方面。比如对杜威的思想和生平的研究,课程史研究协会的创立者劳雷尔·坦纳就有一部研究杜威实验学校的历史的专著。在课程史研究协会历年的年会上,也有很多对历史上著名课程理论家的思想和行

---

① 此处的"课程文本"是广义的,包括课程学术作品以及标准、大纲、教材、计划等"人工制品"乃至日记、照片、录音甚至"活生生"的课程经验。

动进行考察的作品,包括 1981 年年会上罗曼尼什(Romanish)对康茨的意识形态的分析,1995 年乔根森(Jorgenson)对博比特参与克利夫兰市的课程开发实践的描述。教育家的思想和生平也是教育史研究的一个传统主题,研究成果极多,因此很难界定上述研究与以往教育史研究中对教育思想家的个体研究之间的差异(克瑞德和纽曼曾明确指出这类研究基本是依循了教育史中同类研究的模式①),上述这类作品也较少反映课程史研究这样一个"新"领域的"新"特点,故而本书中也不做具体探讨。

再次,对于教师个人生活史的研究,尽管对理解学校和课堂中真实发生的"课程故事"有着重要的意义,但是否应该纳入本研究的范围还存有疑问。因为教师生活史的研究与近来在教育研究的众多领域内广为兴起的叙事研究之间的边界不很清晰。课程史领域的泰斗级人物,也是教师生活史研究的主要倡导者古德森就指出,如今教师生活史研究和教师知识、批判反思型实践者以及教师专业发展等主题之间的联系相当紧密。而且此类研究数量众多,取向各异,是否可以把它们归为课程史研究还有待确定。加上研究者的能力和精力所限,无法对这部分研究做俯瞰全局的统摄性把握,具体展开又可能冲淡研究的主体部分,因此只能割爱。

本研究特别注重考察那些能集中反映出一类研究取向的典型作品,它们发表后在学界产生了比较广泛的影响,对同时期或之后的研究有比较大的影响,成为一种范例。同时,一些在研究方向的拓展方面有着特殊贡献的作品也将是关注的重点。(在选择范例作品时,主要参考了已有的美国课程史元研究论文,美国课程研究百科或辞典一类工具书中介绍课程史研究的词条②,还有笔者对多位关注课程史研究的北美课程专家所做的当面访谈或邮件访谈③。)

19

---

① Kridel, C. & Newman, V. A Random Harvest: A Multiplicity of Studies in American Curriculum History Research. *International Handbook of Curriculum Research*. Mahwah, New Jersey: Lawrence Erlbaum Associates, Inc. , 2003: 637~650.

② 包括 *The International Encyclopedia of Curriculum*(1991)中的词条"Historical Research on Curriculum"和"Social History of Curriculum Subjects", *Handbook of Research on Curriculum*(1992)中的词条"Constructing a History of the American Curriculum",以及 *Encyclopedia of Curriculum Studies*(2010)中的词条"Historical Research","Society for the Study of Curriculum History"和"Postmodern Historiography"等。

③ 访谈多为开放式的,访谈对象包括 Michael Apple, Bernadete Baker, Jesse Goodman, Carl Grant, Gloria Ladson-Billings, William Pinar 和 Tomas Popkewitz 等。

第三节 "多重记忆"：题解

一、课程领域的集体记忆

本书题目中的"多重记忆"是关于美国课程史研究的一种隐喻。作为最基本的修辞，隐喻往往比严格的定义有更为厚重和丰富的表现力。因此虽然围绕课程史的定义有着诸多的争论，但似乎没有人反对把课程史看作是课程领域的集体记忆（collective memory）。

其一，对一些人来说，作为课程领域的集体记忆，课程史让这一领域的研究者们意识到本专业的传统，而不是盲目地相信一切都是新问题。美国教育研究会（AERA）副主席、课程研究分会召集人卡尔·格兰特（Carl Grant）教授在与笔者的访谈①中说到，如今年轻的课程研究者正在忘记这个领域的所有过往，一些人对课程历史的无知让他十分忧心，课程史研究对改变这种状况来说是至关重要的。

其二，在现代国家中，以往的课程往往会和曾经的流行文化一起，成为一代甚至几代国民集体怀旧的基点，其共同熟悉的程度甚至可能胜于重大社会事件。正如人教社英语教材中的"李雷和韩梅梅"这两个虚构的人物曾让不计其数的中国"80后"共忆童年；即便美国各地课程的统一性不及当年的中国，过去的课程还是可以给人们提供许多"共同语言"。对某些研究者来说，美国课程史可以追溯作为一个统一的多民族国家的美国如何为社会中所有公民提供一个相互对话、相互理解的共同基础。"集体记忆"象征着美国公民的共同过往，意味着某种身份认同。

其三，记忆是历史的基础，同时又是关于历史的一种常用且优良的喻

① 美国中部时间 2012 年 4 月 26 日下午，于美国威斯康星大学麦迪逊分校教师教育大楼（Teacher Education Building）。

体。历史思维(甚至所有思维)以记忆为前提,历史作品源自记忆的表达和外化。记忆是"当下的过去",即现在对过去的追忆。记忆和历史一样,都是回忆者或书写者的建构,而不是所谓"客观事实的再现"。历史叙事展现的是历史研究者和过去之间复杂的关系,不是一种简单的映射,而是过去与现在的交互和对话。记忆隐喻展现了历史书写的过程性与主体性。

其四,记忆从本质上必然是"集体的"。记忆是"先于个人"的社会建构,人无法独自占有记忆就像他无法独自拥有语言一样。莫里斯·哈布瓦赫(Maurice Halbwachs)在《论集体记忆》(*On Collective Memory* ①)中指出,记忆是一种社会性的事实,在处理记忆时,社会约定要优先于个人。哈布瓦赫等人考察了人们对于某些历史事件的记忆状况,发现记忆总是被集体性重现(讲述、著作和影像等)所刷新,个体需要依靠人们共有的记忆来确认自己的回忆以保证它们继续留存下去。个体的记忆需要词语和观念作为工具,这些东西都不是个人的发明,而是借自他所处的社会环境。记忆会被按照他人可接受的方式讲述和重构,历史会因书写者身处的环境不同而被不断重写(即一切历史都是当代史)。美国课程史作为属于学术共同体的集体记忆,其书写总是受到撰写历史的那个时候的研究的影响,反映着作者所处时代的课程思想风貌,这也是本研究的基本前提之一。

21

二、交叠的多重:分类的困局

课程史的分类

本书的任务是对美国课程史研究的状况进行研究,因此可以说是一项元研究(后摄研究)。美国学者对本国的课程史领域的整体状况也做过一些带有元研究意味的回顾,主要作品见表 0.1。

这些课程史元研究当中,除了上一节专门介绍过的围绕课程史的本质和边界(特别是课程史相对于教育史之独特性)问题展开的辩论以外,多数都致力于对课程史领域中的学术作品的概貌进行描述,并尝试对课程史研究的内容进行分类。

---

① Halbwachs, M. & Coser, L. A. *On Collective Memory*. Chicago: University of Chicago Press, 1992.

表 0.1 课程史元研究论文

作 者	年 份	题 目
贝拉克	1969	《课程思想与实践的历史》
克利巴德	1976	《课程的过去与现在》
富兰克林	1977	《课程史：其本质与边界》
戴维斯	1977	《课程史的本质和边界：回应对年鉴的批评》
哈兹莱特	1979	《课程史的概念》
劳雷尔·坦纳	1982	《作为可用的知识的课程史》
富兰克林	1991	《课程的历史研究》
贝克	1996	《课程史还是课程的历史？一个怎样的领域又是谁在其中？》
富兰克林	1999	《课程史的状况》
克瑞德和纽曼	2003	《不意的收获：美国课程史研究的多样性》

其中哈兹莱特(Hazlet)的分类方式是具有规范性色彩的，即他从逻辑上考虑课程史研究的应然类别。哈兹莱特号召课程史研究应该在三个层面上展开：一是要对宏观层面的课程规定进行历史研究（政策、法规、全国性委员会的报告）；二是课程话语的中间层，即具体的课程项目和计划；三是最微观具体，也是最容易被忽视的层面，即课堂当中"活"的课程史。① 然而实际的课程史研究可能会涉及不同的范围和层面，并不会固守宏观、中观和微观的界别。

其余研究者提出的分类则都属于描述性分类，即依据相似性对已有的课程史研究分类。例如，贝拉克总结了 1969 年以前历史学家和课程专家开展的一些有关课程历史的研究，共分为"课程领域的形成"、"重要的课程理论家"、"研究课程问题的全国性委员会的提案"、"课程领域的重要问题"这四类。② 1991 年，富兰克林在国际课程百科全书里也把课程史的研究内容分为四种：(1) 重要的课程运动；(2) 特定课程领域（如职业教育、特殊教育）

---

① Hazlett, J. S. Conceptions of Curriculum History. *Curriculum Inquiry*, 1979, 9 (2)：129～135.

② Bellack, A. A. History of Curriculum Thought and Practice. *Review of Educational Research*, 1969, 39(3)：283～293.

的起源;(3)传统学科的历史变化;(4)实际学校情境中的课程改革措施。①
1999年,富兰克林对课程史研究的分类开始变得模糊,他把贝拉克的后三种
分类归入一类,而后又介绍了实际学校中课程项目的案例研究、课程史对课
程与社会控制的关系的探讨、对语言和文化的重新关注以及使用统计方法
等新途径开展的社会史研究。②

2003年,克瑞德(Kridel)与纽曼(Newman)对课程史领域进行回顾时,
认为课程史的研究园地中已经百花齐放,研究成果俯拾皆是,随心采撷都会
有收获(A Random Harvest)。③ 他们认为研究大致可分八种:(1)课程史作
为文化、社会与教育史的一个领域;(2)对某一学科领域开展研究的课程史;
(3)课程史个案研究;(4)作为纲领式课程教科书的组成部分的课程史;
(5)备忘录与口述史;(6)档案与文件记录的编辑;(7)自传研究;(8)作为
不缄默的声音(unsilencing voices)的课程史。这一分类方式当中各类别之
间有很多交叠,划分的八个类别也并非是同一层面上的概念。

我们看到,随着研究的深入和拓展,课程史研究的形式日趋多样,对课
程史研究作描述性分类变得越来越困难,无论是富兰克林的分类中还是克
瑞德与纽曼的分类中,不同类别的作品之间都存在交叉,同一作品又可分属
多个类别,而同一类别中的作品之间也可能大异其趣。

假如研究目的只是按照相近的形式或主题将研究作品罗列出来,那么
和上述学者一样使用不太严格的分类方法倒也无妨。然而本书的任务并非
仅仅列出美国课程史研究当中涉及什么主题,而是希望让读者们同时了解
这些历史作品是以什么方式书写的,以及作品的内容与形式之间的复杂关
系。我们面对的不是一,而是多,不是"the curriculum history"而是"curriculum
histories"。对纷杂多样的作品,想要分门别类、条分缕析地细致介绍,是相当

---

① Franklin, B. M. *Historical Research on Curriculum*. Lewy, A. *The International Encyclopedia of Curriculum*. Oxford, England: Pergamon Press, 1991, 63～66.

② Franklin, B. M. Review Essay: The State of Curriculum History. *History of Education*, 1999, 28(4): 459～476.

③ Kridel, C. & Newman, V. A Random Harvest: A Multiplicity of Studies in American Curriculum History Research. Pinar, W. F. *International Handbook of Curriculum Research*. Mahwah, New Jersey: Lawrence Erlbaum Associates, Inc., 2003: 637～650.

困难的,更何况每一部作品本身即是"多",作品意义的丰富性令任何自认为正确的解读都是偏狭的。分类意味着为作品贴上标签,意味着用某个或某几个属性替代它,还意味着只关注研究之间的某个相似点,而割断其他的联系。

超越树状分类

分类和分类学,总是呈现出"树"的形态,它们的根本精神是区分,是一生成二。理论与实践、分析与综合、先验与后验……这种二元对立的逻辑是"'树—根'的精神实在"。[①] 德勒兹(Deleuze)和加塔利(Guattari)在《千高原》中的思考帮我们认识到,这种"树状根系"的思维在处理多元体或多元性时,会不可避免地陷入困局。

树根形态的分类方式,使得每一分支互不相连,唯有向上追溯,在上一级乃至更高级的节点处才能交汇(如图 0.1)。"上层—下层"、"抽象—具体",所有的亲和性都依赖于这种"父—子"式的层级关系(因此也被看作是父权社会的权力关系在思维中的体现)。而作为集体记忆的课程史,是这种思维难以驾驭的复杂多元体。作品间的联系是多样的,不依赖于抽象的分类,它们在意想不到的地方相互连通着,缠绕着。这些作品交融在一起,没有中心也没有边缘。在本书接下来几章中我们会看到,一部通常被看作"课程思想史"的作品可能因为对"社会控制"等理论主题的关注而与很多"课程社会史"研究相联系,科目领域史往往同时可以被划归为"案例研究",对某个学校的课程实践展开的"案例研究"又可能作为考察人物思想的研究的一部分出现。研究作品构成的集合正像是德勒兹和加塔利所说的"平滑空间"那样,其中的任意一点"都可以直接连结到任意别的点,而无需经过中间的点"。[②]

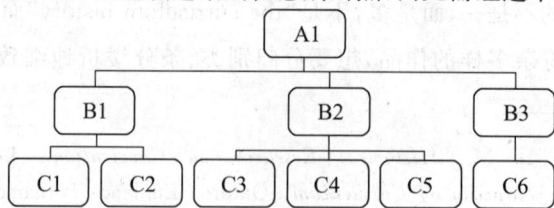

图 0.1　树状分类图示例

---

①［法］德勒兹、加塔利:《资本主义与精神分裂(卷 2):千高原》,姜宇辉译,上海书店出版社 2010 年版,第 4 页。

②［加］玛斯素美:《〈千高原〉代序:概念何为》,见［法］德勒兹、加塔利:《资本主义与精神分裂(卷 2):千高原》,姜宇辉译,上海书店出版社 2010 年版,第 8 页。

课程历史作品犹如一个共同体中的成员们的记忆,相互印证着,相互驳斥着,相互塑造着。在这里我们会听到很多个故事——同样是关于美国的课程,追忆同一段过往——但却不是同样的故事。它们可以拼接,却无法合并,它们永远是"多"而不会成为"一"。正如《罗生门》当中每一个人都讲述了不同的故事,而且不会出现一个凌驾于所有故事之上的单一叙事。假如有人自认为获知了真正的"真相"并把它讲述出来,那么实际上也只是又贡献了一个新的故事而已。

所以在复数的美国课程史当中,我们会听到很多种"进步"、很多个约翰·杜威、很多轮工业化、很多轮城市化,以及很多版本的"20世纪来临"。史学家们聚集到相同的时空辖域内反复地重写着,不同的话语一层层地叠加着,拥挤着,融合着,乃至消弭了彼此间的界限。

要理解这种"多",就要放弃分类,不再追求用更高的、中心化或节段化的统一性来模仿"多",不再追求伪装的多样性。① 要如德勒兹和加塔利那样放弃"树—根",拾起根茎(rhizome)。根茎是一种反谱系,它帮助我们抛却总体化的野心。土豆是根茎的例子,它是不规则的,可以向任何方向生长,在随意什么地方生出芽或者根;滚动的蚁群也是根茎的例子,它没有中心边缘,此刻被认为是处在边缘的蚂蚁下一刻可能就居于中心。复数的课程史(curriculum histories)也是根茎,没有中心,没有高潮,没有起点与终点,始终处于变化和生成的状态。每一部作品都被别的作品改写着,被新的作品赋予新的意义,由此所有的记忆都维持着呼吸,都在生成着。如果把历史作为已经完结的叙事,用意识哲学的二分法把彼此摘洗得干干净净、泾渭分明,虽不拖泥带水,却难免会干涸龟裂。

因此,本书并不打算使用分类描述的方式,第1至5章并非是每章对应课程史研究的一个类别,而只是聆听和解读了某个故事。当然在各章之中,可能会有一部作品被当作暂时的"中心"对待,描绘它与多元体之内其他作品的联系,它引用和参照了什么,又是否在理论预设、材料选取和叙事方式等方面对其他作品实现了"辐射",甚至有时候它可能被当作是某种研究取向的"范例作品"。但是笔者在处理它所代表的某"一类"当中各部作品间的

25

---

① [法]德勒兹、加塔利:《资本主义与精神分裂(卷2):千高原》,姜宇辉译,上海书店出版社2010年版,第20页。

亲和性时,会尽量不将其归纳为某种抽象的属性,而是尊重它们在主题、理论、方法、语言乃至作者个人关系等方方面面的直接联系,将它们置于"平滑空间"中理解。同时由于各章解读作品时会将作品与课程史多元体以外的课程理论、教育史学等研究领域相联系,因此每一部作品被当作考察的"中心"时,同时也会被拉向多元体的"边缘"。各章之间也同样自由地联通着,流动着,互生着,并没有绝对的界限。

三、话语变迁:回忆和讲述的方式

不仅是在回顾整个领域时要面对多样性,每一部美国课程史作品(单数的课程史)也都在用不同的方式处理着这种"多"——过去原本就是丰富和多义的。每个人都会从自己的角度对之进行回忆和讲述,人们对课程的过去的记忆不是单一的,每一重记忆都给我们一个不同的故事。

有的人讲述课程往事时坚守传统的"进步"信念,带着进化论史观对美国课程发展进行描绘。例如坦纳夫妇的课程史是一个几代美国教育人借助学校实现社会进步理想的故事,故事中只能听到一个声音,那便是"进步"的独白。然而难免有人会质疑这种单一叙事,克利巴德认为根本不曾存在一个可以辨识的统一的"进步教育运动"。19世纪末20世纪初的美国课程的历史受到截然不同的四种课程思想的影响,四个派别各自表述,相互争辩,又时常发出和声。课程的故事中可以听到四种声音,而不是只有一种。还有人把回忆的范围继续扩大,认为课程历史并非仅仅受到大学教授和学校管理者们的影响,故事中不能只听到理论工作者对课程思想的论述,丢掉各种不同利益群体在参与课程实际形成的社会过程中的多样诉求。这并非是一个只属于课程领袖的舞台,而是一个热闹而嘈杂的现场。故事中的声音越来越丰富,进而有些人开始对声音进行反思,包括故事中人物的话语,以及自己讲故事时的语言;还有人去思考原来讲故事的方式使得哪些人没有发出声音,又为什么沉默,他们希望在自己的故事里原本噤声的人们能打破缄默。

本书将沿着上述关于"声音"的线索,展现讲述课程记忆的不同方式。各章的顺序如下:

第1章　进步主义者的独白

第2章　思想的四重奏:专业群体的斗争

从第 1 章到第 5 章，每一章都会对某部课程史专著和相关论文做细致的解读。正如路易斯·明克所说，科学家们读彼此的结果，历史学家们读彼此的书。历史元研究不可能仅仅堆积或梳理那些抓人眼球的观点或发现，而是要静静地听完每个人娓娓道来的故事，而后再尝试去讲一个关于故事们的故事。我们并非要从这多样的记忆中抽离出唯一的图景，从多样的故事里寻找到唯一的答案。也就是说，本书并不是要回答美国课程的历史究竟是怎样的，我们只关心人们是怎样回忆和讲述课程历史的。

面对这些叙述，我们不禁要思考：是不是关于课程的过去本身就为我们提供了一种特定的叙述，让我们多多少少可以"原模原样"地恢复它？是不是叙述者们给它赋予了情节，自己选择了某种故事线将从材料中理解到的片段串联了起来？"故事是真的存在于过去，还是只是现在被讲述？"①

在上个世纪，思辨的历史哲学已经让位于分析的历史哲学，历史本体论的问题为历史认识论的问题所取代。而晚近的文本分析取向（叙述主义），则将史学的故事维度纳入理论分析的视野。② 历史逐渐消逝，只剩下历史编纂学（historiography）。我们关心的问题不是历史是不是与过去相符，而是人们为什么会以特定的叙述方式将它展现出来。如前所述，本书是一项元研究，也可以说是一本史学史（history of histories），或者更准确地说，是一本历史编纂学史（history of historiographies）。本书对历史研究进行回顾时，将采用一些后现代历史哲学的思考方式。具体说来，本书将考虑这样的问题：假如"丢弃书写的历史与实际的过去相一致的现实主义理论"③，而将历史作为一种表现形式的话，我们该如何理解历史，书写实践？在历史中是谁在说话，又在为谁说话？本书不再把历史的客观性与权威性、观点的中立性和知识的普遍性作为理解历史作品时不加质疑的前提。

本书希望反映出美国课程史研究的丰富性，向读者展现这一领域出现

---

① Munslow, A. *Deconstructing History*. London; New York: Routledge, 2006:6.

② 周建漳：《历史与故事》，载《史学理论研究》2004 年第 2 期。

③ ［美］罗伯特·伯克霍福：《超越伟大故事：作为话语和文本的历史》，邢立军译，北京师范大学出版社 2008 年版，第 8 页。

过哪些知名且有影响的学术作品，并勾画出在这些学术努力背后，教育史、课程研究等更大学术领域的研究面貌乃至人文社科整体背景对它们的影响。研究将尽量展现历史叙述中声音和视角的多样化，虽然这样做需要冒着使研究文本支离破碎的风险。研究最后会对使用了不同的研究预设和阐释话语的多个时期的课程史研究进行简单的梳理，为中国课程学者了解美国多样化的课程史研究提供一个较清晰的视角。

对我国课程研究者来说，这一研究至少具有两个方面的意义。一方面，本书围绕一些经典著作和论文对课程史研究中的某些路向做细致的查考，从研究者对历史和史学的理解、理论工具的运用、研究材料的选取、研究的目的与意义、受到何种课程研究取向的影响、对课程理论有何贡献等方面进行了分析，这对我国课程史研究的开展无疑会有重要的借鉴作用。另一方面，这一研究的作用不限于提供模仿和借鉴的范本，而在于既促进与过去的对话，又促进与他者的对话，从纵向和横向两个维度拓宽思维的疆域。过去与现在的时间分野、他国与本国的地理疆界、学科内与学科外的领域区隔，正是本研究要突破抑或重建的种种界限。历史作为一种历时性反思，本身就有如经历时间旅行的游子对故乡的回忆，而身居异域的中国学人对文本中所呈现的"美国课程史"进行思考，则又多了一重作客的距离感和审慎。拉开适当的观察距离，对于考察昨日与今日、认同与差异、中心与边缘、继承与超越等问题有特殊的"瞭望"优势。新的理解在这一我他双重反思中生成，新的可能性在这一时空双重穿越中打开。

"方法"和"工具"无疑都是开展这一比较研究所希求的收获，但同时我们还要清楚地认识到，研究不应该简单套用西方人对西方课程史的反省思路。中国学者开展课程史研究，必不能自外于国际学术研究的对话空间，但走近西方的目的是扬弃西方已有的学术基础，最终走向自己。开放的心态背后，需要明晰的自我意识。认识"我是谁"，既是对话的基础，又是对话的旨归。

第一章

进步主义者的独白

One reason that historical scholarship has become important now, we believe, is that the cataclysm that was the Reconceptualization precipitated a crisis of identity for the field. ①

—William Pinar

我们认为,课程的历史知识现在之所以变得重要,原因之一是概念重建运动使课程领域的同一性陷入了一场危机。②

——威廉·派纳

... throughout this century thoughtful educators have sought to develop through the curriculum a binding force to provide for a common sense of discourse, understanding, and competence for all citizens of a free society, while also providing for the diverse interests and pursuits of a polyglot populace. ③

—D. Tanner & L. Tanner

······在这个世纪中,有思想的教育家一直在探索通过课程形成一种社会团结的力量,以便为自由社会中的所有公民提供对话、相互理解与竞争的

---

① Pinar, W. *Understanding Curriculum: An Introduction to the Study of Historical and Contemporary Curriculum Discourses*. New York: Peter Lang Pub Incorporated, 1995:42.

② [美]派纳等:《理解课程:历史与当代课程话语研究导论》,张华等译,教育科学出版社 2003 年版,第 41~42 页。

③ Tanner, D. & Tanner, L. N. *History of the School Curriculum*. New York: Macmillan, 1990:xiii.

共识,同时满足一个多民族国家的兴趣与需求。①

——坦纳夫妇

第一节 维系传统的努力

对我国大多数课程研究者来说,最熟悉的美国课程史作品当数丹尼尔·坦纳(Daniel Tanner)和劳雷尔·坦纳(Laurel Tanner)的《学校课程史》(*History of School Curriculum*),通过崔允漷教授等人的译介工作②,《学校课程史》成为第一本(目前也是唯一一本)在中国翻译出版的美国课程史专著,所以对美国课程史研究的回顾不妨从这部我国课程工作者最熟悉的著作开始。以此书作为检视美国课程史研究话语这段探索之旅的起点的另一个原因是,尽管在课程史专著当中,本书并非成书最早的(1990 年出版),但是在书写课程史时所使用的话语却是最"传统"的。这本书的主体部分源于他们 1975 年的作品《课程开发:理论到实践》(*Curriculum Development: Theory into Practice*)中第二部分对课程历史的讨论。我们可以将之看作是课程学者在面对课程领域中理论和实践的多重危机时做出的维系原有传统的努力。尽管被人批评为"老着脸皮"③,"怀恋不再存在的过往"④,但这仍

---

①[美]丹尼尔·坦纳、劳雷尔·坦纳:《学校课程史》,崔允漷等译,教育科学出版社 2006 年版,第 I 页。

②《学校课程史》中文版于 2005 年由教育科学出版社出版。翻译这样一部著作无疑要付出大量的时间和精力,为表示对译者们辛苦而卓越的翻译工作的尊重和敬意,本章涉及此书的内容时尽可能地引用中译本。下文中如遇脚注标明为引自英文原版,则说明该处是笔者依照英文版重新翻译的。这并不是说笔者认为自己翻译得更准确,而是由于任何译著在翻译的过程中都不可避免地会出现一些语义上的转变,原文的一些意义可能在译文中消失,为了保证学术研究的严肃性并更好地说明问题,笔者做了少量的重译。本书在处理包括古德森的《环境教育的诞生》在内的其他有中译本的课程史作品时,也采用了同样的原则,在此一并说明。

③ Clifford, G. J. The "Sticky Wicket" of Curriculum History. *Educational Researcher*, 1990, 19(9):26~28.

④[美]派纳等:《理解课程:历史与当代课程话语研究导论》,张华等译,教育科学出版社 2003 年版,第 70 页。

不失为传统课程学者所作的一曲展现自己对自身学术事业的忠诚与热情的真挚挽歌。

一、"危机"中的课程领域

20世纪80年代的美国,保守主义在政治领域大行其道,来自共和党的里根和老布什先后担任总统,右翼势力以美国在国际经济竞争中的优势地位受到挑战为由,对包括教育在内的公共事业大肆攻击。二战之后,几乎每当美国在世界范围内的政治、经济和军事霸权受到威胁时,公立教育总会成为被指责的对象。上个世纪,无论是50年代的苏联卫星上天,还是七八十年代日本经济的强势崛起,都让美国公共教育遭受了广泛的批评,并最终引发教育和课程改革。70年代的"回到基础"运动一直延续到80年代初,而1983年国家优质教育委员会的报告书《国家在危急中:教育改革势在必行》(*A Nation at Risk:The Imperative for Educational Reform*),则向全体美国人进一步传递着学生的学业基础薄弱,教育质量堪忧的信号。这份报告书确实指出了当时美国教育存在的一些问题,但其中也有不少危言耸听的成分①。其真正的"成功之处",在于迎合了当时的社会心态,并进一步营造了对公立教育极度缺乏信任的社会氛围,使得包括教师在内的广大教育工作者承受了前所未有的压力。

美国教育家们引以为傲的美国公立教育体系在这一时段饱受抨击,当时推行的教育改革片面地强调学业标准和效率提升问题,忽视进步主义运动以来美国教育传统中诸如重视学生个体发展、力求用教育推动社会整体进步等多个方面。很多教育学者对这种改革逻辑心存疑虑,因为在这场变革中,真正处于"危机"中的也许并非是国家,而是丧失了决策权和话语权的教师和教育研究者们。

面对来自外部的攻击,教育研究者们却并没有形成合力"共御外侮",他们内部的分化十分严重。不少教育学者赞同学校教育问题严重的说法,甚

---

① 有很多理由使我们可以相信这种"教育危机"有很大的虚构成分,例如《桑迪亚报告》(*Sandia Report*)就对《国家在危急中》提出了相当有力的质疑。见 Carson, C. C., Huelskamp, R. M. & Woodall, T. D. Perspectives on Education in America:An Annotated Briefing, April 1992[J]. *The Journal of Educational Research*, 1993, 86 (5):259~310.

至认为公众对教育的关注以及随之而来的大规模改革是提升教育教学效率的难得机遇。还有一些学者虽然反对使用市场逻辑推行教育改革，对这些举措进行了尖锐的批判，但是激进的立场使得他们同样也不忘对改革前的学校教育工作进行清算，而不是站出来为它辩护。很少有哪个时代像80年代一样，公共教育同时受到保守的右派和激进的左派的猛烈批评。

教育学研究者内部的分化和区隔，在课程领域中表现得尤为明显。而课程研究领域出现的分化倾向也一直是坦纳夫妇深为忧虑的事情，他们很担心这一领域会因支离破碎而最终走向瓦解。早在上世纪五六十年代，当学科结构取向成为课程领域的主调，课程改革运动被学科专家(specialist)而不是一般课程专家(generalist)掌控时，丹尼尔·坦纳就对当时的状况表示了担忧，指出学科结构取向只强调相互分离的学科，却没有考虑它们之间的联系，存在着很大的问题。接下来的70年代是课程领域范式剧变的十年，概念重建运动向以泰勒原理为代表的传统课程研究发起了猛烈的抨击。然而在坦纳夫妇眼中，"概念重建派"对课程领域传统的核心问题关注不足，是逃避"真正的"课程研究的"旁观者"。坦纳夫妇认为，尽管概念重建派以课程领域的"继承人"自居，然而实际上他们是激进的左翼批评家而非课程理论家，没能将自己的批判引向实践、开发出变革的课程。相反，概念重建派似乎对建构批判性的课程全无热情，"概念重建运动的领袖派纳就是个典型的逃避实践的激进主义者，而不是一个能解决问题的改革家"①。坦纳夫妇反对派纳将课程领域划分为"传统派"、"概念分析派"和"概念重建派"，更不满派纳对所谓的"传统派"，即泰勒(Ralph Tyler)、塔巴(Hilda Taba)和坦纳夫妇等人的作品所做的批评。

到80年代末90年代初，也就是《学校课程史》出版时，概念重建运动已经渐趋分化，政治的、种族的、性别的、后结构的、自传/传记的、美学的、神学的话语构成了复杂多样的理论实践，原本或多或少地统一于泰勒原理和课程开发范式的课程领域，出现了显著的个别化和巴尔干化的特征②。正如派纳等人所观察到的，课程领域陷入了前所未有的同一性危机，这是促使课程

---

① Tanner, D. & Tanner, L. N. Emancipation from Research: The Reconceptualist Prescription. *Educational Researcher*, 1979, 8(6):8~12.

② 同上，第869页。

学者总结和梳理本领域的历史的重要原因。

《学校课程史》的框架同坦纳夫妇 1975 年的《课程开发：理论到实践》第二部分的历史梳理基本相同，其中的很多观点也已经在其他一些著作和论文中有所表达。然而他们在 1990 年明确地以守卫传统的姿态推出这样一部课程史研究作品，并非研究灵感枯竭后重弹老调，而是在感到课程领域内外遭遇多重危机时，勇敢地、积极地去守卫自己所信奉的传统。

二、承袭进步主义传统

克雷明（Lawrence A. Cremin）《学校的变革》（1961）一书的首句便开宗明义："进步教育协会在 1955 年解散了，两年以后它的刊物《进步教育》也停刊了，这标志着美国教育学上一个时代的结束。"①而书的结尾处则意味深长："真正的进步主义思想仍然不可思议地与 20 世纪 50 年代美国的教育问题有关系。也许，它只是等待重新评价和复兴……"②

坦纳夫妇的《学校课程史》可以看作是整整三十载后对克雷明的回应，"进步教育运动已成为历史，但这一历史是现在的遗产。如果吸取了过去的教训，进步的前景就一定会出现"③。"进步教育运动将要——而且已经在进行一次彻底的重新评价，这次评价将持续到 20 世纪末。"④在坦纳夫妇看来，20 世纪 80 年代的美国教育，特别是课程理论和实践，仍然深受进步主义传统的影响。

作为进步主义传统的辩护者，坦纳夫妇既没有赞同二战后新保守派的和谐史观，不愿采用"美国利益一致论"来淡化教育和社会发展中的冲突成分；更是鲜明地反对 20 世纪 60 年代兴起的激进的修正主义史学。坦纳夫妇批评激进的修正主义教育史学者对美国公共教育持全面的否定态度："关于是什么特性和动机塑造了我们公共学校的方向和功能，他们逐渐趋向于接受那些过度扭曲且单调划一的观点。这种风尚一直聚焦于失败的一面而不

---

① ［美］劳伦斯·克雷明：《学校的变革》，单中惠、马晓斌译，上海教育出版社 1994 年版，第 1 页。

② 同上，第 389 页。

③ ［美］丹尼尔·坦纳、劳雷尔·坦纳：《学校课程史》，崔允漷等译，教育科学出版社 2006 年版，第 342 页。

④ 同上，第 291 页。

是成功的一面,它看到的不是民众教育的可能性而是局限性。"①坦纳夫妇认为20世纪六七十年代的修正主义教育史学"影响了课程史的研究和阐释。许多修正主义历史学家提出否定论的研究和论调,即他们只看到学校对人的社会经济流动性的限制,而忽略了学校为这种流动性提供的可能性"②。

在坦纳夫妇看来,"教育领域里激进的修正主义者始于如下命题:进步教育在意图和结果上均是保守的"③,坦纳夫妇认为这些学者先入为主,依据自己的研究假设随意地取舍材料,"修正主义者对进步主义的讨论中存在系统的遗漏,并且引证了不存在的原始资料。况且,许多句子常被断章取义,以传达一种同原作者意图完全不同的意义……包含了大量篡改过的数据"④。从这些评论来看,坦纳夫妇倾向于将激进的修正教育史作品看作是极左派对美国教育的肆意攻击在学术领域的一种反映。

坦纳夫妇为了维护进步教育的传统,一定程度上退回到比激进的修正史学和保守的和谐史观都更早的美国传统教育史的认识和书写方式,采用了卡伯莱(Elwood P. Cubberley)式的"冲突—进步教育史观"⑤,着重描绘美国课程演变历程中的种种矛盾和冲突,并以冲突作为解释进步的机制。在《学校课程史》中,作者勾勒了进步主义和传统主义从19世纪末到20世纪末的百年冲突,并由此突出进步主义作为影响课程的"主流"的引领作用。正如书的封底所说的,"展示了在双轨与单轨、综合课程与分科课程、学科中心与学生中心、传统与现代、保守与激进、理论与实践等二元论之间的种种角逐";作者认为,从整体上看,这些课程斗争推动了美国课程理论和实践的伟大进步,公立学校教育体制是值得赞颂的,课程史是向着完善的方向发展和进步的。

课程史学家富兰克林指出,坦纳夫妇对历史的处理方式其实同修正主义者很相似,只不过是站在另一种立场上又用相同的方式对历史做了一番新解读。"他们可能有充足的理由批评他们的同辈在材料取舍方面过多关

---

① [美]丹尼尔·坦纳、劳雷尔·坦纳:《学校课程史》,崔允漷等译,教育科学出版社2006年版,第Ⅱ页。

② 同上,第8页。

③ 同上,第4页。

④ 同上,第8~9页。

⑤ 周采:《美国教育史学:嬗变与超越》,人民教育出版社2006年版,第43~47页。

注冲突和压制的一面,而忽视了大量学校教育促进社会和谐和提供流动机遇方面的案例。"①但是他们恰恰在不知不觉中模仿了自己所反对的东西,同样有失偏颇。富兰克林的上述评论很有道理,尽管对修正史学家多有批评,但坦纳夫妇并没能超越他们。在下文对坦纳夫妇的课程史观的分析中,我们可以更清楚地看到这一点。颇为有趣的是,连坦纳夫妇对历史的作用的根本判断,即历史作为"可用的过去"(usable past)②这一说法,也恰恰是来自激进的"新左派"修正史学。

第二节 坦纳夫妇的课程史观及《学校课程史》

坦纳夫妇是一对在美国课程学界享有卓越声誉的学术伉俪,在课程开发与评价、学校管理、中学教育、教育改革以及批判性思维教学等方面颇有建树。他们开展各项研究时都十分注意运用历史的视角,例如丹尼尔·坦纳在评论中学教育改革时注重古今对比,在《年轻人的学校:中等教育的变革与挑战》中对美国中学教育的发展历程做了极为出色的历史梳理;而劳雷尔·坦纳在研究批判性思维时呼吁大家重读杜威,智慧"遗产"(legacy)、历史的"教训"(lesson)等字眼成为她多篇论文的主题。两人都对杜威的思想推崇有加,先后担任过约翰·杜威学会(John Dewey Society)的主席。

35

夫妇俩在课程领域有很高的学术声望和号召力,劳雷尔·坦纳还是美国课程史研究协会(SSCH, The Society of the Study of Curriculum History)的创始人(参见本书绪论)。两人合著的《课程开发:理论到实践》(*Curriculum Development:Theory into Practice*)③是一本在课程领域影响很大的教科书,并且也是他们最先在"纲领性教科书"中纳入讨论课程史的

① Franklin, B. M. Book Review:History of the School Curriculum. *Historical Studies in Education/Revue d'histoire de l'éducation*, 1991, 3(1):169~172.

② Unger, I. The "New Left" and American History:Some Recent Trends in United States Historiography. *The American Historical Review*, 1967, 72(4):1237~1263.

③ Tanner, D. & Tanner, L. N. *Curriculum Development:Theory into Practice*. New York:Macmillan, 1975.

独立单元①。因此在探讨美国课程史研究时，没有理由不考察坦纳夫妇关于为什么开展课程史研究和怎样开展研究的观点。

一、"可用的过去"：课程史的效用及其书写方式

如何"用"课程史

作为课程史研究协会的创建者，劳雷尔·坦纳 1982 年在《课程探究》杂志上以《作为可用的知识的课程史》②为题，撰文阐释了她对课程史研究的一些基本看法。她认为课程史研究的目的不能限于历史本身，仅仅发掘出过去的事实是不够的，课程史研究还要对解决当代课程问题有所助益。

首先，如拉尔夫·泰勒所说，"通过借鉴过去在解决这些问题时获得的经验，我们不仅能够证实那些用以支持或反对过去已考虑过的论点，而且能够看到那些实际上已采用的步骤的结果。时过境迁，这已不能用来作为今天那些计划不容置疑的答案，但在我们面临当前的教育决策时，它可以提醒我们注意一些需要深思熟虑的重要因素"③。在坦纳夫妇看来，仅仅把过去的经验记载下来，并不能保证课程工作者在决策时会翻看这些资料并以史为鉴。我们确实应该通过借鉴历史来避免重复以往的错误，不过历史的效用"不应当仅仅是防御的"。孤立地去关注一个个课程历史事件没法综合出规律性的结论。所以，课程史作品需要明确地以推进当代课程的理论和实践的发展为出发点，"历史也可能为帮助我们处理目前的情境的目的而撰写……因而它对当前学校课程的决策是有用的"④；同时还要注意对历史做整体的、综合的把握，避免断章取义和曲解历史，因为"假如没有对当代问题全面而准确的理解，去历史中寻找观念是危险的"⑤。经验、资源、财富、遗产、遗赠是坦纳夫妇谈到课程史研究时最常使用的一类词汇，在他们的很多著

---

① [美]派纳等：《理解课程：历史与当代课程话语研究导论》，张华等译，教育科学出版社 2003 年版，第 70 页。

② Tanner, L. N. Curriculum History as Usable Knowledge. *Curriculum Inquiry*, 1982，12(4)：405～411.

③ [美]丹尼尔·坦纳、劳雷尔·坦纳：《学校课程史》，崔允漷等译，教育科学出版社 2006 年版，第Ⅱ页（书前由拉尔夫·泰勒撰写的序言），可参见原著第 xii 页。

④ 同上，第 6 页。

⑤ Tanner, L. N. Curriculum History as Usable Knowledge. *Curriculum Inquiry*, 1982，12(4)：405～411.

作和论文中都注意挖掘过往的课程思想在当代的价值,例如在《学校课程史》出版的前后几年中就有《美国教学中的环境主义:莱斯特·沃德的遗赠》①(1987年)、《没有选的那条路:杜威的探究模式》②(1988年)、《杜威实验学校的课程意义(1896~1904)》③(1991年)等三篇重要论文发表。

其次,除了为当代课程改革提供必要的参照外,坦纳夫妇非常强调课程史研究在课程专业领域中经验积累的作用。他们认为科学研究中"站在巨人的肩膀上"的隐喻同样适用于课程研究,"现在的知识毕竟是过去经验的总结……凭借早已逝去的却依然留给我们经验教训的先驱者和教师们的贡献,我们才取得了进步"。④ "课程同其他任何专业领域一样,离不开过去的经验……课程史对于专业化问题有重要意义。"⑤在《作为可用的知识的课程史》中,劳雷尔再次强调了她和丈夫在《课程开发:理论到实践》的第二版中提出的"范式说",认为课程领域处于库恩所说的"常规科学"状态,存在着统一的范式,即泰勒原理。其中的关键要素继承了课程领域发展历程中积累下来的重要财富。课程领域的知识是能够累积累进的,因此课程史研究的作用在于总结前人的成果,并使后来的研究在某种共同的基础上继续前进⑥。

最后,坦纳夫妇还把课程史看作是"个人记忆的延伸,一种教育者能够共同分享的延伸,其结果成为一种专业领域的记忆"⑦。因此课程史"不仅仅是一种实用的东西——它还是一种情感上的事情。我们以此发展一种对我

---

① Tanner, L. N. & Tanner, D. Environmentalism in American Pedagogy: The Legacy of Lester Ward. *The Teachers College Record*, 1987, 88(4):537~547.

② Tanner, L. N. The Path Not Taken: Dewey's Model of Inquiry. *Curriculum Inquiry*, 1988, 18(4):471~479.

③ Tanner, L. N. The Meaning of Curriculum in Dewey's Laboratory School (1896~1904). *Journal of Curriculum Studies*, 1991, 23(2):101~117.

④ [美]丹尼尔·坦纳、劳雷尔·坦纳:《学校课程史》,崔允漷等译,教育科学出版社2006年版,第7页。

⑤ Tanner, L. N. Curriculum History and Educational Leadership. *Educational Leadership*, 1983, 41(3):38~39, 42.

⑥ 在本文的绪论中我们已经提到,课程史研究兴起时课程领域正经历从"课程开发"向"课程理解"的范式转换,而非处于"常规科学"状态,因此坦纳夫妇的"课程知识累积"说的前提并不成立。

⑦ [美]丹尼尔·坦纳、劳雷尔·坦纳:《学校课程史》,崔允漷等译,教育科学出版社2006年版,第11页。

们祖先的责任感，而且也许我们会激起一种抱负去继续他们的事业。历史提供各种典范，不管我们正在谈论的是五年级学生对林肯总统的崇拜以及对其童年时代的兴趣，还是专业教育人员对贺拉斯·曼的受惠感……如果课程史要具有效用的话，它就必须是建设性的"，①而不是像激进的修正主义者那样持否定的论调。尽管早在1969年贝拉克就曾警告道，课程史研究者要避免扮演传道者的角色，"不应为了鼓舞教师的职业热情而有所讳言，而应该帮助他们理解在学校课程开发过程中实际上发生了什么事情"②。然而在厌倦了修正主义史学对教育的批评和指责的坦纳夫妇那里，历史还是"应该给我们一种认同感和集体良知"③的。

坦纳夫妇关于史用的观点具有鲜明的实用主义色彩，然而作为课程史研究的领军者，除了对如何用史，还应该对如何治史做出回答，以保障这些设想的作用能够实现。

如何"治"课程史

在这方面，坦纳夫妇遭到了不少批评，二人都没有接受过历史学专业训练，作为课程理论家，他们更长于论辩而不善叙述，多次因为历史叙事缺乏流畅性而被教育史家诟病。至于历史编纂的理论，也不是二人熟悉的领域，所以对于如何书写课程史这一问题，两人作答时似乎有些力不从心。关于历史本体论和历史认识论的观点都比较含糊，很多时候有些自相矛盾。

他们既承认我们不能确切地知道过去，"绝对的真相永远不可能被了解"，然而又强调"通过研究证据，我们能够了解到各个时代的学校课程的大量内容"。④ 既强调"科学的方法至关重要"，又不曾说明怎样开展历史研究才算是使用了科学的方法。既肯定历史学家的主观能动性，承认历史总是依据新的学术见解被不断改写，但又认为这些见解是来自"学术上的客观

①［美］丹尼尔·坦纳、劳雷尔·坦纳：《学校课程史》，崔允漷等译，教育科学出版社2006年版，第8页。

② Bellack, A. A. History of Curriculum Thought and Practice[J]. *Review of Educational Research*, 1969, 39(3): 283~293.

③［美］丹尼尔·坦纳、劳雷尔·坦纳：《学校课程史》，崔允漷等译，教育科学出版社2006年版，第27页。

④ 同上，第3页。

性"(scholarly objectivity)①。

　如今史学界越来越充分肯定史学家的叙事(narrative)在历史作品中的关键作用,史学家将材料组织起来,赋予情节,并或明或暗地以一定的模式展开自己的论述。历史并非"资料"的自行写作。坦纳夫妇也承认"单纯的历史事实和事件并不能构成一部历史……它们必须被选择、解释和整理"。②但他们又拒绝承认这种选择、解释和整理过程的主观性。虽然他们赞同事件必须要"转变为一种叙事",要"透过事实的现象去揭示它的原因"③,但又似乎不承认这是一种主观历史解释,不赞同带着自己的理论去解读历史。

　受美国史学家比尔德影响,坦纳夫妇指出历史研究者"必须意识到自己的历史观,不能回避它"④,不应该掩藏自己选择与处理事件时的参照系和价值观,避免隐性偏见的陷阱,但他们没有意识到史学家的这些观点和观念实际上就是某种理论,是一副"眼镜",史学家一直戴着它观察历史。所以尽管坦纳夫妇强烈地反对修正主义史学家"从自己的命题出发",他们自己却也做着类似的事情,说到底,就像他们自己所指出的,"历史学家同任何其他人没有什么两样,他们从自己的角度来看待事物,这种角度决定了他们所需要的相关事件"⑤。

　克利巴德在《美国课程的斗争》中书写课程史的时候,使用了一个明确的分析模型,坦纳夫妇对此提出了尖锐的批评,认为这是"将类型和形式强加于材料之上"⑥,他们强调"必须注意不要去强迫概念、个体和事件去适应整齐划一的分类。历史从来不是按整齐划一的分类面目出现的"⑦。"没有任何既定的分类能够刻画出教育界各个伟大人物所主张的无数的和相互冲

Tanner, D. & Tanner, L. N. *History of the School Curriculum*. New York: Macmillan, 1990:3.

　③[美]丹尼尔·坦纳、劳雷尔·坦纳:《学校课程史》,崔允漷等译,教育科学出版社2006年版,第4页。

　④⑤ Tanner, D. & Tanner, L. N. *History of the School Curriculum*. New York: Macmillan, 1990:4.

　⑥[美]丹尼尔·坦纳、劳雷尔·坦纳:《学校课程史》,崔允漷等译,教育科学出版社2006年版,第26页。

　⑦同上,第27页。

突的观点。"①然而他们自己在《学校课程史》中也同样划分出了各种"相互冲突的哲学思想"，将其分别划分到传统主义与进步主义两大对立的阵营里，并用这种冲突作为贯穿全书的线索，只是他们没有在书的开端就明确地给出自己的解释框架而已。

可以说上述矛盾是典型的蒙斯洛（A. Munslow，又译"穆斯洛"）所说的作为"重构"（reconstruction）的历史书写通常都要面对的矛盾。重构主义往往既承认关于过去的"真理性"认知是永远无法实现的，同时又坚持历史研究应该而且能够不偏不倚地判断证据，讲出"真实"的故事、做出"正确"的解释。② 他们反对使用任何"外在"的理论，认为一切都应该来源于史料和"证据"，否认叙事的决定性作用，但是他们同样需要通过叙述将观察到的东西以有意义的方式展现给读者，无奈自己的观察和叙述却又不可避免地"沾染"了某些理论的成分（详见本书结论部分）。如上所述，坦纳夫妇的课程史书写很明显地展现了重构主义者这些特点，在历史认识论上较为含糊其辞，表现为"天真的"经验主义，而在历史本体论问题上，坦纳夫妇则默认过去是客观存在的，同时鲜明地表态，自己相信历史是不断进步的。

二、"冲突—进步"：课程历史的发展脉络

坦纳夫妇在《学校课程史》的开篇处就依照比尔德"无序的、循环的以及线性发展的"这三种历史观的划分，明确了自己"发展性的"课程史观："尽管存在周期性的倒退，但学校课程已经并正从最初的开端迈向一个更高的发展水平。"③换言之，课程的历史是螺旋上升、不断进步的，"如果进步观在历史总体上讲是真实的，那么它在教育上则更为真实"④，"进步观一定是课程史中最有影响力的思想，也就是说，人类过去一直在前进，并且今天仍然在继续向着完善的方向发展"⑤。

尽管波普科维茨等人（参见本书第四章）在上世纪 80 年代就已经指出进

① ［美］丹尼尔·坦纳、劳雷尔·坦纳：《学校课程史》，崔允漷等译，教育科学出版社 2006 年版，第 27 页。

② Munslow, A. *Deconstructing History*. London; New York; Routledge, 2006:20.

③ ［美］丹尼尔·坦纳、劳雷尔·坦纳：《学校课程史》，崔允漷等译，教育科学出版社 2006 年版，第 5 页。

④⑤ 同上，第 10 页。

步的观念可能是教育方面"最大的神话之一",然而坦纳夫妇完全不能接受这种观点,指责他们是"太典型的怀疑主义"①,是一种与教育格格不入的悲观主义。对此,富兰克林评论道,坦纳夫妇接受"进步"的概念时缺乏审慎,使用时则有些轻率(blithe)。② 在《学校课程史》中我们确实不难读出对"进步"的笃信,以及那种"美国例外论"式的乐观和欢快。

延续性与可比性

要描绘一幅"进步"或"持续发展"的图景,其前提是存在一个连续的统一体,这一统一体既存在于过去,又能延续到当下。坦纳夫妇引用杜威的话写道,"没有一致性与连贯性,事件就不成其为事件"③。在坦纳夫妇的作品里,这种不变的东西是某些理想或理念,例如"争取教育机会、社会公正、经济平等是一个永无止境的过程,今天和过去的任何时候都一样适时"④,又比如民主理想的力量一直影响着两百多年来教育的发展,而从事课程编制的人必须理解这种影响,"以便他们能够通过那种伟大力量的引导去继续这种进步"⑤。坦纳夫妇相信伟大的思想都会包含"自我实现的种子"(the seeds of its own realization)⑥。也就是说保证历史持续进步的正是那些理想,正是人的理性、人的认识、人的精神力量。

坦纳夫妇认为这些东西可以超越时空的限制,"许多古老的思想具有不朽的特征",它们是超脱于历史之外的"理念"和"本质",所以"课程领域的核心思想必须代代相传,课程史理应履行这种职责"⑦。比如杜威关于"问题探

---

① Tanner, D. & Tanner, L. N. *History of the School Curriculum*. New York: Macmillan, 1990:9.

② Franklin, B. M. Book Review: History of the School Curriculum. *Historical Studies in Education/Revue d'histoire de l'éducation*, 1991, 3(1):169~172.

③ [美]丹尼尔·坦纳、劳雷尔·坦纳:《学校课程史》,崔允漷等译,教育科学出版社2006年版,第6页。

④ 同上,第Ⅰ页。

⑤ 同上,第9页。

⑥ Tanner, D. & Tanner, L. N. *History of the School Curriculum*. New York: Macmillan, 1990:8.

⑦ [美]丹尼尔·坦纳、劳雷尔·坦纳:《学校课程史》,崔允漷等译,教育科学出版社2006年版,第7页。

究教学"的思想就应该被当前的研究者们继承下来。① 教育学者必须谨防自己丢失了历史的视角，"草率地屈从于暂时的当代思潮、在惊慌失措中放弃那些具有永久性价值的无法估量的东西"②。由此可以看到，坦纳夫妇相信历史是进步的，但这种进步的观念本身，却恰恰是黑格尔式的、"非历史"的超越性存在。

正是由于存在着这种延续不断的超越性存在，过去和当下也就可以有着相似性和可类比性。"历史本身不会重演，但当今发生的几乎每一个热点问题都曾在过去的岁月中以这种或那种形式出现过。"③所以"以史为鉴"是有意义的，"类推检验是对历史的一种有效应用"④。即便意识到在历史的不同时期当中"没有哪两种情境是一模一样的……类推可能受其适切性的局限"，不能对实践给出具体的指导，然而坦纳夫妇还是更愿意相信，"类推也可能完全是贴切的，例如儿童中心课程与学科中心课程间的划时代转换即是如此"⑤。所以在《学校课程史》里，跨时代的对比和类推俯拾皆是，比如将20世纪60年代浪漫激进的学校改革倡议同19世纪末20世纪初一些极端的儿童中心论调联系起来；在介绍1908年开始实施的"盖里计划"里年长的与年幼的儿童之间的交往时，把它和19世纪的兰卡斯特导生制教学进行类比，认为二者都体现了"学生作为教师这一与教育经济学有关的概念"⑥。

叙事时间

跨时代的比对可以帮读者更好地认识课程思想史上不断复现的一些共性的东西，但同时也导致叙述太过杂乱，读者在阅读《学校课程史》的时候会不断地遭遇时段的跳跃。尽管在整体上作者依从了线性的时间观，基本按前后相继的顺序展开全书的内容，但是其中也有很多例外。比如在第二章中作者介绍了1893年中等学校课程十人委员会的报告，而第三章开头却又

---

① Tanner, L. N. The Path Not Taken: Dewey's Model of Inquiry. *Curriculum Inquiry*, 1988, 18(4):471~479.

② [美]丹尼尔·坦纳、劳雷尔·坦纳:《学校课程史》，崔允漷等译，教育科学出版社2006年版，第26页。

③ 同上，第Ⅰ页。

④ 同上，第15页。

⑤ 同上，第13页。

⑥ 同上，第143页。

跳回 1875 年来讲述帕克的"昆西制"。我们应当承认，很多历史作品中都存在时间的翻折现象，它们多是对历史本身复杂曲折的进程的一种反映，以便为叙事增加必要的厚度，然而《学校课程史》中频繁的时间跳转，却是源自作者自己对比较和评价的热衷。

书中最典型的时间翻转跳跃的方式是，在对某种思想进行介绍后，便立即把它与其后某个时段中类似的思想或实践联系起来。例如在"教育与能力"的标题下，作者在用一句话介绍了贺拉斯·曼关于教育可使人获得能力和独立，不再受困于欲望和贫穷的观点后，便突然转向后世："在 60 年代向贫穷宣战时期，人们重新认识到了贫穷和缺乏能力之间的关系。令人奇怪的是，这竟被视为一种崭新的思想。"①又如，坦纳夫妇在介绍 19 世纪的兰卡斯特导生制教学的这一小节中，用不到两页的篇幅对这种教学机制做了述评，指出它在教学效率等方面的优点和用机械方法增强记忆的缺陷，然后剩下的整整一页纸都是谈论"今日的机械教育"（Mechanical Education Today）②。

作者总是急于（站在进步主义立场上）对各个时代的课程思想做自己的评述，夹叙夹议的风格贯穿全书始终，时刻考虑笔下描述的思想或实践对日后课程领域的影响。两位作者认为："如果课程史仅仅被看作是关于各种事件的编年史，它就不能告诉我们那些伴随着进步而遇到的问题与冲突的真正故事。其结果是，过去的成败与当前的问题相联系的可能性受到严重的限制。但是，如果能通过故事的叙述使过去的经验与学识与当前的问题发生联系，那么教育者将能够借鉴过去的经验教训。"③他们自己的书写实践也践行了这种理念，正如克利福德所说，坦纳夫妇总喜欢"在时间线中往返穿梭"④，随时随地拉回到现在是《学校课程史》的一大突出特色。

然而这样一来，即便作者声称自己站在进步史观的立场反对循环史观，

43

①〔美〕丹尼尔·坦纳、劳雷尔·坦纳：《学校课程史》，崔允漷等译，教育科学出版社 2006 年版，第 26 页，第 42 页。

② Tanner, D. & Tanner, L. N. *History of the School Curriculum*. New York: Macmillan, 1990:46.

③〔美〕丹尼尔·坦纳、劳雷尔·坦纳：《学校课程史》，崔允漷等译，教育科学出版社 2006 年版，第 19 页。

④ Clifford, G. J. The "Sticky Wicket" of Curriculum History. *Educational Researcher*, 1990, 19(9):26～28.

不断地古今对比却容易"促使读者形成历史会出现循环更替的这种理解"①。同时，历史作品的叙事节奏也由此被打乱，支离破碎。克利福德批评《学校课程史》似乎是要作为一本教材或参考书，全书密密麻麻满是小标题，不断切换叙述的主题，不但行文不够流畅，而且叙事枯燥乏味，除了"专门的书评者或者忠实的学生"，多数读者会受不了这本书的啰嗦。②

"冲突"与"主流"

"冲突"是坦纳夫妇描述历史时的一个重要词汇，他们研究的核心任务便是"参照各种当时兴起的社会、经济和政治力量，去考察课程演变历程中的重要运动的特征、冲突和矛盾"③。《学校课程史》分为三个部分，第一部分的两章可看作是"导论"和"引子"，第二部分是"在课程思想和实践中相互冲突的潮流中追溯课程演变的主要趋势"，第三部分则"在 20 世纪 30 年代到今天的社会巨变中检视剧烈的课程冲突"，所谓的"冲突"既包括重要的冲突事件，也包括"多样且经常是相互冲突的观点"。④

冲突是坦纳夫妇着力构造的关键情节，"斗争"、"胜利"和"失败"引领着《学校课程史》的历史想象，在书中很容易找到像"杰斐逊在为机会均等而斗争的第一回合失败了，然而为争取机会均等而进行的斗争却持续至今"，"古典主义者赢得了第一回合的胜利，但是他们并未获全胜……直到今天他们还不承认失败"⑤这类语句和段落。然而冲突并非坦纳夫妇叙事的最根本的结构，对冲突的论述，不过是在"进步"的观念中加入冲突的成分，用以说明进步的机制而已，"冲突—进步"是 19 世纪末 20 世纪初进步主义历史学派的主调⑥。以两分法的冲突观解释历史是这一学派的一大特点，如前文提到的那样，坦纳夫妇既反对激进的修正主义又反对保守的一致论，因而似乎退而

---

① Clifford, G. The Reviewer Responds. *Educational Researcher*, 1991, 20(7): 41~42.

② Clifford, G. J. The "Sticky Wicket" of Curriculum History. *Educational Researcher*, 1990, 19(9):26~28.

③ Tanner, D. & Tanner, L. N. *History of the School Curriculum*. New York: Macmillan, 1990:xiv.

④ 同上，第 xiv~xv 页。

⑤ [美]丹尼尔·坦纳、劳雷尔·坦纳:《学校课程史》，崔允漷等译，教育科学出版社 2006 年版，第 37,69 页。

⑥ 周采:美国教育史学:嬗变与超越[M]，北京:人民教育出版社,2006:41。

使用这二者出现之前流行的美国传统的进步史学模式。在这一模式中，冲突并不会给历史的基本方向带来变数，主流总会冲破抵制力量的束缚，冲突总归要不断推动着历史朝着一个单一的、"更好"的方向前进。

坦纳夫妇刻画的冲突中的"主流"，是思想和意识形态层面的，它既承袭所谓的伟大的美国传统（一定程度上其实是盎格鲁—撒克逊白人新教传统），又号称具有相当的包容性，是多元的。坦纳夫妇称自己"在追寻学校课程历史的轨迹时，一直努力审视这个伟大的多元主义的本质和内涵，并怀着共同的信念寻找到它通过民众教育所表达的方式"。① 尽管每个时代都有支流和逆流对主流构成干扰，但主流思想仍然是"每个时代的标志……虽然60年代常常同嬉皮士以及对社会的不负责任联系在一起，但这10年占优势地位的思想是社会公正……社会思想的主流一直是机会均等，这是60年代后期课程改革的一个有利因素"②。

在坦纳夫妇笔下，这种主流意识形态并不包含美国强大的个人主义传统，而只包含美国思想中民主包容的一面，强烈的个人主义是与他们所树立的主流相对立的逆流。而且这种主流中似乎也丝毫没有种族歧视的色彩，而是致力于对话和共生，"在这个世纪中，有思想的教育家一直在探索通过课程形成一种社会团结的力量，以便为自由社会中的所有公民提供对话、相互理解与竞争的共识，同时满足一个多民族国家的兴趣与需求"③。

总之，坦纳夫妇的课程史从不涉及批判作家笔下那些真正尖锐的矛盾和冲突（阶级、种族和性别等），冲突都是在适当的限度之内，进步才是历史的底色。刻画冲突，并非为了做出悲剧或讽刺剧的情节化解释，以笔尖为匕首，直刺社会问题，完成意识形态批判；而只是以妥协为终结，"对立要素之间冲突的结果是社会环境表现得更纯洁、更明智，也更健康"④，从而为读者奉上一出有浪漫色彩的人间喜剧。在进步史观的关照下，坦纳夫妇着力勾勒了一种近乎完美的美国思想主流，毫不迟疑地为美国公立教育以及美国

45

---

① [美]丹尼尔·坦纳、劳雷尔·坦纳：《学校课程史》，崔允漷等译，教育科学出版社2006年版，第Ⅱ页。

② 同上，第23~24页。

③ 同上，第Ⅰ页。

④ [美]海登·怀特：《元史学：十九世纪欧洲的历史想象》，陈新译，译林出版社2009年版，第10页。

课程思想和实践谱写了一曲颂歌。

三、以"进步主义"为轴线的课程思想演变

课程思想史

派纳等人曾指出,坦纳夫妇《学校课程史》的书名"是模糊的,更准确的题目应该是《学校课程话语史》。正如他们自己所说,我们并不确切知道学校中发生的事情。我们并不知道学术话语和学校中那些日常实践之间的逼真情况⋯⋯课程领域不应和学校课程混同⋯⋯课程领域对学校中所发生的事情的关系,并不比经济学领域对美国经济的关系、政治学对美国政治的关系、预防医学对普通人群的日常营养实践具有更大的一致性"。①

坦纳夫妇似乎也认识到自己探讨的主要是课程思想,特别是课程学术领域的历史,称"课程史是⋯⋯课程领域里经验的积累",自己关注的是"前人的模式和思想"②。尽管书中也介绍了一些学区和学校个例,如温纳特卡和林肯学校、杜威学校、盖里计划等(这也被认为是本书的一大优点③④),但主要注重的是其中课程编制的思想而非课程实施的具体实践。坦纳夫妇将大部分笔墨用在一些著名学者的作品上,撰写的是一部远离教师和学生的实际教学生活的学术史,这样看来,题目中的"学校课程"一词确实有些名不副实。

举例来说,在题为"免费公立学校的课程"(The Common School Curriculum)的段落里,坦纳夫妇介绍的是坎伯兰郡大学校长的演说对于什么课程最适合公立学校的探讨,美国教学研究所的有奖征文的得主帕尔默有关公立学校课程应包括哪些内容的观点,以及巴纳德对康涅狄格州的学校所做的一份调查问卷中所涉及的科目。坦纳写到,"毫无疑问,许多康涅狄格州的学校并没有完全开设上述课程。但是,我们有理由相信,巴纳德和

---

① [美]派纳等:《理解课程:历史与当代课程话语研究导论》,张华等译,教育科学出版社 2003 年版,第 48～49 页。

② [美]丹尼尔·坦纳、劳雷尔·坦纳:《学校课程史》,崔允漷等译,教育科学出版社 2006 年版,第 16,33 页。

③ Franklin, B. M. Book Review: History of the School Curriculum. *Historical Studies in Education/Revue d'histoire de l'éducation*, 1991, 3(1):169～172.

④ Clifford, G. J. The "Sticky Wicket" of Curriculum History. *Educational Researcher*, 1990, 19(9):26～28.

他的州教育委员会感到所有学校都应该开设上述课程"。① 因此,《学校课程史》与其说想要揭示学校里到底开设了哪些课程,课程的实施状况又如何,不如说更关心当时人们关于课程的见解是什么。

坦纳夫妇声称自己讲述的是"关于学校课程,以及影响其发展的重要人物、思想和潮流的故事"②,但是他们从来没有对自己研究的课程是什么给出一个定义。结果这本书反而好像只谈了重要人物的思想,至于学校中的课程反而很少涉及。对几个课程开发的具体实例的介绍,被看作是本书的亮点,有学者认为这部书的大部分内容是课程学者和教育史学家所熟知的东西,唯有对一些地方层面的课程开发活动的考察还是有一些新意的③。可惜这些介绍又只是概略,篇幅不长,使用的语言又很理论化,没能把具体生动的历史细节呈现给读者。

加州大学伯克利分校的克利福德(Geraldine J. Clifford)认为《学校课程史》有很多地方将理论和实践混淆了起来。其研究假设是,课程既是学校中实际发生的事情,同时又反映着对课程、教育乃至社会的哲学思考。然而实际上,作者所处理的材料只是关于课程的论述,包括专著、论文、委员会的报告、印刷的课程标准和学程等,而不是教师实际采用的教科书、教案、作业、试卷乃至课堂中的语言表达。这部学校课程史只是关注各色人等炮制的文本,其中包括有着自身特定研究旨趣的学者,挥舞着钞票的基金会,缺乏耐性的商人,还有善用权柄的政客,而对学校实践的研究相当欠缺。没能像一些采用了微观视角的教育史学作品④那样以小见大,深入挖掘当社会和文化情境经历巨大变迁时,教学活动的组织、课堂的氛围、师生的交往等方面有怎样的变化。

相对而言,《学校课程史》似乎更注重对宏观背景的考察,"按照更加广

---

① [美]丹尼尔·坦纳、劳雷尔·坦纳:《学校课程史》,崔允漷等译,教育科学出版社2006年版,第43~44页。

② Tanner, D. & Tanner, L. N. *History of the School Curriculum*. New York: Macmillan, 1990:3.

③ Clifford, G. J. The "Sticky Wicket" of Curriculum History. *Educational Researcher*, 1990, 19(9):26~28.

④ Cuban, L. *How Teachers Taught: Constancy and Change in American Classrooms*, 1890~1980. New York:Longman,1984.

泛的社会政治影响来审视课程改革和课程缩减的阶段性运动"①。坦纳夫妇认为"课程史可以也应当单独处理，但相当重要的是，我们应当对课程史与其他历史的相互联系保持警觉，这些历史包括对学校课程史产生过影响的政治史、行为科学史和物理学史、技术史和哲学史。……课程领域的发展并不是在真空中发生的，也不应该在真空中发生。知识的变化和政治经济的发展已经影响了课程……苏联人造卫星发射后的时代和80年代早期，对外来竞争者的关注导致了科学教育改革的提议"。"任何时候，社会、经济和政治的问题很快就会变为教育问题"，作为"在教育领域工作了四分之一个世纪的人"，坦纳夫妇深知这一点，因此他们坚持认为课程的历史不应当孤立于其他历史之外。②

坦纳夫妇将课程史定义为"关于课程的一种知识形式，这种形式阐明了学校中发生的事物是如何与社会相关联的"。③ 但是书写课程史时，往往只是在每一章的开头和结尾处对背景做一简单的介绍，它们仅仅是纯粹的背景而已，流于宏大空泛。坦纳夫妇并没有细致地分析社会现实对课程活动的影响机制。教育系统外的社会因素为课程改革提供了哪些思想资源，如何推动或阻碍政策过程，怎样影响课程的审议和教材的编著等问题都不曾被列入考察的范围，各章节的主体部分还是专心致志地"单纯地"从课程领域的专业角度解读各色理论观点。在他们看来，谈论社会背景的作用仅仅是为了能"按照民主社会的前景，审视重要教育家的思想和影响"④而已。

在每一章的末尾，作者都会给出一个时段的大事记，用一份大事年表展示作者认为重要的教育和社会事件。表格分为三列，一列是作者选定的年份，后面两列分别是一些当年发生的教育和社会事件。例如，1781年发生的教育大事是"裴斯泰洛奇发表《林哈德与葛笃德》"，社会大事是"随着美国独立战争中英国在约克镇的溃败，解除了所有的土地契约"。表格就这样按时间顺序展开，其中的"许多社会事件无论在顺序上还是在结果上均没有对所

---

① [美]丹尼尔·坦纳、劳雷尔·坦纳：《学校课程史》，崔允漷等译，教育科学出版社2006年版，第Ⅱ页。

② 同上，第21～22页。

③ 同上，第6页。

④ 同上，第Ⅱ页。

列的教育事件产生直接的影响"①,然而坦纳夫妇却相信它能给读者以人类历史的视角。大事表覆盖的年限从 1642 年一直到 1989 年,里面列出的社会事件林林总总,如自行车制造业开始出现,孟德尔发表《遗传规律》,霍乱流行后伦敦的下水道被修建一新等等。然而其中既没有提到法国大革命也没有俄国革命,让人难以把握作者选取事件的依据是什么。坦纳夫妇在书中高度宣扬人类主动改造和变革社会的能力,而正是法国大革命和俄国革命(可以说它们的意义绝不逊于被称为"美国革命"的独立战争)使人们相信人类有决定自己命运的能力。但是坦纳夫妇的这份表格里,英美以外的国家的事件很难获得一席之地。更大的问题是,想单纯用这样的罗列就让读者体会教育发展和社会变迁之间的联系,对读者的要求未免太高了些,这其实是把历史学者该做的工作推给了读者。正像富兰克林所评论的,坦纳夫妇的这些表格什么也说明不了,什么也解释不了。②

主线:进步主义

《学校课程史》"描绘了一条贯穿于过去百年课程发展中传统主义与进步主义之间主流和逆流的线索"③,颇有为美国教育中的进步主义运动,(准确地说是其中的课程思想)树碑立传的意味。书中引用了克雷明的话,认为教育中的进步主义运动是"一个巨大的人文主义努力的一部分,这种努力就是把美国生活的诺言——民治、民有、民享的政府的理想应用到 19 世纪后半叶形成的令人困惑的新城市工业文明中去"④。

坦纳夫妇写道,"教育进步主义者对逐渐改良的见解是,进步是可能的,但肯定不是必然的。当人们为创造更好的生存条件制订计划并集中力量去实现这些目标时,那进步就最有可能发生,或者说,进步不是由进化法则决定的,而是由人对自然的控制决定的"⑤。二位作者讲述的是一个启蒙主义、

49

---

① ② Franklin, B. M. Book Review: History of the School Curriculum. *Historical Studies in Education/Revue d'histoire de l'éducation*, 1991, 3(1):169~172.

③ Tanner, D. & Tanner, L. N. *History of the School Curriculum*. New York: Macmillan, 1990: xvi.

④ [美]丹尼尔·坦纳、劳雷尔·坦纳:《学校课程史》,崔允漷等译,教育科学出版社 2006 年版,第 118 页。

⑤ 同上,第 119 页。

人文主义和进步主义不断战胜无知、自私和守旧的故事。①

《学校课程史》紧紧围绕着进步教育运动展开,第二章可以看作是进步教育运动的前传,进步主义时代之前的两个半世纪作者只给了一章的篇幅。三、四、五章则对 20 世纪上半叶的进步运动中涌现的各种课程思想做了较为细致的描述,而第六章谈的是进步教育留下的"课程遗产"。

书的开端介绍了美国公立学校制度的形成,从 1647 年马萨诸塞州要求拥有一百个或以上家庭的城镇要建立一所拉丁文法学校开始谈起。第二章是涉及教育制度问题较多的一章,坦纳夫妇对免费公立教育的理念表现出特别的关注。而公立教育传统是谈论进步主义教育时通常要涉及的论题。

将进步主义教育运动置入美国进步主义时代的整体社会变革中理解是十分必要的,也是包括克雷明在内的美国教育史学者在研究这一时期的美国教育时的一个主要的努力方向。然而考虑宏观的政治经济背景,并不等于简单地顺应民族国家的意识形态需求,撰写辉格国史,谱写进步颂歌。《学校课程史》对美国进步主义所做的判断过于单一和简化,认为"美国进步主义者为改革学校的教育目的提供了社会兴趣、人文精神、对我们制度的信仰以及必需的能量"②,为独具特色的美国教育理论与实践"提供了政治武器"。不仅是进步主义时期,坦纳夫妇对各个历史时代的美国都极尽颂扬,进步教育所取得的所有成就都离不开这个新兴国家所独具的优异的"美国特性"。

坦纳夫妇声称"美国独立战争除了政治意义以外还具有教育意义"。③他们把美国开国元勋杰斐逊称作是"最早的课程理论家之一",认为杰斐逊"如此热烈地信奉普及教育的理念"的根本原因是,它能帮助青年思考,让他们成为有责任心的自律的公民。"我们最崇高和最广泛的社会理想最终是与我们的教育思想相联系的。而且,这些思想都要通过学校中我们称之为课程的那种经验才能变为现实。"④作者认为《学校课程史》努力追溯的是一场伟大的斗争,是"通过学校改造和课程改革更彻底地实现美国社会的民主

50

① Franklin, B. M. Book Review: History of the School Curriculum. *Historical Studies in Education/Revue d'histoire de l'éducation*, 1991, 3(1):169~172.

②[美]丹尼尔·坦纳、劳雷尔·坦纳:《学校课程史》,崔允漷等译,教育科学出版社 2006 年版,第 136 页。

③ 同上,第 118 页。

④ 同上,第 27~28 页。

潜力"①的斗争。美国教育的最大意义是促进民主社会的成型和发展，历史中的课程实践一直力求实现一个"美国梦"。

这个美国梦是特别的，是独特的。《学校课程史》字里行间透露出对"美国例外论"的笃信，相信美国社会是独一无二的真正的民主社会。"审视学校课程的早期发展"，为的是"揭示出我们与旧世界教育传统的分离点"，即便这个新国家也采纳某些进步的欧洲思想，但它们要"适合我们新国家的特定条件和理想"②。"到 19 世纪后半叶，美国经历了猛烈冲破欧洲教育传统和社会传统的过程，以至于从历史观点看，似乎必然要出现一种真正的美国式教育哲学来迎接 20 世纪的广阔前景。"③

在坦纳夫妇看来，帕克和赫尔巴特的理论之间"最重要的差别在于背景不同"④。美国是一个民主社会，而德国的学校则社会等级分明，这是两种理论存在着根本差别的原因。坦纳夫妇做这样的解读，不仅为了高扬帕克以降低美国进步主义教育传统，同时也是为了反对当代课程学界运用哈贝马斯等法兰克福学派的理论家提出的社会理论。坦纳夫妇认为那些理论是针对德国特定的社会文化情境提出的，不能应用于美国。⑤ 德国的教育强调将个体塑造成为民族国家服务的"公民"，而在美国，无论各种不同的意识形态和社会实践之间有多么大的区隔，教育的传统都是建立在民主理论和普世的人文关怀之上的。坦纳们要维系的不仅仅是教育史和课程两个研究领域中的一些学术传统，实际上还有对美国政治和教育做价值判断的传统方式。面对当时对公立教育的各种批判，坦纳夫妇高呼"美国人民并不打算放弃他们的教育信念。他们的信念不是神秘的，而是基于常识和个人的经验"⑥。

坦纳夫妇坚信学校能够改变社会，是民主社会的引擎。当时的课程领

51

---

① Tanner，D. & Tanner，L. N. *History of the School Curriculum*. New York：Macmillan，1990：xiv.

②［美］丹尼尔·坦纳、劳雷尔·坦纳：《学校课程史》，崔允漷等译，教育科学出版社 2006 年版，第Ⅱ页。

③ 同上，第 352 页。

④ 同上，第 105～106 页。

⑤ Tanner，D. & Tanner，L. N. Emancipation from Research：The Reconceptualist Prescription. *Educational Researcher*，1979，8(6)：8～12.

⑥［美］丹尼尔·坦纳、劳雷尔·坦纳：《学校课程史》，崔允漷等译，教育科学出版社 2006 年版，第 8～9 页。

域里,阿普尔和吉鲁等人引领的课程政治批判如日中天,研究者已经非常有力地揭露了学校在阶级统治和社会控制等方面起到的作用,然而《学校课程史》则极力为公立学校辩护,甚至不惜鼓吹社会控制的"正当性"。坦纳夫妇写到,"提倡建立公立学校的教育改革家们和支持者们关于对普通人进行教育的观点,是建立在具有进步意义的利己主义基础之上的……当时有一种观点认为,学校通过'有意识地教诲人们遵从某些规范和习惯'从而'促进国民性的塑造',正是这样一种观点成为学校从事社会控制的正当理由"。①

坦纳夫妇宣称"自从独立战争以来,为从前被排斥的社会团体参与课程提供更多机会的运动,一直在进行着。这一事实是如此牢固地根植于我们的美国传统之中以至于它不言而喻","一个自由社会的学校必须为所有的儿童服务,使所有的人得到尽可能多的教育机会。这是进步的经验主义教育者在整个 20 世纪的战斗口号"。② 至于美国教育中弱势群体是如何被排斥的,《学校课程史》则绝口不提,就像那些都是古老而遥远的事情,不存在于美国建国后的历史当中一样。然而事实上,就连作者自己的语言中,都显露出 WASP(白人—盎格鲁—撒克逊—新教)主流文化对其他族群的排斥。例如,作者将新英格兰早期义务教育法律的松弛归罪于来自北欧的移民浪潮,认为他们的到来导致社区团结性的下降③,而对这些移民自建的母语学校的教育成就和课程状况都只字未提。在这部学校课程史中,女性和非洲裔美国人受到忽视不说,以爱尔兰人为代表的天主教徒的教育探索同样被忽视。再比如对"黑人英语问题"的一番评论,也充分暴露了坦纳夫妇的立场。他们认为"黑人英语的主要问题在于,当机会出现时,许多贫困潦倒的黑人也没法将黑人英语转化成标准英语。因此,黑人英语与标准英语的界限仍然存在着,由于语言而产生的认知的和社会的隔离问题依然永久地存在着"。④ 作者把社会隔离问题简单地归结为语言,而避开经济地位、社会心

---

① [美]丹尼尔·坦纳、劳雷尔·坦纳:《学校课程史》,崔允漷等译,教育科学出版社2006 年版,第 42 页。

② 同上,第 340 页。

③ Tanner, D. & Tanner, L. N. *History of the School Curriculum*. New York: Macmillan, 1990:31.

④ [美]丹尼尔·坦纳、劳雷尔·坦纳:《学校课程史》,崔允漷等译,教育科学出版社2006 年版,第 40 页。

理等结构性问题,倡导用某种主流文化去同化非主流的"他者",在种族问题上,作者的观点实在很难称得上"进步"。

进步主义教育的多面性

同其他诸多研究者一样,坦纳夫妇也承认进步教育具有多种面相。"在追求简单的过程中,各个时代被贴上老一套的标签,这种标签有时掩饰了重要的逆流,有时歪曲了重要的事件和贡献。例如,把凡是将杜威的思想应用于如何教育儿童在社会理智和社会参与方面生长的教育者,都贴上'进步主义者'的标签。但是,在进步主义教育的旗帜下,存在着好几种取向,如以儿童为中心的浪漫主义者,他们只是偶尔注意到系统的课程开发的需要;改造主义者为了开展直接的社会矫正寻求对学校机构作整理与安排;经验主义者依照杜威的传统,把社会改良看作是学校与社会民主化的结果。"①

"在任何一个时代都存在起反抗作用的力量,甚至同一运动的内部也是如此,如果我们要对课程史或任何历史有一个真正的了解,这就不应被忽视。"②坦纳夫妇对于进步主义教育运动的内部分歧的看法,其实一定程度上受到克利巴德对 19 世纪末 20 世纪初形成的四大课程"利益群体"的划分的影响。③(见本书第二章)除了与进步主义争斗的传统主义者(文理学者),还有课程编制中的唯科学主义者(社会效率派),而进步主义阵营内部则包括浪漫主义者(儿童中心派)和改造主义者(社会改良派)。不过与克利巴德关注四股势力间的复杂斗争不同,坦纳夫妇认为进步主义教育运动中存在着某种主流,那便是杜威及其"真正的追随者",只要遵循杜威的教诲,追求社会效率和社会控制也有其进步的一面,而假如偏离杜威,那么无论是对儿童中心还是对社会改造的片面追求都会出现过激的问题。只有杜威似乎永远是正确的。

尽管坦纳夫妇把尊重儿童的天性作为进步教育的重要标志,认为"旧教育与新教育之间的重要分水岭就是,学校与课程是控制学习者,还是控制学

---

① [美]丹尼尔·坦纳、劳雷尔·坦纳:《学校课程史》,崔允漷等译,教育科学出版社 2006 年版,第 20 页。

② 同上,第 21 页。

③ Kliebard, H. M. *The Struggle for the American Curriculum*:1893~1958. New York:Routledge, 2004:23~25.

习环境"①，然而《学校课程史》对儿童中心主义课程却又以批评为主。笔者认为，坦纳夫妇的这种立场可以从两个方面理解。其一，儿童中心往往被错误地当作是进步主义教育的全部内涵，同时儿童中心学校的许多做法往往又太过激进，偏离了杜威的本意。"如果历史学家未向我们展示进步教育运动的多面性而仅把儿童中心学校作为主要事件提供给我们，那么我们对于历史的理解也不会有所改进。"②在坦纳看来，儿童中心学校的一些做法导致了进步教育的理论与实践中出现了明显的分歧。坦纳夫妇写道，"在诸多影响范围广泛并获得成功的历史运动中，总存在一些与主流冲突的事件，进步教育运动也不例外"。③在坦纳夫妇眼里，极端的儿童中心主义便是进步教育中的一支"非主流"的力量，而且它使得进步主义总是处理不好学科知识问题，"未能摆脱依据学生的直接兴趣来设置课程的失败倾向"④。

两位作者批判儿童中心主义的另一个原因是它与自由放任主义之间的联系。坦纳夫妇认为自由放任主义与"丑陋的个人主义"为伍，与进步主义的社会哲学为敌。所以读者看到了一个有意思的现象：坦纳夫妇把相互对立的两个派别的领袖，传统主义者哈里斯和儿童中心论者霍尔放在一起进行批判。因为哈里斯不仅是现状的保卫者，为传统课程辩护，更为重要的是，哈里斯的思想还"强化了美国人一直以来的信条：自立和自由放任主义"⑤。坦纳夫妇写道，"在思想上阻碍教育改革开展的不仅仅是全体公众和那些控制着学校的人……还有一些改革者和教育领导者的社会哲学也是变革的阻碍物"。⑥霍尔便是这样一个阻碍变革的改革者，"是一个现存社会秩序的辩护者。作为一位社会达尔文主义者，霍尔相信，社会变革是通过缓慢的演进发展过程而来的。他不相信教育可以矫治社会疾病，因为，考虑到演进的过程，教育不能逆转或加速人性的变化……霍尔希望课程从儿童入学

---

① [美]丹尼尔·坦纳、劳雷尔·坦纳：《学校课程史》，崔允漷等译，教育科学出版社2006年版，第Ⅲ页。

②③ 同上，第161页。

④ Tanner, D. & Tanner, L. N. *History of the School Curriculum*. New York：Macmillan，1990：215.

⑤ [美]丹尼尔·坦纳、劳雷尔·坦纳：《学校课程史》，崔允漷等译，教育科学出版社2006年版，第116页。

⑥ 同上，第116～117页。

起就个别化"。坦纳认为,霍尔倡导的儿童中心课程就是自由放任主义课程,完全忽视学校在社会变革中的作用,而"直至自由放任主义的衰败以及政治改革兴趣的产生,进步教育这一运动的势头才开始增长"。

联想到美国 20 世纪 80 年代甚嚣尘上的新自由主义,以及这一时期右派势力对公立学校的大肆攻击,我们就更容易理解坦纳夫妇的上述立场了。他们强烈地反对右派削减联邦对公立教育的财政支持的提议,因为这将"导致机会均等的理想失去其历史的活力"①。

坦纳夫妇在批评课程编制中的唯科学主义时谈到,尽管这种保守的功利主义与儿童中心学校是相冲突的,但它们同样使教育脱离了社会改革的理想。不过对于进步教育中的社会改良派,两位作者也没有大书特书,因为一些激进的改革者的观点可能同样令坦纳夫妇感到不舒服。对于一些批判教育理论家对课程所做的意识形态分析,坦纳夫妇向来不赞同。概念重建时期一些课程学者重拾康茨等人关注的社会问题,却被坦纳夫妇比作是 20世纪 60 年代末的激进分子。坦纳夫妇觉得那个激进时代的美国是个让他们感到陌生的"异国他乡",受困于社会动荡和学生运动。②

派纳在《理解课程》中指出,丹尼尔·坦纳所承受的"右翼批评家"的名声并不公允,他认为坦纳"是一位居于中间位置的斗士,避免他所认为的过左或过右"③。派纳的这一评价是很中肯的。

在坦纳夫妇眼中,内部的分歧和冲突多么激烈都掩盖不住进步主义的光辉,进步教育终将冲破那个行将灭亡的旧世界的教育信条,用其伟大的理想引领人们去追求更好的教育和更好的社会。进步教育终究会彪炳史册,而这幅历史长卷中最伟大的名字便是约翰·杜威。据拉巴里(David F. Labaree)统计,《学校课程史》322 页的篇幅中有 122 页提到了杜威。拉巴里认为这其实就是一部描写杜威对美国课程的影响的历史。④ 在《学校课程

①［美］丹尼尔·坦纳、劳雷尔·坦纳:《学校课程史》,崔允漷等译,教育科学出版社 2006 年版,第 25 页。

② Tanner, D. & Tanner, L. N. Emancipation from Research:The Reconceptualist Prescription. *Educational Researcher*, 1979, 8(6):8~12.

③［美］派纳等:《理解课程:历史与当代课程话语研究导论》,张华等译,教育科学出版社 2003 年版,第 705 页。

④ Labaree, D. F. Does the Subject Matter? Dewey, Democracy, and the History of Curriculum[J]. *History of Education Quarterly*, 1991, 31(4):513~521.

史》里面，杜威就等同于作者心目中的"主流"，他被塑造成向来无过的圣贤。夸张点说，其他人不过都是些布景，这是一出杜威的独角戏。

然而依据同时期的其他研究，杜威对美国学校课程或许只能说是有相当的影响而已，很难说他的思想可以被看作是引领了美国课程发展的所谓"主流"。拉巴里指出，杜威的综合课程从来没有战胜传统的学科课程而占据主流；①克利巴德认为杜威对美国课程的实际影响并没有社会效率派、儿童中心派等利益群体大；②埃伦·拉格曼（Ellen Lagemann）的那句名言"桑代克赢了，杜威输了"③则更是直截了当又极为震撼，一语道破了这个众多教育学者不愿面对却又不能不承认的事实。

坦纳夫妇曾批评进步教育的倡导者只是一味使用溢美之词，"当进步教育进入 20 世纪 30 年代，与其说它是一种科学不如说更是一种信仰"④。或许，这类考语对他们自己也同样适用。

课程改革

如前文提到的，对当代课程改革有所启示是坦纳夫妇心目当中课程史研究的一项主要功用。《学校课程史》也少不了对课程改革问题展开探讨。

坦纳夫妇认为课程改革当中人们总是不知道从历史中吸取教训，人们似乎有某种革新的嗜好。"每一个新的课程改革小组在尝试改进课程时，都好像他们要解决的问题是以前从没有被认识到的。"⑤"历史表明，由于一次次改革的孤立性，有太多的我们曾费尽心力制定的课程'改革'随后被轻描淡写地终止。"⑥假如能够参考以往的经验，借鉴一些行之有效的做法，改革无疑会更容易取得成效。另一方面，"如果过去某一改革使一切不能正常运

---

① Labaree, D. F. Does the Subject Matter? Dewey, Democracy, and the History of Curriculum[J]. *History of Education Quarterly*, 1991, 31(4):513~521.

② Kliebard, H. M. *The Struggle for the American Curriculum*:1893~1958. New York:Routledge, 2004:73~75.

③ Lagemann, E. C. The Plural Worlds of Educational Research. *History of Education Quarterly*, 1989, 29(2):183~214.

④〔美〕丹尼尔·坦纳、劳雷尔·坦纳:《学校课程史》,崔允漷等译,教育科学出版社 2006 年版,第 233 页。

⑤ Tanner, D. & Tanner, L. N. *History of the School Curriculum*. New York: Macmillan, 1990:30.

⑥〔美〕丹尼尔·坦纳、劳雷尔·坦纳:《学校课程史》,崔允漷等译,教育科学出版社 2006 年版,第 I 页。

转,而现在这一改革又被提议,那么了解曾发生过什么和为什么发生能帮助我们避免这种几乎是肯定的浪费,甚至灾难"①。

坦纳夫妇认为课程改革常常会从一个极端转向另一个极端,即某些人所说的"钟摆现象"。例如,"一个时期内,我们开设'新数学'和学科中心课程,而另一个时期,我们设立开放课堂和学生中心课程;一个时期内,我们的课程大大扩张,而在接下来的时期内,我们又缩减课程'回到基础'"②。他们通过观察发现,课程改革的努力常常是对之前的改革的一种偏激的反应。不过他们并不认为解决的办法就是停在钟摆的中点处,那是一种停滞的状态。而且社会变革也并非沿着单一轨迹左右摇摆,而是在各种不同力量的交互作用下进行复杂的运动。课程变革是一个持续不断的过程。

而在这种变革中,教师的角色至关重要。坦纳夫妇赞同克雷明的看法,认为教师在课程改革中的作用关系到整个课程领域的学术专业身份:"课程研究最初是教育行政的一个分支。20 年代当课程编制作为一个专业性活动领域出现时,课程领域的起源可以追溯到任课教师们卷入整个系统的课程改革运动之时。"③或者说正是因为教师参与了课程建设,课程开发才得以作为一个专业领域出现。而教师作用的发挥,有赖于行政人员和专家的支持,需要他们提供必要的物质和思想保障。当然这些专家应该是课程专家而不是保守的学科精英,对 1893 年中等学校课程十人委员会开创的由学科专家担任课程编制者的先例,坦纳夫妇并不认同。

改革常常重复过往的错误的一个原因是,"改革提议常常是政治性的而不是出自教育上的动机","在相继的时期中,社会政治的更替迫使学校取消在前一阶段强加于它们的改革,或者重新组织它们早些时候被迫放弃的改革"。④ 政治上的争斗导致课程改革的导向有时较为狭隘,在实施改革时为了一部分人的利益而牺牲另一部分人的利益。坦纳夫妇认为这个问题在整个 20 世纪始终伴随着课程领域。"一个教训是,无论何时,确立狭窄的课程重点而忽视同样被需要的、声誉卓著的学校课程,结果不仅会使课程不平衡

---

① [美]丹尼尔·坦纳、劳雷尔·坦纳:《学校课程史》,崔允漷等译,教育科学出版社 2006 年版,第 15 页。

② 同上,第 7 页。

③ 同上,第 214 页。

④ 同上,第 7~15 页。

和零散，而且既不能满足共同学习的需要，也不能满足为世界性的学生提供多样化学科的需要。"①虽然不曾明说，但是坦纳夫妇非常厌烦社会力量的"盲目干预"，他们希望随时间积累下来的课程领域的专业智慧能够引领课程的持续变革，而不是随一时之潮流而动。

第三节　在历史中寻找专业共同基础

一、一部"课程开发"教科书

丹尼尔·坦纳曾长期在高校中担任课程专业研究生教育项目的负责人，《学校课程史》又与两位作者之前所做的教科书编写工作有着很大的关联，因此这本书体现了作为课程专业教科书所具有的一些特点。在课程理论教科书当中，坦纳夫妇的《课程开发：理论到实践》当中对课程领域历史的回顾是最为细致的，也是目前唯一将教科书中探讨历史的部分单独成书另行出版的一部。作为教科书文本的一部分来呈现，被看作是课程史研究的重要形态之一②，《学校课程史》可以看作是其中最突出的代表，这部作品也集中反映了这种体例的课程史作品的一些共同特征。

课程开发的理论问题

首先，作为杰出的课程理论家和课程开发范式的代表性人物，坦纳夫妇在《学校课程史》中无时无刻不在展现他们对课程领域，特别是课程开发当中重要理论议题的思考。例如，《学校课程史》向综合课程与分科课程问题投注了很多注意力。从帕克的课程集中和综合的课程理论，到赫尔巴特主义者对课程整合的讨论，再到八年研究当中有关课程综合的重要发现，从围绕中心学科的联合，到文化时期论，再到广域方法和个人—社会问题法，坦

---

① 〔美〕丹尼尔·坦纳、劳雷尔·坦纳：《学校课程史》，崔允漷等译，教育科学出版社2006 年版，第 340 页。

② Kridel, C. & Newman, V. A Random Harvest: A Multiplicity of Studies in American Curriculum History Research. Pinar, W. F. *International Handbook of Curriculum Research*. Mahwah, New Jersey: Lawrence Erlbaum Associates, Inc. , 2003: 637～650.

纳夫妇在书中一直非常关注这些对强大的学科中心课程所做出的有力挑战。他们自己也支持课程综合，认为知识需要"重新人性化"、"重新综合"，①而不是支离破碎地分散在各个学科之中。同时，这一问题也和他们关注的其他课程问题有着密切的关联。《学校课程史》从一开始就着力描述历史上关于课程扩充和缩减的争论。社会的变迁、知识的增长和更新，使得课程的不断改进是不可避免的，然而简单地通过添加科目的方式对课程进行扩充，或者粗暴地要求必须回归基础学科，都不是解决这一问题的好办法。依据社会现实不断开发具有新的时代特点的综合课程似乎是解决这一问题的一条可行路径。此外，过于拥挤、互不联系的课程显然不能满足儿童的需求，儿童中心不能追随儿童易变的即时兴趣去开设散乱的活动课程，而是要引导儿童解决与生活息息相关的真实问题。而真实的问题很少会局限在某一个科目领域里，"教授问题解决很自然地导致问题中心的核心课程的发展"②。

　　尽管《学校课程史》是一本主要探讨课程问题的著作，但是作者也投注了相当的心力去介绍教学方法的历史变迁，包括早期的机械学习、实物教学和导生制等。这反映了两位作者对课程与教学理论的理解，他们坚决反对手段与目的、课程与教学的二元对立。③ 坦纳夫妇认为不应该脱离课程而孤立地研究教学问题，他们很希望将当时的改革者的目光引回课程，而不要单纯谈论教师素质和学科教学能力，毕竟首先要确定教什么学科，而后才该讨论如何把这些学科教好。

　　另外，尽管该书可以定位为一部课程思想史作品，但在教育制度方面，它在普及中学教育和单轨或双轨的学校体制问题方面花费了很多笔墨，这种关注是由于丹尼尔·坦纳早年便倾心于中等教育的研究。他坚信单轨而不是多轨的、适合所有美国青少年的中等教育是实现民主教育理想的一个关键，④中等学校肩负着"民主的教育的新责任"。坦纳夫妇反对在中等教育中采用分组和定轨，认为运用标准化测验来决定学术分组和定轨缺乏可靠

---

　　①［美］丹尼尔·坦纳、劳雷尔·坦纳：《学校课程史》，崔允漷等译，教育科学出版社2006年版，第318页。

　　② 同上，第294页。

　　③ Tanner, D. & Tanner, L. N. *Curriculum Development: Theory into Practice*. New York: Macmillan, 1975:30~35.

　　④ Tanner, D. *Schools for Youth: Change and Challenge in Secondary Education*. New York: Macmillan, 1965:164~211.

性,更糟糕的是定轨限制了学习机会,不定轨的中学完全可以做到给学生提供既有效又公平的课程。对于中等教育和上下级的衔接问题,《学校课程史》也有相当多的论述。作者引用进步教育协会的报告指出,中学教育"大部分弊端都源于或可以间接归结于中学与大学之间难以令人满意的关系"①,而中学与小学之间的制度化分离同样"严重阻碍了一种完整的衔接式课程的发展"②。在《学校课程史》中,坦纳夫妇对八年研究关于"解除大学入学限制、由中学开展自主课程开发"的相关成果做了深入的肯定。

坦纳夫妇非常重视如八年研究这种专业的、系统的教育实验,希望以此作为专业智识的来源和课程变革的指针。他们认为历史上的"实验学校未能进行系统的、客观的研究是整个新教育的一大失败",因为没能为结果提供客观的证据,进步主义教育者失去了人们的支持。因此坦纳夫妇用比较长的篇幅,对八年研究进行了比较详细的介绍,在他们看来这是美国课程实验中"最重要和最全面"的一项③。

教科书式的书写组织

前文介绍过,克利福德曾批评《学校课程史》支离破碎,不像历史著作而像教科书或教学参考用书。④ 拉巴里也同样批评《学校课程史》的作者和出版商把这部历史作品弄得有太多"教科书式的特征,给读者的阅读带来一系列的干扰"⑤。事实上,克利福德和拉巴里这两位教育史学者的观察相当敏锐,《学校课程史》的主体部分就是源自一本在课程研究界被广为阅读的教材。它的第一章主要介绍作者的史观和课程史研究的意义,而作为书的主体的第二至六章,则完全脱胎于坦纳夫妇撰写的教科书《课程开发:理论到实践》(分别对应 1975 年第一版的第四至八章,1980 年第二版的第六至十章)。作为结尾的第七章,其中很多内容也和《课程开发:理论到实践》第二版的第四章有相似之处。只要将两本书的章节标题做一简单的对比,读者

①［美］丹尼尔·坦纳、劳雷尔·坦纳:《学校课程史》,崔允漷等译,教育科学出版社2006 年版,第 246 页。

②同上,第 74 页。

③同上,第 245 页。

④ Clifford, G. J. The "Sticky Wicket" of Curriculum History. *Educational Researcher*, 1990, 19(9):26~28.

⑤ Labaree, D. F. Does the Subject Matter? Dewey, Democracy, and the History of Curriculum. *History of Education Quarterly*, 1991, 31(4):513~521.

就能发现二者的雷同程度(见表 1.1)。据笔者统计,如果刨除小结、注释以及大事年表等属于助读系统的组分,《学校课程史》第二至六章的各小节标题,原封不动地取自《课程开发:理论到实践》第二版的占到总数的 96％,而同样是这几章,《课程开发:理论到实践》第二版与该书第一版相比,小节标题相同的比例也只有 84％ 而已。

表 1.1　坦纳夫妇两本著作的章节标题对比①

《课程开发:理论到实践》(第二版)		《学校课程史》	
第六章 课程的早期观点	非功能性课程	第二章 学校课程的早期发展	非功能性课程
	革命性的课程观		革命性的课程观
	免费公立学校的出现——道德、方法与心智训练		免费公立学校的出现——道德、方法与心智训练
	早期的理论思想		早期的理论思想
	机械学习与背诵		机械学习与背诵
	导生制教学——对效率的追求		导生制教学——对效率的追求
	幼儿学校——课程向下延伸		幼儿学校——课程向下延伸
	变化着的方法观		变化着的方法观
	早期课程存在的问题		早期课程存在的问题
	欧洲的思想		欧洲的思想
	维持现状		维持现状
	中学课程的扩充——守旧与民主之争		中学课程的扩充——守旧与民主之争
	大学对高中的控制		大学对高中的控制
	小结		教育与社会:大事记
	学习和讨论的问题		观点
	参考文献		注释
			参考文献

尽管相比《课程开发:理论到实践》的相关章节,《学校课程史》增添了一些内容,但改动不是特别大。作为一部历史,它还是显得缺乏细节,很多地

---

① 表格内容分别译自麦克米兰(Macmillan)出版社 1980 年出版的 *Curriculum Development:Theory into Practice* (2ⁿᵈ edition)和 1990 年出版的 *History of the School Curriculum*,翻译参照了教育科学出版社 2006 年版《学校课程史》的目录。

方存在过度概括和过度简化的问题，从而丧失了历史的厚重感。克利福德认为，《学校课程史》存在一些失实的地方，比如将世纪之交中学生中途退学的比例较高归结为课程设置的问题，而实际上更重要的原因是在当时的社会经济条件下，青年男子不必接受太多教育就能谋得一份工作。①

不过与此同时，改编自一本教科书也使得《学校课程史》天然地具有适合作为课程专业的学术史教材和参考书的优点，对课程理论当中一些重要的概念（如"核心课程"、"广域课程"和"要素主义"等）做了相当明确的解释说明，能帮助初入课程领域的学生比较容易地了解过往的理论观点，同时也能给课程改革的决策者和参与者提供必要的参考和警醒。

其他教科书当中的课程史部分

其他作为教科书的一部分出现的课程史研究成果，也同样有着一些相似的特点，比如缺乏生动的细节，显得过于简略。例如，格温（John M. Gwynn）的《课程原则与社会趋势》（*Curriculum Principles and Social Trends*）一书，被认为相当适合在高校当中作为教材使用②，在课程与教学领域有着广泛的影响。该书的一个重要特点是将课程理论和实践的发展放置到教育乃至社会的整体变迁中去理解，希望以此说明教育的发展是一个渐进的增长过程，与国家的社会、经济和文化生活的转变息息相关。在 20 世纪上半叶带有教材性质的综合性课程著作中，《课程原则与社会趋势》是比较关注整体社会历史条件的一本。

尽管如此，多数章节中的历史回顾都是概要式的，通常是作为证明作者观点的论据出现。只有书的第一章对课程历史发展作了专门的说明，不过时间跨度很大，内容则相当简要。在《课程演变概述》这一章中，格温将美国从 1635 年（哈佛学院建立）到作者著书时代（20 世纪 40 年代）的课程演变历程划分为四个阶段，期间宗教、政治、经济和社会因素先后成为影响课程发展的主要动因③，参见表 1.2。格温认为各时期当中都存在某种最主要的影

---

① Clifford, G. J. The "Sticky Wicket" of Curriculum History. *Educational Researcher*, 1990, 19(9):26～28.

② Reeder, W. G. Editor's Introduction. Gwynn, J. M. *Curriculum Principles and Social Trends*. New York: Macmillan, 1943:vii.

③ Gwynn, J. M. *Curriculum Principles and Social Trends*. New York: Macmillan, 1943:3.

响因素,但很多时候起到作用的因素都并非唯一一种。例如在此书出版的20世纪40年代,除了宗教动因以外的其他三方面的因素都是影响课程发展的有力因素。

表 1.2　格温归纳的早期美国课程发展的主要动因

动因	宗教	政治	实用	大众教育
时段	1635～1770	1770～1860	1860～1920	1920～

自坦纳夫妇1975年的教材《课程开发:理论到实践》出版以后,越来越多的课程专业教材包含专门探讨课程历史的章节。教科书中的课程历史通常是对作者认为重要的课程理论观点的梳理,实际上反映了作者本人对这一学术领域的理解。

例如舒伯特(William H. Schubert)①的《课程:视角、范式与可能》一书就代表了美国课程专业教材中另一类处理课程历史的范围的方式,即从古代文明中的课程开始,一直追溯至20世纪②。要在教科书中只用一章的篇幅覆盖这么多内容,可想而知,大多数问题都只能点到即止。对20世纪前的课程思想梳理与多数西方教育史中的概略性介绍相似,从苏格拉底、柏拉图到西塞罗和昆体良,从圣奥古斯丁到圣阿奎那,从洛克到卢梭,从裴斯泰洛奇到福禄贝尔,一个个耳熟能详的名字和他们关于知识、学习以及教学的观点构成了这一章的主要内容。这些内容又被分为"古代世界"、"古希腊与古罗马的课程"、"基督世界(中世纪)的课程"、"文艺复兴、宗教改革与启蒙运动中的课程"和"从启蒙运动到20世纪的课程"等阶段来介绍。对20世纪的课程历史的梳理也主要讨论课程思想家们的观点,特别是实验主义者(experimentalist)、社会行为主义者(social behaviorist)以及知性传统主义者(intellectual traditionalist)的思想之间的冲突(参见本文第二章)。

————————

① 威廉·亨利·舒伯特,伊利诺伊大学芝加哥分校教育学教授,美国著名课程理论家,2007年获美国教育研究会(AERA)终身成就奖。曾担任美国教育研究会副主席,约翰·杜威协会主席,教育学教授联合会主席,课程史研究协会主席,是《课程探究》等多本著名教育学学术期刊的编委。其著作《课程:视角、范式与可能》《课程图书:最初的百年》和《课程中的拐点:当代美国实录》对美国课程思想史研究的发展均有较为重要的意义,可分别参见本文第二章、第三章和结论中的介绍。

② Schubert, W. H. *Curriculum: Perspective, Paradigm, and Possibility*. New York: Macmillan Publishing Company, 1986:54～92.

正是因为坦纳夫妇等人在编制课程专业教科书时怀着明确的历史意识，并花费相当多的精力开展专门研究，教科书中的历史梳理才在课程史作品当中占据了一席之地，美国课程史学者们将纲领性（提要式）教科书（synoptic textbooks）当中有关历史的部分，也看作是课程史研究的一个重要类别。①

二、对单一范式的坚守

范式之争

尽管坦纳夫妇声名卓著，然而他们的《学校课程史》一书出版后却立即受到了许多严厉的批评。课程史专家富兰克林认为该书的缺点之突出甚至抵消了它的长处②；克利福德称之为课程史的"泥沼"（The Sticky Wicket），"枯燥平庸"（uninspired），有很多败笔，过于概括化和简单化，"难孚人意"（unsatisfying）③；拉巴里也说这部书写得糟糕差劲，令读者失望④。在五年后出版的《理解课程》中，派纳等人写道："当一个领域从一个主要范式转向另一个的时候，许多学者会依然效忠于不再适当的概念。这必然存在一种忽视当代发展、退回到怀恋不再存在的领域的诱惑。坦纳夫妇的《学校课程史》（1990）就是一个例子。"⑤

其中克利福德和拉巴里在展开批评时措辞尤其不客气，以致坦纳夫妇忍不住给发表这两篇书评的《教育研究者》和《教育史季刊》杂志的编辑写信，前一次是与书评者展开论辩，而后一次则是忿忿不平地对书评人进行指责。两次回应时都带着些怨气，先是针锋相对地称克利福德所撰写的书评

---

① Kridel, C. & Newman, V. A Random Harvest: A multiplicity of Studies in American Curriculum History Research. Pinar, W. F. *International Handbook of Curriculum Research*. Mahwah, New Jersey: Lawrence Erlbaum Associates, Inc. , 2003: 637~650.

② Franklin, B. M. Book Review: History of the School Curriculum. *Historical Studies in Education*, 1991, 3(1):169~172.

③ Clifford, G. J. The "Sticky Wicket" of Curriculum History. *Educational Researcher*, 1990, 19(9):26~28.

④ Labaree, D. F. Does the Subject Matter? Dewey, Democracy, and the History of Curriculum. *History of Education Quarterly*, 1991, 31(4):513~521.

⑤ ［美］派纳等:《理解课程:历史与当代课程话语研究导论》,张华等译,教育科学出版社 2003 年版,第 13 页。

才是"书评的泥沼",是"显而易见的误读",有些地方"莫名其妙",提了一些"连高中生都知道"的问题;后来又攻击拉巴里学术失范,走了"学术捷径",没有认真研读他们的作品,就参照克利福德的书评妄作批评。言辞如此激烈地攻击自己的批评者,似乎颇失大家风度。结果两位书评者也都站出来回应,认为自己的书评是以一种对学术事业负责的态度写就的,坦纳夫妇是在曲解书评的意思,或者干脆就是有意不正视他们自己的失误。

那么,为什么两位成就非凡的资深课程理论家、课程史领域的重要奠基人的作品,会遭受如此猛烈的批判呢?如前文所述,一方面,作为没有受过史学专业训练的课程专家,坦纳夫妇更擅长立论而非叙事,书的主体框架又是脱胎于一部教科书,既不长于创制情节,又不善于塑造人物,叙述平淡又很不连贯,这样一本以论代史的作品自然容易遭到教育史研究者的批评。而更为关键的是,无论从教育史还是从课程领域的研究发展状况看,两人的《学校课程史》实际上是在有意无意间对抗着不可逆转的潮流,勉力维持着旧的学术传统。

对教育史学中的激进修正主义,坦纳夫妇旗帜鲜明地反对;而对课程领域的新取向,《学校课程史》则采取了无视的态度。书中全然不提将课程作为政治的、种族的和性别的文本进行解读的努力,尽管声称自己梳理了1890年到1990年的课程思想,然而实际上概念重建运动以后的课程领域的很多新发展都被遗漏了。派纳指出,《学校课程史》实际上是一部忽略了当代发展的"断代史"[1]。克利福德也认为,所谓"一切历史都是当代史",作为20世纪90年代初写就的课程史作品就应该反映当代课程理论的认识成果,然而《学校课程史》一书却"对隐性课程,女性主义对学科知识的认识论挑战,以及课程社会学和政治学等方面的研究,统统都予以忽视"[2],作为课程领域中两位具有广阔视野的资深学者,他们做出这样的学术取舍让人感到遗憾。从这本书的注释和参考文献就会看到,坦纳夫妇完全没有涉及迈克尔·阿普尔(Michael Apple)、亨利·吉鲁(Henry Giroux)等人的作品,在美国课程史研究中有相当地位的巴里·富兰克林和托马斯·波普科维茨的著作也只分别被提及一两次而已。尽管坦纳夫妇在书中将课程历史建构为传统主义

---

① [美]派纳等:《理解课程:历史与当代课程话语研究导论》,张华等译,教育科学出版社2003年版,第13页。

② Clifford, G. J. The "Sticky Wicket" of Curriculum History. *Educational Researcher*, 1990, 19(9):26~28.

和进步主义的对立,同时标榜自己是为进步主义的"新"理想发声,但是实际上,作为一本1990年出版的著作,其中的立场相对于当时的学界而言无论如何都算不上是有新意的东西了。

坦纳夫妇对整个课程领域的理解集中反映在他们编写的教科书《课程开发：理论到实践》中,在该书的第二版(1980年)里,坦纳夫妇借用托马斯·库恩的理论提出了课程领域的范式问题。坦纳夫妇认为范式对于推进课程研究的发展十分重要。许多研究者认为,关于"课程"是什么,一直没有一个所有人都接受的明确定义,这严重地阻碍了课程领域的发展。然而坦纳夫妇认为概念是会随着研究的进展不断演变的,科学家们也没有确定一个所有人都接受的关于"科学"的定义,但这并不影响科学研究不断取得令人敬服的伟大成就,真正具有优先性的不是统一的概念,而是共同的某个或某些范式。范式尽管不会减少领域中的辩论和争议,但是可以作为学术共同体开展交流的一致性基础,从而促进研究整体向前发展。①

坦纳夫妇认为,杜威将儿童(学习者)、社会和学科作为教育目标的三方面来源,同时反对孤立地考虑某一方面,而将它们作为一个相互联系的有机整体来思考问题,这为课程领域中范式的建立奠定了基础,八年研究和吉尔斯(H. H. Giles)等人的《探索课程》②一书(八年研究的报告)承袭了这种传统,并最终由八年研究的另一重要参与者拉尔夫·泰勒在《课程与教学的基本原理》中确立了课程领域的范式。泰勒提出了开发课程必须考虑的四个问题(即著名的"泰勒原理"),这些问题构成了一个前后相继的序列。在考虑教育目标时,泰勒同样将对学习者自身的研究、对当代校外生活的研究和学科专家的建议作为三方面来源,并且要求课程开发者认识到必须考虑这些来源间的相互关联,才能保证课程的平衡和连贯。坦纳夫妇认为这一范式综合了20世纪前半叶对课程问题的重要思考,并成为系统课程开发实践的一致基础,为做出明智的课程决策提供了结构性要素。③ 虽然泰勒原理不

---

① Tanner, D. & Tanner, L. N. *Curriculum Development*：*Theory into Practice* (2nd edition). New York：Macmillan, 1980：75.

② Giles, H. H., MacCutchen, S. P. & Zechiel, A. N. *Exploring the Curriculum*. New York：Harper & Row, 1942：2.

③ Tanner, D. & Tanner, L. N. The Emergence of a Paradigm in the Curriculum Field：A Reply to Jickling. *Interchange*，1988，19(2)：50~58.

断被批评和修改（包括坦纳夫妇所做的调整），但一直是当代课程研究的重要主题，有着旺盛的理论生命力。

在坦纳夫妇眼中，杜威、拉格、八年研究、塔巴、泰勒直到他们自己，构成了课程研究的"正统"，唯有循着这一理路继续前进才能推动课程研究的持续进步。在 70 年代末他们公开批评概念重建运动太关注意识形态问题而没有开展踏踏实实的课程研究①，到 80 年代末又坚称自己的"范式说"没有限制课程研究的多样化发展②，他们不认同"课程研究领域出现了从课程开发范式向课程理解范式的转换"。坦纳夫妇着意继承和维持课程领域的固有传统，这从他们邀请拉尔夫·泰勒为《学校课程史》一书作序也可略见端倪（此书出版时泰勒已是 88 岁高龄）。坦纳夫妇推出《学校课程史》无疑是以自己心目中认定的方式勾勒课程领域的整体发展历程，维系传统的课程学术取向的一种努力。

然而在坦纳夫妇 1980 年提出单一范式说的时候，课程领域已经在悄然发生着改变，研究者们展现出越来越多样的学术旨趣。1986 年舒伯特在《课程：视角、范式与可能》当中提出多种范式说，即除了以泰勒原理为核心的主流课程范式以外，还存在课程探究的实践范式（以施瓦布为代表）以及批判性实践范式[以阿普尔、派纳、吉鲁和格鲁梅特（M. R. Grumet）等人为代表]。派纳等人在《理解课程》一书中则提出了范式转换说，认为 20 世纪 80 年代以后的课程领域已经进入到一个前所未遇的繁荣期，而其基础是概念重建运动。概念重建运动是课程领域中的一场库恩式的"科学革命"，一次根本的范式转换，从历史的、政治的、性别的、种族的、美学的、现象学的、神学的、传记的和制度的等多种角度来理解课程的"课程理解范式"，由此取代了原有的"课程开发范式"。

研究范式存在的不同观点，反映出了学者们对整个专业领域实然状况的不同判断和对应然走向的不同期待。而坦纳夫妇正是因为时至 1990 年依然以自己的原有判断为基础书写课程历史，才招致新派课程学者和修正主义教育史学者的围剿。

---

① Tanner, D. & Tanner, L. N. Emancipation from Research：The Reconceptualist Prescription. *Educational Researcher*，1979，8(6)：8～12.

② Tanner, D. & Tanner, L. N. The emergence of a Paradigm in the Curriculum Field：A Reply to Jickling. *Interchange*，1988，19(2)：50～58.

余波

那么坦纳夫妇的这些观点完全过时了吗？情况也并非如此。概念重建运动的代表人物派纳就承认课程开发的传统在 20 世纪 80 年代以后也仍然具有很强的生命力，把它作为与概念重建后的其他研究话语并行的"制度性话语"，并在《理解课程》中为其提供了一席之地。到 20 世纪末 21 世纪初，仍有一些课程学者赞同坦纳夫妇对课程领域的基本判断，认为他们的这种判断是以自己的课程史研究为基础的①，有很强的准确性和说服力。其中以彼得·赫莱伯威茨（Peter S. Hlebowitsh）②和威廉·拉嘎（William G. Wraga）③对坦纳夫妇的支持最为有力，他们与派纳为首的概念重建论者在《教育研究者》（*Educational Researcher*）、《课程研究杂志》（*Journal of Curriculum Studies*）和《课程探究》（*Curriculum Inquiry*）等教育领域中的知名刊物上展开了多次论战④。

赫莱伯威茨和拉嘎延续了丹尼尔·坦纳对"概念重建派"的批评⑤，认为这批学者逃避对课程实践的参与，同时也就舍弃了课程专业的核心领域。他们认为，派纳等人倡导的课程研究多样化是缺乏共同基础的多样化，将导致专业阵地的丢失和研究队伍的溃散。⑥ 不尝试回答课程设计和课程实践问题，只是以意识形态为导向一味地批评课程工作对学习者的"控制和压

---

① Hlebowitsh, P. More on "The Burdens of the New Curricularist". *Curriculum Inquiry*, 1999, 29(3):369～373.

② 彼得·赫莱伯威茨，美国阿拉巴马大学教授，于罗格斯大学获得教育博士学位，曾在长岛大学、休斯敦大学和艾奥瓦大学等多所学校任教，2013 年起出任阿拉巴马大学教育学院院长。自 1995 年起在中欧和东欧参与了多项大规模的教育改革和课程开发项目。在课程基本理论、课程设计与开发和课程历史等领域卓有建树，著有《反思激进课程理论：历史的途径》和《学校课程设计》等。

③ 威廉·拉嘎，美国佐治亚大学教授，为该校教育管理与政策系首任系主任，同样于罗格斯大学获教育博士学位，曾任课程史研究会会长，与赫莱伯威茨共同主编《学校领导者研究评论》杂志。

④ 可参见，喻春兰：《从泰勒原理到概念重构：课程范式已经转换？——论现代课程范式与后现代课程范式之关系》，载《教育学报》2007 年第 3 期。

⑤ Tanner, D. & Tanner, L. N. Emancipation from Research: The Reconceptualist Prescription. *Educational Researcher*, 1979, 8(6):8～12.

⑥ Hlebowitsh, P. The Burdens of the New Curricularist. *Curriculum Inquiry*, 1999, 29(3):343～354.

迫"作用,并不能给实践带来任何益处。同他们的老师丹尼尔·坦纳一样,赫莱伯威茨和拉嘎也非常重视课程史研究,希望借助历史研究支撑他们对未来的构想:复兴课程开发的传统,结束课程领域的分裂状态,为不同课程学者之间的对话以及整个领域的发展提供一个统一的基础。因此他们的努力主要从两个方面展开。

其一,利用历史研究反对范式转换说,提出课程领域"根本不曾经历所谓的概念重建"①,只是受到了一批在意识形态方面较为激进的学者的搅扰而已。赫莱伯威茨指出,课程开发范式的批评者们(包括概念重建派在内)宣称施瓦布是原有范式走向终结的标志,其实他们误把施瓦布"课程领域岌岌可危"的诊断当作他同泰勒原理所代表的课程理论传统相决裂的宣言。在那些批评者眼中,这种传统传自富兰克林·博比特,一直以来都包含着对效率的追求和对控制的渴望。因此博比特和泰勒之间是有亲和性、甚至可以说是一脉相承的,而泰勒和施瓦布之间则存在明显的断裂。针对这种"断代叙事",赫莱伯威茨撰写了《课程中世代延续的观念:历史的三角》一文,指出施瓦布不仅是一位课程理论方面的创新者,更是领域延续性的体现者,他与泰勒和博比特间的关系,不是脱离,而是继承。② 课程领域中存在一些核心观念,世代相传,历久弥新,例如"聚焦学校教育经验的开发",以及"对学校的自身课程权力的尊重和倚重"等,在施瓦布的作品中都得到了展现。赫莱伯威茨还认为施瓦布的课程四要素说(学生、环境、教学内容和教师)正是对泰勒的教育目标的三道筛子说(学习者内在特点、社会价值要求以及学科知识)的继承和扩展。施瓦布对课程领域的六种逃避的说法,以及相应的研究倡议,也是泰勒当年言说课程与教学基本原理时的题中之义。而尊施瓦布为范式转换先声的概念重建主义者,他们自己的研究却恰恰反映了施瓦布所说的六种逃避,对课程领域摆脱危机毫无助益③,反而在脱离实践的泥潭中越陷越深。

其二,高度评价以往的课程学者出色的课程开发工作,同时反对新研究

---

① Hlebowitsh, P. The Burdens of the New Curricularist. *Curriculum Inquiry*, 1999, 29(3):343~354.

② Hlebowitsh, P. Generational Ideas in Curriculum: A Historical Triangulation. *Curriculum Inquiry*, 2005, 35(1):73~87.

③ Wraga, W. & Hlebowitsh, P. Toward a Renaissance in Curriculum Theory and Development in the USA. *Journal of Curriculum Studies*, 2003, 35(4):425~437.

者将专业传统作为负担。他们承认课程领域的历史中"无疑存在黑暗的时段,但是它同样给直接改善学校教育的实践留下了一笔智慧遗产"①。在他们眼中,打着概念重建旗号的"新课程研究者"闻"设计"和"开发"即色变,误以为历史上所有课程开发的努力都是在工具理性引导下构造外部环境压制学习者的行为。这些人避谈课程领域的范式和共同框架,只谈研究的多样化,殊不知共同历史、共同面对的问题和解决问题的共同办法才是有意义的多样性的前提基础。② 在赫莱伯威茨和拉嘎看来,部分新研究者将课程领域的统一性以及领域的历史当作是负担,避之唯恐不及,这种历史虚无主义的态度并不可取,使用"追求效率"和"社会控制"等标签对泰勒等人的研究作过于简单化的否定是对课程史的歪曲。因此他们希望借助历史研究为课程领域的传统专业实践正名,比如拉嘎在《被挥霍的进步主义遗产:基本原则报告的再思考》一文中,针对爱德华·克鲁格(Edward Krug)以降的教育史和课程史研究者(包括克利巴德、拉维奇、拉里·库班和戴维·泰亚克等著名学者,可参见本书第二章)对中等教育重组委员会的《中等教育的基本原则》报告(*Report of Cardinal Principles of Secondary Education*)的批判,重新细致地解读了报告的原文,并考察报告出台前报告的参与者们的通信和其他活动,推翻了克鲁格的"报告主要体现对社会效率的追求"这一说法。拉嘎努力还原报告的丰富内涵,认为它反映了克雷明所描绘的进步主义教育的诸多特点,是杜威式进步主义者教育思想的一次较为全面的展现。③ 赫莱伯威茨则连续发表两篇细致解读泰勒原理的论文《在行动与行为目标之间:重评对泰勒原理的评价》④和《解读泰勒原理:对克利巴德的回应》⑤,反驳了克利巴德等人对泰勒的批评。他认为泰勒与博比特之间存在根本上的

---

① Wraga, W. & Hlebowitsh, P. Toward a Renaissance in Curriculum Theory and Development in the USA. *Journal of Curriculum Studies*, 2003, 35(4):425~437.

② Hlebowitsh, P. The Burdens of the New Curricularist. *Curriculum Inquiry*, 1999, 29(3):343~354.

③ Wraga, W. A Progressive Legacy Squandered: The Cardinal Principles Report Reconsidered. *History of Education Quarterly*, 2001, 41(4):494~519.

④ Hlebowitsh, P. Amid Behavioural and Behaviouristic Objectives: Reappraising Appraisals of the Tyler Rationale. *Journal of Curriculum Studies*, 1992, 24(6):533~547.

⑤ Hlebowitsh, P. Interpretations of the Tyler Rationale: A Reply to Kliebard. *Journal of Curriculum Studies*, 1995, 27(1):89~94.

差别,使用"社会效率"之类的概念审视泰勒原理导致研究者获得一种歪曲了的印象。实际上,泰勒反对规定的过于确切和狭窄的行为目标。而且泰勒将对学习者、社会价值以及学科内容的研究融汇为一个统一的有机体,而不像克利巴德所批评的那样只是将各方面的因素罗列并置①而已(参见本书第二章克利巴德对泰勒的批评),同时泰勒的理论之所以受到欢迎,也并非如派纳等批评者所说的那样是因为"为学校管理与行政干预大开方便之门",恰恰相反,泰勒一直都强调本地决策和教师参与。

赫莱伯威茨和拉嘎两人还合写了的《早期进步主义传统中的社会阶层分析》一文,指出杜威和乔治·康茨(George Counts)等早期的进步主义者在讨论课程和教学问题时,也曾对阶级问题做过出色的分析。他们的理论并非如后来的一些学者所批评的那样,强调对社会现状的适应和顺从,而是同样明确地反对霸权,倡导通过教育实现社会变革,建立更合理的社会秩序。只是这些进步主义者的相关论述大都意识形态色彩较弱,且不鼓吹阶级对立,因此受到了一些激进的修正主义学者的抨击。很多进步主义的课程理论家和实践者,如杜威、拉格(Harold Rugg)和纽伦(Jesse Newlon)等,被矮化为保守而懦弱的顺应者,赫莱伯威茨和拉嘎希望用历史研究提醒课程学者注意到早期的"进步—实验主义者"的思想和实践的积极意义②。

可以想见的是,"概念重建"阵营不会对赫莱伯威茨和拉嘎对他们的批评保持沉默,派纳、雷诺兹(William Reynolds)、韦斯特布里(Ian Westbury)和莫里森(Keith Morrison)等人纷纷撰文回应,驳斥赫氏与拉氏关于概念重建派"激进、偏颇、脱离实践"的说法。除了重申概念重建派的理论意图和学术愿景,回应中也不乏同样借助历史研究来说明问题,与赫氏和拉氏针锋相对、据理力争者。韦斯特布里在回应赫莱伯威茨撰写的《课程中世代延续的观念:历史的三角》一文时,就将施瓦布的实践系列论文与他此前发表的其他论文结合起来,放在他的学术生涯和当时课程领域的整体境况中解读③,

① Kliebard, H. M. The Tyler Rationale. *The School Review*, 1970,78(2):259~272.

② Hlebowitsh,P. & Wraga, W. Social Class Analysis in the Early Progressive Tradition. *Curriculum Inquiry*,1995,25(1):7~21.

③ Westbury, I. Reconsidering Schwab's "Practicals": A Response to Peter Hlebowitsh's "Generational Ideas in Curriculum: A Historical Triangulation". *Curriculum Inquiry*, 2005, 35(1):89~101.

进而批评赫莱伯威茨将施瓦布的概念作了牵强的理解，将之附会于泰勒等人的课程开发的话语体系之上，盲目地把使用相似术语表达不同意思的经典作家们捆绑在一起，而没有历史地解读施瓦布的观点在课程思想史当中的意义。韦斯特布里指出施瓦布所倡导的实践和准实践，并非要退回到泰勒的课程开发范式中去，而是以一种新的方式联通教育研究者和教育实践的关系。

这些争论让我们不禁联想到坦纳夫妇《学校课程史》一书出版时所遭到的非议，研究者持有的不同的课程理论观点使得他们对同一段历史的理解和书写之间存在差别和矛盾。正如赖特（Handel Wright）在评论赫莱伯威茨的《课程中世代延续的观念：历史的三角》时所指出的："一位坚持课程开发传统的学者可能仅仅因为赫氏的解读加强了这一传统而赞同它，而（后）概念重建学者则可能仅仅因为这种解读阻碍了批判性研究的开展而反对它。"①通过建构博比特、泰勒和施瓦布三位理论家所构成的"三角形"，赫莱伯威茨质疑了概念重建运动的合法性，重新确立传统课程研究的历史地位。赫莱伯威茨催促"课程研究者们阅读坦纳夫妇关于课程研究范式的论述"②，他和拉嘎的课程史研究在一定程度上是对他们的老师的观点重申，因此只要课程理论界关注"课程开发"的传统研究者与注重"课程理解"的新研究者之间的区隔和对立继续存在，这种围绕课程学术史展开的争论就不会停歇。

就像赖特所说的，赫莱伯威茨希望能更正人们对课程历史的理解，而非去丰富这种理解。③ 因此无论发掘和罗列了多少史料，只要是坚持从自己的学术立场出发，试图以历史叙事为自身的意识形态和研究取向张目，就很难真正推动课程史研究向前发展，反而有可能使它成为不同派别间相互攻讦的工具。坦纳夫妇和赫莱伯威茨等人的历史书写的最大问题也许是，他们

---

① Wright, H. K. Does Hlebowitsh Improve on Curriculum History? Reading a Rereading for Its Political Purpose and Implications. *Curriculum Inquiry*, 2005, 35(1): 103~117.

② Hlebowitsh, P. More on "The Burdens of the New Curricularist". *Curriculum Inquiry*, 1999, 29(3):369~373.

③ Wright, H. K. Does Hlebowitsh Improve on Curriculum History? Reading a Rereading for Its Political Purpose and Implications. *Curriculum Inquiry*, 2005, 35(1): 103~117.

只是讲述了诸多故事当中的一种,却希望它成为唯一的一种。

尽管到 20 世纪末 21 世纪初,"新派"的课程学者们对于包括传统课程开发范式在内的各种课程研究展现出开放的态度,面对课程史时欢迎多样的历史叙事,包容对同一段过去的不同解读,然而在持有客观主义历史观念的传统课程史学者眼中,这是一种"怎么都行"的相对主义,他们不愿接受这种各说各话的"和平共处"。因为有一股浓重的领域危机意识,驱使着他们要在历史中寻找课程领域的核心观念和共同基础,以便形成维持专业建制,推动学术发展的"向心力"①。

《学校课程史》出版之时,坦纳夫妇在这方面的考虑也许更为突出,他们在书中写道:"20 世纪 80 年代出现了大量有关教育改革的相互冲突的报告,美国教育部提出的《国家在危急中》(1983)最引人瞩目,它批评学校削弱了美国支配全球经济市场的历史作用。(25 年前,我们的学校因苏联取得航天事业的成功而受到批评。)日本在全世界经济中的挑战是新的威胁。人们迫切希望学校采用美国工商业部门管理效率技能。"②而历史上,"20 世纪 50 年代末 60 年代初广泛的批评、麦卡锡主义和对独立学科的强调,一下子就有效地使进步主义教育者社会问题解决教学的努力破灭了!"③坦纳夫妇非常担心教育界再次在外部势力的攻击下丢弃自己的理想和传统。"很少有教育者正视这样一个问题——当学校转而为狭隘民族主义或特殊利益服务时,我们的社会是否在忠实于自己的原则。"④面对新保守主义对杜威及其追随者的教育信念,以及美国公共学校制度的攻击,并没有多少人做出回应。作为长期关注学校教育实践的课程学者,坦纳夫妇勇敢地站了出来,为学校教育和职业教育者辩护。不只在《学校课程史》中,丹尼尔·坦纳在其早期作品《年轻人的学校:中等教育的变革与挑战》一书中,就对冷战时期种种针对学校教育的无理指责做出过回应,认为不应将美国落后于苏联的方面全

73

---

① Hlebowitsh, P. Centripetal Thinking in Curriculum Studies. *Curriculum Inquiry*, 2010, 40(4):503~513.

② [美]丹尼尔·坦纳、劳雷尔·坦纳:《学校课程史》,崔允漷等译,教育科学出版社 2006 年版,第 339~340 页。

③ 同上,第 294 页。

④ 同上,第 340 页。

都归罪于学校，而在总结美国的成功之处时却完全忽视教育的贡献。①

理解历史叙事的一个关键，是理解陈述者希望在故事陈述中与倾听者建立怎样的关系。丹尼尔·坦纳在数量众多的非专业杂志上发表文章，希望让普通民众能对课程问题有更深入的理解。正如派纳所说，他可以被看作是"一位公民或公众的智者，一位课程领域的公众发言人"。② 也同样是出于这样的原因，《学校课程史》成了古道热肠的坦纳夫妇在课程领域重塑的"卡伯莱奇幻世界"，他们有意无意间讲述了一个美式英雄故事，书写了一部关于信念、挫折和胜利的电影剧本。

拉尔夫·泰勒在为此书撰写前言时，认为以坦纳夫妇对过去两百年来的课程问题与发展的熟悉程度，可以使这部历史真实可信。而克利福德读过《学校课程史》后，却评论道："课程领域仍在等待一部信史。"③

我们已经有了一部"信史"吗，还是依然在等待它？或许更值得思考的问题是，真的存在所谓的"信史"吗，我们又是否需要确定的、唯一的历史解读？

---

① Tanner, D. *Schools for Youth：Change and Challenge in Secondary Education*. New York：Macmillan, 1965：vi.

② ［美］派纳等：《理解课程：历史与当代课程话语研究导论》，张华等译，教育科学出版社 2003 年版，第 705 页。

③ Clifford, G. J. The "Sticky Wicket" of Curriculum History. *Educational Researcher*, 1990, 19(9)：26～28.

第二章

思想的四重奏：专业群体的斗争

If there is a direction that the history of curriculum has taken in the course of its short history, it has been mainly toward a multiplicity, if not a new complexity, in its interpretations. ①

　　　　　　　　　　　　　　　　　　—Herbert Kliebard

假如说课程的历史在其短暂的历程中遵循了某个方向的话，如果不是朝着新的复杂性，那便是朝着解释的多样性发展。

　　　　　　　　　　　　　　　　　　——赫伯特·克利巴德

The twentieth century became the arena where these four versions of what knowledge is worth teaching and of the central functions of schooling were presented and argued. ②

　　　　　　　　　　　　　　　　　　—Herbert Kliebard

20世纪成为关于"什么知识最值得教以及学校教育的中心功能是什么"的四种观点被提出和争辩的竞技场。

　　　　　　　　　　　　　　　　　　——赫伯特·克利巴德

---

① Kliebard, H. M. Constructing a History of the American Curriculum. Jackson, P. W. *Handbook of Research on Curriculum*. New York: Macmillan, 1992: 157~184.

② Kliebard, H. M. *The Struggle for the American Curriculum: 1893~1958*. New York: Routledge, 2004: 25.

第一节　反思的年代

尽管二战后那场缺乏明确主旨且又相当短命的生活适应教育运动使得教育学科以外的大学学者又一次表达了对基础教育的强烈不满,不过赫钦斯(Robert Hutchins)和贝斯特(Arthur Bestor)的倡议并没引起太多即时的反响,而只是在很小的圈子里得到一些回应。持有不同理念的课程学者,还是可以在进步主义这面共同的大旗下表述实际上相互区别甚至是冲突的观点的,并且能够在各个不同的层级上(州、县、学区等)参与地方的课程事务。然而,1957年苏联人造卫星上天却带来了地覆天翻的变化,全国性的对学校课程的质疑和攻击,以及随后的国防教育法案彻底改变了教育格局。一则课程学者们在生活适应教育中遭遇了不少批评,在新的课程改革中颇受冷遇;再则原本与课程学者紧密合作的州一级教育部门、校董会和教师们所拥有的课程权力,一定程度上被转移到了以科学家们为高参的联邦政府和各种基金委员会的手里;三则新的课程变革采用的是关注国家竞争、军备竞赛、尖端知识和卓越人才的一整套逻辑,而肯定儿童个人生活的价值、建设民主社会新秩序等诉求都被舍弃了。"对学科的探究代替了对自我的探究;对知识结构的理解比对社会结构的理解更重要;关于学习的理论比关于知识的理论更有价值。"[1]且不论究竟是什么原因起了主导作用,总之课程专家丧失了在课程实践中的领导地位,取而代之的是心理学家和学科专家们,学科结构取向很快实现了对这一领域的统治,成为课程改革的主导思想。

20世纪60年代的美国课程专家不仅丧失了直接领导和参与课程改革的实践领土,而且在理论拓展方面步履维艰,课程开发范式仍然是这一领域的主流,一部分课程理论工作者似乎满足于对泰勒原理做修修补补。虽然此时已经有课程学者借助人本主义心理学、政治学和现象学等理论资源,对

---

① Sears, J. T., Schubert, W. H. & Marshall, J. D. *Turning Points in Curriculum: A Contemporary American Memoir*. Upper Saddle River, N. J.: Merrill, 2000:52.

课程问题做了新的解读，但是行为主义、系统方式、工程取向仍然占据着统治地位。

在这个相对不变的领域之外却是一个急剧变化的世界。对美国人而言，也许没有哪个时期比 60 年代末有着更多的躁动不安和愤懑不满了。这是一个激进而动荡、充满批判和反思的时代，民权运动、女权运动、新左派运动和反战运动风起云涌，种族隔离和性别歧视等原本处于社会关注核心之外的问题成为最引人瞩目的重大主题，青年一代的价值观相较父辈显现出明显的转变甚至是断裂，没有什么东西是不能质疑的，学生运动使得大学校园注定不是遗世独立的象牙塔，而是反叛和冲突的最前线。在课程这个学术领域中，人们也越来越清晰地感受到看似平静的水面下的暗流涌动。

一、挑战泰勒原理

20 世纪 60 年代，课程研究领域一方面开始重拾对人文学科的关注，另一方面强调学者们不能对外部社会的剧烈变革无动于衷。在休伯纳（Dwayne E. Huebner）和麦克唐纳（James B. Macdonald）①的引领下，课程领域开始寻求新的语言和思维方式。他们对主流课程理论和实践的批判，鼓舞了新一代课程学者对泰勒原理发起挑战。1967 年在俄亥俄州立大学举办的课程理论会议上，休伯纳借助现象学对暂存性（temporality）的探讨，以及麦克唐纳借鉴马尔库塞对审美理性（与技术理性相对）的提倡，都得到了广泛的回应。伯曼（Louise Berman）、穆尼（Ross Mooney）、格林（Maxine Greene）和艾斯纳（Elliot Eisner）等一批年轻的课程学者，由此开始推进对课程领域的全面而系统的反思。②

在种种针对工程技术取向的课程研究（以泰勒原理为标志）所做的批判中，既有借助其他学术领域的思想资源，采用政治学、现象学、美学和伦

---

① 休伯纳和麦克唐纳二人都是在课程专家弗吉尔·赫里克（Virgil Herrick）的指导下于威斯康星大学麦迪逊分校获得博士学位，两人是多年的好友，派纳后来将他们尊为"概念重建运动之父"。参见［美］派纳等：《理解课程：历史与当代课程话语研究导论》，张华等译，教育科学出版社 2003 年版，第 204～211 页。

② Sears, J. T., Schubert, W. H. & Marshall, J. D. *Turning Points in Curriculum: A Contemporary American Memoir*. Upper Saddle River, N. J.: Merrill, 2000: 83.

理学的视角重新审视课程问题的"外发"式探索，也有着力发掘内部思想资源，促进当代实践者与历史前辈"对话"以实现继承与超越的"内省"式努力。在这一时段，克利巴德、艾斯纳和戴尔（Edgar Dale）都对 20 世纪早期博比特等人对课程编制理论的构建进行了历史回顾①，并将之作为理解和反思当代课程思想的一种有效手段。克利巴德强调这些早期理论"对整个 20 世纪的课程开发的显著影响"②，艾斯纳则指出博比特与后来的泰勒和布鲁姆（Benjamin Bloom）等人的理论之间存在"家族相似性"③。

时至 1969 年，在对课程领域过去十年乃至更长时段的发展历程进行回顾和总结时，学者们都意识到这一领域的境况很难令人满意。乐观者，如古德莱德，称该领域尚幼④；悲观者，如施瓦布，曰该领域濒死⑤。无论如何，反思和改变迫在眉睫。前文提到过，也正是在这一年，贝拉克于《课程思想和实践的历史》⑥一文中，首次明确提出了开展课程史研究这一命题。课程史作为一个研究领域的建立，与整个课程领域中兴起的批判和反省的潮流是分不开的，那个时期的课程领域正在通过大量的自我批评来"寻找自己的灵魂"⑦。

在这些内部的批评者当中，就有 20 世纪美国最重要的课程史学者赫伯特·克利巴德。据其导师贝拉克回忆，当克利巴德还是一名博士研究生时，他就对课程史表现出了兴趣。不过起初他主要从事课堂教学研究，60 年代中期他在威斯康星大学担任教职以后，才逐渐将主要研究精力投注到课程

---

① Bellack, A. A. History of Curriculum Thought and Practice. *Review of Educational Research*, 1969, 39(3)：283～293.

② Kliebard, H. M. Curricular Objectives and Evaluation：a Reassessment. *The High School Journal*, 1968, 51(6)：241～247.

③ Eisner, E. W. Franklin Bobbitt and the "Science" of Curriculum Making. *The School Review*, 1967, 75(1)：29～47.

④ Goodlad, J. I. Curriculum：State of the Field. *Review of Educational Research*, 1969, 39(3)：367～375.

⑤ Schwab, J. J. The Practical：A Language for Curriculum. *The School Review*, 1969, 78(1)：1～23.

⑥ Bellack, A. A. History of Curriculum Thought and Practice. *Review of Educational Research*, 1969, 39(3)：283～293.

⑦ Bellack, A. A. Forword. Franklin, B. M. *Curriculum and Consequence：Herbert M. Kliebard and the Promise of Schooling*. New York：Teachers College Press, 2000：vii.

历史研究上来。

克利巴德认为课程领域若想发展繁荣，就必须对从先辈那里继承来的思考课程问题的方式做批判性的检视。他敦促课程理论家和实践者不仅要在彼此之间做交流，还要和这一专业的先行者们对话。[①] 他认为这种历史视角的缺失使得课程从业者总是倾向于重新拾起那些产生于不同思想氛围和社会环境中的口号和标语，高呼高举，就好像这些问题在今时今日仍像当年一般急迫似的。他指出，在课程领域里，所有问题都总好像是凭空而来的，每一代学者都在"重新去发现那些萦绕该领域多年的老问题"[②]。

乍看之下，克利巴德的这些观点和坦纳夫妇关于课程史研究效用的观点十分相似，然而实际上双方却有着重大的差异。坦纳夫妇希望课程学者重拾杜威的"进步主义"传统，吸纳课程智慧遗产，特别是几代课程工作者所总结出的一套课程原理和思维方法（泰勒原理为其中的杰出代表），避免每当外部社会环境出现变化，课程学者就丢弃原有的探究成果，盲目追随一时之风潮。而克利巴德希望通过课程史研究打落课程研究背负的传统枷锁，推动课程研究的理论创新。坦纳夫妇要维护本领域的专业智识和思想成果，克利巴德则希望冲破该领域的职业藩篱和文化壁垒；坦纳夫妇注重梳理和继承，而克利巴德注重批判和突破。

克利巴德的课程史研究，始于对"设定课程目标并据此进行评估"这一课程开发的惯常模式的反思。[③] 克利巴德指出，一上来就设定清晰明确的目标（往往是用关于行为的术语阐明的），似乎是课程领域中的最神圣不可侵犯的戒条，有了特定的目的才好选择和组织学习经验，外显的行为目标也使得教育活动有了得以评价的清晰标准。在我们的思想中，这一公式如今已是根深蒂固，想要对此做批判性的考察甚至另辟蹊径，也就变得极为困难了。也许回头检视这一模式诞生时的社会和教育情境，能帮助我们获得一些不同的见解。因此克利巴德将确定课程目标的问题追溯至1918年这一对课程领域极为重要的年份，认为当年出版的《中等教育的基本原理》和博比

---

①② Kliebard, H. M. The Curriculum Field in Retrospect. Witt, P. W. F. *Technology and the Curriculum*. New York: Teachers College Press, 1968: 69~84.

③ Kliebard, H. M. Curricular Objectives and Evaluation: A Reassessment. *The High School Journal*, 1968, 51(6): 241~247.

特的《课程》，都明显地带有社会效率思想的时代烙印。这种思想是社会服务和社会控制两方面的混合物，因而当时的课程思想有着自身的意识形态局限，然而彼时确定下来的"确立课程行为目标"的思路却被后世不加批判地继承了。克利巴德对这一模式的可行性和道德性做了批判，提出课程学者应该对该领域世代继承的一些核心概念进行历史的解读，"从它们的来源、表述形式和实际效用等多个方面做批判性的考察"①。

1970 年克利巴德又以相当的理论勇气将批评的矛头直指泰勒原理②，在课程领域对泰勒原理所做的众多批评当中，数克利巴德的这篇《泰勒原理》"最广为人知"③。该文对《课程与教学的基本原理》一书中关于教育目标的确定、学习经验的选择和组织、课程和教学的评价等相关论述一一做了深入而有针对性的分析和批评。例如在教育目标的确定方面，泰勒提出了三大主要来源，即学科专家的建议、学习者的需求以及对当代社会生活的研究。克利巴德指出，泰勒只是把不同派别的观点一一罗列出来，却没有仔细地分析它们之间的关系；而且学科专家的建议和其他两条来源并非是同一层次的东西，根本不该并置在一起。克利巴德认为，尽管在课程领域，不论由谁来立一间什么样的宗庙，"泰勒原理都应被供奉于神龛之内"④，但是课程领域必须认识到它只是泰勒对课程该如何开发的一种理解，而不是课程开发的普适模式。有学者称泰勒原理为课程探究中的一个时代的丰碑，对此克利巴德评论道，"新的时代早该到来了"⑤。

二、修正主义教育史学的影响

克利巴德在整个美国课程领域拉开反思和重建的序幕时，开启了自己的课程史研究。从 20 世纪 60 年代末到 80 年代中期，克利巴德发表了数十篇论文，其中很多都是对早期课程理论中的各种不同派别的观点的考察，包括赫尔巴特主义者、杜威、波德以及标榜"科学"的课程开发论者如博比特

---

① Kliebard, H. M. Curricular Objectives and Evaluation: A Reassessment. *The High School Journal*, 1968, 51(6): 241~247.

②④⑤ Kliebard, H. M. The Tyler Rationale. *The School Review*, 1970, 78(2): 259~272.

③ Hlebowitsh, P. The Burdens of the New Curricularist. *Curriculum Inquiry*, 1999, 29(3): 343~354.

等。正是这些工作为他日后推出《美国课程斗争：1893～1958》(*The Struggle for the American Curriculum*：1893～1958,以下简称《斗争》)这一课程史研究的经典著作奠定了基础。

克利巴德在做这些思考时并不孤独,因为他的工作实际上反映了当时美国课程学界的一种共同认识和集体心态。阿普尔(Michael Apple)日后就曾回忆道,60年代末,在阅读《中等教育的基本原理》和赖斯(Joseph Mayer Rice)调查并批评公立学校的文章等原始文献,同时又查阅了60年代课程领域的最新作品后,他得出了两个重要发现:一是在"什么知识最有价值"这把大伞下面,课程学界实际上包含着多样的传统;二是当时的课程领域,其本身"也正处于斗争之中"。[1]

除此之外,不能不提当时美国教育史研究发生的重大转变对克利巴德等课程史研究者的影响。克利巴德曾直言不讳地承认他在撰写《斗争》时,很大程度上受到60年代美国教育史学界关于如何撰写教育史的论争的影响。[2]

美国教育史学界曾经长期处于以卡伯莱的《美国公立教育》为代表的传统史学的统治之下。受进步史观影响,这种书写历史的模式把教育演变的历程描绘成直线进步的态势,把教育改革者们刻画为英雄,把阻碍改革的人描绘成恶棍。在他们的相互斗争中,改革者不断取得胜利,教育事业不断向前发展。因而这种模式也被称作是"欢庆史学"或者"辉格史学"。对于在教育学或师范院系工作的教育史学者而言,这样的历史很适合被拿来作为教师职业训练的一部分,它能让未来的教师对自己的工作充满骄傲和热情,就像通过学习历史培养民族自豪感一样。然而50年代美国社会对公立学校的严厉抨击,让这类教育史学生存的社会土壤出现了松动。同时,美国史学界先是在新保守主义的影响下,以"一致论"否定"冲突—进步"的撰史基调,而后又受到其他社会科学的影响,在方法和观念上都出现了转变。这些变化都促使美国教育史学最终出现重大转向。

81

---

① Sears, J. T., Schubert, W. H. & Marshall, J. D. *Turning Points in Curriculum：A Contemporary American Memoir*. Upper Saddle River, N. J.：Merrill, 2000：87.

② Kliebard, H. M. *The Struggle for the American Curriculum*：1893～1958. New York：Routledge,2004：271.

"揭开 20 世纪后半期美国教育史学变革序幕"①的是贝林(Bernard Bailyn)的《美国社会形成中的教育》。这本出版于 1960 年的著作有着很大的影响力,它对卡伯莱为代表的传统教育史学做出了有力的批评,提出教育史学必须抛弃职业偏见,不能只报喜不报忧,也不应该丢弃更广阔的社会文化视野而满足于在狭小专业范围之内"自给自足"。1961 年克雷明的《学校的变革》则是教育史学发生转变的标志性作品。克雷明成功地将教育的历史置于社会和文化整体情境中解读,此书出版以后教育史书写的方式出现了根本性的转变。而其 1965 年面世的《埃尔伍德·帕滕森·卡伯莱的奇妙世界》则被看作是新的修正主义史学向传统教育史学的宣战书。

学界通常认为修正美国传统教育史学的路线有两条:一是以贝林和克雷明为代表的温和修正派;一是以凯茨(Michael Katz)和斯普林(Joel Spring)为代表的激进修正派。② 温和修正派与美国社会主流文化较相容,倡导扩大教育史的研究范围,而不仅仅局限于学校教育,他们为教育史学科拓展研究领域和向历史学主流回归方面做出了杰出的贡献。而激进修正派则更多地受到了美国六七十年代激进的社会思潮的影响(包括"新左派"史学的直接带动),有着强烈的批判精神和现实关怀;他们关注教育中的阶级压迫、种族隔离和意识形态冲突等问题,探究学校如何成为社会控制的工具,揭示教育改革如何迎合了精英群体的利益诉求。1968 年凯茨的《早期学校改革的嘲讽》(*The Irony of Early School Reform*)为激进的修正主义教育史学定下了基调。尽管这本著作更接近于案例研究,没有处理相对宏大的主题,但是它却涉及激进修正派日后将探讨的许多问题,并确立了解释这些问题的方向。凯茨以击碎当时仍然盛行的有关公立教育的"神话"为己任,批评教育史学者让关于教育的高贵传说永久流传。在教育史学者刻画的故事中,接受了启蒙思想的工人阶级在理想主义和人文主义知识分子的引领下,不断战胜自私的权贵,建立免费的公立教育体系。然而,凯茨讲述的是一个精英群体受自身利益的驱使,与中产阶级的家长和新兴的职业教育者一道,通过特定的教育改革维护自己的地位和权益,并将自己的价值观强加给工人阶级和穷人的故事。其后斯普林等人沿着这一路向继续深入,

---

① 周采:《战后美国教育史学流派的发展》,载《比较教育研究》2005 年第 5 期。
② 周采:《美国教育史学:嬗变与超越》,人民教育出版社 2006 年版,第 78 页。

以批判的视角对美国学校教育做了多样的阐释。

由于课程领域内部也形成了越来越浓厚的批判氛围，激进的修正主义教育史学对课程史研究产生了相当大的影响。社会控制、文化冲突和意识形态操纵等激进教育史学和课程理论共同关注的议题，自然而然成为美国课程史研究重点关注的问题。因而美国课程史几乎是在研究领域刚刚建立的时候就确立了注重批判的传统，并持续至今。

第二节　课程史中的经典：克利巴德的《美国课程斗争》

假如要论美国课程史著作中哪一部是最具影响力的，恐怕非《美国课程斗争：1893～1958》莫属。克利巴德的这本代表作是美国课程史研究中里程碑式的学术经典，此书 1986 年出版后广受赞誉，并于 1995 年和 2004 年两度再版。

克利巴德是美国课程史研究领域的重要奠基人，也是最早的一批认同"课程史学者"这一身份的人："当我是一个研究生时，学术界还没有课程史这一领域，尽管一般教育史研究中通常会包含一些内容，以我们现在的眼光看，它们是关于课程史的。但是，没有人会以课程史学者来自我定位，我认为当时恐怕也没有人愿意这样做。然而不知怎样，随着时间的推移，我拥有了这么一个标签，成为一名课程史学者。"[1]

克利巴德 1930 年出生于纽约市的一个贫苦家庭，父亲是一名整日在"血汗工厂"里辛苦操控缝纫机的纺织工人。[2] 1952 年在纽约城市学院获得英语学士学位以后，克利巴德一边在一所职业高中里教英语，一边继续在城市学院攻读硕士学位。1953 年他曾应征入伍服役两年，随后又先后在职业高中和普通高中里任教。在纽约城郊哈德逊河边的奈阿克高中教书期间，克

---

① Kliebard, H. M. *Forging the American Curriculum：Essays in Curriculum History and Theory.* New York：Routledge, 1992：xi.

② Kliebard, H. M. *Schooled to Work：Vocationalism and the American Curriculum*, 1876～1946. New York：Teachers College Press, 1999：xv.

利巴德开始到哥伦比亚大学教师学院进修，师从课程理论家贝拉克研究课堂教学，并于 1963 年获得博士学位，毕业后来到威斯康星大学麦迪逊分校任教，一干就是 36 年。1999 年他退休时，已经出版了 8 本著作，发表了近 80 篇论文，数以千计的学生在他的课堂上聆听过其对课程理论和历史的独到见解。① 凭借在教学和研究方面的突出贡献，他获得了威斯康星大学杰出教员奖以及哥伦比亚大学教师学院杰出校友奖。克利巴德在课程学界有着崇高的地位和深远的影响，2010 年世哲（SAGE）出版社的《课程研究的百科全书》中甚至专门编写了"赫伯特·M. 克利巴德"这一词条来介绍他对课程研究的贡献。② 拉巴里曾说："想要有智慧地处理美国教育中的课程问题，就非借鉴赫伯特·M. 克利巴德的作品不可。"《斗争》则是克利巴德的作品中最知名也是最重要的一部。

一、重探"进步教育"的意义

克利巴德在《斗争》的初版前言中提到促使他写这本书的动力主要来自两个方面。一是他感到当时的教育史研究很不平衡，有太多的作品关注入学机会的问题，研究者只关心谁能够走进学校的大门，却很少有人尝试考察儿童和青年走进校门以后发生了什么事情。二是数不胜数的关于"进步教育"（Progressive Education）的陈述，千差万别，令人感到迷惑，甚至同样使用"进步教育"的说法，指的却是根本不同、甚至相互对立的理论和实践，这让人无所适从。克利巴德经历了一个惑而生疑、疑而转怒的过程，在仔细考察各种关于"进步教育"的陈述以后，他觉得这个概念不仅空洞而且有害。

如前所述，美国教育史研究中的修正主义史学给克利巴德带来很大的影响。克利巴德之所以在《斗争》中避免用"进步教育"解释任何东西，以独特的方式呈现课程变革的历史，是受益于修正主义教育史学家对"进步教育"的重新思考。

---

① Franklin, B. M. Herbert M. Kliebard's Intellectual Legacy. Franklin, B. M. *Curriculum and Consequence*: *Herbert M. Kliebard and the Promise of Schooling*. New York: Teachers College Press, 2000:1.

② Kridel, C. *Encyclopedia of Curriculum Studies*. Thousand Oaks, CA: SAGE Publications, Incorporated, 2010.

克利巴德认为克雷明的《学校的变革：美国教育中的进步主义，1876～1957》是一部里程碑式的作品，正像副标题所显示的那样，这本书不是一本狭义的"进步教育史"，而是考察了社会和政治层面的更广义的进步主义对教育的影响，将进步主义教育看作是更大范围内的美国进步主义的教育面相。克雷明认为明确完整地定义进步教育的努力是徒劳的，在历史上进步教育从来都是人言人殊，而这正反映了美国教育的多样性。进步教育运动是整个世界对工业化的更广泛反应的一部分。克雷明认为进步教育体现了扩展学校教育的功能——由智力发展扩大到促进健康和职业能力等，将科学研究运用到教育实践，依据学生类型的不同调整教学等几方面特点。[①]　在克雷明看来，尽管进步主义改革者没能完全实现他们关于学校教育的理想，但是他们的努力无疑是高尚的、面向民主的。

另一位教育史学家克鲁格（Edward A. Krug）对进步教育的评价就没那么乐观和正面了。1964 年克鲁格的名著《美国高中的形塑》（*Shaping of the American High School*）问世时，克利巴德刚到威斯康星大学工作不久。由于威大教育学院当时正在扩张和调整，新来的克利巴德要和克鲁格共用一间办公室，这也使得他有机会亲眼见证该书修改定稿的过程。[②]　可以想见，克鲁格的研究给克利巴德带去的是非常直接的影响。相比克雷明，克鲁格更关注课程等微观层面，同时也更激进。在理解差不多同一时段的教育时，克鲁格不像克雷明那样频频使用"进步教育"的标签，除了提到进步教育协会及其创办的同名杂志，克鲁格的著作里根本没有塑造一个可称为"进步教育"的运动或实体。对于那个时段出现的课程分化等现象，克鲁格认为并不是那么正面的事，而且他重新揭示了社会效率的概念在进步时代的教育理想中拥有重要地位这一现实。日后斯普林等激进的修正史学家以更为鲜明的立场和更为锋锐的笔触深化了克鲁格的批判，明确地采用社会阶层和阶级的视角将进步教育运动看作是精英阶层推动社会控制和社会整合的手段；然而这种批判同时也使本已表述得含混不清的"进步教育"概念更加面目难辨。

克利巴德观察到澄清"进步教育"这一概念的一种方式是缩小这一术语

85

---

①［美］劳伦斯·克雷明：《学校的变革：美国教育中的进步主义，1876～1957》，单中惠、马晓斌译，上海教育出版社 1994 年版，第 3 页。

② Kliebard, H. M. *The Struggle for the American Curriculum*：1893～1958. New York：Routledge，2004：xxi.

所指涉的现象范围。① 例如泰亚克在《一种最佳体制：美国城市教育史》里将进步教育分为管理进步主义（administrative progressive）和教学进步主义（pedagogical progressive）；②还有学者把 20 世纪初的教育改革者划分为进步主义的改革者和非进步主义的改革者，认为只有杜威和其真正的追随者才属于进步教育的阵营，进步教育运动只是当时众多教育改革运动中的一支。克利巴德认为尽管学者有权依照自己的理解重新定义"进步教育"，但是这并不能反映这一词语的一般定义和共同理解，也没能解释为什么各不相同甚至是相互冲突的改革行动最后都被赋予同一个标签。

也许更好的办法是从根本上挑战提出"进步教育"这一命题的方式，提出这一命题就意味着要预先假定存在着这样一个可以辨识的改革运动，而历史学家们的任务就是找到一个合理的范式去描绘和解释它。然而大部分人都发现进步教育运动里包含了种种冲突和不一致。如克雷明所说，进步教育是更大范围内的进步主义的教育侧面，然而"进步"这个词能否用来概括这个时代的特征存在着相当的疑问。修正主义史学家试图揭示的，就是这场运动在社会、政治乃至教育层面上都包含很多压制性甚至是倒退的成分，限制了教育机会，阻碍了社会流动并加剧了权力的不合理分配，根本称不上是进步的。在教育领域之外，历史学家也早已质疑是否存在着可以称为"进步主义运动"的东西——由于缺乏意识形态和政治方面的共同信念，存在的也许只是某种中心问题、主旨和形态都不时会出现变化的松散的联合体，而不存在一个统一的运动。

正是上述这些观点启发了克利巴德，他认为根本不存在"进步教育"这样一个概念。著述《斗争》一书的主要目的，就是希望指出美国现代课程并非是某个单一的运动的产物，而是在不同的阶段受到了不同的意识形态的主导，各种不同的利益群体相互竞夺，才构成了 19 世纪 90 年代至 20 世纪上半叶的美国课程图景。他挑战了关于美国课程演进历程的一元化的叙事，为理解美国课程的理论和实践开启了新的可能。

---

① Kliebard, H. M. *The Struggle for the American Curriculum*：1893～1958. New York：Routledge, 2004：276.

②［美］戴维·泰亚克：《一种最佳体制：美国城市教育史》，赵立玮译，上海人民出版社 2010 年版，第 1～3 页。

二、舞台与角色：20 世纪初的四大课程群体

为描绘这 60 余年间课程思想的演变，克利巴德塑造了为美国课程而斗争的人文学科论者（humanists）、儿童发展论者（developmentalists）、社会效率论者（social efficiency educators）和社会改良论者（social meliorists）这四大"利益群体"。同一群体中课程思想家们分享着一些相同的理念，使用着类似的语言，而不同的群体之间则有许多针锋相对的观点冲突，也有为实现共同目标而展开的妥协与合作，你方唱罢我登场，在 1893 年至 1958 年间的美国教育舞台上，上演了一幕幕精彩纷呈的活剧。

克利巴德认为，尽管《斗争》所讲述的故事中的主角无疑是不同课程团体的领袖们，但是他们的观念也必须要放置在现实世界的大背景中理解。这种背景不仅包括学校实践、教育系统的官僚体系，还包括当时的政治和社会条件；因此这部"剧作"在"舞台说明"方面也颇下了一番功夫。

时代搭台：迅疾变革中的社会

《斗争》甫一开篇，作者便用如椽大笔为读者勾勒了一幅磅礴大气的社会画卷。19 世纪末，美国正在经历从农业经济向工业经济、从传统社会向现代社会的剧烈转型。铁路的发展和报刊一道，使得美国幅员辽阔的国土上的民众们更加紧密地联系到一起，人们不再彼此隔绝地生活在各自的庄园里。城市迅速发展，移民大量涌入，越来越多的人开始过上工业化、城市化的生活。由于出版业的兴旺发达，公众比先前任何时候都更能够明晰地意识到自己正在见证着一系列前所未有的社会变化。20 世纪即将到来，这本身就构成一种反思的源泉，人们愿意思考这个国家的精神在哪里、未来的美国会是什么样子这类问题。[1]

正是在这样的背景下，课程逐渐成为全社会关注的一个话题。19 世纪的美国，"教育系统的核心原是教师"[2]。这些收入微薄、缺乏专业训练而且通常本身年纪也很轻的教师们被寄予厚望，希望他们身上能展现出优良的德行和标准的社会价值观，并对愚笨顽劣的孩童严加管教。然而到了 19 世

---

① Kliebard，H. M. *The Struggle for the American Curriculum*：1893～1958. New York：Routledge，2004：4.

② 同上，第 1 页。

纪 90 年代，随着社会的变革，学校教育扮演的角色也迅速地改变了。城市越来越大，人口越来越多，有大量的儿童涌入学校，同一所学校里上学的孩子不再全都是来自彼此熟悉的家庭。学校不再从属于一个统一的、相互联络的社区圈子，而成为家庭和社会之间的桥梁，成了人们和这个陌生的、冷淡的工业社会之间的中介机构。传统的家庭生活方式在消亡，而且即便不消亡，它也没法让年轻的一代适应这个复杂的新社会。学校的社会角色的转变也带来教育的重心从有形的教师向课程当中包含着的抽象的知识和价值的转移。

19 世纪 90 年代，在课程领域占统治地位的学说还是心智训练说。[1] 这一学说的基础是官能心理学，相信人的心灵存在一些与生俱来的官能，例如记忆、推理和想象，这些官能如同肌肉一样可以依靠锻炼而变得更为强健，而某些学科对训练特定的官能有着良好的效果。克利巴德认为，这样一来，关于该教什么、以什么顺序教、如何平衡教学内容等课程领域的基本问题，心智训练说都可以做出解答。[2] 可以依据官能的种类确定课程的范围，依据官能出现的次序编排课程的顺序，依据所有官能都受到适当训练的要求使得课程的组成均衡合理。这样的课程学说一定程度上也为当时机械枯燥的教学方式提供了依据。单调的练习、无意识的反复背诵、严苛的纪律，这样的课堂对学生实在缺乏吸引力。当时一些童工甚至觉得早早从事繁重的工厂劳动也比继续过单调、充满屈辱甚至有些残酷的学校生活要好。

在一个迅速变革的社会中，心智训练说不可避免地会遭遇挑战。首先理论本身难以解释对古典学科的偏好，也经不起实证研究的检验；而且更为重要的是，这种古老的理论如今面对的是一个迅速变革的社会，人们对于什么知识最有价值有了新的认识。克利巴德认为，"尽管在当代社会文化推崇的有价值的知识和学校课程中实际包含的知识之间常常存在滞后"[3]，但是人们一定会想方设法让有价值的知识成为青年一代的学习内容。于是，人们开始从不同的角度，尝试就课程问题给出自己的解答，持不同的课程取向的群体先后登场。

粉墨登场：19 世纪 90 年代的课程骚动

《斗争》的第一章既是全书的先导，也可以看作是一个概要，这出剧的主

---

① ② ③ Kliebard, H. M. *The Struggle for the American Curriculum*：1893~1958. New York：Routledge, 2004：4；11~17；7.

要角色在第一章便全部设定好了。克利巴德从他的好友克鲁格那里借鉴了这种撰史的方式,①即在大篇幅的历史叙事的开端处先尝试写一篇能涵盖全部主题的短文,来确定是不是叙述的各方面内容都能很好地联系到一起。因此,在书的开端克利巴德就让书中的主角,即四大利益群体——登场亮相。他认为在 19 世纪 90 年代,为控制美国课程而展开竞夺的各种力量就都已各就各位,而 20 世纪前期则成了它们展开斗争的战场②。

克利巴德首先介绍的是大学中的文理学者,他们对当时课程产生了巨大影响:中学需要根据大学的入学要求去确定自己该在学校里教些什么。当时各所大学的入学标准各不相同,这成为困扰中学管理者的一大问题。著名的全国教育学会十人委员会于 1892 年成立,就是为了解决这一问题,统一入学要求。③哈佛大学校长埃利奥特(Eliot)被任命为该委员会的主席,而这也象征着至少这一时段,他在四大利益团体之一的人文学科论者团体中处于领袖地位。

1893 年十人委员会的报告正式发表。这一报告是多方妥协的产物,不过还是明显地打上了埃利奥特的烙印。作为一名人文学科论者,埃利奥特同时也是心智训练说的赞同者。只不过与那些坚持古典学科具有不可替代的训练价值的顽固派不同,他认为任何学科都是潜在的训练学科。同时他相信无论会不会进入大学,所有人都应该学习相同的课程,因为在他看来学生为适应"生活"所要做的准备和为高等教育所要做的准备是相同的。

埃利奥特的报告得到很多赞扬,也受到了一些尖锐的批评。其中最有力度和声势的,当数美国儿童研究运动的领袖斯坦利·霍尔(G. Stanley Hall)的抨击。霍尔是克利巴德书中提到的试图影响美国课程的四大利益群体当中的第二支,即儿童发展论者当中的关键人物。儿童发展论者认为儿童发展的自然顺序是确定教学内容的最为重要最为科学的基础。儿童发展论者与著名的儿童研究运动(the child study movement)有着密切的联系。该运动是 19 世纪科学发展的产物,它倡导观察和记录儿童在不同发展阶段的言行。

霍尔的研究从探究儿童的已有知识开始,认为教师不应该假定儿童理

---

①②③ Kliebard, H. M. *The Struggle for the American Curriculum*: 1893~1958. New York: Routledge, 2004: xix; 1; 8.

所当然地知道很多东西,教学的内容也不应该那么死板僵化,没有一点"自由"、"原始"的味道。在霍尔看来,十人委员会的报告有三大谬误:其一,不是所有儿童都应该以相同的方式接受同样的教育;霍尔认为学生人口构成太多样化了,应该根据他们"潜在的宿命"提供不同的教学;他甚至还提到了学生当中存在着"能力低下和蠢笨者",因此统一的课程是不可行的。其二,霍尔不赞同"所有科目都有着同样的训练价值"的说法,认为持心智训练说的人只重形式而忽视了内容。其三,他认为所谓适应大学和适应生活是一回事的说法存在根本的谬误,这只是委员会为维持大学对中学课程的控制所采取的策略。

面对这些指责,埃利奥特再次表达了他的乐观,他认为学校并没有迎来那么多"能力低下者"。假如为不同学生提供有差别的课程,那并不意味着适合了学生原有的潜质和能力,而意味着引导他们迈向不同的社会和职业方向。19世纪90年代,人文学科派的另一位领军人物是哈里斯(William Torrey Harris),他是全国教育协会(NEA)任命的中等教育十人委员会和初等教育十五人委员会的重要成员。哈里斯既是一位受人尊重的学者(在当时的美国黑格尔主义者当中声名赫赫),又是成功的官员和管理者(担任过督学和美国教育总署署长)。尽管哈里斯应该比埃利奥特对周围的社会变革更为敏感一些,但是他坚定地认为西方文明的珍贵财富是学校课程最恰当的来源,他对手工训练极其冷淡,认为工业社会新价值的闯入使得学校更有必要成为真正宝贵的东西的避风港。

哈里斯把语法、文学艺术、数学、地理和历史称为心灵的五扇窗户,他强调这些学科各自的价值而不关心学科之间的联系问题,这受到了以麦克默里兄弟(Frank McMurry和Charles McMurry)和德伽默(DeGarmo)为代表的赫尔巴特主义者的猛烈抨击。美国的赫尔巴特主义者当中,很多人有在德国求学的经历。他们大体上认为自己的观点是"科学的",但他们实际上并没有特别关注赫尔巴特的既有学说,而是致力于挑战心智训练说和人文学科论者所代表的教育旧秩序。克利巴德认为他们在很大程度上被吸纳到儿童发展论的阵营之中,他们对儿童的成长和发展的关注使得他们很好地融入到儿童研究运动当中去了。①

　　这样，人文学科论者和儿童发展论者之间的争斗就构成了克利巴德笔下"19 世纪 90 年代的课程骚动"的主要部分。不过作者认为后来才真正登上历史舞台的社会效率论者和社会改良论者，在 19 世纪 90 年代也已经发生了先声。在美国教育史上，赖斯（Joseph Mayer Rice）因其对美国公立学校系统的尖锐批评而闻名，特别是他于 1892～1893 年在《论坛》杂志上发表的系列文章。起初，赖斯对学校的批评多站在人文主义的立场上对刻板非人的教育方式进行抨击，然而其后他的不满转向了教学和管理的"效率低下"，并对引入科学管理技术来消除教育当中的"浪费"表现出极大的热情。这样一来，尽管赖斯本人未必情愿，他却成为了《斗争》一书中的第三大利益群体——社会效率论者的先驱。

　　社会效率运动的倡导者与霍尔等人的诉求并不相同，与杜威对很多问题的见解也有着尖锐的冲突，但毫无疑问他们也属于改革者，他们努力的目标也同样是推翻传统主义者的人文学科课程的统治地位。

　　由于明确地反对社会达尔文主义者的自由放任学说，沃德（Lester Frank Ward）被看作是第四大利益群体"社会改良派"的伟大先行者，他的《动态社会学》等作品被倡导主动变革社会的教育家所推崇。他们和沃德一样，都相信学校是促进社会变革和社会公正的主要力量。学校课程应该直面种族和性别方面的不平等、权力的滥用等严峻的社会问题，以培养能够有效地解决它们的一代新人。

　　什么知识最值得教、学校教育的核心功能是什么，对这些问题截然不同的四种回答，在 20 世纪不断出现并引发争论。

　　杜威：立于局外的局内人

　　有一个人，虽然在课程领域有着重要的地位，却很难归入某一个利益群体，他似乎"超然于这些争吵之上"②，这个人就是约翰·杜威。尽管杜威与他同时代的人使用相同的语言，但是他表达的往往是不太相同的含义。杜威不是上述任何一个团体的核心人物，某种程度上也可以说他是任何一个

①　Kliebard，H. M. *The Struggle for the American Curriculum*：1893～1958. New York：Routledge，2004：30.

②　同上，第 26 页。

团体的成员，他对各派的观点做了整合和转化、重新解读和建构。这种重构的精妙和复杂，使得当人们尝试将杜威的观点应用到实践中时，往往会出现曲解和误用。唯有杜威自己的实验学校能让我们了解他倡导的课程在实践中究竟是什么样子。

和很多教育史学者一样，克利巴德也认为，杜威的芝加哥时代是其形成自己的教育思想（包括课程理论）的最关键时期，当时芝加哥的整体社会环境让杜威等一批知识分子对社会问题产生了前所未有的关注。作者还指出，作为社会科学研究中心的芝加哥大学中，包括斯莫尔（Albion Small）、米德（George Herbert Mead）和库尔利（Charles Horton Cooley）在内的社科学者都可能对杜威有一定的影响。校长哈珀（William Rainey Harper）对教育也有着特殊的兴趣，他不但要让芝加哥大学成为地区的学术中心，还希望它能在教师训练方面发挥一定的作用。

克利巴德认为，杜威毕生都在致力于解决如何在教育中平衡心理的和社会的两方面因素这一问题。杜威力求兼顾个人和社会环境，因此他努力使学校成为一个小型的社会，儿童不断萌生的个性既为发展中的社区增添了丰富性，又在社会现实中经受检验。[①] 学校关注的是儿童当下生活的价值，而不是为"未来的生活"做准备，儿童当前的兴趣不应该屈从于所谓的未来的回报。不过与此同时，杜威把如何利用儿童当前的兴趣将他们引向现代生活，使他们更有智慧地应对种种社会问题，当作是最重要的问题。而能顺利实现这一过程的课程就是最好的课程。克利巴德认为，杜威在建构课程理论时细致地考察了哈里斯的理论，以及赫尔巴特学派和霍尔等人都赞同的文化时期论。他既反对以既定的学科知识作为课程，认为必须考虑儿童的兴趣，同时强调学科之间的界限可以打破，学科知识也是来自于日常生活的；同时他对文化时期论也只表现出有限的赞同，质疑这一理论存有夸大和迷信的成分。

克利巴德赞同一些学者对杜威学校课程的观察，认为它确实受到了复演说和文化时期论的极大影响，但是，他强调杜威运用这些理论时的不同之处。杜威反对站在现代人的角度去批评审视过往时代的"野蛮"，并试图让

---

① Kliebard，H. M. *The Struggle for the American Curriculum*：1893～1958. New York：Routledge，2004：54～59.

儿童重复经历那些"不文明"的状态。他希望儿童能够用比较简单和初始的方法,去解决基本的问题,尝试做一些人类发展过程各个阶段所要从事的工作,比如烹饪食物和搭建住所,循序渐进地在这些活动中接触各个学科的知识。杜威学校的课程要在儿童的生活中寻找适宜的机会,利用他们的兴趣将之引向抽象的、逻辑结构严密的学科知识。他也赞成让儿童掌握现代自然科学等高度学科化的知识,只是他认为儿童应该从科学之所以会诞生的那些社会活动出发,而不是从知识体系出发。杜威同样重视智识的发展,但这种发展并非仅仅为了适应大学里的求学生活,也不限于传承西方文明的成果或是满足现代工业社会的需求,而是要促进社会的进步。①

尽管杜威学校毫无疑问要成为教学历史上的重要篇章,"但是这主要是因为其指导理论的整合性,而且学校本身成为了教学改革的一个标志性符号。而不是说杜威在那里检验的那些课程理念真的像传说中那样在实践中被广为运用"②。

由于声望日涨,杜威成了各种各样的课程改革或者学校整体变革的旗号,不管它们是不是真的反映了他的思想。与此同时,杜威在芝加哥时期煞费苦心发展的教育理论要么被画虎类犬地模仿,比如被简化成"做中学",要么就完全被忽视。"杜威的声望似乎是个矛盾体,尽管他得到了世界性的认可,在他的有生之年就毫无疑问地在世界上最伟大的教育家当中赢得了一席之地,然而他对各国学校的实际影响,却是被扭曲了的,而且影响的程度往往被严重高估了。他似乎命中注定要同一个模糊的、无法从实质上进行定义的实体画上等号,即所谓的进步主义教育,这个名词是对全然不同甚至是相互矛盾的各种改革的一个含糊统称,或者说根本就是个不曾存在过的历史虚构物。"③因此,解读杜威,和解构"进步教育"一样,是《斗争》一书需要完成的关键任务之一。

杜威和各个利益团体都有些渊源。他在攻读博士学位之前,还是一名高中老师的时候曾向一本哲学刊物投稿,作为编辑的哈里斯不但接收并发表了他的稿件,还鼓励年轻的杜威继续进行哲学方面的研究。这无疑是一

---

① Kliebard,H. M. *The Struggle for the American Curriculum*：1893～1958. New York：Routledge,2004,59～68.

②③同上,第 27 页。

种极大的鼓励,帮助他坚定了成为一位哲学家的信心。杜威在约翰霍普金斯大学求学时曾在霍尔的心理学实验室中工作过,与之有师生之谊,其博士论文的题目是《康德的心理学》,后来他还成为美国赫尔巴特学会的会员。

杜威对儿童研究运动的反应是很混杂的。首先他非常支持对儿童进行科学研究,但是他不认为科学研究的成果不经转化就能运用到教育实践中。而且他对儿童研究与心理学母学科相分离甚是担忧,对那些打着科学的旗号,把儿童研究当作工具为自己的一些应被质疑的做法开脱的人,给出了严厉的批评。① 杜威肯定儿童研究运动突破了传统教育对儿童施加无谓的限制,但是反对课程仅仅由松散的、偶然的、互相之间缺乏联系的"活动"来构成。尽管哈里斯在评论杜威的一篇文章时扭曲了杜威的意思,试图让人以为年轻的哲学家和他一样反对赫尔巴特主义者,把杜威刻画成自己的盟友,但实际上杜威对儿童发展论群体有着深刻的同情。

在以哈里斯为首的、强调"努力"的人文学者和心智训练说倡导者,以及由儿童研究派和赫尔巴特主义者共同构成的、鼓吹"兴趣"的阵营之间,杜威没有选择任何一方。然而在这场斗争中,杜威也并非是一个纯粹的旁观者。在 1896 年发表的《兴趣与意志训练之间的关系》一文中,杜威表达了自己对这一问题的独特见解。杜威批评"兴趣"的倡导者往往是把教学内容裹上糖衣,靠表面的、外在的东西吸引儿童,结果把儿童"惯坏";同时批评关于"努力"的理论错认为儿童的"受迫注意"比他们"自发注意"更重要,一味地强制儿童。杜威并没有简单地在双方之间寻找一个折中立场,而是指出了对立的双方所犯的共同错误。杜威指出,双方都假设所要掌握的事物或观念是外在的、与儿童的自我相疏离的东西。"兴趣"的倡导者认为无趣的东西落到了儿童的兴趣范围之外,因此需要人为地把它变得有趣;而鼓吹意志力的人认为学生必须花费相当的努力才能将事物和自我的距离拉近。杜威认为自我并非仅仅是先天已然确定的天性展现,也不是通过强加的、痛苦的努力过程才能增强的意志。杜威认为,儿童的自我充满智慧,在适当的环境中会主动地、自我引导地努力完善自己。克利巴德认为,人文学科论者和儿童发

---

① Kliebard, H. M. *The Struggle for the American Curriculum*：1893～1958. New York：Routledge,2004：44～47.

展论者两派的斗争,为杜威形成自己的课程理论提供了情境和背景。①

在克利巴德笔下,杜威总是能发现各派的谬误,他不会在各派之中寻找中间点,而是建立更高一级的概念,让一些派别之间的争论变得没有意义。正如他反对将教学内容和掌握这些内容的过程分割开来,以化解学科与儿童心理、课程与教学等二元对立的态势。在克利巴德眼中,杜威的理论是没有问题的,问题在于他人对杜威的误解。

克利巴德认为,杜威这位美国思想史上的标志性人物,一位真正的美国哲人,可能在某种程度上,恰恰不知不觉步出了美国的主流价值。尽管人们对他尊崇有加,然而终其一生,他在教育改革方面的努力,即便在观念世界中能掀起疾风巨浪,在实践中却只见到微波漾漾。从长远看来,某些变革的提议因何得以顺利地实现,固然应该总结,而另一些设想为什么没能转化到实践中,也同样值得去探究。②后者的价值绝不逊于前者。

三、核心情节:"斗争"

"没有冲突就没有戏剧。"四大群体的领袖以及杜威等人的课程论述之间的差别和对立构成了这出历史活剧的内在张力。"戏始斗兵,广于斗力,而泛滥于斗智,极于斗口",《斗争》当中的冲突是符号性的,是使用文字和语言相攻守的没有硝烟的战争。尽管利益群体(interest group)的称谓很容易让人想到经济方面的纠葛,但这里的争夺主要是围绕着学术地位和社会认可,特别是为各自的思想在教育研究和实践领域中的影响力而展开的。

人文学科论者及其遭遇的挑战

课程论争中的人文学科论者往往坚持认为学校的基本功能是智慧的增长和理性的发展,他们大多是教育专业以外的学者和知识分子。哈里斯便是他们的领袖,作为一位著述丰富的学者,据说他大大小小的著述和论文加起来至少有479部(篇)。他坚持认为课程不应该来自儿童的异想天开,而应来自那些伟大的文明成就,来自西方的社会和思想传统。所谓儿童的个体活动必须有恰当的课程作为引导,早在1880年他就指出教育者面对的问题

——

①② Kliebard, H. M. *The Struggle for the American Curriculum*: 1893~1958. New York: Routledge, 2004: 54~75.

当中最重要的是学程问题①。

如前所述,哈里斯坚定地认为课程当由特定的学科知识构成,语法、数学、地理、历史和文学艺术在他笔下是"心灵的五扇窗户"。与埃利奥特等老派的人文学科论者不同,哈里斯强调的是学科本身的内容价值而非形式训练价值,因此一定程度上避开了当时的心理学家针对官能心理学的凌厉攻势。同时,由于他的学说使得学校不必对教学活动的基本组织结构做出改变,尽管理由可能和以前不同了,但是教师们大体上还是可以教一样的东西。当时的美国处于社会转型期,教育工作者被整体社会变革的洪流所包围,哈里斯的学说给他们提供了一个安全岛,可以在教育改革的呼声中保持相对稳定。因此虽然不论在教育研究的期刊杂志上,还是专业集会上,都很难看到有什么教育研究者会力挺哈里斯的观点,然而他在课程方面的基本立场却在实际中支配着大多数教师和管理者的学校实践。②尽管哈里斯并不赞同无意义的练习和独裁式的管理,但是在世纪之交这一特殊的年代,温和的改革会被很容易地和维护现状画上等号,在轰轰烈烈的儿童研究运动中,哈里斯被认为是逆潮流而动的保守者。

赫尔巴特主义者对人文学科论者的挑战并未持续很久,儿童研究运动是其后对哈里斯等人的学说构成挑战的最主要力量。③ 虽然有帕克(Francis Parker)这样著名的教育家作为先导,但儿童研究运动的真正领袖是心理学家霍尔,直到他从德国归来,儿童研究运动才逐渐形成一股可以深刻影响美国教育的力量。

依据科学的原则来构建教学体系,对当时的人们有着极强的吸引力,加上霍尔的个人魅力,使得他在哈佛的演讲取得了巨大的成功。演讲为他赢得了很高的声誉,也成为他极为成功的职业生涯的一个良好开端。霍尔在约翰霍普金斯大学建立了一个相当成功的心理学实验室,后来又成为克拉克大学的校长。作为儿童研究运动当之无愧的领袖,在他的推动下全美成立了至少二十个州一级儿童研究组织,其中一些有着很大的影响力,比如伊利诺伊州儿童研究协会的一次会议吸引了多达三千名听众到场。

---

① ② Kliebard, H. M. *The Struggle for the American Curriculum*:1893~1958. New York:Routledge,2004:30~32.

③ 何珊云:《课程史研究的经典范式与学术意义——试析〈1893~1958 年的美国课程斗争〉》,载《北京大学教育评论》2010 年第 5 期。

儿童研究运动内部有着相当的差别，有些人热衷于实验室研究，而另一些人则强调收集儿童处于自然状态时的各种数据，开展"人类学"式的研究。尽管研究偏好不同，他们都相信经验方法，都热衷于收集数据；然而在教育方面，除了都赞同教育要依儿童的天性开展以外，他们并没有什么明确的共同信条。唯有霍尔本人对如何将儿童研究的成果运用到学校课程当中有一些较为明确的论述。尽管打着科学的旗号，霍尔的主要课程观点并非来自他或者其他心理学家的研究，而是受达尔文理论的影响，同美国赫尔巴特主义者一样推崇文化时期论。克利巴德指出，儿童发展中的复演说和课程中的文化时期论，压根不是什么科学研究的结论，而是源自一种形而上的甚至是神秘主义的假设。①

除此之外，霍尔极度怀疑智力训练的价值，在他看来儿童很晚才会具备理性能力，教育者不该做任何阻止儿童天性自由发展的事情，儿童的健康被霍尔看作是学校所要考虑的头等大事。同时，如我们在介绍他对十人委员会所做的批评时提到的，霍尔认为课程应该个别化，分化的根据不仅包括智力，还应包括性别在内的其他与生俱来的特征。在众多向传统学校课程发起挑战的势力当中，儿童中心论者率先发难，但是他们并没有长时间地占据舞台的中心。

课程领域的独立与效率派的崛起

"在对工业化以及随之而来的美国社会体制的转变所做出的多样的、有些是狂热的反应中，有一支在社会理想和教育原则当中都明显地占据优势。对多数人而言，社会效率在面对巨大的社会变革时，肩负了以即时有效的科学力量捍卫社会稳定的责任。"②

课程能在教育学中成为一个独立的研究领域，应当主要归功于博比特(John Franklin Bobbitt)等社会效率派。他们无疑受到了美国科学管理运动的影响，泰勒(Frederick Winslow Taylor)的思想是社会效率派的渊薮。博比特的学校管理和课程方面的论述基础，是把学校比作工厂，而后再将工厂管理的逻辑套用到学校之上，课程成了工业制造过程的翻版。在美国急速实现工业化的背景下，学校教育存在相对滞后并不难理解，加上移民的大量

①② Kliebard，H. M. *The Struggle for the American Curriculum*：1893～1958. New York：Routledge，2004；38；76.

涌入，当时的课程既不能很好地适应学校人口的新特点，也不能适应一个变化了的社会对他们的要求。然而社会效率的逻辑，却不知不觉间将这个厚重的历时性命题，转化为单纯的提升效率、减少浪费的问题。

心理学上，有两个方面的重要进展为课程中的社会效率派提供了支持。首先，桑代克等人对迁移的研究突破了官能心理学的窠臼，用实证研究打破了心智训练说的神话，指出学习某一特定学科知识并不能提升学生在完成其他不太相关的任务时的表现。因此学生应该学习他未来确实会直接用得到的东西。其次，包括智商测验在内的心理测量的兴起，使得了解学生的能力差异及未来的职业定位成为可能。在博比特之前早有人认识到个体在能力方面的差异问题，不过是博比特将课程尝试适应"不同类的个体"的目的归为消除教育中的低效。人们不应该学那些他们用不到的东西，否则就成了"浪费"。为了避免浪费，教育者要借助科学的测量方法，预测一个人在未来的生活中要扮演的角色，再根据这种预测制定有差异的课程。在这一理论框架内，根据需要进行教育，实际上是"根据预测的社会和职业角色来开展教育"的另一种说法而已。社会效率说展现了一种非常诱人的前景：科学地制定与新兴的工业社会的要求相协调的课程。

博比特和查特斯(W. W. Charters)等人构筑课程的方法是"活动分析"或"任务分析"①，即通过分解成人的社会生活，从中确定出细小的工作单元，去除那些在校外无需教师指导就能学习的部分，剩下的就是课程目标。课程就是达到这些目标的经验。克利巴德认为，博比特等人从人的生活中分析出具体的课程目标，和泰勒的同僚吉尔布雷思(Frank B. Gilbreth)用科学管理的方法对"搬砖的艺术"进行分解，以及桑代克将思维想象成由无数微小的功能单位构成等，统统都是异曲同工。②

博比特和查特斯都没有将他们的课程概念和更广范围内的社会变革联系起来，也很少思考关于社会进步的问题。在他们的观念里，他们只是单纯地把科学的智慧引向这个充满了随意性并严重地受到不合理的传统所限制的领域中来。他们要把课程当中他们认为无用的或者仅仅只有象征性作用

---

① ［美］派纳等：《理解课程：历史与当代课程话语研究导论》，张华等译，教育科学出版社 2003 年版，第 94～100 页。

② Kliebard, H. M. *The Struggle for the American Curriculum*：1893～1958. New York：Routledge，2004：92.

的东西统统去除掉，代之以直接有用的东西。他们对进步的理解不包含任何乌托邦的成分，认为进步就等于更高的效率而已。

克利巴德认为，最能集中地体现社会效率论者的影响的，是职业训练的兴旺，职业教育是 20 世纪头 20 年最引人注目且最成功的课程创新。1893年十人委员会的报告还完全排斥职业教育，不允许课程中包含有任何一门职业教育的科目。而到了 1917 年，发展职业教育不仅势在必行，而且刻不容缓，在获得了联邦层面的支持后，职业教育在全国范围内蓬勃发展。在课程中，职业教育的诉求已经不再是要设定一两门相关课程，而是几乎渗透到了每一门现存的科目中。速记、图书保管、应用电学、手工艺术、家政，诸多的实用科目涌入课程体系中，在很多学校里连英语都以商务英语的形式开设。在克利巴德看来，这标志着人文学科论者开始向社会效率论者低头。

"职业教育的崛起毫无疑问代表着社会效率势力的胜利。"①推动这场变革的主要人物与大卫·斯奈登(David Snedden)、博比特和查特斯这类社会效率的关注者持有类似的观点，而不是像杜威或者简·亚当斯(Jane Addams)这类对弱势群体有着深切的同情，对社会变革有着更高的期望的人。克利巴德认为，博比特等人比杜威更好地体察了社会的热度，顺应了时代的潮流。

然而由于其他利益群体的存在和影响，社会效率论者也从来没有获得完全的胜利。尽管各地都建立了许多有独立董事的职业高中，但是综合中学也依然在运转。即便杜威的民主价值没有成为职业训练的主流，它也使得教育系统为所有儿童提供了在原则上有着共同之处的学习经历。

工业化的兴起和学徒制的衰落，是职业教育受到欢迎的主要原因，不过事情的发展也受到了特定的意识形态的左右，所涉及的不单单是对于工作和学校生活之间关系的思考，也是对特定的社会秩序的渴望。

"进步教育协会"中的分歧

在职业教育的浪潮中，也有除社会效率派以外的利益群体的影子。例如从表面上看，城市当中的工商训练和乡村学校的农职教育是相互对应的，都是职业教育的形式，也把工业、农业和家政方面的训练归为同类，以形成

---

① Kliebard，H. M. *The Struggle for the American Curriculum*：1893～1958. New York：Routledge，2004：128.

合力，谋得联邦层面的财政支持。然而工业训练和农职教育之间的差异性，实际上远远胜过它们的相似性。① 前者希望直接顺应工业社会的要求，为之在学校中培训劳动力；后者则希望维系某些乡村生活的原有价值观。前者的学校教学与未来的工作场所是很疏远的；而后者则很亲近，学校、工作乃至家庭之间的关系是真实而且直接的。从课程的角度来说，这个问题有着重要的意义——课程是应该像社会效率派所倡导的那样成为未来生活的准备，还是应该与学习者当前就觉得有兴趣、有价值的问题紧密相连。

家庭项目(The Home Project)首先在农职教育中诞生了。起初这种教学方式被推广时，其最根本的价值诉求还在于教学效率，一定要扣住"经济发展"这一最终目标；然而在引入它不到十年的时间中，家庭项目逐渐具有了为职业角色做准备以外的意义，负载了与社会效率论者全然相异的理论诉求。从教学的，或者更具体地说，从儿童发展论者的角度来看，这种项目在围绕着学生的现实和直接的兴趣来重构课程这方面，有着更为重大的意义。②

而让项目方法(the Project Method，习惯上译作"设计教学法")成为一种推进大规模课程变革尝试运动的，是杜威的学生，教育哲学家克伯屈(William Heard Kilpatrick)。他凭借 1918 年发表的小册子《设计教学法》赢得了极高的声望，接替了于 20 世纪初被赶下神坛的心理学家霍尔的位置，成为儿童发展派的领袖。经过近 20 年的蛰伏，儿童发展派借助项目教学法等以儿童为中心的课程和教学实践，在 20 年代重又获得全国范围内的重大影响力，克伯屈重新点燃了在"儿童"本身中寻得理想课程的希望。他们提出了与社会效率论不同的课程变革方向，反对依据成人生活确定课程目标，而把有目的、真实的活动作为课程建构的基础。克伯屈等人一定程度上改变了围绕课程知识所进行的争论，对他们来说，选择什么知识不再是唯一重要的事情，知识不是死板僵化、没有生命的东西，不是躺在那里等着人去掌握的，而是实现人类目的的一种手段，儿童自身的目的才是课程开发所应该围绕的核心。

设计教学法很快形成了相当的影响，克伯屈在哥伦比亚大学教师学院

①② Kliebard，H. M. *The Struggle for the American Curriculum*：1893～1958. New York：Routledge,2004：130～135.

的学生们把它传播到了四面八方,还创办了专门的刊物,用以汇报交流运用这一方法的成果,推动相关研究和实践的发展。到 20 世纪 30 年代,设计教学法已经不限于"设计"(project,项目)的名称,而发展为一场标榜"活动课程"和"经验课程"的波澜壮阔的运动,并得到赞同儿童中心论的大批教育者的广泛参与。20 世纪初进步教育的声名远播,很大程度上当归功于儿童发展派。

然而早在儿童中心还如日中天的 20 世纪 20 年代,包括教育学者在内的美国知识分子就越来越明显地开始对社会感到不满。康茨(George S. Counts)等人开始留心考察学校教育一定程度上维持了社会的不公,他写道:"不幸,和幸福一样,代代相传。"随着经济危机的来临,美国永远繁荣昌盛的神话被打破,学术界的批判氛围也越发浓烈,康茨在 20 年代种下的"教育中的社会重建"的种子在 30 年代开了花。① 他在教育促进社会重建这一方面的一些观点得到了全国范围内的教育领袖们的积极回应,连儿童发展派的领袖克伯屈都全心全意地拥护这些新主张。康茨对社会效率派的批评犀利无比,认为所谓对成人生活的客观分析,没法对善与恶做出区分,所谓科学的制定课程的方法,实际上是从数据中选取符合主流价值观的东西,学校将不可避免地成为维护既定秩序的工具,而不会成为社会中的创造性力量,所谓的社会效率是"无目的的效率"。博比特和斯奈登等人则攻击康茨等人是在对社会正统进行"颠覆","在民主烟幕的掩护下展开共产主义的进攻"。社会改良派与社会效率派之间的对立非常明显,而社会改良派和儿童发展派也同样存在着冲突,其竞技场就是进步主义教育协会。

康茨在 1932 年 2 月进步教育协会年会上的著名演讲《进步教育敢于进步吗?》,批评进步教育协会对社会的繁荣进步漠不关心,对极端的个人主义以及资本主义社会的种种罪恶听之任之。演讲取得了极大的反响,以至于30 年代进步教育协会的领导权逐步从信奉儿童中心的中小学管理者手中,转移到倡导社会改良的教授学者手里。康茨认为学校课程应该向儿童揭示美国资本主义大量存在的社会问题,他觉得纠正处于大萧条中的美国资本主义的种种罪恶,靠的不是革命,而要靠学校课程引导下一代改变那些支撑

---

① Kliebard, H. M. *The Struggle for the American Curriculum*: 1893~1958. New York: Routledge, 2004: 157.

着资本主义经济的腐朽价值观。不过如此一来，社会改良派也不得不一定程度上面对曲高和寡的尴尬，他们的观念很多时候进不了中小学的校门，校长们并不愿意跟随这些"来自哥大教师学院的火炬手们"。让社会改良派真正实现影响课程实践抱负的，是拉格（Harold O. Rugg）和他的社会科系列教科书。① 在教材中拉格将美国社会所面临的诸多问题作为主线，包括移民、贫富不均、性别歧视等问题在内。这套书在 1929～1939 年间售出了 1 317 960 本②，也将社会改良派的主张带进了千千万万的课堂里。

走向混合

当然，在对立当中也不可避免地存在着妥协，比如原本坚持所有人都应该学习同样课程的埃利奥特，进入 20 世纪后，为了在变革的洪流中保全传统学科，突然转而和他昔日的批评者们一起大力提倡学生分轨：既然不能继续让所有人都学习这些学科，那至少要保证一部分人学习它们。③ 仔细地阅读《斗争》，我们会发现各"利益群体"的核心领袖在重大问题上出现观点转变的情况，并非仅此一例。20 年代后半段，受到儿童中心运动的影响，原本将分析成人的工作和生活作为开发课程的不二法门的博比特，转而认为"教育不是为未来的某个时间的生活做准备。正相反，它要好好把握现在的生活"。克利巴德调侃道，"博比特似乎被克伯屈催眠了"④。而到 30 年代，克伯屈本人却又因为膺服康茨和拉格等人的社会重建说，开始全心全意地转向这一阵营。⑤ 最后说这位拉格，他似乎受到过 20 世纪初的每一种课程改革的影响，早期他相信科学的力量将改变学校的教学内容；在第一本书里他则尝试对心智训练说进行实证检验；20 年代他与人合著了一本《儿童中心学校》，这又可以看作是对儿童发展派克伯屈等人领导的包括"活动课程"在内

① Kliebard, H. M. & Wegner, G. Harold Rugg and the Reconstruction of the Social Studies Curriculum: The Treatment of the "Great War" in His Textbook Series. Popkewitz, T. S. *The Formation of School Subjects*: *The Struggle for Creating an American Institution*. New York: Falmer Press, 1987:268～287.

② Winters, E. A.. *Harold Rugg and Education for Social Reconstruction*. Ph. D. Dissertation, University of Wisconsin, Madison, 1968:91.

③ Kliebard, H. M. *The Struggle for the American Curriculum*: 1893～1958. New York: Routledge, 2004:105.

④ 同上，第 153 页。

⑤ 同上，第 157 页。

的课程变革的赞颂。①

　　这样看来,在不同派别之间出现成员的流动和观点的混合便是极为正常的现象。特别是当社会改良派走向高峰的 30 年代,同时出现了一股甚至比之更为强劲的势力影响了美国的课程变革,它并不是其他三派当中的任何一个,而是上述所有派别的一种或有意识或无意识的混合。课程改革成了一种流行时尚,推行改革的人往往能获得很高的地位甚至有机会享誉全国,很少有哪位学校管理者愿意落于潮流之外。这样一来,20 世纪 30 年代的很多课程改革展现的不是某一流派的意愿,很难从中清楚地看到某一派别的立场,而是会看到各种观点的混合。

　　克利巴德提到了许多反映这种混合趋势的个例。② 首先,那些倡导个别化教学的课程和教学改革,虽然声称是儿童中心的,以儿童个人的学习进度为准组织自学和教学;然而实际的课程内容则要么继续使用传统学科课程,要么显露出社会效率论者的功能主义倾向,围绕着工业社会的劳动和生活需求展开。人们在宣扬个别化教学的理念时,往往不自觉地使用社会效率派的话语,而且提高教学效率也确实是教学个别化的内在诉求之一。再比如,著名的丹佛课改同样缺乏明确的意识形态取向③,一方面打出"避免浪费"的社会效率论口号,另一方面在改革中也包含了社会重建的一些理念。两派的头面人物,查特斯和拉格,都是丹佛督学杰西·纽伦(Jesse Newlon)的座上宾④,纽伦本人原本作为管理者,十分注重效率问题,然而成为哥大教师学院的教授后,与社会重建派之间的关系越来越密切。又比如,八年研究中一些学校的课程,尽管主要围绕着青年的需求和兴趣展开,但又有很多地方透露出社会效率论的意味,青年自身的需求和社会对青年的需求难以被清楚地区分。还有 30 年代以巴格利(William Chandler Bagley)为首的,以批评进步主义教育特别是反对活动课程的姿态登上历史舞台的要素主义者,尽管一直强调"共同文化财产",但是他们更多的是依据未来社会生活的

① Kliebard, H. M. *The Struggle for the American Curriculum*: 1893~1958. New York: Routledge, 2004:168.

② 同上,第 175~189 页。

③ 同上,第 177~178 页。

④ Peltier, G. L. Teacher Participation in Curriculum Revision: An Historical Case Study. *History of Education Quarterly*, 1967, 7(2):209~219.

要求来确定什么是学生们必须要掌握的知识。相对传统人文主义者，他们的一些观点和社会效率派更为接近。

在克利巴德看来，进步教育协会同样反映了这种混合。教育领域从 19 世纪 90 年代就开始使用"进步的"（progressive）一词，但其意义从来都不明确，大部分时候它和"新的"、"现代的"表达着差不多的意思，与"传统的"相对，而且是褒义的。当进步教育协会在 20 世纪 30 年代获得了相当的规模和声势以后，到底什么是"进步教育"开始受到关注。有一段时间儿童发展派的观点占据主流，但是社会重建派的崛起让这个问题越发令人迷惑。克利巴德认为进步教育成了一种混合物，不同的成分被放在了一起，却又各自保持了自身的特点。① 进步教育的这种纷乱混杂的特点使得它更加容易成为被批评的对象。

特别是二战后被批评者当作进步教育代表的"生活适应教育"，这一运动中也是夹杂了多种取向。其基本观点同社会效率论者相当一致，即希望学校课程能让学生更好地适应当前的社会。不过它同时也切实考虑了中等教育不能很好地为大多数中学生服务的问题，表现出真切的人文关怀。生活适应教育强调对课程范围的扩展，包括职业教育需求在内的多种多样的改变传统学科课程的诉求都被包含在了这种扩张的努力中。不过生活适应教育在实践中并没有完全地抛弃学科，而更多的是将关于生活适应的知识融入学科之中，学科远比想象的更有韧性和弹性。不过这种替代传统学科知识的尝试，还是"惊醒了打盹的巨人"。在埃利奥特和哈里斯之后，很少有非教育学的学界巨擘关注中小学的课程，偶尔出现几位像哈钦斯（Robert Maynard Hutchins）这样重谈精英主义老调的人，其论述受到的关注也有限。然而在生活适应运动之后，人文学科论者又重返课程斗争的舞台中心。20 世纪 50 年代，美国教育遭受了前所未有的批评。伊利诺伊大学的历史学家贝斯特（Arthur E. Bestor, Jr.）和植物学家富勒（Harry J. Fuller）等人对美国的学校教育以及教育学研究者进行攻击，声称学校丧失了智力训练这一最基本的功能，而教育学教授应该为学校中的反智主义负责。② 1950 年后半段，生活适应教育的势头正在迅疾地坠落，而

---

① Kliebard，H. M. *The Struggle for the American Curriculum*：1893～1958. New York：Routledge，2004：190.

② 同上，第 262～265 页。

1957年苏联卫星上天则让大洋彼岸的生活适应教育彻底落地。美国在技术方面落后于苏联的原因被归结为教育十分"软弱"，国防教育法案的通过也成为《斗争》一书历史叙事的时间终点。

《斗争》出版以后，时不时地有人怂恿，甚至是"催促"克利巴德将这本书覆盖的时间范围向后拓展，对1958年以后的美国课程发展也做一些讨论。然而克利巴德并没有这样做，因为他认为完成这样的任务需要再写一本新书，而不是续写几个章节。他将1958年作为这本书的时间截止点有着特定的考虑，他认为尽管本书采用的利益群体的解释框架适用于1893年到1958年这一相当长的时段，然而1958年的国防教育法案却带来翻天覆地的巨变。不仅关于课程的整个话语系统出现了急剧的转变，联邦政府大规模的强有力的介入，彻底改变了课程斗争的格局。要理解1958年以后的美国教育，非得考虑联邦政府的控制力不可。

在克利巴德的《斗争》一书中，虽然在某个时段内，借助地区的以及总体的社会条件，某一团体可能实现一定程度的控制；但是从来都没有哪一个单一的利益群体能够获得对课程的绝对掌控。相反，我们总是能看到不同的利益群体为课程主导权展开争夺。各利益群体背后站着各种不同的社会力量，而正是由于这些力量对应该从文化中选取哪些知识和价值观传递给下一代有着不同的见解，关于课程的主张才会如此纷杂多样。在这一出四重唱里面，各个利益群体轮流作为主声部，其间有交错对答，也有齐声合唱，为这段思想历程赋予了别开生面的戏剧性和立体化的效果。

第三节 理论与历史之间

在笔者看来，克利巴德称得上是美国第一位真正的课程史学家，同时也是一位重要的课程基本理论学者。有人称赞他的作品在促进课程领域开展历史研究方面，"有着独一无二的重要影响"①。可以说克利巴德用他的历史

① Bellack, A. A. Forword. Franklin, B. M. *Curriculum and Consequence: Herbert M. Kliebard and the Promise of Schooling*. New York: Teachers College Press, 2000: vii.

研究重新定义了课程基本理论研究的范畴。在其 1992 年出版的论文集《锻造美国课程》的前言中,克利巴德写道,书中的所有文章都可以看作是课程史研究的论文,"然而事实上它们同时也都是关于课程理论的,这正说明一直以来我的努力方向都是使用历史分析来解决我们所说的'课程理论'究竟可能是什么这一问题"。

而拉姆齐(John G. Ramsay)在评论这本论文集时写道,在书的每一章中克利巴德似乎都会回到这样一个问题上来:"为什么美国课程理论出了错,在哪里出的错?"①于是克利巴德重新拾起课程理论的一个个关键时刻,解剖开来,翻看内外表里,再把它们"戏剧化"②,写成故事呈现给读者。如前所述,克利巴德的课程史研究始于对现有课程理论的批判,在铺开历史画卷时,他的手中握有生花的妙笔,更有锋锐的手术刀。

一、批判性:检视理论局限

作为一部课程史作品,《斗争》依靠丰富翔实的资料和明快流畅的叙事,在教育史学界也广受好评。《斗争》没有像《学校课程史》那样通篇满是作者爱憎分明的评论,作者在这方面表现得相当克制,似乎是让材料自己说话,"让历史自行写作"③,但这并不能掩住作者的敏锐和犀利。

例如,虽然没有明确地去批判斯坦利·霍尔在性别和种族等方面的思想,但克利巴德有意地找出并引用了霍尔的言论中一些在后世看来明显"失当"的用词,借此含蓄地对霍尔思想中包含的有种族和性别歧视色彩的成分进行批评。克利巴德也不赞同霍尔所谓科学可以直接引发学校生活变革的观点,虽然没有直接地对此进行反驳,但他指出杜威在这方面的观点就和霍尔不同,杜威认为科学发现并不能直接转化为行动的指针,中间的桥梁是必要的。同时克利巴德还展现了总是高举科学旗号的霍尔的课程论述当中,源自形而上的甚至是神秘主义的一面。④

①② Ramsay, J. G. Book Review. *History of Education Quarterly*, 1993, 33(3): 459~461.

③[法]罗兰·巴特:《历史的话语》,见张文杰编《历史的话语:现代西方历史哲学译文集》,广西师范大学出版社 2002 年版,第 119~120 页。

④ Kliebard, H. M. *The Struggle for the American Curriculum*: 1893~1958. New York: Routledge, 2004:36~40.

在《斗争》一书中,对社会效率派的观点进行介绍之前,克利巴德先向读者介绍了他认为能反映这些学者的精神特质的著作,包括社会理论家爱德华·罗斯(Edward A. Ross)的著作《社会控制》,以及科学管理之父泰勒的作品。[①] 在罗斯眼中,社会控制是保持社会稳定的重要手段,其中教育是社会控制的军火库中最为有效的一件武器。社会控制应该取代个人发展,成为美国学校教育的主题。泰勒的科学管理的核心是对操作的细致规定,以使任务中的每一个元素都以确定的顺序和规格被有效地完成。正如泰勒自己所说的那样,科学管理的意图绝不仅限于提升效率,促进生产,还要奠定新型的管理者和被管理者之间的关系,建立稳定有序的社会秩序。社会效率派的教育学者,毫不掩饰他们接受了上述思想的影响,其中斯奈登和芬尼(Ross Finney)等教育社会学学者,默认现有的社会分层的合理性,甚至认为大多数人注定无法脱离自己的阶层实现社会地位的提升。把未来不太用得到的东西教给学生,就是一种"浪费",因此课程应该是高度分化的,而分化的课程维持的是一个分化的社会。社会效率论者把"科学的"课程开发看作是提升效率,同时也是使得新人口(包括移民)适应新社会(正在工业化、城市化的美国社会)的手段。例如社会科的课程就被他们看作是向移民介绍美国社会制度、灌输美国规范和价值观的最佳手段。

同样的,克利巴德也只是把他们带有排斥弱势群体、维护既存秩序的一面呈现出来,自己没有多做评论,而是通过引用杜威、杜波依斯(W. E. B. DuBois)和亚当斯等人的一些论述与社会效率派形成对比,从而展现了从阶级、种族和性别等多个角度对课程历史进行理解的必要性,这也是作者敏锐的政治意识和强烈的批判精神的一种显露。克利巴德特别注重在作品中展现那些看似"科学"、"中立"的手段背后沉甸甸的意识形态负载,他写道,"当比奈量表跨越重洋来到美国以后,它就不再仅仅是一种做出诊断的手段,而成为一种管控社会的工具"[②];博比特和查特斯对成人生活进行分析时,也带着预先设定好的取舍标准[③]。对现代课程研究所采用的"科学"方法本身的价值预设进行批判,也是概念重建运动寻求课程理论突破的重要努力方向,

---

① Kliebard, H. M. *The Struggle for the American Curriculum*：1893～1958. New York：Routledge,2004：76～83.

② 同上,第92页。

③ 同上,第102页。

克利巴德正是这一潮流的重要引领者。

在《斗争》中，克利巴德作为史家不愿过多地插入自己的评论，以免切断绵延的叙事线，他更倾向于使用春秋笔法，微而显，志而晦。当觉得有对某些理论做出批评的必要时，他往往会借杜威或博德（Boyd H. Bode）之口来表达。尽管克利巴德指出杜威的理论对美国课程实践的直接影响并不大，其理论总是在传播和消化的途中被扭曲和误解，没能像《斗争》中提到的一些利益群体那样在这一领域拥有巨大且直接的影响。但在课程理论方面，克利巴德可称得上是杜威的追随者，在文中他藏身于这位伟大的导师身后，托杜威而立言。相比之下，他在《斗争》出版前发表的一些单篇的论文，文风更为张扬恣意，批判得也更淋漓尽致。除了前文介绍过的对"确定明确的课程目标"这一传统的反思，以及对泰勒原理的批判外，他还写过《官僚主义与课程理论》（1971）、《科学化的课程编制的兴起及其余波》（1975）、《杜威与赫尔巴特主义者》（1981）等多篇论文，通过历史回顾省思美国课程理论化历程中的局限性。拉姆齐称克利巴德在历史当中找了很多课程理论出问题的地方："大卫·斯奈登追求将普通教育职业化；斯坦利·霍尔在领导儿童研究运动时不注重理论建设又极端利己；富兰克林·博比特不加批判地依赖'工作分析'和事先预定的教育目标；拉尔夫·泰勒淡化选择教育目标时明确一致的哲学指导的重要性。"①"克利巴德是一位不知疲惫的侦探，也是一位令人畏惧的法官，他要调查摸清教育理论的基本问题和基本假设，并对它们的逻辑进行拷问。"②

作为一位来自课程领域内部的批评者，克利巴德并非有意尖刻，其不懈的批判背后，是对民主理想的坚守。他的学生富兰克林曾指出，对"民主"的追求是贯穿克利巴德大部分研究的重要主题。③ 克利巴德和他的偶像杜威一样，反对那些牺牲民主和平等的原则以追求所谓更有效率更实用地选择、组织和分配学校知识的教育实践。"克利巴德作品当中的深层意义，同杜威的一样，也是希望学校和其中的课程能够培养民主社会的公民，促进公民意

---

① ② Ramsay, J. G. Book Review. *History of Education Quarterly*, 1993, 33(3): 459~461.

③ Franklin, B. M. *Curriculum and Consequence: Herbert M. Kliebard and the Promise of Schooling*. New York: Teachers College Press, 2000: 2.

识的觉醒。"①

前文提到过,克利巴德出身贫寒,他的父母都是纺织工人,母亲因病只能间或工作。大萧条时期留给当时年纪尚幼的克利巴德的印象便是他父亲找不到工作时整个家庭陷入的那种绝望。当他父亲偶尔找到按件计酬的短工时,回到家时总是累得说不出话来。② 这使得他日后对包括弗雷德里克·泰勒的科学管理理论在内的各种片面追求效率而缺乏人文关怀的理论和技术抱有深深的反感,这也许一定程度上能进一步解释他为何拥有如此强烈的理论批判意识。对工人阶层、少数族裔和女性等一切受压迫的群体,克利巴德都有着本能式的同情。

不过在历史研究方面,他并没有像一些激进的修正主义教育史学家那样,抓住少数族裔和女性入学机会等问题对公立教育大加挞伐。由于研究对象局限于国家层面的重要思想家,没有涉及更多的课程主体,克利巴德也遭受了不少批评。对批评者指出的某一些问题(缺乏对地方势力、管理者和教师的关注),克利巴德和他的学生们在日后的作品中接受了挑战,开启了新的探索(参见本书第三章);而对另一些批评(说克利巴德的作品只是白人的、精英的、男人的历史,忽略了少数族裔、女性的课程历史),克利巴德则回应说,他认为自己并不是最适合讨论这些问题的人选。但这并不妨碍其他学者在克利巴德研究的基础上,从种族和性别等视角来丰富对美国课程史的批判性理解。沃特金斯(William H. Watkins)在《黑人课程取向》中也表示了自己对克利巴德的思路的赞同,他也认为主流社会中的课程理论是学术探究和社会政治力量综合作用的结果。不同的课程取向与对于学习机制的不同理解,以及关于社会秩序的不同的文化、政治见解相关,围绕美国课程展开的斗争与思想和政治利益的牵连很深。不过克利巴德探讨的课程思想群体,无论涉及的利益多么多样,他们都是在没有受到思想和肉体方面的威胁和限制的前提下展开的。而非洲裔美国人的课程经历则与此有着很大

109

① Franklin, B. M. *Curriculum and Consequence: Herbert M. Kliebard and the Promise of Schooling*. New York: Teachers College Press, 2000: 2.

② Kliebard, H. M. *Schooled to Work: Vocationalism and the American Curriculum*, 1876~1946. New York: Teachers College Press, 1999: xv.

的不同,他们的每种课程取向都与黑人饱受压迫的民族苦难史相关。① 沃特金斯以此为出发点,对非洲裔美国人的主要课程取向进行了历史梳理(参见本书第五章)。克利巴德的工作对美国课程思想史研究的影响甚为深远,它们可以被超越,但却不能被绕过。

二、象征性:关注符号世界

课程史研究兴起之初以课程思想史研究为主,注重对这一领域思想的发展作回顾和梳理,克利巴德的《斗争》是其中较为成功地处理了历史上课程思想的丰富性和复杂性的一部。除此之外,威廉·舒伯特(William H. Schubert)对课程书籍所做的整理和回顾也相当全面。他带领自己的同事和学生编辑了 20 世纪出版的所有用英文撰写的课程图书(包括专著和年鉴)总目录,1980 年以《课程书籍:最初的八十年》为题出版。这本书按年份整理了1900 年至 1979 年间出版的全部课程书籍的题录,以每十年为一个时段,首先介绍这一时段的社会整体背景(主要是美国),而后将这十年出版的课程书籍的概貌作一简介,按照研究路径和相关主题进行归类简评,最后按照出版年份和著者姓氏字母排序,列出全部著作。这本书出版时反响热烈,其后作者多次考虑修订再版。然而 80 年代后,一方面信息技术的发展为图书信息的收集提供了前所未有的便利;另一方面随着课程学术领域的迅疾变革,加之出版印刷行业的转变,课程领域的著作数量出现爆炸式的增长。这使得修订工作既变得十分必要(也具备了更多的便利条件),又变得几乎无法完成;因为 1980 年以后平均每周都有一到两部新的课程著作出版,要了解每一本书的内容再对所有作品进行概述,其工作量大得惊人。然而在其夫人和学生的帮助下,舒伯特还是"知其不可为而为之"(when one intentionally overcommits oneself)②,对该书进行了修订,并将时间范围向后延伸至 2000年,最终在 2002 年出版修订版,更名为《课程书籍:最初的百年》(*Curriculum Books:The First Hundred Years*)。书中共收录了 3 000 余部图书的信息,

---

① Watkins, W. H. Black Curriculum Orientations: A Preliminary Inquiry. *Harvard Educational Review*,1993,63(3):321~339.

② Schubert, W. H., Schubert, A. L. L. & Thomas, T. P. et al. *Curriculum Books:The First Hundred Years*. New York; Bern; Berlin; Oxford: Peter Lang Pub Inc,2002:xv.

1900～1999 年每年出版的图书数量如表 2.1 所示。

表 2.1　各年份出版的英文课程图书数量一览(1900～1999)①

1900—2	1910—2	1920—8	1930—9	1940—14	1950—22	1960—27	1970—49	1980—80	1990—81
1901—1	1911—1	1921—5	1931—17	1941—8	1951—17	1961—24	1971—57	1981—93	1991—93
1902—3	1912—3	1922—5	1932—19	1942—13	1952—17	1962—20	1972—59	1982—78	1992—88
1903—1	1913—8	1923—9	1933—7	1943—10	1953—21	1963—26	1973—49	1983—90	1993—134
1904—1	1914—2	1924—14	1934—16	1944—6	1954—10	1964—35	1974—44	1984—79	1994—123
1905—5	1915—4	1925—12	1935—13	1945—5	1955—13	1965—24	1975—54	1985—75	1995—152
1906—3	1916—1	1926—14	1936—14	1946—16	1956—11	1966—42	1976—52	1986—82	1996—141
1907—1	1917—2	1927—24	1937—19	1947—11	1957—12	1967—41	1977—52	1987—75	1997—180
1908—1	1918—4	1928—15	1938—15	1948—12	1958—12	1968—36	1978—43	1988—85	1998—176
1909—1	1919—2	1929—18	1939—15	1949—8	1959—7	1969—49	1979—38	1989—58	1999—134
19	29	127	144	102	142	324	497	795	1302
总计 3 481									

　　在此基础上,舒伯特区分了四种课程传统,将课程著作的作者大致划分为知性传统主义者、社会行为主义者、实验主义者和批判重建主义者(intellectual traditionalist, social behavioralist, experientialist, critical reconstructionist)。② 不难看出,这一分类方式与克利巴德对课程学者的划分有相近之处。这种类别划分也使得舒伯特有可能对每个时期的课程著作进行概述,他不再需要逐个品评每部课程论著,只要介绍每个时期上述四类研究各自有什么进展即可。

　　和《课程书籍:最初的八十年》以及当时大多数的课程史研究一样,克利巴德的《斗争》也几乎完全是关于理想的课程或者说理论上的课程,是著作、论文和报告中所论述的课程,而不是被领悟到的课程、被实施了的课程或者被体验到的课程。

　　克利巴德自己很清楚,他所考察的课程思想在多大程度上能够得以实

---

　　① Schubert, W. H., Schubert, A. L. L. & Thomas, T. P. et al. *Curriculum Books: The First Hundred Years*. New York; Bern; Berlin; Oxford: Peter Lang Pub Inc, 2002: 531.

　　② Schubert, W. H. Perspectives on Four Curriculum Traditions. *Educational Horizons*, 1996, 74(4): 169～176.

现，是一个很难回答的问题。然而他认为，无论这些关于课程的正式论述能不能直接地作用于实践，它们都是特定社会情境的产物，其中浓缩了当时的价值判断。因此克利巴德在研究这些课程论述时，并不是把这些言论看作实际决定课程的因素，而是将之看作"反映当时情况的风向标"①，一个了解历史的窗口。这些正式的课程论述至少可以让人了解不同的社会群体重视的是什么知识。尽管它们通常只是社会精英和专业人士的论述，但这不意味着它们在塑造课程的过程中没有起到作用。课程史研究者如果假定这些观点鲜明的课程主张就是学生在学校里实际学习的课程，那无疑是犯了错误。这些诉求要经过地方政治、组织文化、教师个体理解乃至具体多变的课堂互动的过滤和转化。但是如果假定课程意识形态的正式表述对于现实的学校教育缺乏影响，或者认为这些文本对课程历史研究毫无助益，那肯定也是犯了一个重大的错误。一方面，学校中的情形不可能完全不受在全国范围都有影响的重大理论争鸣左右，学校也不会紧闭大门拒绝专业人员参与和影响课程实践。另一方面，这些文字表述有其政治的、商业的和专业的来源，本身也是一种重要的现象，一种指针。它们反映了社会中的特定成员如何去定义自己生活于其间的世界，以及他们想要社会中的下一代人学习些什么。②

尽管用"风向标"的说法做了解释，《斗争》还是因为没能提供明确的历史解释而受到批评。拉巴里指出这本书存在"以分类代替解释"③的倾向。

首先，既然各大群体的论述都是特定社会力量的反映，克利巴德至少可以解释不同的改革群体为什么选择了那些立场，特定的群体又为什么能在特定的历史时期取得优势地位。"例如，克利巴德注意到社会效率群体是四大群体中最强大、影响也最持久的一个。但是为什么这一课程取向诞生于世纪之交？这一取向在美国社会当中的来源是什么？又从哪里获得了持久

---

① Kliebard，H. M. *The Struggle for the American Curriculum*：1893～1958. New York：Routledge，2004：xviii.

② Kliebard，H. M. *Forging the American Curriculum*：*Essays in Curriculum History and Theory*. New York：Routledge，1992：xiii.

③ Labaree，D. F. Essay Review：Politics，Markets，and the Compromised Curriculum. *Harvard Educational Review*，1987，57(4)：483～495.

的支持？为什么它能够在相当长的时间段中和儿童发展派共存？"①

其次，无论是地方还是学校的课程变革，克利巴德都能从它们的课程计划中，读出四大课程思想群体的立场，然而他并没有阐明是什么机制使得这些大学学者的理论观点能在实际的课程开发中得到反映。课程学者是直接参与了改革，还是仅仅借助自己的论著在理念上进行引领？那些担任了地方课程咨询专家的学者们，是如何影响学校管理者和教师的？是执笔制定课程标准，还是选定教科书，抑或是组织教师培训项目？对这些问题克利巴德都没有做明确的解释。

在《斗争》的第二版前言里，克利巴德自己也意识到，在社会史盛行的年代，这样单纯的思想史肯定没法满足历史研究者的胃口。②《斗争》出版以后，克利巴德逐渐开始重视地方层面的具体课程运作，提倡将包括案例研究在内的具体的课程社会史研究与课程思想史研究结合起来互为补充。③ 他曾撰文分析一些理论层面颇为出色的课程变革倡议为何在实践当中遭遇失败。④ 在他的影响下，富兰克林同样开展了批判性的课程思想史研究，并将之与地方层面的案例研究结合了起来。⑤ 克利巴德本人也尝试考察一些地方和学校层面的具体课程变革，他认为案例研究不仅可以支持或者修正已有的理论框架，而且能为新的概念框架的产生打开可能之门。⑥ 在克利巴德和富兰克林等人的努力下，案例研究在美国课程史研究中占据了相当重要的位置。

与此同时，克利巴德对符号意义的热情也没有消退。英语专业出身的

113

---

① Labaree, D. F. Essay Review: Politics, Markets, and the Compromised Curriculum. *Harvard Educational Review*, 1987, 57(4): 483~495.

② Kliebard, H. M. *The Struggle for the American Curriculum*: 1893~1958. New York: Routledge, 2004: xiv.

③ Kliebard, H. M. *Forging the American Curriculum*: *Essays in Curriculum History and Theory*. New York: Routledge, 1992: xiv.

④ Kliebard, H. M. *Changing Course*: *American Curriculum Reform in the 20th Century*. New York: Teachers College Press, 2002: 76~90.

⑤ Franklin, B. M. *Building the American Community*: *The School Curriculum and the Search for Social Control*. London; Philadelphia: Falmer Press, 1986.

⑥ Kliebard, H. M. *Forging the American Curriculum*: *Essays in Curriculum History and Theory*. New York: Routledge, 1992: xiv.

克利巴德对语言的关注由来已久，"课程理论中的语言，包括关键概念、类推和隐喻等，都是克利巴德着重分析的主题"①，他总是能敏感地意识到课程领域所使用的语言对思考课程问题所起到的限定性作用。对课程思维进行反思，才是克利巴德开展课程历史研究的最主要目的，也是其最重大的贡献所在。虽然他并不接受"概念重建者"的标签，但毫无疑问，他的课程史研究是推动课程研究领域进行范式转换、使用新的学术语言阐释课程问题的一股重要力量。

即便赞赏关注实践的案例研究，肯定它们为推进课程史研究发展所做出的独特贡献，克利巴德也不认为思想史研究已然过时了。他认为思想史研究和案例研究二者是互补而非对立的关系。虽然没有使用"话语"和"文本"等概念，也没有明确地借助那些受到"语言学转向"影响的哲学、社会学或历史学的理论框架，但克利巴德对语言的巨大力量有着敏感的体察。在学术生涯后期，克利巴德对语言的关注，并没有停留在传统的人物传记式思想史研究上，也不是只探讨法规或者政策文本在思想和理念方面的意义而不考察实际影响的"政策清谈"(policy talk)。其研究十分重视文本对学校教育的实际影响，但又不认为必须去还原具体行为和活动，甚至非得考察可计量的效果不可。

克利巴德指出，"任何课程政策都不可能被完全实现，评价政策时其实际效果往往是至关重要的；但课程政策的有形结果并非是衡量其意义的唯一方式"②。一项课程政策最显著的影响可能在于其象征意义，而不在于工具性价值(即多大程度上实现了自己所宣称的政策意图)。1990年，克利巴德发表了《作为符号效应的职业教育：连接学校与工厂》一文，指出20世纪课程职业化的努力从来没有兑现其帮助学生做好就业准备或者提升美国经济竞争力的承诺。但是职业教育的拥护者们却因为成功地操纵了职业教育论话语而让美国民众形成了特定的信念，从而在社会控制方面产生了相当重要的作用。

克利巴德注意到，20世纪早期效率取向的学校管理者提倡职业教育时

---

① Ramsay, J. G. Book Review. *History of Education Quarterly*, 1993, 33(3): 459~461.

② Kliebard, H. M. *Forging the American Curriculum：Essays in Curriculum History and Theory*. New York：Routledge, 1992：xiv.

的理由是，这种变革可以创造一种更有吸引力的学校课程，让学生愿意留在学校里，从而解决辍学率偏高这一当时公立学校所面临的主要问题。然而在表达这些观点时，这些教育者不仅仅为特定的课程政策炮制了理论基础，而且创造了一种观念。这种观念宣扬他们的技术专长可以解决公立学校中的紧要问题，由此确立了他们在学校事务当中的专业地位。提倡职业教育乃是这批教育者塑造专业形象的关键一环，在专业化初始阶段有重要的象征意义。

克利巴德发现，学校管理者提倡职业教育的时间点，竟然恰恰是工厂降低了对工人技能要求，相应地减少了他们所需的职业训练的时候。他认为将职业教育看作一种象征性行动有助于解释这种悖论。[1] 20 世纪初的大工业劳动以工作时间长、工资水平低和安全条件差为特点，危害到了美国原有的职业伦理。那个时候，在流水线旁终日重复单调乏味的工作的美国普通工人，很难相信产业工人是凭一技之长即可安身立命的传统手工业者的现代化身，也不会再赞同"辛勤工作远比游手好闲要体面"之类的警句。克利巴德认为，倡导职业教育时所使用的语言为重新定义符合工业现实的职业伦理提供了符号资源。在提倡课程应更具工具性和针对性的同时，职业教育的推动者努力令人们觉得公立学校已经取代旧时的学徒制而成为向工厂输送有技能的劳动者的通道。职业教育者将团队合作作为一种重要的美德来提倡，借此宣示流水线上的工作要胜过单兵作战的传统手工劳动。换句话说，提倡职业教育的人首先要通过引入特定的课程来塑造美国人有关工作的态度和价值观，并借助这些信念来控制他们作为劳动者和公民的行为方式。[2]

克利巴德指出，"制定课程是将特定形式的知识和信仰合法化的有效手段，无论实际上是否被推行，它都突出地反映了特定的社会或群体对这种知识的珍视"。因此，它赋予某些信念以不容置疑的正式地位，并以此赋予特定社会团体一些他人所不具备的权力。课程因此成为一个各种利益集团"为取得控制和主导而展开斗争"的领域。"而课程史在很大程度上尝试记

---

①② Kliebard, H. M. Vocational Education as Symbolic Action: Connecting Schooling with the Workplace. *American Educational Research Journal*, 1990, 27(1): 9~26.

录和解读这种斗争。"①克利巴德在《斗争》出版六年之后写下的这段话，或许能帮我们更好地认识这部名著的意义。

如果说以《斗争》为代表的克利巴德的早期作品，其立足点是社会中的种种"象征"是由人在特定的历史情境中创造的，课程文本是人的意识的反映；那么《作为符号效应的职业教育》等后期作品则更为关注这些存在物如何反过来再生产着社会，价值观念如何控制了人的思想。这也使得克利巴德具备符号学意味的课程史考察走向了辩证的统一，批判更为深刻，逻辑更为完整。

1995 年《斗争》再版时，克利巴德特意加上了一段后记，并于后记的结尾处写道："在这些利益群体的领袖的言行背后，是数以百万计的美国人在面对着一个不确定的世界时心中所怀的希望与恐惧，而在关于'应该如何重新设计课程'的观念中，他们寻找到了一丝确定的允诺和慰藉。"②其作品的触角已然伸向心态史，借由课程领袖们的言说，反映普通人对日常生活的体验。克利巴德没有执着于探究过往的课程的具体实施效果，或许也是源于他感兴趣的"不是社会现实本身，而是现实经过语言和话语的媒介而被理解和被体验的方式"③。正是上述这些特点让我们有理由认为，克利巴德的课程史研究中的一些要素，可看作是之后祭出"语言学转向"和"新文化史"旗帜的新一代课程史研究（见本书第四章）的先导。④

116

---

① Kliebard, H. M. *Forging the American Curriculum*：*Essays in Curriculum History and Theory*. New York：Routledge，1992：xiv.

② Kliebard, H. M. *The Struggle for the American Curriculum*：1893～1958. New York：Routledge，2004：291.

③ 王希：《近 30 年美国史学的新变化》，载《史学理论研究》2000 年第 2 期。

④ 受语言学转向和新文化史潮流影响的后结构主义课程史研究，以波普科维茨学派的研究为代表。该学派的主要成员中，托马斯·波普科维茨与克利巴德在威斯康星大学麦迪逊分校共事多年，私交甚笃，而伯纳黛特·贝克则曾在威大求学，修读过克利巴德的课程，克利巴德退休后，他的美国课程史课程由贝克继承了下来。

第三章

"嘈杂"的现场音:社会力量的角逐

Historical studies can elucidate the changing human process behind the definition and promotion of school subjects[1].

—Ivor Goodson

历史研究能够阐明学校科目的定位和发展背后变化着的人为过程。

——艾沃·古德森

… the study of educational knowledge is a study in ideology, the investigation of what is considered legitimate knowledge by specific social groups and classes, in specific institutions, at specific historical moments… one must understand what is provided and taught in schools in historical terms. [2]

—Michael Apple

……对教育知识的研究是一种意识形态研究,也就是要去考察,什么东西在特定的历史时刻和特定的制度当中被特定的社会群体和社会阶层认作是合法的知识……人们必须从历史的角度去理解学校中提供和讲授的东西。

——迈克尔·阿普尔

---

① Goodson, I. *Social Histories of the Secondary Curriculum: Subjects for Study.* London; Philadelphia: Falmer Press, 1985:6.

② Apple, M. W. & King, N. R. What Do Schools Teach? *Curriculum Inquiry*, 1977, 6(4): 341~358.

第一节 课程社会史研究兴起的背景

一、教育中的"新社会史"与"学校黑箱"

20 世纪 60 年代,以结构主义、马克思主义、心理分析以及人类学和女性主义的研究为基础,"新社会史"("新"是相对于 19、20 世纪之交的社会史而言)对史学研究中政治史的独霸地位提出了挑战。"新社会史"以法国的年鉴学派和英国的马克思主义新社会史为代表,借鉴包括社会学在内的多门社会科学的理论和方法,推崇"科学的"历史研究、注重量化方法的使用,同时将关注的焦点从孤立的政治事件转向社会整体,从精英分子转向底层民众。正如爱德华·卡尔所说的那样,"历史学愈注意社会学,社会学愈注意历史学,则对两者愈有利"。新社会史研究重塑了历史学与其他社会科学的关系,不仅给历史研究自身带来了勃勃生机,也通过历史研究为其他社会科学的理论发展做出了贡献。在美国,新社会史研究很快获得了极强的声势,颠覆了新保守派的和谐史观,在激进的 20 世纪 60 年代末成为了美国史学界的主流。

在教育史领域中,加深历史研究与其他社会科学之间的联系也同样成为研究发展的重要方向。20 世纪 60 年代"新"教育史学兴起之初,贝林便指出教育史应该融入历史研究的主流,扩大教育史学的研究领域必须引入社会科学的方法。[①] 克雷明同样重视教育与其他社会部分的有机联系,从教育生态学的角度将教育历史置于社会整体变迁当中考察。然而,这一时段学术取向转变之快甚至有些出人意表,进入 20 世纪 70 年代,年轻的美国教育史学家已经彻底投入马克思主义和新社会史的怀抱,并且将种族、阶级和性别问题置于了首要的地位。无论贝林还是克雷明都缺乏对这方面主题的把握,因而他们的研究已经被激进的修正主义教育史学家们视作落伍的东西了。正如美国社会史研究重视"对穷人、奴隶、黑人、妇女、仆人、工业工人和

[①] 杜成宪、邓明言:《教育史学》,人民教育出版社 2004 年版,第 376~382 页。

长期被历史排除在外的其他普通百姓给予特别关注"①,城市教育史、女子教育史和少数族裔教育史等在教育史研究中也开始占据重要地位。迈克尔·凯茨的《早期学校改革的嘲讽》是激进的修正主义史学的代表作之一(参见本书第二章),书中凯茨在马萨诸塞州做的案例研究所取得的成功也推动了教育史学界更快地接受计量方法和案例研究。1976年鲍尔斯(Bowles)和金蒂斯(Gintis)的《资本主义的美国学校教育》一书更是在美国教育史学界引起了轰动,越来越多的教育史学者愿意利用包括政治经济学在内的社会科学理论为自己的历史叙述搭建理论框架。"社会科学不仅使美国教育史学家提出了新问题,而且,为他们如何回答问题提供了分析框架,提高了教育史学的解释能力,教育史已经不再局限于描述,而是深入分析解释各种教育现象。"②

20世纪60年代美国社会的整体氛围十分活跃甚至可以说有些亢奋。诞生于其间的激进修正主义教育史学,其目标不单单是走向"社会史"的学术转变,还希望实现"社会改造"的政治抱负(相比于20世纪初回避马克思主义的早期社会改造主义教育学者,当时的学者在政治上明显要更进一步,勇敢地拥抱了马克思主义)。他们对学校教育的不公进行揭露,批判优势阶层通过控制学校教育从而再生产了不平等。激进的教育史学者们希望用历史研究昭示资本主义社会中教育的保守本质,为教育制度变革造势,寻求建立一个更加公正的社会。然而,在质疑教育系统公正性时,他们的主要思路是考察历史上哪些人被排斥在学校教育之外,阶层和种族社会背景不同的人在经历学校教育后又会有怎样不同的际遇,却很少关注学校内发生了什么。正如美国教育学家阿普尔所说的,"许多经济学家、为数不少的教育社会学家和教育史专家……将学校教育机构设想为一个类似黑箱的东西"③,英国课程史专家古德森也曾批评教育史研究"把学校当作黑箱,不深究学校教育

---

① 陈其:《历史"重塑"中的得与失——美国新社会史评析》,载《历史教学》2003年第4期。

② 张宏:《社会科学与当代美国教育史研究》,载《比较教育研究》2006年第7期。

③ [美]迈克尔·阿普尔:《意识形态与课程》,黄忠敬译,华东师范大学出版社2001年版,第29页。

的内部本质"①,只关注教育法规和制度结构,处理课程则停留于"外部的视角"(an "external" view of curriculum)。研究虽然对学校制度和管理方面的历史变化做出了批判性的解读,却很少质疑学校知识的"启蒙"作用和中立性。而实际上对理解学校教育研究的历史而言,"课程才是雷蒙德·威廉姆斯(Raymond Williams,又译作雷蒙·威廉斯)所说的那种关键词"②。当然,相比"大纲大本"中的重大政治事件和制度安排,考察学校课程历史的难度要大得多。但这并不能阻止教育历史研究者们探究的脚步,拉里·库班(Larry Cuban)的《教师如何教学》(*How Teachers Taught*)对19世纪80年代至20世纪80年代美国课堂当中教学方式的历史变迁做了描绘③,这一教学史研究的重要进展也成为课程史研究打开"黑箱",弄清"学校里究竟教了什么"的动力。

二、审视学校知识的来源:新教育社会学与批判性课程理论

同教育史学类似,20世纪60年代后课程研究领域也开始反思自己与教育学以外的其他人文和社会学科的关系。这一领域曾经一味地偏向对心理学研究成果的运用,而忽视从政治学、社会学等其他视角思考学校教育问题。20世纪70年代,课程领域的外部理论资源不再局限于发展或认知心理学,来自欧洲的批判理论和新马克思主义学说、现象学、精神分析、文学和存在主义哲学等都成为课程研究时常汲取的源头活水。因此,这一时段被派纳等人看作是"概念重建"的十年(1970～1979年)④。

其中,从政治角度理解课程成为这一领域最重要的努力方向和发展潮流。"杰克逊提出的'隐性课程'概念(1968年)和保罗·弗莱雷的著作《被压迫者的教育学》(1970年),都推动着20世纪70年代的课程研究者重拾康茨

①② Goodson, I. *The Making of Curriculum*: *Collected Essays*. London: Washington: Falmer Press, 1995:41～50.

③ Cuban, L. *How Teachers Taught*: *Constancy and Change in American Classroom* 1890～1980. New York: Longmans, 1984.

④ [美]派纳等:《理解课程:历史与当代课程话语研究导论》,张华等译,教育科学出版社2003年版,第179～180页。

和拉格等人的'社会重建'传统"①，挑战主流课程理论的"非政治化"取向。麦克唐纳(James Macdonald)的研究在这一时段影响了很多具有政治批判意识的年轻学者，同时源自欧洲的"政治的"和"文化的"的研究视角也为美国课程理论界提供了重要的思想资源(当时通过英国开放大学出版社和劳特利奇出版社，越来越多的欧洲人文社科研究者在美国取得了重要的学术影响)。英国课程学者，如威廉·里德(William Reid)和罗宾·巴罗(Robin Barrow)等都在美国学界取得了相当的声望②，更不用说鼎鼎大名的伯恩斯坦、扬和威利斯等人③。麦克·扬主编的文集《知识与控制：教育社会学新探》(1971年)固然曾于一时间风骚独领，不过比之更早的英国"文化研究"学者雷蒙德·威廉姆斯的作品的影响也同样至为深远。

威廉姆斯批评将文化脱离开社会而孤立地进行理解的方式，"提出了'文化与社会'的研究模式，他的'作为总体的生活方式'的文化概念可以说是对经济基础与上层建筑的二分模式的一种重要的修正"④。在威廉姆斯眼中，作为一种特殊的文化，教育形式与内容都受到政治决策及经济制度的影响，教育是一种选择，是一种"故意的强调和忽略"。威廉姆斯的观点，甚至比葛兰西的文化霸权概念，阿尔都塞的意识形态概念，布迪厄的文化资本和文化生产概念等，对阿普尔等美国批判课程理论家有着更为直接的影响。⑤如何理解课程中的"选择性"，为什么某些知识被当作合法的知识被选入学校课程，而另一些知识被排除在外，这成为美国课程学界关注的重要问题。就像鲍尔斯和金蒂斯以及修正主义教育研究者的作品所揭示的那样，课程学者应该从政治和阶层的角度重新思考课程的社会作用。简单地说，"教什么"原本被当作一个价值中立的技术性问题，而如今成了一个政治性问题。

另一方面，原本就重视研究社会结构、社会阶层与教育之间关系的教育

121

---

① Sears, J. T., Schubert, W. H. & Marshall, J. D. *Turning Points in Curriculum: A Contemporary American Memoir* [M]. Upper Saddle River, N. J.: Merrill, 2000:119.

②③[美]派纳等：《理解课程：历史与当代课程话语研究导论》，张华等译，教育科学出版社2003年版，第196；237页。

④ 汪晖：《关键词与文化变迁》载《读书》1995年第2期。

⑤[美]迈克尔·阿普尔：《意识形态与课程》，黄忠敬译，华东师范大学出版社2001年版，第30～31页。

社会学则在相当长的时段内忽视对学校知识本身的研究。研究者往往将课程知识看作是一个恒定的常量，然后研究儿童的社会背景与学业成就之间的关系。其只关心"输入"和"输出"，把中间的过程全遮蔽了。①"教育的内容被认为是'给定'的，不需要经过社会学的质询，'教育的失败'则成为了一种需要探究的'异常'"②，教育机构中的"知识如何得到选择、组织和评估"的问题当时并没有被纳入教育社会学的视野。直到英国新教育社会学吸收了知识社会学的思想，将知识的社会性建构作为研究的核心问题以后，课程才成为教育社会学的重要研究主题。在美国课程界引起巨大反响的《知识与控制》一书引发了英国新教育社会学的兴起，美国批判课程理论的主要代表阿普尔和吉鲁都曾表明自己的研究和新教育社会学有着密切联系③。新教育社会学指出，既然知识皆为社会建构，那么所有的课程也都必然是某些社会群体利益的反映。"因而只有对学校课程的建构过程进行社会的、历史的分析，揭示知识分类和建构中的社会性、政治性和历史性，才能从根本上把握其实质，这就是新教育社会学的使命。"④

尽管大家都批评以往关于学业、学习和课程的话语具有显著的非政治和非历史的倾向⑤，然而无论是批判性课程研究还是新教育社会学，其发展初期都在历史探究方面有所欠缺。课程理论学者较为侧重对当下的教育现实进行批判性的分析，虽然将现实作为社会建构来理解，但这一"笼统原则"⑥并不能解释课程为何被建构为目前的样子，而没有采用其他的替代性选择。过于简单化的"经济基础"机械决定论无法令人满意：它既不能解释相关的制度安排究竟是如何被确定的，人们为什么接受了这种有利于某个特殊利益群体的安排；同时更抹杀了局部变革的可能——除非彻底地改变生产关系和社会制度，否则教育中的不平等永远无望被改变。1979 年阿普

---

① 石艳：《课程研究中的社会史视角》，载《全球教育展望》2005 年第 4 期。

② ［英］麦克·扬：《知识与控制：教育社会学新探》，谢维和、朱旭东译，华东师范大学出版社 2002 年版，第 32 页。

③ Giroux, H. A. Toward a New Sociology of Curriculum. *Educational Leadership*, 1979, 37(3)：248～253.

④ 钱扑：《论教育社会学对知识社会学的接纳》，载《教育科学》2003 年第 5 期。

⑤⑥［美］迈克尔·阿普尔：《意识形态与课程》，黄忠敬译，华东师范大学出版社 2001 年版，第 32；30 页。

尔在《意识形态与课程》当中明确提出"任何认真理解谁的知识进入学校的尝试都必须是历时性的"①，然而从历史角度理解学校里教了什么又为何选择教授这些东西并不是一件很容易的工作。在《意识形态与课程》这本经典著作中，阿普尔与课程史学家巴里·富兰克林（Barry Franklin）合作奉献了名为《课程历史与社会控制》的章节，然而两位作者并没有对历史上特定社会群体如何对学校课程实现控制作详尽的历史阐述，而只是结合整体社会背景，对课程领域刚兴起时的几位重要的研究者（包括博比特、桑代克和查特斯等）的某些理论表述进行了意识形态分析。换句话说，此处的"课程历史"仍然是思想史层面的研究②，对决定课程知识的具体社会历史过程的描绘依旧缺位③。

同样，"新教育社会学"的早期研究中，无论是符号互动论取向还是知识社会学取向在处理历史时也都存在着明显的欠缺。符号互动论将历史仅仅看作是对个人进行限制的结构性和文化性遗产，与行动者自身的倾向只有非常松散的联系。在这里，历史只是一块安静的幕布，静静地看着主角们在它面前兀自上演与这背景全然无关的悲欢。知识社会学虽然指出知识的演变是由特定的科目群体通过维护和扩大自身利益而推动和具体呈现出来的，知识模式是社会群体地位等级的反映，然而这方面的工作常常没能够展现一个逐渐演变的、历史的过程。研究只展开横向的考察而缺乏历史纵深，仅仅从关于社会结构和社会秩序的理论出发去寻找证据，尝试在课程领域应用他们的理论。"这种方式不可避免地掩盖了，而不是澄清了复杂的历史情境，其中由于个体的能动可能带来理论描述与现实相比而产生的各种落差、矛盾和含糊不清之处"。④ 同样它也没法刻画政策过程中各个不同阶段、不同场域中的多样主体之间的群雄竞逐。要用具体而令人信服的方式分析是什么力量促使课程呈现如今这个样子，不可能只依靠理论假想，而必须进

123

---

① ［美］迈克尔·阿普尔：《意识形态与课程》，黄忠敬译，华东师范大学出版社 2001 年版，第 75 页。

② 富兰克林是阿普尔和克利巴德的学生，他深受克利巴德的课程思想史研究影响。

③ 直到富兰克林 1986 年出版的《构建美国共同体：学校课程与对社会控制的追求》一书中，才借助案例研究将这种生动的历史过程展现了出来，参见本章第三节。

④ Goodson, I. *Social Histories of the Secondary Curriculum: Subjects for Study.* London; Philadelphia: Falmer Press, 1985:1~5.

行历史研究不可。

而在这方面走在前面的同样也是英国学者。本章将首先介绍英国著名课程史研究者艾沃·古德森的课程社会史研究。古德森不仅用自己的研究作品为美国的课程社会史研究树立了范例，开拓了方向，而且借助自己的学术影响力，在美国学者开展相关研究和发表成果时给予了很多帮助，是美国课程社会史研究的推动者和领路人。

第二节　《学校科目与课程演变》：古德森的课程史研究

古德森现为英国布莱顿大学（University of Brighton）教育研究中心教授，他曾经在英国、加拿大和美国的多所大学任教。过去 30 年间古德森教授一直在教育学研究领域辛勤耕耘，笔耕不辍，发表 600 余篇论文，参与过 50 余部著作的编写。① 古德森是《教育政策杂志》（*Journal of Education Policy*）的创刊编辑，目前仍与斯蒂芬·鲍尔（Stephen Ball）和梅格·马圭尔（Meg Maguire）共同负责这本期刊的编辑工作，他还是《身份》杂志的编委。

古德森 1943 年出生于英国伯克郡雷丁市郊区的一个小村庄里，父亲是修理工，母亲是一位女招待。他曾经在伦敦大学学习经济史并凭借着关于维多利亚时期的爱尔兰移民的论文获得了博士学位，并成为一名大学讲师。在《学校科目与课程变革：课程史案例研究》的再版前言中，古德森谈到了自己同时作为工人阶级子弟和中产阶级的教师之间的矛盾身份，他并不喜欢给"体面人家的公子千金"讲课。② 20 世纪 60 年代末西方世界激进狂飙的社会氛围，让古德森觉得他应该从事在政治意义上更为"积极活跃"的工作③。当时工党政府推行的综合学校制度深深地吸引着他，他觉得这一举措

---

① Goodson，I. *About Ivor Goodson*. 载 http://www.ivorgoodson.com/about，2013～8～7.

② ［英］艾沃·古德森：《环境教育的诞生——英国学校课程社会史的个案研究》，贺晓星、仲鑫译，华东师范大学出版社 2001 年版，第 224 页。

③ Goodson，I. *International Perspectives in Curriculum History*. London；Wolfboro，N. H.：Croom Helm，1987：2.

为使更多的贫寒子弟获得有意义的教育提供了机会。于是古德森决心到伦敦教育学院接受教师资格培训,并于 1970 年起在综合学校里讲授历史和社会科。他所在的学校在教育改革方面颇有建树,致力于通过教学创新促进社会融合。他从自身的教学经历中发现,一些贴近贫苦儿童生活的课程对学生们而言非常有意义,但由于受到测验的压力,这类课程的生存总是受到威胁,而强调学术性的学科课程给很多学生带来的感受则并不愉悦。

由于尝试促进社会公正的教育创新屡屡被挫败,古德森决定回归大学校园,在苏塞克斯大学研究阻碍社会融合的深层历史原因。正是在苏塞克斯,古德森对学校科目知识建构的社会过程进行研究并完成了他的第一本著作《学校科目与课程变革》,在英美课程理论界影响至为深远的学校科目社会史研究也由此拉开了序幕。

和众多的美国课程史研究者一样,古德森相信课程领域应该深化历史意识,数十年的教育研究和参与英国课程改革的经历让他觉得这很有必要。古德森指出,在课程领域里,面对变革之时我们常常听到这样一些话语:"教育中的彻底变革"、"课堂实践的革命"以及"重绘学习的路线图"等。在这样一种氛围里,传统被弃掷逦迤。对课程进行社会科学研究的学者太急切地要解决现实问题而不问历史情境,教育史研究者则正相反,很大程度上他们没有把自己关于历史的见解和现实联系起来[1]。这样一来我们一只手里只有关于当今的孤立印象,另一只手里只有停留在过去时空中的历史,过去和现在却从不相会。

古德森希望通过自己的学术努力以及对相关研究的组织和倡导,打破关于教育的社会科学研究与历史书写之间的藩篱,除了自己的专著与论文集(如《学校科目与课程变革:课程史案例研究》[2]、《课程的形成》[3]和《研究

---

[1] Goodson, I. *Social Histories of the Secondary Curriculum:Subjects for Study*. London;Philadelphia:Falmer Press, 1985:1~5.

[2] Goodson, I. *School Subjects and Curriculum Change:Studies in Curriculum History*. Washington, D.C.:Falmer Press, 1983.

[3] Goodson, I. *The Making of Curriculum:Collected Essays*. London;Washington:Falmer Press, 1995.

课程：案例与方法》①等）以外，古德森还主编了多本文集②（如《中学课程的社会史：科目研究》③、《定义课程：历史与民族志》④和《课程史的国际视角》⑤等），收录了来自英国、美国、加拿大、挪威、瑞典和新西兰等多个国家的学者撰写的课程史（特别是学校科目史）方面的研究论文，而其主编的《课程史研究丛书》（包括20余本著作，由法尔默出版社出版）是迄今为止世界范围内最大也最为重要的一套课程史丛书。古德森为推动整个西方世界课程史研究的发展作出了无可比拟的贡献。

古德森在北美大陆工作和生活多年，与美国课程理论界有相当密切的交往，《课程史研究丛书》当中有两部出自美国学者之手，即波普科维茨主编的《学校科目的形成》与富兰克林的《构建美国共同体：学校课程与对社会控制的追求》，它们都在美国课程史研究领域占有重要的位置。20世纪90年代以来描述美国课程史研究状况的论文（见本书绪论），无一不提到古德森的学术事业对美国课程史研究的重大影响。因此在介绍美国的课程社会史研究之前，有必要先介绍一下这位居于域外的领袖的研究。

一、学校科目社会史：方法与定位

作为社会学实证研究

古德森开始其课程社会史方面的探索时，英国的"新社会史"研究已经在学界取得了相当的影响。1976年，英国新社会史学会成立，《社会史》杂志创刊发行；1978年以后新社会史研究则"出现了空前的进展与突破，使英国

---

① Goodson, I. *Studying Curriculum：Cases and Methods*. New York：Teachers College Press，1994.

② 杨智颖曾以表格形式整理并概述了古德森的课程史研究著作，见杨智颖著：《课程史研究观点与分析取径探析：以 Kliebard 和 Goodson 为例》，高雄复文图书出版社2008年版，第238～239页。

③ Goodson, I. *Social Histories of the Secondary Curriculum：Subjects for Study*. London；Philadelphia：Falmer Press，1985.

④ Goodson, I. & Ball, S. J. *Defining the Curriculum：Histories and Ethnographies of School Subjects*. London；New York：Falmer Press，1984.

⑤ Goodson, I. *International Perspectives in Curriculum History*. London；Wolfboro, N. H.：Croom Helm，1987.

史学界出现了历史研究日益社会学化，社会科学工作日益历史学化"①的情形。古德森的课程社会史研究显然顺应了这种社会科学和历史研究相融合的学术发展趋势，但更多还是源于"新教育社会学"的直接影响，特别是伯恩斯坦和麦克·扬等人研究的影响。他对学校科目做的历史考察也可以看作是课程社会学案例研究，如我们第一章所提到的，他的部分研究成果在形态上更接近社会科学当中的一些实证研究，采用了结构性极强的书写方式，论文分为研究意义、拟检验的假设、研究对象、新的解释框架和结论等部分②，而没有采用惯常的历史叙事的方式。

古德森在其早期研究中，多次指出其课程史研究的重要目标是检验和修正已有的社会学理论。1981 年发表在《英国教育社会学杂志》上的《成为学术性科目》一文正式开启了他以学校科目为中心的课程社会史系列研究。③ 文中先梳理了已有的关于学校科目的社会学研究，包括马斯格罗夫（F. Musgrove）和麦克·扬等人的研究，并借由布迪厄的实证研究提出开展科目史研究的必要性。换言之，古德森开展历史研究的目的是以历史实证研究推动社会学理论的发展，特别是促进以《知识与控制》论文集为代表的知识社会学研究的深化。

古德森认为，麦克·扬和伯恩斯坦倡导从权力的角度对知识的选择和组织背后的假设进行考察，提出了关于课程的社会学问题，提供了一个可行且必然有收获的切入视角，对于学术发展有着重要的意义。但是《知识与控制》关于学校科目的研究也有着显著的欠缺，即偏重宏观的理论建构而缺乏具体的考察，没有详细解释强势的主流群体在定义学校知识的过程中是如何对弱势群体施加控制的。古德森进一步批评到，如果简单地认为是经济地位上占优势的群体直接支配了学校知识的选择，那么享有较高地位的知识应该是公司经济所要求的维持经济体系有效运转、促进经济扩张的技术

① 梁民愫：《英国新社会史思潮的兴起及其整体社会史研究的国际反响》，载《史学月刊》2006 年第 2 期。

② 以古德森发表在 JCS 上的《科目研究：课程社会史的多种方向》一文体现得最为明显，见 Goodson, I. Subjects for Study: Aspects of a Social History of Curriculum. *Journal of Curriculum Studies*, 1983, 15(4): 391~408.

③ Goodson, I. Becoming an Academic Subject: Patterns of Explanation and Evolution. *British Journal of Sociology of Education*, 1981, 2(2): 163~180.

知识,而事实上在英国地位高的群体倾向于接受更加"学术性"而非"技术性"的知识。古德森认为唯有细致的历史考察才能解决这些理论中的悖论。①

古德森发现在《知识与控制》出版后,扬和伯恩斯坦也开始注意到历史研究的作用。② 扬指出修正和超越我们当前工作的局限的一个重要方式,就是去审视这些局限,它们不是天然的,也不是业已确定无法改变的,而是由人们相互冲突的行为和利益在历史中塑造的。伯恩斯坦也指出,如果真的要严肃地去改变教育的内容,我们需要知道这些内容的历史,以及它们和校外的机构和符号秩序之间的关系。

社会学与历史学的结合

古德森认为当时社会学家的工作要么没有运用历史视角,要么就误用了历史,或者可以称作"来一次突然搜查"。很多研究实际上忽视历史背景,不顾整个历史演进过程,研究只是根据某种关于社会结构和社会秩序的理论,选取某一时段横向展开,历史证据只是一张单薄的"拍立得",是用过去某个瞬间的剪影去证明现在的观点而已。

扬对莱顿(D. Layton)的研究的运用就是一个典型的例子。③ 莱顿曾强调,尽管他所考察的 19 世纪一个特定时段当中的"一般科学运动"和之后的某些时段的情况有相似之处,但当前的科学发展的水平与彼时已经大不相同,科学与经济社会的联系之紧密更是今非昔比。然而,扬还是大胆地使用了莱顿的研究成果去质疑关于当前的科学教育的某些理论描述。这是典型地对历史进行"突然搜查",用来自过去的片段证据去证实或证伪现在的某种观点。

古德森指出这种孤立地抽取某个历史片段的方式的危险在于,它能"轻松"地跨越数个世纪的各个层面的具体现实和整体背景,对这种跨越可能产生的问题却无所顾忌。古德森指出,使用了史实,并不等于采用了历史方

---

① Goodson, I. Becoming an Academic Subject: Patterns of Explanation and Evolution. *British Journal of Sociology of Education*, 1981, 2(2): 163~180.

② Goodson, I. Subjects for Study: Aspects of a Social History of Curriculum. *Journal of Curriculum Studies*, 1983, 15(4): 391~408.

③ Young, M. F. Curriculum Change: Limits and Possibilities. *Educational Studies*, 1975, 1(2): 129~138.

法，我们应该对课程是如何形成的建立一种更为历时性的、演进史式的理解①（不过这种演进并不一定是达尔文式的"进化"②）。这种延续性的历史可以避免简单地抽取历史的碎片，而且更具建设性，即它能够利用这种历史来辅助理论框架的构建。当研究面对的是一个具有延续性的主题时，不能依据个别事实就作出假定，而要沿着时间线渐次考察，慢慢将它勾画清楚。对在教育领域开展的社会学和历史学的研究来说，历时性地检视课程的变换是它们共有的重要议题。古德森认为这一复杂艰巨的事业显然不能仅仅依靠"快照式"地抽取特定时间的单个画面来完成，因为所抽取的特定事件有可能刚好是异常的小概率事件，不具备任何代表性，而反复出现的事件，则能够帮助研究者去提出一个包含结构和相互关系的解释框架。

历史研究应该去描述课程变革的"渐变和连续"的本质，其方法是考察不同主体间的协商和行动。③ 从这一点看，不对课程"在微观层面是如何协商形成的"做相关的实证研究就去尝试提出课程的宏观理论，是十分危险的。尝试理解课程协商和行动随时间推进经历的复杂变化，是检验和提出理论的一个有效途径。

古德森认为，通过这一方式，历史研究工作可以实现一个"走向理论的过程"，这不仅是对我们的研究范围的一个扩展，更是通过对我们现有的理论提出问题，来促进产生新的理论和研究方向。

古德森曾经总结了对学校知识的演化进行历史研究在理论和实践的多个层面上的意义。④ 其一，这样的研究可以增进我们对学校课程的理解。历史研究可以阐明学科的确立和发展背后的人为过程。⑤ 采用这一路径，可以将研究重心——关于科目的本质和哲学价值的问题，从其作为客观现实的存在，转移到它们的构建和维持过程中所固有的人的动机和活动上来。此

---

① Goodson, I. Subjects for Study: Aspects of a Social History of Curriculum. *Journal of Curriculum Studies*, 1983, 15(4): 391~408.

② Goodson, I. *The Making of Curriculum: Collected Essays*. London; Washington: Falmer Press, 1995: 184.

③ 如今课程史研究已经对这种"历史连续性"假设发起了挑战，参见本书第四章和第五章中的相关论述。

④⑤ Goodson, I. *Social Histories of the Secondary Curriculum: Subjects for Study*. London; Philadelphia: Falmer Press, 1985: 6~7.

外,历史的审视能够帮我们洞悉课程的存在形态和种种无法回避的再生性限制:为什么学校课程中某些传统可以存活下来,而其他的则消失了。尽管历史研究的主要意图,并非要试图去证明特定的理论,但它可以使用理论,并反过来为理论建设作出贡献。其二,在学校实践层面,历史研究可以让我们更好地分析理解学校内部的课程运作。甚至可以帮我们理解教师为什么会对研究不感兴趣,又为什么会抗拒改革。推行改革时不能对"教师的主动参与和创造"有过高的估计,因为现实的制约总是切实存在的。其三,历史研究应该为政策和实践提供信息。对历史的了解可以让当今的课程管理活动更为谨慎。而上述这些研究意义的实现,都需要尊重历史,并做具体而深入的考察。

可以看到,古德森在开展学校科目史研究时,带着明晰的方法论意识,着意在研究方法方面有所建树。他在自己的成名作《学校科目与课程变革:课程史案例研究》(中译本更名为《环境教育的诞生——英国学校课程社会史的个案研究》①)的开篇处便写道:"本书的中心是关于课程研究的社会历史方法的信念。"②其科目史研究不仅为理解学校科目的起源和发展提供了一个入口,也为课程史研究提供了新的方向。无论是其前期对学校科目史的探索,还是后期在教师生活史方面做的开拓性工作,其中都包含对研究方法的专门考量。对于如何使用案例研究、民族志和生活史等质性方法探究课程领域当中重要的理论议题,古德森有过许多论述,同时他自己的作品也成为相同取向的研究中的范例。

二、案例研究:围绕学校科目的斗争

学校科目(school subject),又称教学科目、学科或科目。在英语国家的教育语境中 subject 和 discipline 两个概念常常被混淆,很多教师不知道这两个词之间的差别。③ 而中文里由于教学科目(school subject)也常常被称为

---

① [英]艾沃·古德森:《环境教育的诞生——英国学校课程社会史的个案研究》,贺晓星、仲鑫译,华东师范大学出版社 2001 年版,第 1 页。

② Goodson, I. *School Subjects and Curriculum Change: Studies in Curriculum History. Washington*, D.C.: Falmer Press, 1983:3.

③ Stengel, B. S. "Academic Discipline" and "School Subject": Contestable Curricular Concepts. *Journal of Curriculum Studies*, 1997, 29(5): 585~602.

"学科"，就更加容易与作为学术分类和作为高校教学科研功能单位的学科（academic discipline）相混淆。教学科目是依据一定的教学目的组织起来的知识体系，分科课程则是最为常见的课程组织形式，以至于有人将课程等同于教学科目。如今在学校生活中，科目也成了天然的管理单位，是学校课程组织的构成要素，也常常成为教师共同体形成的基础。当教师更多地以"数学老师"、"体育老师"而不是"张老师"、"李老师"这样的称呼被人提及时，科目显然已经不只是知识的分野，而同时成为一种身份的体认，科目有力地改变了，甚至是塑造了学校以及学校中的人们。

然而，为什么我们在学校里要学习现有的这些科目而不学习其他形式的知识？这一问题少有人做过细致的解答。传统科目的维护者常常声称学校教育的核心是"心智上的训练"或者"素养的提升"，而既存的科目是培养这些智识的最佳方式。另一些人认为学校科目是高校中已有的学术学科知识经过"教学化"后形成的，这种看法也很有市场。而在古德森这样的受过"新教育社会学"学术熏陶的学者看来，这种"学科既定观"（established view）[1]非常天真而且武断。学校科目赢得合法化地位背后有复杂的历史过程和丰富的政治意涵，而学科既定的观点将这些全都忽视了。

虽然葛兰西（A. Gramsci）早就依循马克思的路径，指出资本主义社会中的教育具有欺骗性，会成为"维护统治阶级利益的工具"[2]。他认为由于权力关系的存在，特定人群拥有被称为"哲学"的共同认识，而其他人则不具备这类"常识"。这导致了一部分手握特定权力的人群拥有的那些知识成为学校知识或者可教的知识，而其他群体所拥有的知识却没有这样的地位。到20世纪70年代，麦克·扬等人也进一步确认了优势群体对学校知识的控制力，他们决定了课程的形式和内容，但是当前的学科课程具体是如何被确定的，优势群体在学校科目确立地位的过程中又通过何种机制施加影响，这些问题都没有被解答。

理论家们已经揭示出学校知识不是既定的，不是中立的，也不是理所当然的。然而无论多么深入的理论探讨或是多么尖锐的意识形态批判，都替

---

① Goodson, I. Becoming an Academic Subject：Patterns of Explanation and Evolution. *British Journal of Sociology of Education*，1981，2(2)：163～180.

② 杨昌勇：《"西方马克思主义"思潮与"新"教育社会学理论的关系分析》，载《华东师范大学学报：教育科学版》1998年第1期。

代不了细致的历史考察,都没法回答特定的科目究竟如何在学校教育中占得一席之地,而这种地位的获得又借助了什么样的力量。古德森决心用具体的历史案例研究来解答这些问题。

科目内部的变迁:走向学术性科目

古德森对学校科目史的探索始于对地理学科发展历程的考察,而甫一出手,他就彻底颠覆了关于学科和科目之间关系的原有臆想。他发现,在英国,基础教育中的地理科目(subject)并非是大学中成熟的地理学科(discipline)的衍生物,这一科目的知识并不像通常想象的那样,是由作为"优势群体"的大学地理学者对学术知识进行教学化改造而形成的。恰恰相反,通常被认为是地位较低的中小学校教师推动了大学中地理学科的发展,总体而言,这似乎是一个由下而上的推动过程①。

借助对地理和生物等学校科目的案例研究②,古德森总结了科目演化的整体特点。他认为可以从他所研究的地理、生物和环境科目的形成过程中概括出一个演化模式③:

(1)最初科目是一个学科子群体的松散组合,科目往往有千差万别的多种形态,通常各个版本都会比较强调教学和实用价值。(2)随后会出现一个要求科目成为学术性学科以争取资源和地位的子群体。(3)当早先存在的子群体与要求学术化的子群体有冲突时,往往会有科目协会产生。协会会逐渐促使各子群体联合起来,形成一个以争取学术地位为主流的联合体。(4)联合体会要求学科地位,呼吁在大学里成立系来培养学科专家。有些科目(例如乡村/环境学习)会在这一点上被卡住(大学的准入门槛发挥了作用)。(5)对于一个成功的科目,最后一个阶段是在大学中建立起学科基础,教学科目的内容也逐渐由大学学者来确定。在解释课程的变化时应该着重

---

① Goodson, I. Becoming an Academic Subject: Patterns of Explanation and Evolution. *British Journal of Sociology of Education*, 1981, 2(2): 163~180.

② 欲了解这些案例研究的详细内容和具体方法,请见 Goodson, I. Becoming an Academic Subject: Patterns of Explanation and Evolution. *British Journal of Sociology of Education*, 1981, 2(2): 163~180. 也可参考艾沃・古德森:《环境教育的诞生——英国学校课程社会史的个案研究》,贺晓星、仲鑫译,华东师范大学出版社 2001 年版。

③ Goodson, I. Subjects for Study: Aspects of a Social History of Curriculum. *Journal of Curriculum Studies*, 1983, 15(4): 391~408.

关注科目团体的物质利益结构和由此产生的组织模式,这是围绕学校科目的各种张力的主要来源。

古德森认为,要理解这一整体发展趋向和演化模式,除了认识到科目共同体应被视为包含一系列相互冲突的群体、部分或派系(即科目子群体)的复杂联合体(而不能被看作一个有着相似的价值诉求和角色定位、拥有一致的利益和身份认同的同质群体)以外,关键是要把目光投向物质利益结构,去关注地位、资源和职业发展问题。"对物质方面的自我利益的追求,最终导致了学术性传统取向的子群体最终在该科目内确立统治地位。"①

陈华在回顾课程史研究的经典路径时,认为"古德森主要采用了结构与主体间的动态辩证的方法来讲述这个故事。'结构'是指'行动者'所处的历史脉络,'行动者'是在一定的'结构'中主动争取最大利益的群体"②。她进一步指出,古德森的学校科目故事中,基本结构是所有科目都要争取学术性科目地位,只有在高校中得到其他学科学者认同,在最高学术殿堂确立地位,并在"A"级考试中占据一席之地的科目才能更好地生存和发展,否则将会被边缘化甚至被淘汰。③因此这种结构也可以称为是一种大家都要服从的"游戏规则"。④

科目间的冲突:定位新科目

也正是在这种充满竞争的基本结构中,让我们不难想象,当有人希望建立一种与现有科目有着密切关联的新学术性科目时,新旧科目之间会呈现出多么紧张的关系。

"环境学习"争取成为具有"A"级考试的学术性学校科目所付出的努力,是《学校科目与课程变革》考察的一个重点,也是古德森又一项著名的案例研究。环境学习这一新的科目的产生,源于对原有的"乡村学习"科目的再定义。乡村学习原本在农村地区广受欢迎:一方面它关注包括园艺在内的农业产业问题,注重实践,在农村地区有着广泛的实用价值;另一方面课程

133

---

① [英]艾沃·古德森:《环境教育的诞生——英国学校课程社会史的个案研究》,贺晓星、仲鑫译,华东师范大学出版社 2001 年版,第 209 页。

②③ 陈华:《西方课程史的研究路径及内涵探析》,载《全球教育展望》2012 年第 4 期。

④ 杨智颖:《课程史研究观点与分析取径探析:以 Kliebard 和 Goodson 为例》,高雄复文图书出版社 2008 年版,第 246 页。

内容贴近农村儿童日常的生活环境,内容为儿童喜闻乐见,因而也有较高的培育性价值。正如克利巴德研究美国课程史上的农业职业教育时所观察到的那样,它与工业职业教育将儿童推向远离家庭的工厂环境不同,农业教育鼓励乡村儿童亲近自己的生活。① 因此除了"社会效率论者"对它赞赏有加,"儿童发展论者"也能在这种教育实践中找到儿童中心话语的表述空间(见本书第二章)。人们一度还相信乡村学习可以缓解由于城市化进程带来的农村子弟极高的"离农率",然而事实证明,这种经济社会的整体变革的趋势是不可逆转的。随着这一进程的深入,乡村学习的需求在减少,它逐渐被局限为一种"差生"的科目,只有没有机会升学的学生才会选择这一简单的、没有深度的弱势科目。而且这一科目本可以扩张的领域已经被其他科目所占据,生物学家和地理学家取得了环境田野研究的控制权。②

在实用性和培育性两大传统之间摇摆不定的乡村学习科目,在学校中的处境日益艰难,在专业化至上的竞争环境里,乡村学习这种非学术性的、被排除在考试体系外的科目在学校里面临着被淘汰的危险,到 20 世纪 50 年代中期,这种危险已经十分明确了,乡村学习科目的教师得不到资金、地位和好生源,很多时候都分配不到一间独立的教室。当学校中有乡村学习科的教师离职时,学校不会对这个编制进行补充,因为"要把这一位置让给另外有考试科目的教师"③。二战后生物学和地理学都在大学中确定了自身的学术性地位,而乡村学习则"一直是一门限定在中学课程中的科目"④。

因此乡村学习科目群体当中的一部分人,决心将这一科目拉离实用性和培育性的方向,走向学术性科目,谋求和其他学科一样的地位。而 20 世纪六七十年代西方世界对环境议题的关注,给他们提供了一个难得的机遇。乡村学习逐渐转变了方向,甚至改变了名称和定位,"环境学习"成为这门学科的新定义。这一科目改名的过程体现了当时从事乡村学习教学的实践者

---

① Kliebard, H. M. *The Struggle for the American Curriculum*: 1893~1958. New York: Routledge, 2004:130~135.

②③ [英]艾沃·古德森:《环境教育的诞生——英国学校课程社会史的个案研究》,贺晓星、仲鑫译,华东师范大学出版社 2001 年版,第 131~132 页。

④ Goodson, I. *School Subjects and Curriculum Change*: *Studies in Curriculum History*. Washington, D.C.: Falmer Press, 1983:124~125.

"多么地渴望拥有一个新的学术和职业的自我认同"①。如前文所介绍,这一科目在学校中取得地位的关键不是简单的更换名称,而是要在"O"级和"A"级考试(毕业考试和大学入学资格考试)中赢得一席之地。以哈特福德郡的卡森(S. M. Carson)为首的环境学习科的倡导者开始了这项努力,他们在20世纪70年代初向考试委员会提出申请设立"A"级环境学习考试。然而由于当时在高等教育当中没有相应的学科作为支持,他们的努力步履维艰。在考试委员会和教育董事会延请专家成立特别小组讨论环境学习的议题时,来自地理等学科的专家对环境科充满了敌意。作为已经建立学术声望的科目,它们似乎是本能地反感新的学术性科目,特别是可能侵入其疆域的新科目。地理科目的教师曾经推动大学中地理学科的发展,以确保自身学术性学科的地位,然而当环境学习的教师想要达成类似的目标时,大学里的地理学者则坚决地去扼杀这种潜在的威胁②。

其他学科的学者用自己学科的视角来审视环境教育学科的大纲,指责其中的内容要么太过杂乱,流于肤浅,要么与其他学科的内容有交叠。大学当中的学者明白,中学当中科目考试的刺激,能帮助大学学科获得充足的生源,而出色的学生能保证学科的发展,同时让它们在高校中获得充分的承认。新的科目可能瓜分现有的资源,因此科目之间的冲突表现得相当直接,"领土之争高于学术规则"③。地理学家对环境学习的社会意义并不关心,也不管它能给学生的认知发展带来些什么,他们有一种强烈的恐惧,担心环境学习对地理学科构成威胁。

彼得·麦克拉伦(Peter Mclaren)认为,古德森的分析表明学科之间的边界已经成了冲突的地界线,学校科目在云谲波诡的政治性斗争中协商达成了"话语簇",这些话语以某种带有保护性质的编码方式集聚起来,可以抵御外来话语的侵入④。因此它们绝不是单纯以便于认知的方式组织起来的"纯粹的"知识,而是与更为广阔而复杂的现实有所沾染。科目的建立是一

---

①③［英］艾沃·古德森:《环境教育的诞生——英国学校课程社会史的个案研究》,贺晓星、仲鑫译,华东师范大学出版社2001年版,第143;208页。

② Goodson, I. Subjects for Study: Aspects of a Social History of Curriculum. *Journal of Curriculum Studies*, 1983, 15(4): 391~408.

④ Mclaren, P. Forword. Goodson, I. *School Subjects and Curriculum Change*. London: Routledge, 1993:ix

个渐进且存在反复的过程,然而一旦成功,它通常会走向最后阶段:成为成熟的学术科目,而且拥有本学科的专家学者作为"看门人",维护着特定话语王国在高等教育当中的地位,并随时准备应对外来的攻击。

理论建构的意图

如前文所述,古德森将自己的科目史研究作为一种理论建构的尝试、一项社会学研究。他在《学校科目与课程变革》开篇处即明确地提出自己所要验证的假设:(1)学校科目不是铁板一块,而是包含各种有着不同诉求的子群体;(2)在学校科目以及与之相关的大学中的学科形成的过程中,呈现出由实用性或培育性倾向转向学术性倾向的趋势;(3)"许多课程争论可以用科目间围绕地位、资源和势力范围而进行的斗争"①来解释。

因此《学校科目与课程变革》在展开历史叙述时,虽然每一章节都按照时间顺序展开,但整体架构是按照"结构性制度安排"、"单个科目的内部斗争和转向学术性的努力"以及"不同科目之间的纷争"这样的逻辑搭建的。在叙述过程中古德森总是不时地去比对历史是否符合他的理论假设,或者他人的相关理论描述。知识社会学和专业社会学方面的研究是古德森的主要理论资源,包括麦克·扬等人在《知识与控制》一书中的相关阐述,以及布彻(Bucher)和斯特劳斯(Strauss)研究高校专业时建立的"过程模型"(process model)等。而具体到科目研究,马斯格罗夫在 1968 年提出的研究方向对古德森影响很大。马斯格罗夫建议研究者们在学校和民族国家两个层面上考察学科科目,而学校与国家又都是由关系网络、物质保障和意识形态共同支撑起来的社会系统。他认为"无论是在学校还是更大的人群或社会组织之中,人们都会彼此合作而又相互竞争,定义并维护界限和范围,要求共同体中的成员联合一致并赋予他们身份认同感。即使是被认为本质上完全是智力活动的创新行为,我们也可以将其看作是社会性互动的产出,从而更好地考察和理解它"。② 莱顿(D. Layton)关于学科动态演化的三阶段

136

---

① [英]艾沃·古德森:《环境教育的诞生——英国学校课程社会史的个案研究》,贺晓星、仲鑫译,华东师范大学出版社 2001 年版,第 3 页。

② Goodson, I. Becoming an Academic Subject: Patterns of Explanation and Evolution. *British Journal of Sociology of Education*, 1981, 2(2): 163~180.

模式更是在科目史研究中被着重介绍①,古德森考察地理和乡村学习等科目的发展历程时都运用了莱顿的阶段论。

在对多门科目的演进历史进行分析并验证了自己的几项假设之后,古德森在 1983 年的论文《科目研究:课程的社会史视角》提出了自己的关于学科演化的解释框架②,包括物质利益结构、作为联合体的科目、科目内部演变和科目外部关系四方面,经过多次提炼和修正后,在 1995 年出版的《课程的形成》(*The Making of Curriculum*)中提出了学科奠定学术地位的过程模式(Process of Academic Establishment)③。这一模式综合考虑了科目发展的内部因素和外部关系,并将科目演化概括为一个在教育体系的结构性因素的限制下通过一系列政治性活动并最终奠定学术性地位的历史发展模式。这一模式包含创造(Invention)、提升(Promotion)、合法化(Legislation)和神圣化(Mythologization)四个阶段。④ 首先是创造阶段,此时教育者会产生一些观念和行动,可能是为了迎合当时的思想氛围,或者为满足学生的需求,或者为了顺应外部变化潮流;紧接着的是提升阶段,教育系统内部的群体开始对某一新观念感兴趣,不仅关注其思想内容,而且将之作为新的心理认同和职业角色定位的基础;然后是合法化阶段,认同新观念的群体尝试建立新的知识类别或科目,与提升阶段主要处理内部事物、确定方向不同,合法化阶段要处理好外部关系,确保新的类别或科目被广为接受并得以制度化,还需要形成一些特定的话语和修辞为被贴上了这一科目标签的活动提供支持和辩护;在最后的神圣化阶段这一科目或类别的知识得到不容置疑的地位。

在理论建构方面,古德森将自己的科目史研究视为课程社会学的理论生长点,他的研究对《知识与控制》一书关于课程控制的理论观点所做出的修正,是古德森本人十分看重的理论贡献。在《知识与控制》一书中,麦克·扬等人

---

① [英]麦克·扬:《知识与控制:教育社会学新探》,谢维和、朱旭东译,华东师范大学出版社 2002 年版,第 10~11 页。

② Goodson, I. Subjects for Study: Aspects of a Social History of Curriculum. *Journal of Curriculum Studies*, 1983, 15(4): 391~408.

③ Goodson, I. *The Making of Curriculum: Collected Essays*. London; Washington: Falmer Press, 1995:184~195.

④ 杨智颖:《课程史研究观点与分析取径探析:以 Kliebard 和 Goodson 为例》,高雄复文图书出版社 2008 年版,第 118~119 页。

将课程纳入社会学分析的视野之中，课程不再是"给定"了的，不需考虑的"常量"，而是历史环境当中社会的建构物①。然而扬等人仅仅是从课程目前的形态（如分类和分层）来分析其适应统治阶层利益的特点，间接地证明课程受到优势群体（例如大学中的学者）的操控，但是他们并没有具体考察课程知识——特别是他们所批评的高度分化的学科知识——是如何在学校教育当中确立了自己的地位的，优势群体又是以什么方式、利用何种机制实现了对课程的支配（domination），这些在《知识与控制》中同样没有进行详细的说明。

古德森指出，已有的知识社会学研究认为，知识的演变是由特定的群体为维护和扩大自身利益而推动的，与此同时，知识模式被视为社会群体地位等级的反映，主要通过优势群体的活动来体现。然而这方面的工作通常都没能将一个逐渐演变的、纵向的历史过程呈现出来，而只是横向展开，从关于社会结构和社会秩序的理论出发去寻找证据，并尝试在课程领域应用他们的理论。这种方式不可避免地掩盖，而不是澄清了历史情境的复杂性，也就没办法处理由于个体的能动作用带来的理论描述与现实之间的各种落差、矛盾和含糊不清之处，同样也没法刻画政策过程中各个不同阶段、不同场域中的激烈的角力和竞逐。

古德森认为应该重新解读"支配"的意义：具有较高地位的知识反映了主流利益群体的价值观念，这种假设并没有错，然而问题是这些知识在学校中的合法地位是如何确定下来的。优势群体对课程的控制有时不是直接的、刚性的，他们并非简单地对学校中的学科知识做出硬性的规定。"统治阶层的支配并没有被统治阶层强烈要求放弃的那样多。"②例如在地理学成为学术性科目的过程中，不是高校学者向下支配的过程，而是一个基础教育中从事地理科目教学的教师们向上塑造学科、争取地位的过程。在资源分配机制的作用下，科目群体当中的子群体，会自主地按照一定的"游戏规则"去塑造学科，追求学术性。教师把自己看作是"科目共同体"的一部分，为了共同体的地位进行斗争，他们不再是单纯被动的角色。古德森的历史探究，避免了粗糙的"支配"概念，在叙述中将"主观能动性"归还给了弱势群体，同

---

① ［英］麦克·扬：《知识与控制：教育社会学新探》，谢维和、朱旭东译，华东师范大学出版社 2002 年版，第 25～60 页。

② ［英］艾沃·古德森：《环境教育的诞生——英国学校课程社会史的个案研究》，贺晓星、仲鑫译，华东师范大学出版社 2001 年版，第 211 页。

时也就为抵制和反抗保留了空间。尽管学术性科目的内容和结构更多地与上层阶级的职业有关，与下层阶级的职业相关的课程则被排斥于学校之外，但是变革的可能性并没有消失。古德森希望通过具体的、历史的考察，揭示作为结构和规则存在的"控制模式"，这不仅将批判推向更深的层次，也保留了积极能动地改变不合理的现状的可能性。如前文所介绍的，出身贫寒的古德森不愿将自己的事业与个人的阶层背景割裂开，为富家子弟提供中上阶层的教学让他感到厌倦，而无论是在综合学校中教书还是在高校中做学术研究，如何为中下阶层的儿童提供适合他们的良好教育，都是他最关注的问题之一。自身的学习和教学经历（例如传统文法学校的科目给人的异化体验以及他在综合学校教学时与工人阶级新生代学生之间的"共同语言"），让社会阶级成为古德森诸多研究真正所关心的深层问题。[1] 通过科目史研究揭示学校科目知识是一种社会—历史建构物，是为了将那些中下阶层学生不适应的学术性科目"祛魅"，去除它们神圣的光环。也正是基于此，彼得·麦克拉伦认为古德森的科目史研究颇有后现代意味。[2]

三、古德森科目史研究的影响

古德森的《学校科目与课程变革》引起了相当大的学术反响。1982 年 9 月牛津的圣希尔达学院主办了一场以"学校科目研究中的历史和民族志方法"为主题的学术会议。会议上发表的一些论文后来由古德森和斯蒂芬·鲍尔合作编辑成书，以《定义课程：历史与民族志研究》为题于 1984 年出版。在这本论文集中，十余位作者使用历史或民族志的方法对课程问题展开质性研究。他们发现，已有的科目研究如果从社会学角度看显得有些天真，而从历史研究角度看则不够扎实。在这本文集里，库珀、古德森和鲍尔等人的研究都表明，对课程做历史解读不能简单地将课程变革归因于宏观的社会政治条件，在具体的课程变革当中会有许多反动或延时现象出现。简单地使用"技术进步的需求"或者"政治经济的整体氛围"这类通用的解释，实际上相当于没有做出任何有效解释。古德森先前的研究已经证明，对科目的演进做考察时，首先不应将它视作理所当然、业已存在的，而应该把它作为

① Goodson, I. *The Making of Curriculum: Collected Essays.* London; Washington: Falmer Press, 1995: xvii.

② Mclaren, P. Forword. Goodson, I. *School Subjects and Curriculum Change.* London: Routledge, 1993: ix.

先前的或者正在进行的斗争的产物,学校课程的内容和结构都是经由社会的和政治的建构过程确立的;其次应该对历史的复杂性做好准备,参与课程建构的群体以及他们的参与方式可能十分多样。而民族志方法可以帮助我们探究规定的课程和实际执行的课程之间的差异是什么带来的。总之,历史和民族志等质性方法为学校科目的实证研究提供了工具,可以借此建立能够解释科目变革过程的理论。

《课程史研究丛书》

而最能体现古德森的学术影响的是其编辑的《课程史研究丛书》(由法尔默出版社在英美两国同时出版),其中多部著作都是沿着古德森学术理论对特定学校科目的历史展开的研究。

丛书的第一本为古德森编辑的论文集《中学课程的社会史》,其中有斯特里(Christopher A. Stray)、斯蒂芬·鲍尔和韦林(Mary Waring)等 11 位作者分别对古典语言、英语、科学、社会、家政和宗教教育等多门科目的历史进行研究的作品。论文集的作者们有着不同的学科背景和研究方向,包括教育史研究者、课程专家和社会学家。大部分论文是围绕某科目的历史展开的个案研究,还有一些更接近历史社会学研究,即更多地使用了来自社会学的分析技术和概念。古德森认为这本书所收录的文章有着共同的取向,即在历史中追寻"思想与行动"随时间的演化,以便更好地理解"学校知识"。① 书中既有从原始材料出发的"初级"课程史(即在古德森等人眼中所谓"主流"的教育史式的研究),也有应用历史数据去检查或例证社会学或课程论主题的"次级历史"。多篇文章指向科目教学联合会(如数学学会、地理学会、英语教学协会等)所起的关键作用,鲍尔的文章还展现了非正式的社会网络如何和正式的协会共同推动科目发展,论文集还有一些文章展现了外部力量对科目发展的重要性,例如麦卡洛克(McCulloch)的研究关注了外部赞助者对技术学校的长期支持。总之,"所有的文章都指向课程变革的复杂性,并将注意引向许多原本被忽视的层面和场域"②。

《课程史研究丛书》接下来的几本专著都是对特定科目的历史的研究,

---

① Goodson, I. Towards Curriculum History. Goodson, I. *Social Histories of the Secondary Curriculum*: *Subjects for Study*. London; Philadelphia: Falmer Press, 1985:6.

② Goodson, I. Subjects for Study: Case Studies in Curriculum History. Goodson, I. *Social Histories of the Secondary Curriculum*: *Subjects for Study*. London; Philadelphia: Falmer Press, 1985:10.

如麦卡洛克、詹金斯和莱顿的《技术革命？——1945 年来英格兰与威尔士学校科学技术课程的政治》①、库珀的《中学数学的再交涉：课程的变革与稳定》②、穆恩（Bob Moon）的《"新数学"课程争论：跨国故事》③以及伍尔诺（Brian Woolnough）的《1960～1985 年间的物理教学：民众、政治和权力》④。古德森依靠自身深厚的学术造诣和卓越的组织领导才能，在身边聚拢了一大批课程史研究者，极大地推动了英国科目史研究，并将这种影响扩展到美国、加拿大、巴西、澳大利亚、西班牙、德国、葡萄牙、意大利、南非和斯堪的纳维亚国家⑤。

　　然而到 20 世纪 80 年代末期，连古德森本人都觉得课程史研究应该想办法摆脱当时已然出现的"对科目研究的偏好"⑥。在他看来，拓展研究方向的努力应该指向新的理论主题以及新的研究形式，如传记和生活史。⑦

　　从案例研究到生活史

　　古德森学术生涯后期将主要精力放在了教师生活史研究上，他关于叙事理论、教师和学生生活史的研究在西方课程学界同样产生了深远的影响，甚至可以说并不逊色于前期的科目史研究。美国教育研究会（AERA）因其在教师生活史研究方面的突出贡献于 2007 年向他授予了迈克尔·休伯曼奖（AERA 教师生活研究奖）。

141

　　笔者认为，古德森后期的生活史研究与科目史研究一脉相承，可以看作是学校科目案例研究的延续和深化。古德森很早就意识到，仅仅考察科目的地位并不意味着了解了课堂中实际发生了什么，每位教师对科目知识都

---

　　① McCulloch, G., Jenkins, E. W. & Layton, D. *Technological Revolution?: The Politics of School Science and Technology in England and Wales Since* 1945. London: Falmer Press, 1985.

　　② Cooper, B. *Renegotiating Secondary School Mathematics: A Study of Curriculum Change and Stability.* Lewes: Falmer Press, 1985.

　　③ Moon, B. *The "New Maths" Curriculum Controversy: An International Story.* London, UK: Falmer Press, 1986.

　　④ Woolnough, B. E. *Physics Teaching in Schools 1960～1985: Of People, Politics and Power.* London: Falmer Press, 1988.

　　⑤［英］麦克·扬：《知识与控制：教育社会学新探》，谢维和、朱旭东译，华东师范大学出版社 2002 年版，第 211 页。

　　⑥⑦ Goodson, I. *International Perspectives in Curriculum History.* London; Wolfboro, N. H.: Croom Helm, 1987:15.

有独特的处理方式。在与鲍尔合作编写《定义课程：历史与民族志研究》一书时，他已经表现出要着意考察课堂中的实际变化的倾向，而拉里·库班的《教师如何教学》也影响了古德森，使得他更希望了解教师在课堂中具体的课程和教学行为，去书写更为活泼、生动和具体的历史。与此同时，由于在科目演进历史的研究中，不断发现与人们的"常识"和理论上的"设想"相冲突的地方，学校科目与大学学科、科目与科目之间的关系在不同的时段中有大不相同的表现，这让古德森深切地感受到历史的复杂与吊诡，研究者做任何概括时都不得不慎之又慎。

如前所述，古德森在探索新的研究方法方面一直锐意进取，拓展课程社会学研究的质性方法是古德森相当重要的学术贡献。古德森倡导教师生活史研究的重要原因之一，是他看到之前包括互动论和民族志在内的很多质性研究在考察学校教育时"制造了一种流行的但却缺乏真实性的教师模式：教师个体基本上是可以相互换位的"①，而且关于教师的概念模型是与时代无关的。无论是谁当老师，也不管是在哪个年代当老师，课堂里的教学都会是同一个样子吗？显然并非如此。"古德森坚信教师不但在教学态度、教学技巧上有重要的区别，而且在对课程内容的认识、解释上，在课程编排和评估的行为模式上，也有源自其各自的生活史背景的重要区别……为了理解这些区别的重要性，必须将学校的研究重新与个人传记和历史背景的考察联系起来"②，也就是扭转关注情境而忽视传记的学术潮流③。以往的研究路径忽视了行动主体本身的声音，而生活史研究则是以尊重主体个人的"生活故事"为重，让主体为她（或他）自己说话，而后再补以社会历史的整体背景，构成一幅完整的画卷。

---

① ［英］艾沃·古德森：《环境教育的诞生——英国学校课程社会史的个案研究》，贺晓星、仲鑫译，华东师范大学出版社 2001 年版，第 249 页。

② 贺晓星：《课程研究的生活史视角》，载《南京师大学报（社会科学版）》2001 年第 4 期。

③ 杨智颖：《课程史研究观点与分析取径探析：以 Kliebard 和 Goodson 为例》，高雄复文图书出版社 2008 年版，第 121 页。

第三节　美国课程史中的科目史与案例研究

美国课程史研究中"社会史"取向的研究主要包括科目史研究和地方（或学校）层面的课程案例研究两大类，而这些研究都不同程度地受到了古德森的科目社会史研究的影响。

一、美国的学校科目史

美国很早就出现对科目历史的研究，约翰·鲁尼在其 1926 年出版的博士学位论文（美国天主教大学）《中学课程中现代科目的历史》①中，简略地介绍了法国、德国、英国和美国四个国家中现代科目（相对于拉丁语等古典科目而言，包括现代语言和科学等）在中等学校教育中的艰难发展历程。我们也不难找到对某一科目的发展历史开展的专门研究，例如唐纳德·斯塔尔的《美国高中英语课程史》②梳理了英语学科在不同历史时期的发展历程；殖民地时期英语基本被排斥在文法学校之外，后来在私立中学和综合高中里逐渐获得发展。斯塔尔还简略地考察了英语学科在教学内容方面的变化，包括英语文学、语法、作文和口语等。不过这些研究都是相对零散的。

在美国课程史研究领域正式建立之后，到 20 世纪 80 年代中期以后一下子涌现了的大量关于科目领域的研究，这无疑受到了古德森的影响。克瑞德和纽曼认为，古德森在 1983 年出版的《学校科目与课程变革》和 1985 年主编的《中学课程的社会史：科目研究》"帮助美国研究者定义和开拓了这一领域"③。据克瑞德和纽曼统计，在课程史研究协会和美国教育研究会的会议

---

① Rooney，J. R. *The History of the Modern Subjects in the Secondary Curriculum*. Washington：Catholic University of America，1926.

② Stahl，D. E. *A History of the English Curriculum in American High Schools*. Chicago：Lyceum Press，1965.

③ Kridel，C. & Newman，V. A Random Harvest：A Multiplicity of Studies in American Curriculum History Research. Pinar，W. F. *International Handbook of Curriculum Research*. Mahwah，New Jersey：Lawrence Erlbaum Associates，Inc.，2003：637～650.

上以课程史为主题所作的报告当中,约 20％都是科目领域的研究,在各类课程史研究中占到最高比例。① 例如,在课程史研究协会年会上提交的相关论文有 1985 年辛格尔顿和罗宾逊的《世界史的兴衰》、尼尔森和梅哈菲的《二战中的科学与数学课程》,1987 年坎特的《课程模式对写作教学的历史影响》和 1989 年尼尔森的《1916 年“社会”课程委员会报告的社会背景》等。②

这类研究作品当中影响最大的无疑是 1987 年出版的由托马斯·波普科维茨(Tomas Popkewitz)等人编写的《学校科目的形成:创建美国体系的斗争》。这本书是古德森主编的《课程史研究丛书》中的一本,最初源于 1985 年美国教育研究会年会期间古德森与波普科维茨一次共进早餐时的谈话。波普科维茨是美国威斯康星大学麦迪逊分校课程与教学系教授,也是美国课程史领域中一位重量级的研究者。③ 为了完成《学校科目的形成》一书,他组织了多位美国学者分头研究数学、社会、生物、读写等科目的历史,其中大部人曾经在威斯康星大学学习过,虽然各自关心的学科不同,但在威斯康星时都受到过克列巴德的学术研究的影响(关于克列巴德的课程史研究,请参见本书第二章),对从历史维度探讨课程问题抱有兴趣。④

打破科目内容的中立神话

《学校科目的形成》和古德森的科目史研究一样,希望通过历史探究揭示科目并非是既定的,而是一种社会历史建构物,它提醒人们不应遗忘学校科目诞生的社会史。很多科目直到工业革命的后期才出现,而新的学校科目的出现使得美国的教育活动更集中地反映了资产阶级个人主义的意识形态,更好地应对当时来自东欧和南欧的大量移民所带来的文化和经济问题。

---

①② Kridel, C. & Newman, V. A Random Harvest: A Multiplicity of Studies in American Curriculum History Research. Pinar, W. F. *International Handbook of Curriculum Research*. Mahwah, New Jersey: Lawrence Erlbaum Associates, Inc., 2003: 637~650.

③ 关于波普科维茨本人生平及其课程史研究,请参见本书第四章。

④ Popkewitz, T. S. Curriculum as a Problem of Knowledge, Governing, and the Social Administration of the Soul. Franklin, B. M. *Curriculum and Consequence: Herbert M. Kliebard and the Promise of Schooling*. New York: Teachers College Press, 2000: 76.

"学校教育的中立性乃是关于美国公立教育的一个神话。"①人们相信公立学校是一个所有人都会被平等地和客观地对待的地方。各种社会风俗和制度安排支撑了这种观念：人们都相信教学中的测试与评估过程是客观的；学校对教学有正式的安排，所有学生学习相同的科目（科学、数学和英语等）；民间对个人主义的信奉根深蒂固，认为那些辛勤努力、天资聪颖的人必然会取得成功。

而如果对公共学校的问题做历史考察，上述神话就有可能被打破。现代美国学校在建立之时，关于其功能就有着激烈的争论，争论的焦点集中在学校对新移民、穷人和少数族裔进行社会化的功能，劳动力选择的功能，以及创建理性优先的"真正"民主的功能上。课程实际选择的方向是多种群体博弈和妥协的结果，因为"学校教育需要对它在更大的社会环境当中遭遇的种种困局作出回应"②。

《学校科目的形成》一书的主编波普科维茨认为，研究学校科目的发展过程最能帮人们看清楚美国学校教育的形成过程所牵动的各种利益纠葛。科学、社会、数学、英语和艺术等各个科目在创立时，都不可避免地涉及多种社会和专业利益之间的斗争，各种群体都希望通过学校实现特定的目的和价值。

人们总是容易将学校科目的产生看作是理所当然的，或是作为社会演进的"正常"结果。以往的历史总是试图证明历史过程是人类发展背后的"一般规律"或者"自然规律"作用的结果，然而这种所谓的"自然规律"实际上是由特定的人群创制的，这些人拥有影响社会道德判断的方向的力量。③如果仔细考察学校科目诞生时的微观进程和宏观政治环境，就会发现科目的形成过程一点也不"理所当然"。

《学校科目的形成》集中考察了美国学校教育中学科的出现，同时作者们也希望以此为考察社会、文化、经济和专业利益之间的复杂交互如何塑造当代教育实践提供一个很好的切入点。历史的细节能帮我们更清楚地理解

---

①②. Popkewitz, T. S. *The Formation of School Subjects: The struggle for Creating an American Institution*. New York: Falmer Press, 1987: ix.

③ Popkewitz, T. S. The Formation of School Subjects and the Political Context of Schooling. Popkewitz, T. S. *The Formation of School Subjects: The Struggle for Creating an American Institution*. New York: Falmer Press, 1987: 20.

学校中的知识是如何被变革的社会条件以及不变的结构性因素所塑造的。

科目形成的社会背景

《学校科目的形成》一书探讨的内容覆盖了很广的时间范围，例如，凯丽·弗里德曼(Kerry Freedman)以 19 世纪 70 年代的马萨诸塞为起点探讨艺术在美国成为学校教育规定科目的历程，詹妮弗·莫纳汉(Jennifer E. Monaghan)和温迪·索尔(Wendy E. Saul)对读写教学的研究则需追溯到更为久远的殖民地时期的传统，而克里斯廷·斯里特(Christine E. Sleeter)对所谓"学习障碍"这一概念的考察则将这本论文集的时间下限推至 20 世纪 60 年代，但其中绝大多数文章都将关注的焦点放在 19 世纪末和 20 世纪初这段历史时期。

这是由于当代美国学校课程的形态主要成形于这一时期，即所谓的"进步时代"(1880～1920 年)。当时的美国正通过一系列的社会、政治和教育改革重塑这个国家的身份和自信心。[①] 在进步时代前后，学校教育的功能变得更加复杂，教学原本承载的宗教目的被"社会化"和"劳动力筛选"等世俗目的所取代。这些变化对中产阶级和贫困/移民群体都有影响。对中产阶级来说，学校教育中的科目可以帮助他们的孩子与旧式精英竞争；与此同时中上层阶级也为贫困的移民群体(其中很多人不是新教徒)设计课程以帮助他们适应新的社会环境。学校教育内容的历史形成，反映的是美国社会体制变革背后的各种社会、文化、政治和经济利益的碰撞。

波普科维茨在书中指出，在 19 世纪末 20 世纪初科目形成的过程中，学校课程的定位与那些常常被提及的"探究"或"启蒙"等字眼没有什么联系。[②] 学校教育的重要任务是要让外来移民接受这个民主的(政治)、公司制的(经济)、新教的(宗教)国家的价值观念，让他们学会在城市中生活并能够改善自己的生存环境。《学校科目的形成》当中的文章在讨论到生物、社会和艺术等科目时，都提到了它们在塑造公民道德和行为规范方面的考量。例如该书第五章的作者桃乐茜·罗森塔尔(Dorothy B. Rosenthal)和罗杰·拜比(Rodger W. Bybee)发现生物学课程曾经非常注重向学生传授卫生知识，在

---

① Popkewitz, T. S. The Formation of School Subjects and the Political Context of Schooling. Popkewitz, T. S. *The Formation of School Subjects: the Struggle for Creating an American Institution*. New York: Falmer Press, 1987:3.

② 同上，第 5～6 页。

20 世纪 30 年代更是强调了饮酒和吸烟对身体的危害。

经济和职业方面的考虑也是塑造学校科目的重要力量,在《学校科目的形成》第六章中乔治·斯塔尼奇(George Stanic)发现数学教育在世纪之交的重塑,其中一个重要的因素就是数学教学需要直接体现数学技能在学生日后职业生活当中的运用。① 艺术教育起初也是出于工业生产方面的考虑而被规定必须出现在课程中的。

相比罗森塔尔等人较为概略地谈论"社会潮流"对生物学课程的影响,凯丽·弗里德曼在《作为社会产物的艺术教育》这一章中对艺术科逐渐确立学校课程地位的过程所作的分析则非常清晰。她认为艺术教育受到了多种文化因素的影响,至少承载了如下四种不同的目标。②

第一,艺术教育可以培养劳动市场所需的特定技能。在美国,艺术课程首次成为法定课程是源于工业方面的需求,1870 年马萨诸塞州政府对学校中的工业绘画教学提出了强制性要求。而这种法律规定源自实业家们对具备一定绘画和工业设计能力的工人的需求:当时美国纺织业发展迅速,然而实业家们认为美国工人的美术水平与欧洲工人相比相差甚远。

第二,艺术教育为公众接触艺术提供有效的途径,它是一种重要的文化教育,而且对中产阶级更好地享受休闲生活有着重要的意义。世纪之交,面向公众的艺术教育在诸多方面被中产阶级的利益所改变,它不仅要让中产阶级子弟对手工劳动有更多理解,以缓解中产阶级与下层阶级之间的紧张关系,还要中和中产阶级与上层阶级之间的差异。先前私立学校和大学中的博雅教育均为特权阶层所独享,而如今中产阶级的家长希望公共教育能帮助自己的孩子为接受高等教育做好准备。艺术教育是中产阶级实现"涵化"(acculturation)的重要手段,文化不再为特权阶层所独享。而且新兴中产阶级在工作之余拥有一定的闲暇,艺术教育也能帮助他们更"有效"地利

---

① Stanic, G. M. A. Mathematics Education in the United States at the Beginning of the Twentieth Century. Popkewitz, T. S. *The Formation of School Subjects*:*The Struggle for Creating an American Institution*. New York:Falmer Press, 1987:145~175.

② Freedman, K. Art Education as Social Production. Popkewitz, T. S. *The Formation of School Subjects*:*The Struggle for Creating an American Institution*. New York:Falmer Press, 1987:63.

用这些时间。

第三，艺术教育被用来塑造有道德有"品味"的好公民。城市化进程中，公立教育对包括移民子女在内的所有城市儿童的道德发展负有责任，要帮助他们接受工业劳动者的新价值体系。在世纪之交，图片赏析开始在艺术教育中占据相当的比重。弗里德曼指出，作为欣赏对象的图片，其描绘的通常是道德楷模们的高尚行为，尽管印刷技术尚不成熟，使人担心重印图片时质量之差可能根本无法传递原作的审美价值，然而以低廉的价格印刷的质量不高的图片还是大量涌入了学校，因为它们所传递的道德教化信息远比图画的质量重要得多。① 艺术教育的另一个作用是提升公民的"品味"，这在社区教育当中体现得尤为突出，优势阶层的审美取向成为有品味的标准，与此同时这种"品味"也被塑造为一种与商品的生产和消费紧密相关的"惯习"。

第四，艺术教育帮助人们通过艺术实现自我表达，塑造健康而有创造性的个人。进入 20 世纪后，中产阶级对个人主义的强调在公共学校当中有了更为明显的体现，个人的权力和需求受到越来越充分的尊重，而"自我表现"正是相当典型的个人化的需求。"艺术等于技法加上自我表现"这一等式在艺术教育中被广为接受。中产阶级对公立教育的要求是"使个人天赋得到最大发展"，这种个人主义的意识形态在艺术教育中的集中体现便是关注在艺术方面有非凡天赋的儿童。正如在社会中强调个人拥有改变自身命运的"能力"，艺术教育则强调儿童拥有艺术潜能，在教学方面，也越来越强调儿童"天然的、内在的"东西的展现而反对成人的灌输，这种教学观的建立，与儿童研究运动以及进步教育的整体潮流也是分不开的。

总之，艺术教育需要满足那些有能力定义学校教育的功能和实践的社会群体的需求。弗里德曼认为在艺术教育科目成形的过程中，对城市教育的定义从资本家控制劳动者的手段转变成了中产阶级维护自身的价值和信仰的手段。上述四种取向在历史中交错在一起并相互影响，它们之间的交互作用涉及到美国社会中一些更深层次的主题，例如掌握实用技能与熏陶

---

① Freedman, K. Art Education as Social Production. Popkewitz, T. S. *The Formation of School Subjects: The Struggle for Creating an American Institution*. New York: Falmer Press, 1987:71.

人文素养之间的差异、社会与个人之间的矛盾、阶层之间的冲突等。

弗里德曼从阶层视角对艺术科目形成过程的考察，是美国科目史乃至课程史当中开展宏观的结构性分析研究中较为杰出且有代表性的一例。分析没有简单地顺从经济决定论而做出过于简化的判断，也没有先入为主地开展意识形态批判，制造与主流叙述相对立的另一种"宏大叙事"，而是试图加入微观的过程性分析，并将之与宏观视野融合起来。不过总体上说，研究仍然偏重宏观描述，对于特定阶层影响学校课程的具体方式语焉不详。①

科目形成的过程分析

《学校科目的形成》当中的另外一些研究还在过程分析方面更推进了一步。与以往对美国课程的研究较为关注各种专业委员会的正式报告的影响或是学校制度方面的问题（如高中与大学教育的衔接等）不同，《学校科目的形成》一书中的文章大多没有停留在旧有的、抽象和静止的思想史或制度史研究层面，而尝试去挖掘显著的课程变革背后一些不易为人察觉的动态（社会）机制。正如这些文章所揭示的，不存在某种能解释一切课程变革的决定性因素。然而，我们仍然可以认为这些探究指向的是一个共同的主题，即学校的教学内容是由"更大的权力结构"中的因素塑造的。② 这些文章在考察学校科目的形成时，涉及的动态机制包括进步主义社会与政治运动如何对学校教育施加影响，专业主义力量如何创造学校教育中的社会秩序，大学在社会管理当中扮演怎样的角色，以及心理学的发展如何影响课程的设计等。

例如，1916 年"社会研究课程委员会"的报告对美国的社会科课程有着深远的影响，其中一些要素在当前的社会科课程当中仍能看到。可以想见，诞生于"进步时代"，这一关于社会科的报告必然会受到美国 20 世纪初"进步主义"的社会变革的影响。迈克尔·莱巴格（Michael B. Lybarger）在考察这一委员会对社会科的塑造时，没有简单地从报告文本当中挑选出反映了"时代主题"的条目做评述，而是使用了"意识形态"的概念（在曼海姆知识社会学的意义上

149

---

① 这也反映了当时以阿普尔为领袖的美国批判课程研究的发展状况，虽然认识到微观分析的重要性，但多数批判课程理论学者的研究都侧重宏观的理论主题。弗里德曼就是在美国批判课程理论重镇威斯康星大学麦迪逊分校取得的博士学位。

② Popkewitz, T. S. The Formation of School Subjects and the Political Context of Schooling. Popkewitz, T. S. *The Formation of School Subjects：The Struggle for Creating an American Institution*. New York：Falmer Press，1987：4.

使用它），揭示出当委员会以"学生的直接需求"作为确定社会科目内容的选择标准时，其实际的诉求与字面上的"学生中心"有着颇为不同的价值意蕴。①

委员会中的多数成员都是积极的社会活动参与者，莱巴格从他们所投身的慈善实践（包括著名的移民安置运动在内）中，解析出强烈的社会控制倾向。课程委员会部分成员所参与的慈善组织运动，是因为一些人对先前的"公共救助之腐败"和"私人慈善之盲目"怀有不满才发起的。他们反对不加甄别的救助，尤其担忧原有的救济模式会滋生"狡猾的贫困"，使一些人放弃个人奋斗，游手好闲，靠救济度日。抱着个人主义的财富观和悲观的人性观，他们要对受接济的人群进行区分、甄选和防范，同时引导这些人顺从地成为工业社会的劳动者。对于那些厌倦了单调乏味的生产活动的工人，社会活动家们则希望通过讲座和博物馆展览等手段帮助他们理解自己的工作在整个工业生产当中的意义。同时这些慈善活动力求用益格鲁—撒克逊新教的文化对移民进行同化，在移民定居点中的许多文体活动都在引导他们接受美国的生活方式。例如活动家们认为应该引导犹太人放弃斤斤计较、不够"男人"、为鸡毛蒜皮勾心斗角的相处方式，以更"大气"、更"直接"、更"得体"的方式出现在公共生活中。在这些积极投身慈善事业的知识分子看来，救助对象的"需求"应该被"合理地"定义，不是所有的需求都应该被考虑，那些贪婪的、懒惰的、可耻的欲望必须被消除。接受帮助的人需要的是参加生产劳动的能力，需要在这个工业社会中"正常地"谋生和与人相处。因此，"需求"确实源于贫困者对改变生活现状的急切渴望，同时也源自中上层阶级对贫困的移民者进行控制和"防备"的要求。所谓的"学生需求"的概念巧妙地融合了中产阶级对个体价值的声张和工业化与城市化对城市贫民与移民群体的要求，优先于个人需求的是对理想而有秩序的社会的构想。莱巴格聚焦课程委员会的成员们对公共生活的参与，深入地分析这些直接影响着学校课程的群体所怀揣的意识形态，从微观个例层面研究课程历史的同时又能见微知著，为考察重大的社会和政治运动对课程的影响提供了一个巧妙的切入点。

---

① Lybarger, M. B. Need as Ideology: Social Workers, Social Settlements, and the Social Studies. Popkewitz, T. S. *The Formation of School Subjects: The Struggle for Creating an American Institution.* New York: Falmer Press, 1987:176~189.

知识分子，特别是大学学者在塑造学校科目方面的作用，是分析科目形成过程时经常要考虑的主题。美国学校科目成形的时代正是美国的社会和经济结构中专业主义力量迅速崛起的时代①，也是大量地使用科学和技术话语对学校进行定义的时代。在学校变革的历程中，社会知识的专业化扮演着重要的角色，越来越多的公共或私人生活被诞生于技术化的生产和科层化的组织中的话语所界定。正因如此，性、生育和家政等属于私人空间的事情有了成为公共学校当中的课程内容的可能。专业主义力量扮演着不谋求自身特有利益的中立角色，成为美好社会蓝图的设计师，也是社会改良潮流的推动者。专业力量对社会的规划体现在他们对学校课程的干预上。

大学中的知识分子在这种专业主义的课程干预当中扮演着最为重要的角色。因为大学本身即是定义和生产知识的场所。例如罗森塔尔和拜比在第五章《生物课程的兴起：生命科学还是生存的科学》当中考察了大学中科学的发展对中学生物课程的影响，包括生物学研究进展对其的直接影响，以及心理学发展对其的间接影响（比如，官能心理学的兴与衰，影响着生物学课程是强调心智训练价值较高的实验方法还是强调与当前社会需求直接相关的实用知识②）。在生物学研究进展对课程的影响方面，大学中的生物学者主要通过编写教材对中学课程施以影响，由于没有其他选择，在生物科刚出现的时候，高中教师往往直接使用大学的教材授课。

乔治·斯塔尼奇研究美国20世纪初的数学教育的状况时则借鉴了克利巴德《美国课程斗争：1893～1958》的框架（参见本书第二章），将当时对数学课程的塑造过程看作是不同群体之间斗争与妥协的结果。③ 原本是心智训

151

---

① Popkewitz，T. S. The Formation of School Subjects and the Political Context of Schooling. Popkewitz，T. S. *The Formation of School Subjects*：*The Struggle for Creating an American Institution*. New York：Falmer Press，1987：10.

② Rosenthal，D. B. ＆ Bybee，R. W. Emergence of the Biology Curriculum：A Science of Life or Science of Living. Popkewitz，T. S. *The Formation of School Subjects*：*The Struggle for Creating an American Institution*. New York：Falmer Press，1987：123～144.

③ Stanic，G. M. A. Mathematics Education in the United States at the Beginning of the Twentieth Century. Popkewitz，T. S. *The Formation of School Subjects*：*The Struggle for Creating an American Institution*. New York：Falmer Press，1987：145～175.

练说盛行的年代，数学却以其独特的官能训练价值毋庸置疑地在学校课程中占据一席之地，但在作为心智训练说基础的官能心理学受到严重的挑战之后，数学课程的定位成了数学家与儿童发展论者和社会效率论者等多个派别的学者之间争论不休的议题。尽管在 20 世纪初出现了职业数学教育者，但是数学课程的境遇却也恰恰在此时遭遇了危机。（在斯塔尼奇笔下这似乎只是一种巧合。但也许我们可以大胆地猜想，正是危机促使大学中出现了专门的数学教育研究者，或者说数学学科教学论研究者。正是在原有的以学科本身的"心智训练价值"立论的专业学者们抵御不住课程理论界的进攻时，才会有人专门从学生心理发展、学科的实用性、与学生生活的联系等角度研究学科教学问题，维护数学教学的延续性和科目的合法性。）职业数学教育者尽管很清楚当时课程理论和改革实践中存在着多样的潮流，但是他们还是坚持从自身的改革传统出发，延续数学课程改革的专业性。斯塔尼奇着意刻画专业群体在复杂的社会和学术环境中的种种艰难抉择，并以此作为理解科目演化历史的窗口。

综上所述，可以说以《学校科目的形成》一书为代表的 20 世纪 80 年代中后期兴起的美国科目史研究，既反映了美国课程理论当时的发展水平，也体现了以古德森为代表的国际课程史研究的影响。与之前美国学界关于学校科目的历史研究相比有着根本性的差异。之前的科目研究同样会尝试追溯这门科目从什么时候、在哪里开始在学校中出现，但从本质上看它们关心的是完全不同的问题。之前的历史研究会整理罗列科目内容的变化，甚至会考证最先讲授这门科目的人是谁，他们的工资有多少，却很少能就学科演变的原因给出合理而有力的解释。在尝试使用知识性目的、方法性目的、儿童和社会的需求等概念进行解说时，往往将它们作为普适的、永恒的、固定不变的概念来使用，把复杂的历史化约成几种要素简单的逻辑关系。而我们所看到的 20 世纪 80 年代中后期的美国科目史研究，则同古德森的研究一样，使用了当时最新的社会科学理论工具去揭示科目知识产生的复杂机制，将课程知识置于历史的透镜下审视，看看什么样的知识被选择进入了学校，又是由谁、用什么方式选择了这些知识。

因此也无怪乎科目领域研究在美国课程史研究当中占据了很高的比例①，在英国课程史研究中也同样成为最重要的研究形态。以至于威廉·里德(William Reid)担心太过集中于"科目"会导致研究者忽视一些非科目形态的教育项目②，特别是那些本质上是以活动而非科目为组织形态的课程。其实，里德的这种担心不太有必要，因为集中研究科目，特别是深入地研究科目如何在特定的历史境遇下建构起来，会使我们更有机会跳出"科目"的藩篱去重新思考课程知识的组织方式。

二、地方与学校课程项目的案例研究

除了科目研究大受欢迎，20 世纪 80 年代中后期美国课程史研究的另一潮流是案例研究。与科目历史研究一样，美国的课程史案例研究同样受到了英国课程学界相关研究的推动，包括里德等人倡导的课程变革的案例研究③和古德森围绕学校科目的课程史案例研究等。

同时应该指出的是，科目史和案例研究之间原本就不存在明确的界限，一些被当作科目领域研究的作品，同时也是案例研究。例如奇尔科特(G. Chilcoat)和利根(J. Ligon)在课程史研究学会 1994 年亚特兰大年会上提交的论文《一种社会科课程：密西西比自由学校》(A Social Studies Curriculum：Mississippi Freedom Schools)④以及《学校科目的形成》一书中收录的克利巴德和魏格纳(Greg Wegner)的《哈罗德·拉格与社会课程的重

---

① Kridel，C. & Newman，V. A Random Harvest：A Multiplicity of Studies in American Curriculum History Research. Pinar，W. F. *International Handbook of Curriculum Research*. Mahwah，New Jersey：Lawrence Erlbaum Associates，Inc.，2003：637～650.

② Reid，W. A. Curricular Topics as Institutional Categories— Implications for Theory and Research in the History and Sociology of School Subjects. Goodson，I. & Ball，S. J. *Defining the Curriculum：Histories and Ethnographies of School Subjects*. London；New York：Falmer Press，1984：67～76.

③ Reid，W. A. & Walker，D. F. *Case Studies in Curriculum Change：Great Britain and the United States*. Boston：Routledge & Kegan Paul，1975.

④ Kridel，C. & Newman，V. A Random Harvest：A Multiplicity of Studies in American Curriculum History Research. Pinar，W. F. *International Handbook of Curriculum Research*. Mahwah，New Jersey：Lawrence Erlbaum Associates，Inc.，2003：637～650.

建:其系列教科书对"一战"的处理》等,就既是科目史的研究,也是典型的案例研究。

相比以往美国课程史研究重点关注具有全国影响的各个课程委员会的报告和知名学者的著作,这一时段的课程史则通过案例研究深入地方层面考察实际的课程运作。首先是 1975 年在英国学者里德等人编著的《课程变革的案例研究:英国与美国》一书中,麦金尼和韦斯特伯里撰写了题为《变与不变:印第安纳加里的公立学校》一文,考察著名的"葛雷制"的故乡加里市(加里市的名称 Gary 旧译为葛雷)在 1940 至 1970 年间的课程改革。研究发现虽然有国家层面对教育创新的提倡以及加里市支持教育改革的传统,这都为变革营造了有力的氛围,但是三十年间的三次课程改革的尝试分别因为教师和学校管理者的动力不足、财政经费不足或者本地能支撑职业教育的实体工厂不多而没有能够充分实现改革者的意图。① 之后韦恩·厄本(Wayne Urban)对亚特兰大于 20 世纪初引入职业教育的课程改革的案例研究,则揭示了课程改革背后复杂的政治因素。② 首先,教育权力机构的领导者个人对职业教育的理解直接影响了职业课程的开展,与其他地方职业教育的倡导者支持高度专门化职业训练不同,亚特兰大教育委员会的主席史密斯希望在不对学术性的课程体系做较大调整的前提下引入手工训练。其次,引入职业课程的改革成为史密斯和他的政治对手相互斗争的战场之一。史密斯等人提倡职业化的课程改革,其主要目的是为了树立自己锐意进取的形象,赚取政治资本(史密斯后来也如愿当上了州长)。第三,亚特兰大的改革者们并不愿意将专门的职业训练引入白人学校,却毫不迟疑地将之在黑人学校中推广,当时当地的种族主义政治氛围影响了课程改革的推进。在这种复杂的社会政治生态中,亚特兰大的职业教育远没有像同时代美国北方的一些城市里发展得那样好。

"到 20 世纪 80 年代中期,案例研究成为美国课程史研究当中一种特别

---

① McKinney, W. L. & Westbury, I. Stability and Change: The Public Schools of Gary, Indiana. Reid, W. & Walker, D. Case *Studies in Curriculum Change*. Boston: Routledge & Kegan Paul, 1975: 1~53.

② Urban, W. J. Educational Reform in a New South City: Atlanta, 1890 ~ 1925. Goodenow, R. & White, A. *Education and the Rise of the New South*. Boston: GK Hall and Company, 1981: 114~128.

受欢迎的研究途径。这种研究方法吸引研究者们的地方在于它有利于确定一些影响着地方教育特别是课程建构的特殊因素。"①一些教育史学者认为此时美国课程史研究才终于不再局限于课程思想史研究(参见本书第一章、第二章)，不再停留于理论与法规层面的"政策空谈"，而关注学校当中实际发生了什么。②

富兰克林1986年出版的《构建美国共同体：学校课程与对社会控制的追求》(作为古德森主编的《课程史研究丛书》中的一本)突出地展现出了这种转变。这本书是对课程理论与实践当中的社会控制取向的历史考察，富兰克林首先从理论上描绘了课程的社会控制面貌，并以此作为组织全书论述的基本框架。而后花较多的篇幅梳理社会控制思想的来龙去脉，包括社会学和心理学当中的社会控制思想的起源，课程领域当中社会控制思想的出现及其在1930至1955年间的发展。假如全书到此而止，那么就很难说它与先前流行的课程思想史研究有什么差别，但是富兰克林比以往的研究者深入了一步，以明尼阿波利斯的地方课程变革为案例考察了社会控制取向在课程实践当中的表现及影响。富兰克林认为，如果不考察博比特、查特斯和卡斯维尔等课程理论家的思想对美国学校课程所产生实际影响，这一课程史研究就不够完整。③

155

富兰克林通过对明尼阿波利斯1917到1954年间的课程变革进行考察发现，该地在助理督学兼教学部主任卡特莱特(Prudence Cutright，曾在芝加哥大学求学，当时博比特是她的老师)的倡导下不断尝试创造更具实用性的学校课程。卡特莱特等人推行变革的思路与博比特等人所倡导的改革模式颇为接近，而且同这些课程理论家一样，明尼阿波利斯的教育工作者们也表达过通过学校课程来推动建设一种"美式的社会共同体"的愿望，这种共同体中的成员们能融洽共处，相互合作，用当时的学术语言来描述的话，就是通过课程达到"社会控制"的目的。

---

① Franklin, B. M. Review Essay: The State of Curriculum History. *History of Education*, 1999, 28(4): 459~476.

② Labaree, D. F. Essay Review: Politics, Markets, and the Compromised Curriculum. *Harvard Educational Review*, 1987, 57(4): 483~495.

③ Franklin, B. M. *Building the American Community: The School Curriculum and the Search for Social Control*. London; Philadelphia: Falmer Press, 1986:138.

然而,借助明尼阿波利斯学校公报,明尼阿波利斯地方教育委员会的课程文件,当地的报纸和教育年鉴,教育官员间的通信,以及对当年的教师和学生的访谈等材料,富兰克林通过这项聚焦地方层面的案例研究展现了地方课程变革过程中可能遭遇的多种制约因素。明尼阿波利斯曾经尝试将中学的必修课"美国政府"与选修课社会学、经济学与商业法整合为一门名为"当代问题"的课程。在推行课程时,基础教育的负责人发现自己不得不专门与大学沟通,恳请明尼苏达大学认定这门课程可以满足大学对社会科类课程的学分要求。然而即便大学后来同意了这一请求,改革也没有就此一帆风顺。由于明尼苏达州政府对原有必修课的强制性要求,当地还是不得不减小课程变革的力度,以保证原来的"美国政府"课程的内容在新的整合课程当中占据相当的比重。尔后又由于教师执行时的消极和抵触(抵触的原因是他们并不清楚该如何实现课程的整合,后来甚至连教育管理者们也觉得教师们并不能胜任这种需要他们自己去进一步开发和实施的课程,不是所有人都有能力将课程改造得尽量贴近学生当前的生活和未来的工作),这一改革在坚持了很长一段时间后,最终还是在强调分化的学科课程的 50 年代被放弃。另一项课程改革尝试将英语与社会科合并,然而因为家长们担心课程学术难度下降而组织起家长联盟坚决抵制,这项改革同样遭遇了失败。卡特莱特,作为博比特等课程理论家思想的践行者,她的想法从来都没有在自己管辖的学区里完全成功地实现过。富兰克林总结道:"对明尼阿波利斯的研究表明,实际中的美国课程从来没有真的成为开创课程领域的理论家们所希望的那种社会控制的工具。"①

这类案例研究形成了极强的声势,就连美国课程思想史研究的标志性人物克利巴德也认识到案例研究的重要性,倡导思想史研究与案例研究并重②。除了《学校科目的形成》当中对拉格的社会课程教科书所做的案例研究(与魏格纳合作),克利巴德还曾以《在威斯康星的边陲建构课程的概念:学校的重构如何推动教学革命》为题,对威斯康星州哥伦比亚县一座只有几百人的村镇奥齐戈(Otsego)当中一所原本只有一间教室的乡村学校的历史

---

① Franklin, B. M. *Building the American Community: The School Curriculum and the Search for Social Control*. London; Philadelphia: Falmer Press, 1986:165.

② Kliebard, H. M. *Forging the American Curriculum: Essays in Curriculum History and Theory*. New York: Routledge, 1992: xiv.

进行考察。通过这一案例研究，他发现现代课程观念的引入和教师角色的转变，都与学校管理模式的重构之间有着密切的联系，政府关于学生按学业水平分班的规定，促进了班级制和集体教学的产生，并最终为这所学校带来了现代的课程观念和新的教师功能定位以及聘任制度。①

课程历史研究中案例研究的兴盛，也离不开教育史研究者的推动。例如拉巴里对费城中心高中（Central High School of Philadelphia）的历史做了考察，并以对这一学校的案例研究为基础，在 1986 年以后陆续发表了几项很有影响的研究成果，尝试回答了多个重要的理论问题，在美国教育学界引起了广泛的关注。其中他在对课程的公共政治和私人职业资格这两方面的功能，以及塑造当代课程的市场力量等主题进行思考时②，都借助历史案例研究对关于课程的一些既有假说提出质疑并尝试提出新的解释，从而深化了从政治和社会的角度理解课程问题的理论思考。

这些案例研究同科目史一样，都推动课程史研究者去了解学校实际上教了什么，尝试打开学校的"黑箱"。它们将读者带回到课程知识被建构并获取合法地位的现实场域，让读者感受围绕学校知识展开的各种政治性和社会性斗争的张力。考虑到美国地方分权为主的课程权力结构，我们就更容易认识到上述案例研究并非是简单地将"规范的修辞学研究"由国家转向地方乃至学校层面，而是积极寻找新的历史资料来了解相关群体的课程建构活动，深入权力冲突的现场发掘被以往的课程思想史研究所忽视的生动具体的东西，从只关注"意图的表述"扩展到对"实际施为"的考察。

三、课程研究的社会史路径

在 20 世纪六七十年代的美国课程史研究中，充满了对课程领域自身命运的关切。其对教育实践影响日微，这似乎动摇了课程工作者安身立命的根本，领域之中弥漫着一种不安和迷惑。1969 年贝拉克归纳的课程史研究的几大主题——"课程作为一种专业和研究领域的发展"、"早期课程理论家

---

① Kliebard, H. M. *Changing Course*: *American Curriculum Reform in the 20th Century*. New York: Teachers College Press, 2002: 7~21.

② Labaree, D. F. Curriculum, Credentials, and the Middle Class: A Case Study of a Nineteenth Century High School. *Sociology of Education*, 1986: 42~57.

的事业与生活"、"各种国家课程委员会的报告"①——基本都属于课程思想史研究的范畴。除了回忆往日的荣光,课程史研究更要尝试去回答"课程研究怎么了"这类问题,以完成失意者的自我批判和自我诊断。

当学校科目史和课程历史案例研究在美国兴起时,研究者展现出的是完全不同的精神气质。经历了所谓"概念重建"的课程领域展现出前所未有的理论自信,急切地开拓着新的研究疆域。然而正当批判理论所向披靡,试图推翻一切关于课程的惯常假设时,人们发现它身后留下了一大片空白需要填补。理论的批判虽然有力,但假如缺乏事实作印证,则容易流于空泛和随意。批判性的课程研究向人们指出,课程不是既定的也不是天然的,它有自己的历史,而且现实之中存在的种种不公都可以在这段历史中寻得源头。如此一来,无论要捍卫还是要质疑这种批判性的观点,课程学者们都责无旁贷地需要把"生成"课程的历史展现给人们看,因为他们发现除了他们自己以外,并没有什么人关心过或者正在关心这些问题。既然将课程看作一个社会冲突的竞技场,那么就应该将不同集团在其中的行为模式描画清楚。因此,开展课程社会史研究此时成为研究深化的必需,课程历史研究本身成了一种研究路径,而不再是寻找路径的努力。

158

除了所谓的"批判性课程研究"或"新课程社会学",课程社会史研究的勃兴也是"历史学社会科学化"这种学术趋势的反映。使用什么样的社会科学理论解读历史资料、搭建解释框架成为了最重要的问题。对理论的考虑被放置在比对叙述的组织更优先的位置上,无论是古德森还是迈克尔·莱巴格等美国学者,都会在一开始就阐明自己的理论观点。对于研究方法的强调也明显超过以往,除了上文详细介绍过的案例研究,统计方法也开始被接受。大卫·安格斯(David Angus)和杰弗里·米莱尔(Jeffrey Mirel)根据美国联邦教育办公室(教育部的前身)对 1890 至 1973 年间的高中生选课调查数据进行的统计分析,发现 20 世纪美国高中里实际教授的课程并没有如之前的研究者想象得那样在学术性和实用性两极之间频繁地摆动。原本人们普遍认为 20 世纪 20 年代的课程从强调学术性转而强调贴近学生生活和做好职业准备,50 年代苏联卫星上天则促使美国课程急剧地转向学术性,60

---

① Bellack, A. A. History of Curriculum Thought and Practice. *Review of Educational Research*, 1969, 39(3): 283~293.

年代末和 70 年代对种族歧视和贫困等问题的重视使课程又偏重解决社会问题,而 80 年代则重新转回学术性课程。而安格斯和米莱尔通过统计指出从 20 年代初直至 70 年代,美国高中学生学习非学术性课程的比例一直在提升,在 80 年代以前这种趋势从未出现过改变。这一研究挑战了之前主流的假设,也证明课程思想的变化与学校中实际的课程开设情况之间并不能画上等号,对了解学校实践而言,课程思想史研究的效用是有限的。

对理论和方法的重视也导致课程社会史研究在叙述的组织上有不同于以往课程史研究的特点,甚至可以说决定了课程史的呈现方式。其中一些研究更贴近社会科学当中一些实证研究成果的展现方式。

"课程社会史研究对课程作为社会建构的产物的动态演变做出了独特的描绘。"①其中科目社会史研究对作为课程主要形态的学校科目做了深入的历史分析,说明学校科目知识的地位并非是理所当然的,而是在特定的社会环境中获得了如今的地位和形态。正如拉巴里所言,教育者们总是积极地探讨如何更好地学习和教授各门学科知识,却忽视了关于学校课程的中心问题——为什么某些知识被定义为学校科目,而其他知识却没有。② 人们丢开了关于学校课程的政治性的和历史性的思考,把视野局限在"怎么才能教好这门科目"的技术性问题上,忘却了"我们为什么要教这些科目"的根本性问题。课程史研究则为思考这一问题提供了一个最好的起点。

与其几乎同时兴盛起来的,对地方与学校的案例研究,突出反映了社会史"以更微观的单位深描诠释基层社会文化"③ 的取向。值得注意的是,在"案例研究"的旗帜之下,走向微观的课程史研究对历史研究的根本定位悄然发生着转变。刚开始时案例研究信奉理论的普遍解释力,历史研究的作用是为理论建构提供实证材料,个别案例的研究虽然在"证实"方面作用不大,却可以通过"证伪"促进理论或者"模式"的修正。也就是说,起初学者们借助的虽是个别化的研究过程,追求的却是普遍化的研究结论。然而随着研究的深入,个案研究逐渐放弃寻求"放之四海皆准"的普适结论的努力,顺应历史学和人类学研究的整体发展趋势,认识到"盲目地预先假定存在着某

159

---

①③ 石艳:《课程研究中的社会史视角》,载《全球教育展望》2005 年第 4 期。

② Labaree, D. F. Does the Subject Matter? Dewey, Democracy, and the History of Curriculum. *History of Education Quarterly*, 1991, 31(4): 513~521.

种普遍规律"只是一种虚妄的一厢情愿。

如前所述,古德森后期转向开展教师生活史研究,如果从课程社会史的整体发展脉络中解读,这种研究取向的变化并非是要放弃先前的探索,而是对其前期从事科目史研究时形成的三种研究倾向的深化:即尊重历史的特殊性,关注主体的能动作用,以及视角从宏观转向微观。

起初古德森更倾向于从历史的实证经验中概括一些普遍性的模式,而在之后的探究过程中,时常跳出来的颠覆理论的"反常现象"令他越发尊重特殊性,逐渐认识到特殊性本身便是历史的闪光之处。特殊性是历史研究所需珍视的,而不是所要摆脱的。可以说古德森由社会学研究启航,逐渐驶向了历史的深处。在从事科目史研究时古德森便拒斥"优势阶层实现绝对控制"的解释模式,突出包括中小学教师在内的各种社会力量的能动作用。而在之后的教师生活史研究中,他更是关注特定历史背景当中个人的体验和选择,不仅揭示了机构和体制等结构性因素所带来的限制,也展现了教师即便面对种种限制时仍然不言放弃、不懈奋斗的精神风貌。"课程不仅意味着社会群体的活动,也意味着个体的经验。"[1]在研究资料的选取方面,古德森曾以"寻找源头"为题介绍过自己的视角由宏观向微观的转变过程。[2]为了理解中学教育中某些问题的来源,古德森先是沿着最为常规的路径研究一些相关的政府文件,这帮助他获得了理解学校课程教学所必需的宏观政治框架,但是他很快发现这些资料来源对重构学校教育的细节而言实在太过有限,一些传统的教育史料可能记录下"学校组织的变化",然而个体的课程经验,那些属于个人的、阶级的和性别的重要经验可能被完全忽视了。因此他不再停留于教育政策的宏观论述,转向关注学校中所教的课程是如何确定的,从科目知识的生成直至教师个人生活对其课堂教学实践的影响,视角不断下移,并由此扩展了教育社会学以及课程研究的范围。

古德森在他的学术生涯中,越到后来越珍视历史的特殊性;同样,美国课程史学者也不断地在研究进程中将"地方性"和偶然性因素考虑进来。这种从普遍主义转向历史特殊主义的发展趋势,也引导着课程史学者重新思考在书写历史时理论起着什么样的作用,为"走向反思和解构性的历史书

---

① ② Goodson, I. *The Making of Curriculum: Collected Essays*. London; Washington: Falmer Press, 1995:59;3~11.

写"(参见本书绪论部分)埋下了伏笔。与此同时,关注具体案例的课程史研究还有助于发掘课程作为"地方性知识"而存在的可能性。研究的意义,不仅在于展现地方性知识或"境遇性知识"曾经在特定的时段和区域中赢得过充当课程知识的合法地位;更重要的是,它揭示了一些如今在全球范围内都被纳入正规课程的普适性知识或"共通性知识",也曾经一度"地方性地"丰富着或缺失着。例如,一些美国课程史研究发现,即便是在国家整体经历着迅疾工业化的年代,某些与工业生产紧密相关、日后被视作是"人所共知"的科学技术知识,也曾经进不了美国南部某些地区的学校大门。同样是挂着"职业性"或"实用性"标签的课程,在同一个国家的不同地区意味着完全不同的东西。进化论和优生学等知识争取作为课程知识的地位时,在不同的情境中有着迥然相异的遭遇①,地方政治、经济和宗教等诸多因素参与其中,其复杂的历史过程足以挑战甚至颠覆关于课程的一切依托"启蒙"和"科学"等现代性概念展开的普遍化叙事。

麦克拉伦也曾指出过,古德森的一些有关学校科目历史的研究见解,细看之下颇具后现代意味。② 在古德森的历史论述里,我们看到"科目的形成"复现了某种"现代性时刻"。在这些时刻,某个科目和学科走上神坛,被赋予英雄的角色。从此,不同科目和学科的知识存在于彼此独立的知识生产结构和意义模式当中,独立于流变的社会物质环境,远离了纷杂的历史情境而居于超越性真理的天国里。尽管这并非古德森本人思考学校科目的角度,但他的研究无疑给我们提供了质疑上述关于科目和学科的元叙事的机会。而在接下来的两章中,我们会看到更多明确使用后现代理论,对课程知识和课程历史做批判性解构的学术努力。

161

---

① Rosenthal, D. B. & Bybee, R. W. Emergence of the Biology Curriculum: A Science of Life or Science of Living. Popkewitz, T. S. *The Formation of School Subjects: The Struggle for Creating an American Institution*. New York: Falmer Press, 1987:123~144.

② Mclaren, P. Forword. Goodson, I. *School Subjects and Curriculum Change*. London: Routledge, 1993:xiv.

第四章

对声音的反思：语言学转向与课程史①

Simply because I am interested in the past? No, if one means by that writing a history of the past in terms of the present. Yes, if one means writing the history of the presents. ②

—Michel Foucault

"只是因为我对过去感兴趣吗？如果这意味着从现在的角度写一部关于过去的历史，那不是我的兴趣所在。如果这意味着写一部关于现在的历史，那才是我的兴趣所在。"③

——米歇尔·福柯

第一节　后结构主义课程史的学术土壤与话语资源

菲利普·科马克（Phillip Cormack）和比尔·格林（Bill Green）指出，20世纪末的课程领域有两个相互联系的特点颇为引人瞩目，一是"话语"的介入，二是对历史的关注。④ 而课程史研究的一种新的取向兼具这两种特

---

① 本章部分内容以《语言学转向：课程史研究的新取向》为题，节略发表于《全球教育展望》杂志 2013 年 12 期。

② Foucault，M. *Discipline and Punish：The Birth of the Prison*. Sheridan，A. trans. New York：Vintage，1977：31.

③ ［法］米歇尔·福柯：《规训与惩罚：监狱的诞生》，刘北成、杨远婴译，三联书店 2007 年版，第 33 页。

④ Cormack，P. & Green，B. Re-reading the Historical Record：Curriculum History and the Linguistic Turn. Baker，B. *New Curriculum History*. Rotterdam：Sense Publisher，2009：223～240.

征,它对各种后现代思想持开放的态度,使用了在课程领域越来越多地被启用的话语分析形式。受到后结构主义思潮和语言学、符号学的影响,这种研究将语言本身作为一个值得关注的问题,对符号、文本和话语进行思考。其中,以美国威斯康星大学麦迪逊分校的波普科维茨和贝克等人为代表的波普科维茨学派(Popkewitz School)①在后结构主义课程史研究方面做了许多深入而又有开创性的工作。因此,本章将着重介绍该学派的两位主将波普科维茨和贝克的课程史作品,并对波普科维茨学派的总体特点进行评论。

一、语言学转向

20 世纪初以来发生的"语言转向"或"语言学转向"(the Linguistic Turn),被认为是百余年来哲学领域中的最大变革。它标志了西方 20 世纪以来的哲学与传统哲学分野的一个重大转变,这场变革的影响已远远不限于其发轫之地分析哲学和语言哲学,甚至"不仅对哲学本身,而且对西方思想文化的几乎所有领域都产生过并仍在产生着重大的影响,以至它在 20 世纪西方哲学和思想发展史上被看作是意义深刻的一场革命"②。

事实上,整个课程领域都较少明确地关注到语言的这种重要性,语言不应仅仅被理解为一种工具,而且还是决定了事物可能性的先决条件。到 20 世纪晚期,这种对语言的关注,特别是对话语和主体性等问题的重视,越来越不可避免地与所谓的"后结构主义"联系起来,即这些研究或多或少地受到了福柯、拉康和德里达等人的影响。后结构主义理论和哲学给课程领域带来的挑战不仅仅像派纳等人所说的,是课程探究的又一种资源,而是一种相当激进的转变,是一种德里达所说的"语言学转向",即在这一时刻,语言侵入所有的问题,不再有中心和本源,一切都成为话语。科马克和格林指出,在这种背景下,"原本所谓的历史、理论和政治对课程领域的渗入,都应

---

① "波普科维茨学派"这一提法最早见于在新奥尔良召开的课程史研究协会 2000 年年会上科马克和格林所提交的题为 Re-reading the Historical Record：Curriculum History and the Linguistic Turn 的会议论文,该文后被修改并收入贝克(B. Baker)主编的 *New Curriculum History* 一书中。

② 蔡曙山:《论哲学的语言转向及其意义》,载《学术界》2001 年第 4 期。

该被重新评估"①，课程本身便是"一种符号价值的实践"。

历史研究与语言学转向

就历史研究而言，语言学转向最初与结构主义思想家的影响有关。罗兰·巴特对历史的话语进行了研究，批评历史学家收集和运用所谓的"事实"的时候，会把它作为一种由话语指涉的，但同时又超越话语而存在的东西，但事实上所谓的"事实"却永远只能在话语之中被运用。巴特认为，历史学家们"与其是史实的收集者及其重要性的讲述者，不如说他们是史实的组织者，按照已经确立的积极的意义将它填入到纯粹无意义的空白之中"②。史学家往往尝试避开本人的话语，让历史看起来是在"自行写作"，历史的叙事掩藏了历史研究者自身的主观性。

待到福柯等后结构主义者指出，话语反映了权力的关系和社会控制的目的，话语产生于特定的历史环境，并组织和规定着思维的可能性，此后众多的历史学家开始从更广的视域中审视语言学转向和后结构主义对历史研究方法论的影响。伊格斯（G. G. Iggers）认为语言学转向促使历史研究将文化因素和其他传统因素并置，"过去十五年历史研究中的'语言学转向'成为打破旧的社会经济研究路径中所固有的决定论的众多努力中的一种，它强调文化因素的作用，而语言又是其中的关键"③。伊格斯眼中语言学转向并非是对传统历史方法的根本偏离，话语分析成为历史研究者的一种"补充工具"，这无疑是一种折中路线。④

而另一些学者则把语言学转向当作是一个从根本上反思历史方法论的契机。例如，蒙斯洛（A. Munslow）指出必须突出话语的构造性本质，历史学家不是在讲述关于过去的故事，而是在用他们的故事建构着历史。

---

① Cormack，P. & Green，B. Re-reading the Historical Record：Curriculum History and the Linguistic Turn. Baker，B. *New Curriculum History*. Rotterdam：Sense Publisher，2009：223～240.

②［法］罗兰·巴特：《历史的话语》，见张文杰编《历史的话语：现代西方历史哲学译文集》，广西师范大学出版社 2002 年版，第 119～120 页。

③ Iggers，G. G. *Historiography in the Twentieth Century：From Scientific Objectivity to the Postmodern Challenge*. Hanover：University Press of New England，1997：133.

④ 汤锋旺：《中间路线——伊格尔斯眼中的后现代史学》，载《晋中学院学报》2011 年第 5 版。

这些学者认为，历史编纂和过去显然不能画上等号，而历史原是介于过去和历史编纂之间的一个脆弱的领域。这是因为：（1）历史学家不可能真的发现过去，因为过去的内容极为丰富，是没有穷尽的；（2）历史是作为叙述者的历史研究者从自己的视角建构起来的。历史被理解为话语和文本，同时，对历史（过去）的研究也必然是对历史编纂（历史学者）的研究，历史编纂问题不是被放在历史研究之外单独考虑的，而实际上是历史研究的必然组成部分。

课程史研究的语言学转向

把历史看作是话语的观点意味着对历史的研究不再简单地假设存在着某种居于历史和文本呈现之外的"现实"或"过去"，也不能再将之作为检验或证实历史的试金石。而这对于课程史研究而言有两方面的影响。

第一，史料必须被看作是"文本"或者符号资源，它们本身是话语的产物，而不是对人的所思所想的透明再现。将历史文献理解为文本，使得原本对"一手"和"二手"资料的划分变得没有意义，因为这些文献都是话语的产物，它们总是要借助先前沉淀的一层层的理解来解读。没有什么文本可以称得上是"原始的"，因为任何文本都是由一定的话语构成的，同时也在评论或回应其他话语。

165

第二，历史研究本身也是文本的书写过程，其文本也必然是由话语构成的。历史总是由那些与当前的权力结构和统治关系相互影响的话语所书写的，课程史研究需要反思历史书写的位置，即需要时刻注意到它总是在这种特定的结构和关系中。海登·怀特的历史诗学即着力打破历史文本与文学作品之间的界限，突出历史文本的文学性和虚构性。对过去事件的叙述过程，是一个给过去赋予情节的过程。当然，这并不是说应该停止这种历史叙事，而是说在书写的时候应该有意识地避免宣称自己的作品是关于过去的真实记述，避免再成为那种利奥塔口中的"宏大叙事"，应该在讲述故事时保持着游戏性、多样性、开放性和模糊性，其目的是使我们的生活更有意义。而福柯本人对其谱系学的期望也正在于此，要将习以为常的类别（比如"儿童"）作为值得思考的问题，用历史研究开启思考的新可能性。

谱系学的历史研究拒斥统一的主体（如"儿童"或"公民"）、机构（比如"学校"或"诊所"）和观念（比如"民主"），注意到它们既然是由话语构成的，便是特定历史实践的产物。在传统的历史叙事中，通过描述这些主体、机构和观念的形成和发展,将它们构造成是超越历史的永恒之物,而事实并非如此。福柯认为对主体应做历史的分析,努力说明"主体"是如何在历史框架中构成的。谱系学这种历史研究的形式就是要描述知识、话语和对象领域等的构成,而不把它们的出现归结到超越性的先验主体身上。

这向以往的历史研究方法提出了根本性的挑战,它指出了"传统"的历史研究,因为将现在表现成是过去的一种几乎无可避免的必然结果,而在事实上否定了"历史性"。为了展示当前的主体、机构和观念与过去的不同,福柯必须转向历史,他要展现出历史对于当前而言的"他异性"。这种特别的历史研究从当前的问题出发,追踪其谱系。与之相关的研究路径被福柯称为"当下的历史"或者关于现在的历史,它把当前的某种实践或某项议题"问题化",考察其变迁的过程和产生的情境(这显然与通常的历史顺序相反)。米切尔·迪恩(Mitchell Dean)①将之描述为"批判的、有效的历史",这种研究对历史叙事的延续性、单一性进行了反思,考察了构成当前的社会安排背后的多重历史轨道的交错。它不像传统的历史那样,尝试将当前事物的产生过程描述成是顺理成章、严丝合缝的,而是要在考察社会和文化的对象与范畴时关注断裂和偶然,努力展现出事物可以有成为其他样子的可能。

这种历史研究不单单是观念和范畴的历史研究,而是要考察形塑了主体的技术和实践。在福柯看来这些实践并不仅仅为体制所限定,为意识形态所引导,为现实环境所左右,它们还有自身特定的逻辑、规范、策略和"理性"。要分析的问题是一个"实践体系",可以把它理解成是一个言说和行动的"场所",在这里实践被施加了规则,给定了理路,那些后来被视作理所应当的各种东西,在这里初现端倪,在这里风云际会。

对我们而言,学校和课程正是这样的所在,各种政策、改革、意识形态、理论以及一些"人们早已习惯了的东西"在这里际遇。因此,语言学转向之后的课程史探究,并不限于观念的历史,或者说它需要做的是超越传统的"思想史",它是对构成课程的话语的研究,这些话语构造了实践的场域,同时课程实践又反过来加强或者修正了这些话语。

总之,语言学转向,对传统的历史方法提出了挑战,给书写新的"批判的

---

① Dean, M. *Critical and Effective Histories: Foucault's Methods and Historical Sociology*. London: Routledge, 1994:24.

和有效的历史"提供了可能性。而对课程史研究来说，要从这种新思想中获益就首先要能够将历史作为话语来对待。这类课程史研究不可避免地关联着本体论、认识论、方法论、哲学、理论和实践等根本性问题，其知识观、存在观和历史观都是符号学式的，而非实在论的。从研究方法论层面说，历史研究乃至范围更为广阔的人文学科研究中的语言学转向给课程史研究带来的挑战主要有两个方面，一是要将历史"材料"当作文本和话语来解读，二是要把课程史研究实践本身也作为文本和话语来理解。

在这个方面，深受福柯思想影响的波普科维茨学派的工作无疑是开创性的，他们的作品聚焦构成学校教育的话语模式，集中反映了"语言学转向"对课程史研究的影响，他们考察的是"思维和理性的规则"，即课程史上那些对象、范畴和思考方式是如何构建起来的，围绕学校教育的观念系统怎样随着时间变化，而这些变化又如何与权力问题相牵连。

二、"新文化史"

新文化史兴起于 20 世纪七八十年代，是当代西方历史学研究的一股重要潮流，被认为是"当代西方史学理论和历史编纂中一个最主要的发展趋势，它取代了经济—社会史而成为历史研究的主流"[1]。

167

新文化史持一种跨学科的历史研究取向，与人文社会科学中的社会政治理论和批判研究思潮的渊源甚深，拥有广阔的学术视野和丰富的话语资源。新文化史既是对社会经济史研究中出现的一些弊端的纠正，反对单纯依靠定量分析来追求客观真相的社会史的解释模式，同时又是对诸如年鉴学派的心态史研究、以汤普森为代表的"文化马克思主义"历史研究、微观史学研究等社会史研究典范时代带有文化取向的历史研究的继承和发展。新文化史并不谋求排除掉社会因素而抽象地谈论文化，因此也有人将新文化史称作社会文化史。新文化史重视文化的建构力，"用文化的观念来解释历史，在方法上借助了文化人类学、心理学、文化研究等学科的理论和方法，对语言、符号、仪式等文化象征进行分析"[2]，重视意义的阐释而不再执着于寻找因果联系。

---

① 周兵：《林·亨特与新文化史》，载《史林》2007 年第 4 期。
② 周兵：《西方新文化史的兴起与走向》，载《河北学刊》2004 年第 2 期。

不唯社会史，新文化史研究与以往的思想史的书写方式也有着重大区别，它并不企图确立某些重要观念作为特定时代的标志，也不孤立地去把目光集中在某种伟大的思想和它的提出者身上。新文化史学家们有着多种多样的思想旨趣和理论取向，但他们有一个共同点，即在重新思考历史研究的问题与方法时，都或多或少地涉及到关于知识和语言的理论。新文化史与传统思想史的一个关键区别，是它将知识作为文化实践和文化再生产的领域来关注。对新文化史学者而言，重要的是框定、规训和引导着我们的活动的思维方式是如何历史地建构起来的。对知识系统（或者思维规则）的探析，能帮助我们理解社会和文化生活中的所谓"常识"是如何被创制出来的，又如何规定了活动的对象，限定了创新和变革的可能性。

在美国教育学界，波普科维茨学派和美国著名教育史学家索尔·科恩一样，站在后现代主义的立场上对"新文化史"研究大加提倡。波普科维茨等人认为，"从国际学术整体发展的角度看，可以说新文化史研究是在整合了德国的概念史研究传统与法国的科学史和谱系学传统的基础上，就历史研究的方法和主题与美国学界展开对话的。对于实证主义取向根深蒂固的美国教育史学界而言，'新文化史'研究带来的冲击是巨大的"①。

除了带着语言学转向、新文化史和后现代历史等标签，当代的文化史研究者也继承了关注知识、权力和社会变革间关系的批判研究传统。新文化史的历史叙述特别关注知识中的变化和"断裂"，以及这些变化如何把社会、文化和政治活动都包裹在自己的限制中。在考虑教育史时，特别关注个人通过怎样的社会实践限定自身行为和确立自身身份，观念又是如何构建、形塑和调控着这些实践的。

波普科维茨认为新文化史也可以看作是一种"当下的历史"。当下的历史将理性作为一种文化实践，它限定了人们如何确定问题，又怎样去寻找可能性和朝着什么方向创新。美国教育史研究界曾经固守着一种信念，即历史是与当代生活毫无半点联系的，一旦沾染了现时现世，历史也就消亡了。教育中的新文化史研究反对这种受实证主义影响的传统观点。另外，尽管

---

① Popkewitz, T. S., Franklin, B. M. & Pereyra, M. A. *Cultural History and Education*：*Critical Essays on Knowledge and Schooling*. New York；London：Routledge Falmer，2001：ix-xi.

新文化史研究对知识和理性有着高度关注，又与前文所介绍的"语言学转向"有着极为密切的联系，但它"并不仅仅与文本和话语相关，而是涉及知识和社会间的关系"①。它的方法论导向要消解之前被当作是泾渭分明的话语与现实、文本与世界、文化与社会之间的分野。

新文化史研究不仅反映了历史哲学的新的发展走向，更是后现代理论在整个人文社科领域的巨大影响的一种体现。波普科维茨认为它是对原有的各种历史主义的教育史研究的深刻挑战。② 历史主义是多数思想史和社会史研究依从的一种时间观，它源自对时间和变革的"现代想象"。与相信周而复始、循环罔替的古代时间观不同，现代的历史主义把"变化"置入了时间观念之中，启蒙运动中对理性的推崇和对进步的希求，被暗暗地溶进了这种观念里。新文化史则充满了对这种时间观，以及对"进步"的宏大叙事的质疑。后现代理论对新文化史的另一影响，则体现在新文化史与叙述史学的亲和性上。新文化史研究者对海登·怀特的历史哲学相当推崇，认为他的《元史学》在史学发展过程中有着里程碑式的重要意义。历史不是对过去的重现，而是一种叙述行为，一种文本创作活动，而文本是虚构的，是可以用多种方式去解读的。

对波普科维茨学派而言，文化史研究的如下五方面特点受到他们较多的关注和借鉴：(1) 对文化史而言，语言不是单纯的信息传递的工具，其本身也值得关注；(2) 文化史是一种关于现在的历史，它解释在怎样的条件下，才可以用当前的这种方式去言说所谓的"真理"；(3) 文化史研究是一种跨学科的研究，要打破传统的学科界限，促进系统持续地跨学科交流；(4) 知识是研究的一个中心对象，对变革的考察要关注知识的政治意蕴；(5) 文化史消解了知识和实践的分立，打破了人们所言和所为之间的二元对立。③

三、汉密尔顿"词源学"式的课程史探究

谱系学是开展新文化史研究的一种重要路径。众所周知，这种历史研

---

① Popkewitz, T. S., Franklin, B. M. & Pereyra, M. A. *Cultural History and Education: Critical Essays on Knowledge and Schooling*. New York; London: Routledge Falmer, 2001:4.

② 同上，第 9 页。

③ 同上，第 32~33 页。

究是由福柯在尼采的工作的基础上发展起来的。尽管有人把它看作是一种历史研究的新方法，但对新文化史研究者而言，谱系学不仅是思考知识系统的变迁以及考察权力如何在这一过程中发挥效应的一种历史研究策略，同时也是对历史研究本身进行严肃反思的契机。

在课程史研究领域，英国教育学家大卫·汉密尔顿(David Hamilton)的作品是颇具谱系学意味的。尽管汉密尔顿本人并没有明确地采用"谱系学"一词，然而在波普科维茨学派的眼中，他的研究无疑有着这种倾向。汉密尔顿曾先后任教于格拉斯哥大学和利物浦大学，曾担任英国教育研究协会的主席，是《课程研究杂志》(JCS)的国际编委。他的课程史研究作品常为波普科维茨学派所引用。特别是一本题为《课程史》(*Curriculum History*)的小册子，以及《走向一种学校教育的理论》(*Towards a Theory of Schooling*)一书中的部分章节。

《课程史》一书的主要内容

汉密尔顿撰写《课程史》这本专著时带着两个前提假设：首先，在英语国家的教育研究中，课程是一个中心概念；其次，课程实践整合于当代的学校教育体制之中。然而这些命题也带来了其他问题。比如，为什么课程会成为一个中心概念，它又是如何和"学校教育"联系起来的？为什么课程成为盎格鲁—撒克逊教育学术的一个重要概念，而在德国和斯堪的纳维亚国家等地，却很少使用这一概念？

汉密尔顿的《课程史》这本小册子是按照时间的先后顺序编排的相互间联系较为松散的短文集，对西欧教育发展的漫长历程做了简略的回顾。汉密尔顿指出，尽管苏格拉底、柏拉图和亚里士多德等名字常常出现在教育史的文本里，但是关于古希腊和古罗马的教育活动我们仍然知之甚少，大致可以知道的是古典时期的学生并非从课程中学习，而只能说是跟随着老师学习或者从文本中学习。汉密尔顿简单回顾了七艺教育的内容，以及中世纪僧侣学校和教区学校的概况，重点考察的是，这一时期教和学的内容是否有一个序列，一种安排，一种进程。据汉密尔顿观察，七艺只是一个彼此分离的教学内容的全集，而并非是学科，相互之间也没有什么先后顺序关系。待到12、13世纪，古希腊的学说通过东方的波斯和阿拉伯世界传播再次为西欧人所知，教学的内容得到扩展，而人的理性和对神的信仰问题也得到了重新梳理，对上帝的笃信是可以通过真正的理解而实现的。这样一来，关于什么是知识和人如何获得真知的问题有了新的答案,随着经院哲学的发展、中世纪大学的出现,教学和学习的序列的产生似乎也成为可能。有学者依据格雷格利乌斯·赖施(Gregorius Reisch)写于 1504 年的书中的插图,认定经院学者的七艺和神学教学具有一定的顺序。当学童学会了字母表,被领到知识神庙时,他将依次走过位于神庙不同楼层的各个房间:最先遇到普利西安(学习语法),接着再进入亚里士多德(逻辑),西塞罗(修辞和诗歌),波伊提乌(数学),毕达哥拉斯(音乐),欧几里德(几何)和托勒密(天文学)的房间,然后学习物理学和伦理学,最后才能到最高层去学习神学。① 不过汉密尔顿认为这种说法是否可信尚待考证。

在"课程的起源"这一章里,汉密尔顿介绍了瓜里乌斯(Guarino Guarius, 1374~1460),阿格里科拉(Rudolph Agricola, 1444~1485),伊拉斯谟(Desiderius Erasmus, 1466~1536),以及拉姆斯(Peter Ramus, 1515~1572)这四位对西欧地区的教育发展颇有贡献的人文主义教育家。例如阿格里科拉对教学材料按"主题"进行重新组织,使得教材在学校教育中扮演了越来越重要的角色,而巴黎大学的教授拉姆斯对教学内容的选择和组织则有深远的影响,作为一位哲学教师,他只选取能够促进他的学生思考和学习的教学内容,而且对如何组织哲学内容做了思考。拉姆斯勾勒的教学概念框架构成了一种树状的分类法,他认为这种"方法"不单单适合哲学,而且适用于人类智慧的各个领域,而且声称这种内容分类的方法正是人类认知的思维过程的外化,也就是说,他不仅在内容上而且在方法上,不仅在教什么而且在如何教方面都做了有益的探索,对之后的教师们有着相当大的影响,正是在拉姆斯主义者的著作中我们可以找到使用"课程"一词的最早的文字记录。拉姆斯(Ramus)一词在拉丁语中正是树的"分叉"的意思,而西欧现代语言中表示分叉、分支和衍生物之意的 ramification 一词(最早出现在 16 世纪的法语中),其词源学的源头则正是来自拉姆斯方法(ramus method)。

其后的政治专制主义时期,弗朗西斯·培根、约翰·阿尔斯特(Johann Alsted)和夸美纽斯集中反映了当时与课程相关的理论观点。培根对拉姆斯

171

① Hamilton, D. *Curriculum History*. Geelong, Vic.: Deakin University Press, 1990:17~18.

关于知识的发现和传递的学说提出了质疑,他是众所周知的知识探究的"科学"方法的倡导者,认为教学过程与科学探究有着根本的不同,从而开启了对知识传递问题的专门讨论,为教授法作为一个专门的知识领域的产生奠定了基础。阿尔斯特编辑的百科全书则承袭了拉姆斯主义的原则,他编辑的百科全书成为17世纪受加尔文主义影响的大学的最重要的教学资源。而夸美纽斯为了将一切知识教给一切人,则再次突出了对知识的组织和教学方法的关注。

从专制主义时期到启蒙运动时期,人的理性的地位不断上升,人们开始认为既然上帝赋予人以理性,人便应该应用它去自己认识世界,于是教师开始可以自己建构课程。汉密尔顿认为这一时段在课程方面主要经历了四个方面的过程:(1) 持续地探究新知识;(2) 不断尝试发展能适应和容纳这些新知识的知识分类学;(3) 这种分类学的努力导致知识的分化,发展出了独立的学科;(4) 越来越重视学术自由(特别是在19世纪柏林大学建立之后)。这一时期,产生了许多和课程相关的类别和范畴(例如,生物学、心理学、社会学等都是在这一时期确定了名称或者被赋予了现代意义)。

而1859年斯宾塞提出"什么知识最有价值"这一课程领域的"首要问题"并尝试进行解答时,则标志着后启蒙时代关于课程的三个方面的重要观念。首先,课程是对既有知识的选择;第二,课程应该依据知识的现世的功能目的进行选择;第三,通过其建构和传递,课程应该促进社会的发展。

在17~19世纪之间,课程一直都被作为一种类似于一幅地图,一次旅程或者一个目的地这样的概念,虽然关于课程究竟是一种怎样的地图、旅程或目的地的看法有流变。然而最终,这一情况在19世纪末发生了重要的转变。课程依然与地图保持着相关性,但是对课程的规划不再是依据知识的地图,而是依据一幅以学习者为基础的地图。1902年约翰·杜威在《儿童与课程》一书中对这种转变进行阐述时,它已经是一个相对成熟的想法了。在洛克和卢梭的教育论述中就有体现的儿童中心观,借助心理学的力量在课程领域中获取了极为重要的地位。之后的课程领域便能够长久地感受到儿童心智发展的逻辑和课程知识内容的逻辑之间的张力。

到20世纪,课程概念的意义更为丰富了,有时"课程"似乎是一幅知识的全景图,有时则是穿梭于知识地图之中的一条路径而已。进而,"课程"开始表示师生在学校中的教学实践,它不仅可以指称教学经验的依据,也可以指称经验本身。

"词源学"式的考察

《课程史》一书的篇幅不长，除去所附的阅读材料以外，书的论述部分实际上只有 50 页，回顾了从古希腊到 20 世纪的相当长的历程。虽然自称是围绕着课程一词进行"词源学"考证，但是书中他并非仅仅对 curriculum 这个词的起源和流变做考察，而是考察了不同时期生产和传递知识、选择和组织教学内容的不同方式。汉密尔顿自陈从 20 世纪 60 年代，他还是一名中小学教师的时候起，便一直受到一股追寻词源的好奇驱使，他想要知道诸如"课程"之类的学校教育中的关键词最初是何时出现的。[1] 在经过了二十余年的艰辛探究之后，他这方面的著作才得以出版。1989 年出版的《走向一种学校教育的理论》中一些章节和 1990 年《课程史》一样，对课程领域一些概念的起源做了考察，例如对"班级"和"课程"两个词的起源考证比《课程史》一书中有更为细致的论述。同样，汉密尔顿在《走向一种学校教育的理论》中的词源学探究，也不单纯是围绕词语的训诂考据，而是力图反映产生这些概念的社会背景和思想基础。

在波普科维茨等人主编的《文化史与教育》一书中，汉密尔顿贡献了题为《从无到有：论现代学校教育的起源》的章节，他认为现代学校教育并没有制度和机构上的先行者，无法为之找到一个单一的起源，学校不是某种本已存在的机构沿着单一的历史轨道演化而来的，而是借助多样的观念、制度和技术的聚合物，教育方面一些方法和秩序条件成熟了起来，学校的出现才成为了可能。汉密尔顿希望挑战那种预先认定学校教育有着某个特定的前身的研究假设，以及假定事物发展是直接的、线性的和前后相继的那种理论思维模式。

汉密尔顿指出，概念史研究者很少关注到课程问题，而英语国家的教育研究者使用课程一词时又完全不加思虑，用一种没有时间意识、对变化懵然不知的方式自说自话地使用，很少考虑在使用课程一词的同时就框定了怎样的边界。[2]

---

① 见 Baker，B. *New Curriculum History*. Rotterdam；Boston：Sense Publishers，2009：21～23.

② Hamilton，D. *Curriculum History*. Geelong，Vic.：Deakin University Press，1990：3.

学校教育的话语是一种历史的人造物，然而这种历史性并非总那么显而易见。诸如"幼儿园"（kindergarten）和"教学机器"（teaching machine）之类的用词很容易让人联想到教育史上的特定时期；然而其他一些术语，比如班级和课程，已经普遍地使用了，历史学家和教育学家们似乎都不太注意它们背后隐含的起源和演化过程。因此当历史研究提到中世纪大学中的"课程"时，会不自觉地将一些今日语言强加到过去的教育之上。结果，教育实践的稳定性和持续性被夸大了，给教育者们留下的印象是教与学似乎很少受到历史变化的影响。

汉密尔顿的研究，突出地反映了课程史研究领域对语言的关注，同时，他的分析将特定话语的形成放在当时的宗教、政治和学术背景中考察，分析某种概念出现的条件，并不断追溯班级和课程等范畴在不同时期、不同国家中使用时如何隐含着不同的思维方式。波普科维茨认为，汉密尔顿成功地揭示了，借助这些概念和范畴所进行的区分和归类行动，实际上为观察和监控学校实践提供了有力的社会技术。① 正因为如此，在波普科维茨学派的著述中经常可以看到对汉密尔顿的引述，我们可以认为汉密尔顿的课程史研究一定程度上为波普科维茨学派奠定了基础并提供了相当重要的学术资源。

第二节　波普科维茨的课程史研究

托马斯·S·波普科维茨是美国威斯康星大学麦迪逊分校课程与教学系教授。其研究兴趣相当广泛，包括教育研究的范式问题、教育学知识的政治学和社会学批判，教学与教师教育知识的变迁等等，覆盖了教育政策、学校变革和教师教育等多个领域。

波普科维茨致力于美国、欧洲、拉丁美洲和亚洲等地区的课程改革和教师教育的社会文化历史的比较研究，已出版近30本专著和编著，在世界顶级学术期刊发表了160多篇论文，其中一些论文和专著已被译成中、法、德、日、韩、

---

① Popkewitz，T. S. The Production of Reason and Power：Curriculum History and Intellectual Traditions. *Journal of Curriculum Studies*，1997，29(2)：131~164.

匈牙利、葡萄牙、挪威、俄罗斯、西班牙和瑞典等 11 个国家的语言。波普科维茨教授至今负责主持了 20 多项地区性和国际性项目，并担任欧洲多国研究基金会理事。他获得了瑞典的于默奥大学(Umeå University,1989 年)，葡萄牙的里斯本大学(University of Lisbon,2000 年)，比利时的鲁汶大学(Catholic University of Louvain,2004 年)和芬兰的赫尔辛基大学(University of Helsinki, 2007 年)等知名大学荣誉博士学位，同时于 1996 年获得俄罗斯国家教育科学院国际院士称号，在世界范围内有很强的学术影响力。

波普科维茨对课程领域的一项重要学术贡献是，"他成功地运用后现代和后结构主义理论作为透镜审视了课程问题，特别是与课程改革和教育研究相关的问题"①。为推进对教育问题的多样理解，波普科维茨借助后现代和后结构主义理论创造了一些原创性的解释范畴，比如他在《教育改革的政治社会学：教学、教师教育和研究中的权力与知识》一书中详细论述过的社会认识论，以及他对一些宗教隐喻，如"灵魂"和"拯救"的运用(见《为灵魂而斗争：教育的政治学与教师的建构》②)。他对如何在教育领域中运用福柯的理论的探索尤为引人关注。

在美国课程史领域，波普科维茨的研究有着持续而深入的影响，他在 1987 年编著的《学校科目的形成：创建美国式教育机构的斗争》一书在北美课程史领域的发展历程中扮演了非常重要的角色。③ 这本书从政治和社会多种角度，关注了各个特定的学科在课程思想和实践中所起的作用。而将一些后现代概念作为解释工具引入课程史研究则是波普科维茨对该领域的一项重大贡献。例如，他与富兰克林等人合作编著的《文化史与教育：知识和学校教育批判文集》④收集了众多后现代视角解读教育史的论文，同时，他

---

① 参见波普科维茨 2008 年获美国教育研究会课程分会终身成就奖时富兰克林为之写的推荐信，见 Popkewitz, T. S. Curriculum Study, Curriculum History, and Curriculum Theory: The reason of reason. *Journal of Curriculum Studies*, 2009, 41 (3): 301~319.

② Popkewitz, T. S. Struggling for the Soul. *The Politics of Schooling and the Construction of the Teacher*. New York: Teachers College Press, 1998.

③ 参见第三章中的相关论述。

④ Popkewitz, T. S., Franklin, B. M. & Pereyra, M. A. *Cultural History and Education: Critical Essays on Knowledge and Schooling*. New York/London: Routledge Falmer, 2001.

在自己的多部著作和论文中运用后现代范畴考虑课程作为现代启蒙理念的负载者如何同时长期地起着规训作用。

一、"当下的历史"：课程的社会认识论

作为一个后现代教育理论家，波普科维茨对课程史研究乃至教育史研究都提出了与以往的"主流"研究差异很大的观点。相比于早期的课程史研究者，他更加关注历史研究者理解和"书写"历史的过程。波普科维茨认为历史研究乃是一种思维方式，对他而言"怎样"思考和研究历史，可能比思考和叙述了"什么"更为重要。因此，对他关于历史和历史研究的观点进行梳理，也就自然地成为了本节的首要工作。

波普科维茨本科学习的是历史专业，在博士阶段关注了知识社会学，开始从政治的和社会的角度研究课程问题。正是这种学科交叉背景使他认识到，关于学校教育的社会科学研究实质上是历史性的。

在 1997 年发表于《课程研究杂志》(JCS)上的《理性和权力的生产：课程史与思想传统》一文中，波普科维茨首次比较明确地论述了他自己的课程史研究的取向和特点。他将自己的课程史研究称为学校教育的社会认识论(social epistemology)。他对"社会认识论"的界定是："认识论一词指观念系统如何对人感知世界、实施行动和认识自我的过程进行组织，而用'社会'一词强调知识所体现的社会性和关系性，以反对寻找关于本质、起源的普适知识的哲学认识论及其给知识带来的局限。"[1]同年，他发表了另外两篇相当重要的论文：《变化中的知识和权力场域：教育研究的社会认识论》[2]以及《重建教育中的社会和政治理论：福柯与学校实践的社会认识论》[3]。因此我们需要将他研究课程史的方法与福柯对历史研究以及对知识和权力的关系的论述结合起来理解。

---

[1] Popkewitz, T. S. The Production of Reason and Power: Curriculum History and Intellectual Traditions. *Journal of Curriculum Studies*, 1997, 29(2): 131~164.

[2] Popkewitz, T. S. A Changing Terrain of Knowledge and Power: A Social Epistemology of Educational Research. *Educational Researcher*, 1997, 26(9): 18~29.

[3] Popkewitz, T. S. & Brennan, M. Restructuring of Social and Political Theory in Education: Foucault and a Social Epistemology of School Practices. *Educational Theory*, 1997, 47(3): 287~313.

波普科维茨认为，或许有人会将他的研究兴趣看成是历史社会学的或者社会史的，然而这两种标签都不能准确刻画他所要做的研究。因为在盎格鲁—美利坚的传统语境中，无论社会史还是思想史，都倾向于依照前后相继的时间顺序去组织叙述①，同时暗藏着某种潜在的目的论②，因此对学校系统中的变化与权力没能做更充分的解读。

当下的历史

而波普科维茨希望开启研究课程史的一种新路，即如同福柯那样，书写"当下的历史"(history of the present)，历史乃是对现在的批判性参与。这种参与尝试弄清当前的思考和行动产生时所需的历史条件(有趣的是，这类思考所具有的强烈的反思精神，又要求它返身过来将"历史"本身也悬置起来)。当下的历史的任务是要对理性思维进行考察，理性的系统规定了我们在学校中的所见所闻、所作所为，并将之进行归类。理性不单单是某种意识中的抽象之物，也绝不是对现实的简单再现。因为，所谓"理性的"思考和行动的规则与标准，是经历了时空的变迁，在社会和文化实践中历史地形成的。课程，可以说是生产理性的规则和标准以及"理性的人"的场所之一，它规定了什么是可以被认识的，认识又是如何发生的。

177

波普科维茨将不同的历史过程看作是实践的网络，教育中的"对象"要被置于其中之后才能被理解。当下的历史就是要挖掘多样的历史实践如何汇聚到一起，在学校中共同塑造了可观察、可理解且可操控的客体。波普科维茨认为，课程史研究所要回答的不仅仅是斯宾塞和泰勒那些关于学校教育中应该选择、组织和评价哪些知识的问题，甚至加上"谁的知识最有价值"这样的政治性批判和思考也还不够。③ "有效的历史"，应该像福柯所说的那样，去考察在教育中被当作共识的、似乎是天然存在着的"主体"，质疑种种所谓的基础和传统，打破虚构的因果联系，向历史之中引入非连续性。

波普科维茨关注历史的目的是要理解当前学校中的种种问题，比如那

① Popkewitz，T. S. Curriculum History，Schooling and the History of the Present. *History of Education*，2011，40(1)：1～19.

② Popkewitz，T. S. The Production of Reason and Power：Curriculum History and Intellectual Traditions. *Journal of Curriculum Studies*，1997，29(2)：131～164.

③ Popkewitz，T. S. Curriculum History，Schooling and the History of the Present. *History of Education*，2011，40(1)：1～19.

些所谓的学校改革，是如何以现在这样一副面目出现的。① 为什么我们此时此刻，在用这样的语言，这样的思维方式考虑改革？为什么我们围绕着知识，儿童，教学和评估考虑问题，考虑的又为什么是那样一些问题？这就使得课程知识的社会学成为研究学校教育时的一个中心议题。

作为"当下的历史"的课程研究，就是批判性地质疑现在的种种"基础"。比如对学校教育中的主体做历史的分析，就是要对那种将控制和生产主体的过程看作是自然而然的、不加批判的那种态度进行质疑。像"学习"、"赋权"、"问题解决"、"自我实现"和"社区"等词汇，绝不仅仅是要让教育者用这些词汇去抓住教育的本质，关于教育的话语绝不仅仅是"现实"的附带现象。从某种程度上说，理性的规则和标准是"物质性的"，它有着影响学校政治和权力运作的现实力量②。

波普科维茨在将课程作为"当下的历史"来探讨时，重点关注了 20 世纪之初，不同社会和文化实践如何历史地汇聚在一起，构造了有着纷杂思想源流的美国进步主义。不同的历史轨道交错纵横编结成网，成为罩在关于教育的所见所思和所作所为之上的原则体系。

网格化，是波普科维茨研究内涵纷杂多样的进步主义教育的重要策略，他考察了霍尔、杜威和桑代克的心理学，以及芝加哥学派关于社区以及城市生活的社会学研究。尽管这些学说对儿童与学校教育持有不同的假设，但他们都与把教育当作一种教化规训和使人皈依的途径的新教思想，以及笃信科学和技术力量的"美国例外论"文化叙事有着千丝万缕的联系。而跨大西洋的新教社会改革运动，在解决"社会问题"的时候"包含着启蒙式的希望和对城市道德混乱的恐惧这双重姿态"③。而这些不同的历史实践，包含着相似的思维方式，而这些都在学校科目的形成过程中体现了出来。

为什么将这种方法称为当下的历史呢？因为它考察的是学校中的事物如何成为了我们以如今的方式思考和行动的对象。这种研究并不认为当前

---

① 赵婧：《"碎片化"思维与教育研究——托马斯·波克维茨教授访谈录》，载《全球教育展望》2012 年第 10 期。

② Popkewitz, T. S. The Production of Reason and Power: Curriculum History and Intellectual Traditions. *Journal of Curriculum Studies*, 1997, 29(2): 131~164.

③ Popkewitz, T. S. Curriculum History, Schooling and the History of the Present. *History of Education*, 2011, 40(1): 1~19.

只能无奈地重复着过往,也不认为现世相较以往有多么先进或脱俗。这种方法探究思维和行动的对象是如何在时空中聚集在一处,被联系到一起然后又被拆分开来,从而获得对各种变革的理解。例如,波普科维茨通过对城市中道德混乱与堕落的"社会问题"与当时教育的关系的历史考察,发现城市教育中隐含着希望和恐惧这双重姿态,而他认为这样的情形同样存在于今日的改革之中。当前对"知识社会"、"终身学习者"、移民与弱势群体的关注,遵循着一定的对主体、主体性以及社会排斥进行思考的原则,而这些原则源自进步主义运动。对理性思维的系统进行历史考察,让我们能够确定规定着人们所见所说所感所为的那些规则和标准所经历的延续和断裂。

这种研究无疑同样也关注学校教育的政治意义,具有强烈的批判取向,因为人们在学校中应该扮演怎样的角色,各色力量在教育中又以什么样的方式相互竞逐,无疑也都是历史地形成的,因此这类历史研究也必然有着政治观照。然而,波普科维茨强调不能将这类研究与学校政治学混淆起来,因为学校政治学在处理历史时,会认为主体拥有既定的身份,然后关注利益在具有不同身份的群体间如何分配,哪些群体获取了优势地位,哪些群体处于不利地位。尽管这类政治问题也很重要,但是这类研究并没有注意到,各种类别原本是历史地建构起来的。对教育中的主体进行区别和划分的规则和标准是借助一定的历史实践产生的,关于儿童和童年的各种理论,以及入学率、学业成就等概念,也都需要做历史的考察。而目前的学校政治学的研究往往忽视了这些。

制造对象:作为话语实践的历史研究

波普科维茨认为不应该将历史研究理解为一种简单地对材料进行解释的活动。历史研究是一项通过对历史现象进行区别和归类来建构起研究对象的理论活动。对研究者的"科学"训练往往不去讨论作为科学理性思维的基础的那些分类和排序原则,是如何被历史地建构起来的。

波普科维茨认为,现代意义的历史研究包含了用概念的透镜去建构"对象"的过程。在这一建构过程中,历史思维将分类和区别赋予现象之上,使之成为社会研究领域中的"材料"。波普科维茨并不是要否认历史中有确实存在的"事实"发生过,而是说在研究中被认为是"材料"和事实的东西,要借助语言实践来表达。学科化了的研究规则,将存于世上的"事物"重塑为要被解释和说明的"材料"——本没有所谓的学生"行为"或"学业成就",除非有人假定存在这种东西，并据此提出相关的问题。学生确实会在学校里做一些事情，但只有在有人用特定的方式去关注他们在做什么，或做得怎么样的时候，这些才会成为所谓的"行为"或"成就"，成为可解读的研究材料和"数据"。而且非常重要的是，对世界的理性思考从来不是一个"纯"哲学问题，而是社会和权力关系的一部分。

历史叙述是一个建构起历史"材料"的思维系统。历史材料是如何被"制造"的呢？波普科维茨举过两个例子。其一是埃及金字塔，尽管它们已经在地球上矗立了几千年，但是直到18世纪晚期，金字塔才成为一个探究的对象，在那之前，它们只是荒漠中无人问津的一堆石头罢了。甚至18世纪早期，金字塔都还没有什么特别的意义，路过的人们也不过会在巨大的石块上信手涂鸦而已。金字塔的存在还不是学科化的历史研究视野中的"事实"，直到欧洲人开始提出和思考关于金字塔的问题，它们才成为文明的标志，后来成了"特权""阶层"的墓葬。

只有在一种特定的"现代"视野中，才有可能以我们今天这样的方式解读埃及古墓。① 此处"现代"指的是一种与过去数百年间社会变迁紧密相关的组织知识的特定方式。在现代的视野中，这些埃及古建筑被看作是一个特定的抽象关系系统中的一部分。（欧洲的）历史探究，把它从埃及的"遥远"时空中带出来，置于一个更一般的全球历史叙事中，置于"演化"、"发展"和"进步"的线索中。把埃及置于一种"西方文明"的世界观中并以一种与现在和未来相关联的方式去看过去。例如，对墓葬艺术和文明结构的解读，暗含了一种社会差异的理论，这些建筑被重置于"埃及历史"的时空里，这种"埃及历史"则是整个人类文明史的一部分，是绵延不断的时间中的一环。在历史的叙事里，墓葬的主人一定是生活在某种社会关系系统里，人们"自然而然"地可以使用"阶级"之类的概念去分析墓主人的社会地位，就好像"阶级"是古埃及时就有了的概念一样。而对那些墓葬艺术的美学审视，也无不包含社会文化的因素。埃及金字塔，成了从埃及到希腊、罗马，再到整个欧洲的人类文明编年史中的一个具有标志性意义的符号，而这种欧洲中心的世俗（非宗教的）编年史写法，实际上是19世纪才确立的。借助波普科

---

① Popkewitz, T. S. The Production of Reason and Power: Curriculum History and Intellectual Traditions. *Journal of Curriculum Studies*, 1997, 29(2): 131～164.

维茨的这种分析，我们不难看到，我们心中的"金字塔"，原来是"现代"的，因为我们关于这些古建筑的一切解读，一切叙事，都是现代的。

波普科维茨举的另一个制造历史材料的例子，是儿童在学校教育语境中为何都被称为"学习者"。在20世纪晚期，把儿童作为学习者是如此普遍，以至于很难去想到把学习者作为任何别的东西。然而在社会学意义上，作为学习者的儿童是锻制出来的，这一过程包含了与现代性相关的社会思维的一种转型。上世纪出现的"学习者"这个概念类别从属于一个新生的观念系统，这个系统对学校教育有特定的理解，并重新解读人的个体性。比如在19世纪，谈论学校教育的时候就没有"学生"（student）和"未成年人"（pupil）这样的类别概念。儿童原本被称为求学者（scholar），直到19世纪晚期才发明了"学生"这一教育学范畴，再后来"学习者"的概念才把儿童变成了被教师监控的一个客体。把儿童变成"学习者"就是要引入童年的现代概念。关于学习的各种范畴使得现代儿童是一个学习现世事物的人，而不再像以前一样是追寻（基督教的）超越性信仰的人。现代儿童，在他人和自己的理解中，都成了理性的"问题解决者"，成了处于"发展"过程中的人。①

波普科维茨希望这两个例子，能让我们认识到对过去的叙述不仅仅是对材料的解释而已。我们对学校知识进行分类和思考的原则中，潜藏了关于"研究对象如何在时空中构成"的理论先设。对历史"材料"的研究，需要注意"事实"本身是如何被建构起来的。这种建构过程中，接受了特定的组织问题和概念的策略，而概念（无论是明确地使用了的还是隐含在思考中的）则以特定的方式把经验材料塑造为探究的对象。研究工作中总是包含有特定的倾向，以确定要去观察什么东西，而这种观察又如何可以感知和思考这个世界中的事物。②

史学传统：意识哲学与语言学转向

波普科维茨还想用这两个例子来说明，历史叙事的建构是值得质疑和思考的。他认为存在两种不同的思考历史知识的形式。其一是考虑人物和

---

① Popkewitz, T. S. The Sociology of Education as the History of the Present: Fabrication, Difference and Abjection. *Discourse: Studies in the Cultural Politics of Education*, 2012(1): 1~18.

② Popkewitz, T. S. The Production of Reason and Power: Curriculum History and Intellectual Traditions. *Journal of Curriculum Studies*, 1997, 29(2): 131~164.

事件在时间中演变的历史叙事,很多美国教育思想史的文本都是用这种方式书写的①。比如对杜威和桑代克的传记研究就抽取某种理念,来解释主体是如何解读历史事件,而历史事件又是如何影响着主体的解读和行动的。第二种历史思维方式,也是波普科维茨本人所关注的那种,则是要通过追踪学校教育中的类别、区分和差异如何变迁以绘制出一幅概念地图。波普科维茨认为,前一种历史研究传统与意识哲学紧密相关,而后一种思维取向则是与社会理论和哲学中的"语言学转向"(linguistic turn)相关的一种社会认识论。当然"语言学转向"一词包含的意义是复杂多样的(参见本章上节),这里主要是指把语言作为建构社会生活和身份的重要因素。

简单地说,在波普科维茨眼中,如若把历史研究看作是特定的思维方式,那么其中有两种对事物进行分类和认知的规则系统特别值得关注,它们既相互联系又相互区别。其一是历史主义的,其二是"语言学转向"的。②

历史主义传统是过去数百年间历史研究的主流,它把关于事件的文本当作是"真实的",解读这些文本可以弄清过去人们的意图和目的。要大量地引述材料,考证材料的来源,历史学是一个从材料中发掘出知识的科学学科。它的历史叙事关注主体和事件,而这又与意识哲学紧密相连。"把行动者作为一个有意识有目的的能动因素,是启蒙运动的发明"③,从此史学实践不再把社会的组织和变革归为超越性力量,比如上帝的作用。但是此时意识哲学并没有销声匿迹,它借助一种特定的现代性规训,悄悄潜入了启蒙运动的宏伟工程的运作规则中。意识哲学把自主权赋予了行动者,把能动性赋予了人,并以此解释结构的种种变化。它把世界看作是由一个接着一个相互联系并相互作用的结构组成的。④

进步是这种认识论的中心主题:进步被认为是将人类的思维和理性应

---

① Popkewitz, T. S. Curriculum History, Schooling and the History of the Present. *History of Education*, 2011,40(1):1~19.

② Popkewitz, T. S. The Production of Reason and Power: Curriculum History and Intellectual Traditions. *Journal of Curriculum Studies*, 1997, 29(2): 131~164.

③ Popkewitz, T. S. The Sociology of Education as the History of the Present: Fabrication, Difference and Abjection. *Discourse: Studies in the Cultural Politics of Education*, 2012(1): 1~18.

④ Popkewitz, T. S. The Production of Reason and Power: Curriculum History and Intellectual Traditions. *Journal of Curriculum Studies*, 1997, 29(2): 131~164.

用于社会情境中的合理结果。对变革作任何有意义的探讨前,先要历史地认同行动者,从实证材料当中拎出事件来,做一个历时性的排序。过去、现在和未来被看作是人类在一个不断发展的世界中采取行动的产物。有时会有英雄出现,有时事件的结构性原因会限制进步,比如种族、阶级和性别的结构因素。人们被看作是有意图的行动者,通过他们的行动改变世界——有时是符合他们意志的,有时则有出乎意料的结果。把历史行动者置于对过去知识的建构中,这种叙事也使得当前的行动者成为变革的有意识的主体。

把行动者和变革相联系的历史叙事反映了一种特定的进步的世界观。根据意识哲学书写的历史会用这种方式讲述过去,从而保证现在是可以理解的,未来是可以控制的。在对社会变革的解读中,作为行动者的人被预先设定为动因(参见本书第三章)。

波普科维茨认为这种将行动者置于优先地位的认识论,极深地影响了美国的社会科学和历史研究。例如关于社会机构(比如学校)演化的历史叙述,就尝试去讲述由恶转向善,或者转向善的可能这样一类故事。自从19世纪晚期以来,关于美国的历史叙事就将它作为一个"新世界",一片位于前沿的新疆土。① "新世界"的概念不仅仅是地理上的,它包含着一种美国可以抛开一切旧世界的不完善因素,建设一个完美社会的美国例外论腔调。美国的教育史自然也同样是依循发展与进步的主线,讲述一个个学校系统对性别和种族越来越开放包容,教育越来越完善的故事(可参见本书第一章)。

与历史主义传统相对,波普科维茨赞同的历史研究关注的是观念系统如何随时间而变化,以及这种变化又如何与权力问题相关联。这种历史研究有多种称谓,比如语义学的、谱系学的、概念史的以及社会认识论的。因为在讨论知识和权力的时候,他想要强调的是社会和认识的关系,因此波普科维茨选择用社会认识论②(social epistemology)作为自己的历史研究的标签,展现了一种福柯式的"非历史主义的历史观"③。按波普科维茨自己的观点,他的课程史研究集中关注构建了学校教育的话语样式,体现了"语言学

---

① Popkewitz, T. S. Curriculum History, Schooling and the History of the Present. *History of Education*, 2011,40(1):1~19.

② Popkewitz, T. S. The Production of Reason and Power: Curriculum History and Intellectual Traditions. *Journal of Curriculum Studies*, 1997, 29(2): 131~164.

③ 莫伟民:《论福柯非历史主义的历史观》,载《复旦学报》2001年第3期。

转向"，研究关心的是观念系统如何通过它所建立的关系和秩序，去建构、形塑和调整社会行动。正如坎宁（Canning）所说，"语言学转向的核心是对语言的审视和再审视，不仅仅以此来描述和解释世界，而且由此构成社会实践和身份。通过话语规则进行的编排、规训和调控居于考察的中心位置"①。转向话语也就是把语言作为组织和引导着人们的活动的观念系统以及思维"规则"。关于学校教育的语言不仅仅只是一些说辞。语言学转向的历史研究要关注观念系统中的类别、区分和差异如何随时间变化，从而建构出我们实践的主体。

相比而言，历史主义传统不会打破文本的延续性。文本中的观念被放在一个理性的序列中处理——正如众多课程理论家在他们的历史叙事里都将学校教育作为一个序列来处理，认为其内在逻辑随时间而展开。历史主义的文本往往有将历史神圣化的倾向，包括很多思想史研究也是这样。在波普科维茨看来，在他所采用的历史社会认识论中，关于文本的假设（以及它关于行动者和事件的先设）被打破了。研究者关注的是观念系统，认识到观念在建构着，而不仅仅是表征着那些客体。历史研究要理解类别、区分和差异是如何被用来界定什么是重要的，什么是"真实的"，以及谁是行动者的。

波普科维茨指出我们必须借助一定的观念系统才能对客体进行理解、思考和操作，因而对学校教育的研究应该关注这种观念系统。上文所谈及的他对"学习者"这一观念的讨论，就体现的是此种认知旨趣。教师不再把教学看作是帮人将基督教信仰内化，而把儿童看成是"学习者"，这种截然不同的观念系统把儿童置于一个能够理解其所谓的"能力"和"学业成就"的认知空间里。这种语言学转向把语言视作构成世界的重要因素，并不仅仅是要理解"文本"，而是要把理性思维的规则放置到整个社会条件中去看，也正因为如此，波普科维茨决定用社会认识论来指称它②。

"对于意识哲学而言，历史是由行动者创造的。一旦缺少了行动者，世界就成了确定不变，毫无生机的了。社会认识论的历史哲学对此提出了挑

---

① Canning, C. Feminist History after the Linguistic Turn: Historicizing Discourse and Experience. *Signs*: *Journal of Women in Culture and Society*, 1994, 19(3): 68~104.

② Popkewitz, T. S. A Changing Terrain of Knowledge and Power: A Social Epistemology of Educational Research. *Educational Researcher*, 1997, 26(9): 18~29.

战，人们对事物分类的原则和思维的形式构成了观察和审视的能动性。"①

社会认识论的课程史研究使得课程知识成为研究对象，语言学转向重塑了我们关于社会变革的假设。波普科维茨考察了学校知识的组织，并试图理解观念系统是如何变化的。意识哲学中的关于主体和行动者的假设被改变了，知识成为探究的中心。课程历史中的变化被看作是知识结构的一次次断裂，而不是一个普遍进步的演化过程。

把历史中的变革看作断裂这种认识有着非常重要的影响，并不限于如何建构历史叙事这一点。波普科维茨同时考察了知识和学术研究的政治学（从政治学和社会学的角度分析，教育学术生产活动乃是波普科维茨学术生涯早期的最主要的研究兴趣之一），他认为学术研究的作品往往太快地从研究的内容跳跃到人们应该做些什么以产生变革。这是由于形成理论知识的时候就带着关于进步的先验的哲学假设，把知识分子放置在先知和圣贤位置上。与之相对的，是将历史重建为知识系统的断裂，这种历史研究暗含着一种潜在的倾向，即去除"进步"这一先验哲学假设的影响。然而，这样做并不一定意味着完全放弃对社会变革的关注和责任。波普科维茨认为，自己的策略并非要疏远主体或者有意识的行动，而是要换用另一种方式把主体重新带入历史中去促进变革。

主体的去中心化

社会科学和历史中的"语言学转向"可以被看成是对与启蒙运动相联系的现代主义学说的一种重塑。"去中心化"是它的重要努力，它尝试将行动者和能动性从解释的中心位置移开，其关注的焦点变成了组织和生产了统治与服从关系的话语"空间"。例如，它关注的是"黑人民族性"（Blackness）的建构，而不是黑人；"性别"的建构，而非妇女；"童年"的建构，而非孩子；

---

① Popkewitz, T. S. & Brennan, M. Restructuring of Social and Political Theory in Education: Foucault and a Social Epistemology of School Practices. *Educational Theory*, 1997, 47(3): 287~313.

"教师"的建构，而非老师们。①② 尽管其关注焦点发生了变化，但是依然关注理性在社会变革中的中心作用。

把知识作为历史研究的中心问题，也就意味着将关注焦点从意识哲学的行动者中心的主体上移开，所以有了"主体的去中心化"③这样一个颇引人侧目的说法。不把主体作为默认的中心，就是要理解人是如何在不同的历史时段在不同的社会实践和制度模式的作用下被制造成"主体"的。

把"主体"作为一个需要质疑的社会建构物，在福柯的谱系学的历史研究中占据中心地位。福柯指出，人们必须首先摒弃那被构造出来的主体，摆脱主体本身，才能在历史的框架中对主体的构造过程进行分析，而这正是谱系学的任务。谱系学是一种探究知识、话语和客体领域的构造的历史研究形式，它不借助那种超越性的主体。这样的主体在历史的过程中总是保持空洞的统一，不与具体事件的场域发生联系，同福柯一样，波普科维茨拒绝把知识"奠基在作为有限存在的人之上"④。

波普科维茨在研究教育改革时，将这种社会研究路径称之为社会认识论的路径。我们的感知以及对自我的概念，都被特定的对事物进行区分和归类的认知方式所组织着，借助社会认识论所提供的途径，我们可以考察这些方式是如何历史地形成的。同时，社会认识论还将学校知识定义为制度性实践的元素，认为它们是通过权力关系历史地形成的。波普科维茨使用社会认识论一词是为了提倡对创制学校课程知识的社会实践进行社会学的探究，强调知识的相对性和社会性。他有时用"话语"的概念替代社会认识论，多数时候它们是等同的，尽管话语理论不太强调语言系统的历史性。可

---

① Popkewitz, T. S. & Brennan, M. P. *Foucault's Challenge*：*Discourse, Knowledge, and Power in Education*. New York：Teachers College Press，1998：11.

② Popkewitz, T. S. The Sociology of Education as the History of the Present：Fabrication, Difference and Abjection. *Discourse*：*Studies in the Cultural Politics of Education*，2012(1)：1~18.

③ Popkewitz, T. S.& Brennan, M. Restructuring of Social and Political Theory in Education：Foucault and a Social Epistemology of School Practices. *Educational Theory*，1997，47(3)：287~313.

④ 莫伟民：《福柯的反人类学主体主义和哲学的出路》，载《哲学研究》2002 年第 1 期。

以说这种研究取向与托马斯·库恩的研究也有相似之处①,这类研究都使得关注的焦点可以从人的意图转移到知识的结构本身上来。

语言学转向的一个重要内涵是要认识到,当我们"使用"语言时,"说话"的可能已经不是我们了。我们的言说是历史地形成并被带到此时此刻的东西。比如在教育领域中,当代教育研究喜欢谈论教师和学生的"声音",推崇教师的实践"智慧",认为这种智慧是属于教师的"自主的"、"真实的"东西。然而当历史地质询教师的言说和书写行动时,我们会发现教师的声音和智慧绝不是"天然"的。关于教师的声音和智慧的话语,包含着在教师进入学校场景之前就建构好的思维模式。符号实践与非符号实践、各种技术和机构都是作为权力的结果历史地产生的,而不同的话语策略则产生于上述这种种因素的聚合体中。

为什么要转向认识论的历史,而不是继续躺在意识哲学的假设上? 把焦点置于人的意图和目的上的研究努力具有社会的和科学的双重意义,它将人和他的社会世界置于了历史之中。而将人从历史中移除的话,世界会不会看起来只剩下完全确定的宿命,而不再有打破它的可能了呢? 事实上,移除"行动者"的努力,是对意识哲学教条的一种回应。② 在社会事件中看不到行动者——无论是个体的还是群体的人,这看起来有些反人文甚至反民主。读者会问,"故事里的人到哪里去了?"人们可能要说,"没错,我们可以理解话语确实建构了可能说和可能想的东西,但是进行这种建构的不正是人吗?"

波普科维茨认为自己并不是要否认话语也是由人说的,也不否认不同时段中有不同的话语规则相互竞争。他所要强调的是,话语是在相当长的时段里建构起来的,其间多重历史轨道交错汇集,并没有一个单一的,注定的方向。而且,不加质疑地将主体作为中心,将人的意愿和行动放在历史的中心,尽管看上去是个不错的分析途径,但其深层的社会影响,特别是权力问题却被掩盖在了这种修辞之下。正如一些后殖民主义和女性主义研究指出的那样,将主体置于中心乃是西方哲学的一个发明,而如果我们不加批判

187

---

① Popkewitz, T. S. & Brennan, M. P. *Foucault's Challenge*：*Discourse, Knowledge, and Power in Education*. New York：Teachers College Press, 1998:10.

② Popkewitz, T. S. *The Production of Reason and Power*：*Curriculum History and Intellectual Traditions*. *Journal of Curriculum Studies*, 1997, 29(2)：131~164.

地运用这种思维，就无法脱离生产了主体的话语背后所掩藏的权力关系。比如女性主义研究者就指出，我们看待性别时所考虑的各种"属性"，实际上是在一定权力关系中建构起来的（参见本书第五章）。

主体的去中心化并不是要通过移除行动者而将社会活动噤声，也不是要去放弃启蒙运动以来的现代性工程的种种使命。将主体去中心化的策略，本身是启蒙运动所要求的自我反思的产物，它本孕育于现代性之中。主体的去中心化有其自身的反讽意味：如果接受知识是需要被建构的，也就接受了人能够进行有意识的活动；但是这种把人的"行动"安插进来的方式又与意识哲学不同，这一方式通过探究主体是如何被建构起来，质疑主体的"既定性"而重新将它带入场中。主体被置于可以被质询和怀疑的维度上，而不再是研究的不容置疑的基础。尝试书写关于我们的主体性是如何被建构的历史，质疑现有的常识不曾质疑的关于主体的种种范畴，可以为我们产生别样的意愿和采取别样的行动创设一个潜在的空间。

进步的去中心化

对理性思维的范畴和规则的关注，自然地将我们引向历史社会认识论的第二个重要原则：变革并非发生在一个包含大量事件的总体进化进程里，也不是发生在人们影响那些事件的努力中。"后现代理论家们提醒人们应该对 19 世纪和 20 世纪中对'进步'下定义的方式进行反思"①，我们的思维方式和身份认同在巩固和掩藏着权力关系，而变革就是要打破它们。

波普科维茨认为托马斯·库恩关于科学史的研究是一个很好的例子，他所描述的科学革命，以及他提出的不同研究范式间的不可通约性，是理解观念系统在历史中的断裂和剧变的最好实例。②③ 知识的进步并不永远是连续的和可累积的，而是会有结构性剧烈变革出现。而福柯关于医学史的研究同样发现不同时期的医学之间的巨大差异。④ 医学实践的历史不是一

---

① Popkewitz, T. S. & Brennan, M. P. *Foucault's Challenge：Discourse, Knowledge, and Power in Education*. New York：Teachers College Press，1998：10.

② Popkewitz, T. S. The Production of Reason and Power：Curriculum History and Intellectual Traditions. *Journal of Curriculum Studies*，1997，29(2)：131~164.

③ Popkewitz, T. S. & Brennan, M. P. *Foucault's Challenge：Discourse, Knowledge, and Power in Education*. New York：Teachers College Press，1998：10.

④ ［法］米歇尔·福柯：《临床医学的诞生》，刘北成译，译林出版社 2006 年版。

部关于进步的编年史，它绝非像传统的历史所描述的那样，犹如接受检阅的部队，连绵不断，以单一的步调平稳前进，它是有多个声部，多种节奏，时而欢快时而沉稳的即兴变奏曲。关注主体日复一日的变化的传统历史，丢失了长时段的视野，无法把握整体性变迁。

社会认识论关注建构学校教育的变动不居的多种模式。"学校教育"，是一系列源自不同时空维度的社会关系的表达和表现形式，学校教育的构成过程有着多种变动和跃迁，而先前这一过程都被看作是一个连续统一体。例如，大众学校教育是19世纪的一项发明，它源自当时社会上几种不同的运动，这些运动在一定程度上可以说是自发的。而与课堂教学的变革交叠在一起的，是教师教育机构的创立，现代大学的兴起，社会科学的形成，以及作为学科的心理学的诞生。这些发生在不同社会实践场域中各种事件对教育的影响，与美国现代福利国家制度对新兴的大众教育机构的统治效能的期望交织在了一起。① 因此对大众教育的理解有必要将这些多种场域中建构起的知识间的复杂交互考虑在内。当前流行的词汇，"专业化"，学科教学，乃至教师的"声音"，都应该被放置在产生它们的19世纪的情境中结合那些社会实践来理解。也正因如此需要在课程史研究中采用社会认识论的路径。

波普科维茨和贝克等人都十分推崇汉密尔顿的研究。他的研究试图理解"班级"和"课程"等特定的词汇是如何出现的，又是如何随着时间演变的②，与当时的社会、经济和文化条件有怎样的关系。例如，汉密尔顿认为加尔文主义在英国的影响被带到了美国，强调有序的社会组织形式可以提供更有效的道德监控和劳动组织，教学系统也应该遵从其中的组织原则。此外，他还认为，教学话语实践的变化，与对劳动过程理解的变化，以及关于个人与之国家的种种假设的不断变化之间有着紧密的联系。

从这些将学校知识历史化的例子中，学校教育实践中的认识变化的社会地图被绘制了出来。这使得我们可以理解，关于学校教育中的教学与儿童等所谓事实，是用何种规则和标准、在何种条件下被阐述的，以及这些规

---

① Popkewitz, T. S. The Production of Reason and Power: Curriculum History and Intellectual Traditions. *Journal of Curriculum Studies*, 1997, 29(2): 131~164.

② Hamilton, D. *Curriculum History*. Geelong, Vic.: Deakin University Press, 1990: 3~31.

则又如何随着时间变化。这种历史关注为了解释社会实践和主体性是如何构建起来的，将特定的行动者去中心化了。

"领域历史"

波普科维茨认为他的历史研究属于一种领域历史①(regional history)。领域指的不是区域，它不是一个地理概念，而是话语场域。波普科维茨的课程史研究关注的是那个定位了儿童和教师如何被认识，以及他们自身又如何认识世界的话语领域。儿童作为"未成年人"，"学习者"，一个有"自尊"（或者缺乏"自尊"）的人，某个"社会阶级"的成员，或是有关"生长发育"的医学问题的载体，所有这一切，把儿童置于一个将儿童同时建构为客体和主体的领域中。领域的概念让我们可以考察这个抽象的"空间"——人在其中一直被监控和观察着，并需要我们不断进行自我反思，借此可以理解各种语言实践如何在这个场域中相互关联，并定义了儿童的能力、成就和幸福是什么，这些都是我们日后进行日常的思考和言说时习以为常的观念。

关于儿童的话语领域或场域，横穿了与教育、医疗、社会福利、法律、心理乃至家庭文化相关的各种机构。借助对一些范畴的运用，身份超越了特定机构的局限，并且不受儿童所在的地理位置限制，恣意地弥散开来。儿童被支配到一个特定的话语空间中去，在那里，任何行动和能力都是可以被判断和评价的。

领域（或话语场域）这一概念的重要性，在于它让我们可以关注来自不同物理空间的话语是如何交织在一起，对个体进行定义的。例如，福柯的历史研究并非关于规训或者权力的全球史，它是关于对主体的建构活动如何占据了特定的机构空间，同时又不能被简单地还原为机构形态的历史。他对监狱和犯罪，疯人院和疯癫等的研究，是话语领域如何在多种现代机构中建构起来，并对个体进行定义的绝好例子。②

通过领域的概念我们能更好地将对学校教育进行的研究定位。它可以研究把主体和主体性置于特定领域中的"观念"的话语系统是如何随时间演变的。我们可以认为现代学校里的中心概念（教师、儿童、学生、残疾儿童乃

---

① Popkewitz, T. S. The Production of Reason and Power: Curriculum History and Intellectual Traditions. *Journal of Curriculum Studies*, 1997, 29(2): 131~164.

② Popkewitz, T. S. & Brennan, M. P. *Foucault's Challenge: Discourse, Knowledge, and Power in Education*. New York: Teachers College Press, 1998:12~13.

至学校课程)的建构过程,已经形成了一个领域,并规定了人和世界应该如何被理解。然而这一领域是与复杂的机构、技术和观念形态相牵连的。

领域的观念能帮我们采用与意识哲学的历史主义策略不相同的研究路径,不再把时间顺序和物理空间位置作为历史研究不变的前提。领域让我们不再如实证主义者那样把社会空间与地理环境紧密相连,而将它转向施展权力、建构主体的话语场域。领域帮我们理解关于真理的特定标准如何穿越不同的机构空间,将行动者变成被监视的客体。

二、课程与社会控制问题:生产性的视角

波普科维茨的课程史研究,是对学校教育和课程的"社会认识论"研究。波普科维茨关注知识的社会建构问题,认为学生在学校中所学到的不仅仅是知道了一些东西和能做一些事情了,学习语言、数学、科学和社会等科目也是学习对世界的意识、敏感和意向。他对课程知识的考察是要将我们谈论和思考学校教育的方式——也是我们讲述关于自己和他人的"事实"的方式——与权力和控制的问题联系起来。

波普科维茨谈到,讨论关于社会控制(social regulation)的问题往往会刺激一些人的敏感神经,因为西方自启蒙以来都颇为重视人类的主观意愿对社会事务的引导作用,尊重个人的能动性。然而对控制问题的重视,并非对这种启蒙意识的否定,在改善人类生存状况的努力中,理智和理性依然居于不可否认的中心地位。[①] 但是如今我们已经不能再武断地假定理性是一个可以判定一切事物真假的统一而普适的系统。考虑控制问题并不是要将一切归于人性之恶,也不是要探求某种超越性的善来克服控制的影响,而只是要把理智和理性本身作为考察的对象,探究学校教育实践背后的观念系统和思维原则。出于这种考虑,波普科维茨的课程史研究把知识作为一个社会控制问题并给予最大的关注。研究的策略主要有两方面:其一是质疑课程中实证主义和意识哲学的种种假设;其二是反思学术活动与社会背景的关系。

① Popkewitz, T. S., Franklin, B. M. & Pereyra, M. A. *Cultural History and Education*: *Critical Essays on Knowledge and Schooling*. New York; London; Routledge Falmer, 2001:9~23.

作为管理和规训系统的课程

现代意义的课程产生于学校教育机构中，而所有这些都是西方社会的晚近发明。课程这一现代性的发明中包含了控制与规训个人的知识形式。如前文所述，波普科维茨将本学派与"语言学转向"有密切关联的课程史研究，称为"社会认识论"研究，是因为它既关注权力、知识和变革间的关系，又尝试将知识问题作历史化的处理。①

借助这样的历史研究，人们会发现课程是以特定形式组织起来的知识，个人可以借由课程将自己规训为某个社会或团体的成员。"至少从新教改革起，学校已经成为与国家、社会（或宗教）权威、道德纪律等紧密相关的一个机构了。16世纪德国的改革不仅仅以人文原则教育大众，课程中为个人反思自我和采取行动限定了特定的规则，这种限定不是通过强制的外力，而是靠抓住人们在世界中思考和行动所要借助的符号系统，为其订立规则实现的。"②

波普科维茨认为，所谓的"童年"，和识字教育一起被置入特定的机构中，被体制化了，它是通过既定的宗教、社会和道德价值去应对社会混乱的一种策略。16世纪的耶稣会士认为教育的规训性构成了宗教改革的一部分。他们开发的课堂教学实践，对宗教改革中人文和世俗的文学做重新解读，宣扬天主教教会的价值主张。他们的策略是对文本做脱离历史背景的阅读，从而向异教文学中插入天主教道德戒律。学校促进人们形成真正的信仰，服务国家并且维系和睦的家庭关系。

我们可以视19世纪末20世纪初的大众教育为宗教改革运动的规训和控制工程的延续。但是大众教育也是知识系统中的一个断裂，个体从此要成为有贡献的社会成员。美国现代大众教育来源于多种轨道的多种力量。它包含的道德原则，与新兴的现代福利国家的使命以及新教的那种普适的、市民化的宗教信仰有关。工业化、城市化、移民进程、与民主相关的新兴政治组织、功利主义与实用主义思想，所有这些都在学校教育的变革中有深层次的体现。19世纪晚期美国学校课程产生于社会统治模式以及

---

① Popkewitz, T. S. & Brennan, M. P. *Foucault's Challenge*: *Discourse, Knowledge, and Power in Education*. New York：Teachers College Press，1998：10.

② Popkewitz, T. S. Curriculum History, Schooling and the History of the Present. *History of Education*，2011,40(1)：1～19.

个人的道德自我治理方式的变化,学校是变换中的统治方式的机构形式之一。①

作为规训技术的知识

波普科维茨认为自己的课程史研究在讨论"控制"时,并非是为了做一个好与坏、善与恶的价值判断,而是希望能认识所有的社会情境都历史地包含着制约和限制。即便是喊出"我要单独行动"的口号,这句话本身却也落入某些结构性原则的约束下。在美国这个个人主义信仰盛行的国度,谈论个人就必然地引发了那些界定了何谓"个人"的社会理论。而正是基于这种认识,波普科维茨进一步考察课程中包含的种种控制。

课程在两个不同层面制造着规约和控制。②首先,学校教育定义了可教可学的知识的边界。受斯宾塞那个著名的问题"什么知识最有价值?"所引领,课程面对着万千可用的信息而只能选择其中的一小部分。课程知识的选择影响着我们在实践和反思时如何去组织社会和个人事件。选择的过程有如一块透镜,借助预先限定了的类别去定义问题。

另一种层面的控制,在波普科维茨看来是理解学校的关键,即学校教育实践能对个人如何组织关于自我的观点实行控制,而这种控制是有政治意味的。学校是国家培养和训练劳动力的首要场所。课堂中的话语实践绝不仅仅是对事物的简单呈现,而是权力关系的一种重要因素。

学校教育可以看作是引导学生对整个世界和世界中的自我进行思考的策略和技术,"儿童在学校中不仅习得一些常识概念和学科知识,还学习了解决问题的方法。学习学校知识的方法将成为决定人们如何探究和理解世界与自我的限定性因素"③。有研究发现,即便像数学这样看上去不会有什么争议的学科知识,其中也蕴含着许多政治性和社会性的东西,学生学会如何控制这个可以被计算的世界时,不可避免地也习得这些计算和控制背后对性别和社会阶层的规定和假设。

细心观察,学校中的各种言说和行为,在认知和情感之间建立了一些特定的联系。在数学课上、劳动课上、体育课上,怎样的表现才算是有男子气概,怎样的表现又是女性化的,这些区分影响着儿童一言一行以及他们日后

①②③ Popkewitz, T. S. The Production of Reason and Power: Curriculum History and Intellectual Traditions. *Journal of Curriculum Studies*, 1997, 29(2): 131~164.

的言行举止。学校规定了相比于男生，要怎样做才算一个正常的"女孩子"。教学的话语，绝不仅仅是在抽象层面将一些观念灌输到心灵和意识之中，而是同时在物质的层面将特定的"主体性"塑造在了儿童社会化的身体之上。比如学校中的识字教育或读写教育，就需要儿童阅读时保持特定的姿势，听讲时保持安静，朗读时则要有适当的音量和声调，要用这种特定的看、说、做乃至感觉的方式来表现自己"融入了课堂之中"①。

正是基于这些，波普科维茨认为可以把学校教育中的观念系统看作是一种社会技术。所谓社会技术，是一系列控制行动和反思的方法和策略。例如，19 世纪末对课程知识的组织就产生了一些特定的社会技术。当时大部分社会科学都含有社会控制的概念，并借此可以明确地考虑社会组织形态和个人发展的关系。此时心理学被作为一种技术引入大众教育中，以便用新的方式观察、定义和评估个体。心理学提供了组织课堂对话、教材和各科目时间分配的技术，包括通过指定教学计划组织教学、建立目标层级体系、组织学业成就测验等社会技术。

总而言之，课程内含了一些规则和标准，理性的个体借此得以建构。这些规则和标准生产出一些社会技术，而这些技术的结果是控制。控制不限于认知方面，还包含倾向、敏感性和意识等方面。要解读当代的教育改革，就需要检视改革中知识分类原则的延续和断裂。

构造着"人的类别"的课程理论与教育科学

教育学乃是关于人的学问，因此似乎不可避免地要和"人"的种种类别打交道，包括儿童、学生、教师等。当"人"被划归到各个类别时，他既是被赋予至高位置的"主体"，又成为可以被俯视审查的研究"对象"。

波普科维茨的《课程史研究》的一个重要主题，是检视"人的类别"是如何在历史实践的网络中被构造出来的，而这历史实践的网络既塑造了所谓的"主体"，又使得研究对象成为可观察并可操作的。波普科维茨的研究将"主体"看作是政治和权力作用的结果，而不像一般的理论那样把行动者作为权力和力量的源泉。

---

① Popkewitz, T. S. The Sociology of Education as the History of the Present: Fabrication, Difference and Abjection. *Discourse: Studies in the Cultural Politics of Education*, 2012(1): 1～18.

波普科维茨使用"构造"(fabrication)①一词来显示被认为是属于精神领域的社会科学所具有的物质性,以避免落入文本与语境、理论与实践等种种二元对立中。人的类别的构造包含着两重意义,其一,是指少年,青少年,处于危险中的人群,弱势群体以及城市儿童等类别都是人为制造出来的。它们提供了一种谈论和理解(本体)世界中正在发生的事情的方式。然而,把儿童作为一种特殊的人群来谈论,不仅仅是"观念"。这就涉及了构造的第二重属性。研究中的被试,同时又被赋予了"真实"的本体状态。例如,那些针对特定人群的理论和研究项目,又会真的进入到学校教育场域中,使儿童真的成为所谓"青少年的"、"青春期的"、"城市的"、"处于危险中的"或者"弱势的"群体。波普科维茨因此着力揭示教育科学在构造人的类别时的政治意涵:它影响着我们如何对人进行思考,如何对待特定的人群,以及如何在尝试做到接纳和包容的时候却实际上在排斥和驱逐他人。

波普科维茨曾多次分析当前的教育政策和研究所关注的最主要的主体类别——青少年。② 青少年被看作是指称和描述研究对象时常用的一个既定范畴,似乎那些被作为研究对象的儿童被这一词汇赋予了一种本体意义,真的成为了"青少年"。这是一种介于童年和成年之间的人生阶段,青少年是一些还没有找到正确的生活方式,而不断陷入各种(个人的、社会的)麻烦的人。研究者和政策制定者的责任就是去确定青少年的"本质",然后确定有效的方法把他们从当前的问题和困境中解救出来。研究就是要给学校教育、家庭教育和社会工作提供工具,以保证青少年不会胡作非为,而成为未来有贡献的公民和终身学习者。

然而青少年作为研究中构造的类别——把事物当作"真实的"一样建构起来的虚构物,最初源于心理学里创制的"青春期"(adolescence)等概念。斯坦利·霍尔在 20 世纪初学校教育扩张以及工业化和城市化的背景下提出了

---

① Popkewitz, T. S. The Sociology of Education as the History of the Present: Fabrication, Difference and Abjection. *Discourse: Studies in the Cultural Politics of Education*, 2012(1): 1~18.

② 赵婧:《"碎片化"思维与教育研究——托马斯·波克维茨教授访谈录》,载《全球教育展望》2012 年第 10 期。

"青春期"一词。① 以往学校教育的旧有传统难以维持,道德秩序混乱等新问题不断萌生,"青春期"一词正是为思考这些社会问题而制作的概念。因为在霍尔看来,科学心理学已经需要想办法介入儿童的成长和发展,而不能对他们在道德等方面存在的问题置之不理了。

然而对"青春期"的制造,又并非只靠研究者的"想象"。很快它便成为一个独立存在的拥有本体性质的人的类别。开始有各种规范青春期的思想和行为,特别是控制性滥交和青少年犯罪的措施和项目出现。

同样,在近年来美国的教育研究中,"有效教师"又成了这样一个确定的类别,这类人可以帮助学生克服学习障碍,消除学业成就方面的巨大差异。"有效教师"被认为必然能在学校变革中进行"有效教学",执行课程标准,利用学习研究的成果,用如今流行的计量经济学的话语来说还能提供"附加价值",并解决学业失败这一一直以来无法突破的难题。不难看出,这种叙事中其实预先把某一类特定的儿童假定为改变的对象和干预的目标。由于学业成就差距,这些儿童被看成是与他人不同的一类人,被隐藏在"学业成就差异"这一空间里的种种价值和规范所评判着并进而控制着。

与此同时,"有效教师"也被作为一种人的类别被创制出来,这个概念很快被各种对"性质"和"能力"的界定所填满。② 虚构出来的"有效教师"不再是虚构的了,其创造"附加价值"的能力被用各种从教师生涯发展和学生学业成就等领域中寻找到的属性和相关系数成功地物质化、可测量化了。新一轮的用数字说话开始了,统计数字又开始讲述事实,讲述不同要素如何可以在提升学生分数和成为"有效教师"的过程中发生作用并提供"附加价值"的"事实",就好像这些概念一直以来都是自然而然地存在着的一样。而且,统计还不单单关心所谓"附加价值"的创造,它还要联系上教师的责任、能动性、职业生涯管理乃至"幸福"。不必深究这些范畴的意义和它们包含的假设(比如生涯如何能管理,幸福要怎样定义),对"附加价值"的测量迅速塑造了特定种类的人,这一类人要以特定的方式在某些学生身上"施法"。

回想一下,干预和计算教师与儿童生活的这些实践是如何成为可能的

---

①② Popkewitz, T. S. The Sociology of Education as the History of the Present: Fabrication, Difference and Abjection. *Discourse: Studies in the Cultural Politics of Education*, 2012(1): 1~18.

呢？我们必须将目光播洒向多条不同的历史轨道。计量经济学和习惯为各社会单元的表现设定目标和愿景的新公共管理等都是必须要考虑进来的背景，对"附加价值"的研究显然使用了经济学的语言。而贯穿于其中的学业成就、挽救学业失败儿童等概念，又深深刻上了美国个人主义、新教的规训和拯救等源于特定历史时代的思维模式的烙印。①

总之，波普科维茨用"人的类别的构造"这一说法来考察研究中那些看似自主的主体类别是如何在历史中被建构出来的。关于家庭、儿童和教学的知识不仅仅是一些关于人的"纯"观念，而是会进入社会生活的物质世界。如今有哪个成年人会不相信自己是经历了"青春期"而成长起来的呢？对人的类别的构造的历史考察，关注的就是知识的这种物质性。也就是说，理性思维包含着一些在历史情境中产生的原则，而正是它们成了我们如今日常生活中思考和行动的规则和标准。这些原则汇聚成一些重要的文化议题，影响着我们如何去做出结论，又如何进行反思。

思考被作为主体的同时又被作为研究对象的人的类别，就是要考虑这样的话语空间是如何被布置好的；就是要考虑历史是如何使某些东西成为观察、思考、感知和行动的对象的，为什么我们会去关注和解决这些事情，而不是其他事情。然而，这又不是一个意识形态问题，并不能追溯到特定人群的利益上，是某些人把自己所关心和理解的通过某种机制强加给人。波普科维茨更愿意把它看作是一个历史问题，去探索所谓的陈述"事实"、讲述"真理"的方式是如何变得可能的。

波普科维茨认为，像青少年、有效教师和黑人男性这类人的类别，都是在复杂交错的历史实践的网络中产生的，"其产生的过程就像烤蛋糕一样，放进烤箱里的是水、鸡蛋、面粉等完全不具备蛋糕的形态和性质的原料，而经过烘焙之后出炉的是蛋糕"②。而与烤蛋糕不同的是，我们很难确定在对类别进行构造的时候使用了哪些原料，这些关于人的类别没有单一的本质或起源。它们是由不同且非平衡的多重历史进程在特定的时空中交汇而形

---

① Popkewitz, T. S. The Sociology of Education as the History of the Present: Fabrication, Difference and Abjection. *Discourse: Studies in the Cultural Politics of Education*, 2012(1): 1~18.

② Popkewitz, T. S. The Impracticality of Practical Knowledge in Educational Research. 主题演讲, 2012 年 11 月 1 日于浙江大学。

成的。把青少年作为特定的人群进行现代的统计追踪，如果仅仅从对人群的研究过程中统计方法的发展这一方面去理解还远远不够。19世纪自然科学的进步，统计的发展，以及国家对其疆域内人口进行计算以便展开统治的政治需求等这些多样的历史轨道都值得注意。如今用与"人口"和统计相关的概念和方法去理解人，已经成为一种常识，以此为依据对特定人群，例如"弱势的"、"处于风险中的"或"天才的"儿童进行干预，通过对儿童的数学和科学知识做国际比较以讨论国家发展问题。人们对这些做法都已经习以为常了。

波普科维茨认为，包括教育科学在内的社会科学中内嵌了统治的艺术。首先，一些道德和政治领域的概念被带入社会科学中，并依据学科知识的表述规则做出调整，重新定位。① 比如二战结束时，贫穷和种族，作为国家政治生活中的概念，被带入到关于社会福利体系的学科理论话语中。反过来，社会科学中一些特定的概念则成为了社会"常识"，比如马克思的"阶级"，韦伯的"官僚体系"和弗洛伊德的"自我"。研究不仅仅是描述世界，借助科学的概念和概括，它可以将社会生活中的特定事件置于更为一般的关系系统中重新定位。科学研究的概念和理论以一种与常识系统颇为不同的方式解读日常生活，然而在使用这些概念时我们往往会忘记这一点。谈及"民主的"或"资本主义的"学校时，说到"人力资源"的需求时，把自己作为一位"公民"或是"消费者"时，我们都不自觉地将自己的直接实践置于抽象的知识系统的原则的约束下。

社会科学的统治实践将国家实践和个人意识联系到了一起。② 例如，统计是19世纪发明的一种国家治理策略。应用概率计算方法，国家把人口作为统计集合来处理，将人划分至特定的单元，从健康和财富等角度，建构起一些社会群体，以便可以对疫情和犯罪等问题进行管控。而这些关于"人口"的特定思维，在成为一种社会思维以后造就了个体存在的新形式。在这种思维中，人被依据某种统计上的划分标准来定义，同时相信人的"成长"和

---

① Popkewitz, T. S. The Sociology of Education as the History of the Present: Fabrication, Difference and Abjection. *Discourse: Studies in the Cultural Politics of Education*, 2012(1): 1~18.

② Popkewitz, T. S. A Changing Terrain of Knowledge and Power: A Social Epistemology of Educational Research. *Educational Researcher*, 1997, 26(9): 18~29.

"发展"是可以被管理和监控的。如今对学生的一些社会或心理属性的描述，以及它们和学业成就间的关系，已经成为社会常识。而波普科维茨试图指出，这些"属性"都是在特定的历史进程中，由权力实践所划定的知识类别。

波普科维茨将教育学知识、国家统治实践、社会科学以及人口思维联系起来，以考虑与学校教育相关的统治方式。20世纪初的课程中的种种改革，就是一些统治技术，控制着学生，影响着他们对自己是谁，在社会中又是什么角色的理解。波普科维茨认为，克利巴德在《美国课程的斗争》一书中描述的课程变革，反映了关于社会责任和个人信仰的种种想象。约翰·杜威、斯坦利·霍尔和大卫·斯内登（David Snedden）的观点虽然不同，但他们都试图将职业的科学的知识带入学校中，作为监控学生的思维、生理以及社会发展的工具。（参见本文第二章）

科学地解决社会问题，是与美国主流思维中对自己所在的"新世界"的田园式的想象分不开的。课程理论把现代的"理性"公民与新大陆式的民主混杂在了一起。[①]

在一个层面，学校的中心问题是教学如何建构"新"的个体：学校教育就是培育人格吗？课程的目标就是要生产出对社会更有益的公民和劳动者吗？或者，学校要让学生建立起对体制和社会问题的批判性理解，以重建一个更好的社会？

而在另一个层面，20世纪初的关于美国学校课程的各种理论，围绕着个体应该如何在（与国家、官僚体制和工商业相联系的）新的机构和新的人际关系之中管控自己，能够理解这种新环境并理智地参与其中。[②]关于"儿童发展"和社会效率的问题不仅仅是关于学校中应该教授什么知识。现代学校及其课程，是个人对"自我"进行管控和规训方面的一次断裂。先前的世界在神命天启中找寻真理，而"现代"的教育学知识则将关于救赎的宗教观点与探求真理和自我监控的科学倾向结合了起来。教学被科学地组织起来，聚焦个体在获取信息的同时习得某些倾向、敏感性和特定意识的社会和

[①] Popkewitz, T. S. Curriculum History, Schooling and the History of the Present. *History of Education*, 2011, 40(1): 1~19.

[②] Popkewitz, T. S. The Sociology of Education as the History of the Present: Fabrication, Difference and Abjection. *Discourse: Studies in the Cultural Politics of Education*, 2012(1): 1~18.

心理过程。例如,关注着"问题解决"、测量与测验,以及儿童发展的"新心理学"中包含着区分和差异,这种学问不仅仅描述和确定教学中的"问题",而且这一话语系统中内嵌着个人能力和个人成就这些范畴。把儿童作为"学习者"的这些语言本身就把理性的个人当作社会变革的中心。这些意识形态要素蕴藏在"客观的"、"科学的"语言背后。

波普科维茨还原这种复杂的历史网络,并不是悲观地喟叹权力的强大和无所不在,而是要揭示社会生活中某些联系原是多么松散,某些看似必然的因果链条是多么脆弱,由此展现新的可能和替代性选择的必然存在。

三、美国课程:清教传统、美国例外论与社会改造

在其著作《世界主义和学校变革的时代:科学,教育和通过制造儿童来制造社会》和论文《课程史,学校教育与当下的历史》中,波普科维茨具体地结合美国的课程历史,对课程与社会控制等理论问题做了更为细致的解读。

上帝的恩赐与例外的美国:学校课程是走向光明的皈依之途

波普科维茨多次指出,西方的现代学校教育与对儿童的灵魂和身体进行控制有着密切的联系。在西欧,灵魂无疑是一个与宗教相关的关于人的心灵的概念,正是人的心灵所具有的道德和理性的性质,才使得人们可以对他人的生活进行干预,以寻求个体的幸福和社会的进步。

19世纪欧洲学校的课程寻求系统地培育公民德行,然而此时学校中的教学对话模式,与教堂忏悔室里牧师与基督徒的对话十分相似,忏悔室里教义问答式的教学被作为一种技术移植到了民族国家的学校里,用来培养爱国主义以及共和国民的道德和品行。这种教育要借助理性和科学让个体理解和接受自己在国家中生存所应尽的义务。

美国学校的培育道德和品行的实践与欧洲有着相似之处,又具备一些自身的特点。19世纪美国的教学与清教对教育的理解有密切的关联。清教徒将教育看作"为完成大使命(上帝差遣)而对身体和精神进行规训的过程"。当时的美国课程体现了清教徒把教学看作是传道和对读者的灵魂进行规划和影响的观点,正如课程(curriculum)一词与宗教改革家约翰·加尔文所说的履历(curriculum vita)或"生活的过程"有着密切的联系,教育与对儿童的宗教规训经历相关。对清教徒而言,学习理性、逻辑和方法为的是得出道德和行为的适切标准,以便自我实现并为社会的整体利益服务。

随着 18 世纪末共和国的建立，作为宗教规训和信徒皈依上帝、完成使命的途径的教学，渐渐与原来的宗教机构分离开来，逐步与美洲大陆这片土地和生活于其上的人们的天赐的"特殊角色"联系起来。各色宗教用语，如"新世界"、"上帝的选民"，以及"昭昭天命"等，给这个新国家的建立抹上许多宗教目的色彩。这种天赐的角色让这个新国家可以成为不受欧洲旧世界的邪恶、衰颓和堕落影响的"例外"的所在。

到 20 世纪初，关于这个国家的最重要的故事，又变成关于拯救和天定的美好未来的千禧年主义叙事。① 这个新的共和国实现了人的精神自由，而对普遍理性的神化和对科学技术的胜利的宣扬，成了对国家进行赞颂的主要话语模式。

之所以转向对美好未来的期许，一定程度上也是由于 19 世纪初那些围绕乡村美国的田园牧歌式的史诗叙事已经无法延续了。自由放任资本主义中蕴含的危机，城市中的道德堕落，现代战争的残酷，围绕奴隶制的激烈的冲突斗争等，都使人对那种把新世界描绘成伊甸园转世的美国例外论产生了深深的怀疑。现时的国家不再是《圣经》中描绘的伊甸园的化身，对人的拯救使命需寄希望于国家的未来。关于这个国家的特殊性的新神话的基础，是对西部、对前沿、对未知的探究和开发。当旧的神话难以为继时，新的故事又用关于科学和技术的进步的叙事让人继续对这个国家的未来充满信心。

美国例外论依靠着技术对美好未来的承诺继续着，那些关于科学和技术的叙事里同时包含着欣赏、赞颂、敬畏和恐惧的情绪。铁路、电力、大桥和摩天楼，当时的种种技术奇迹被放进对国家的扩张和进步的讲述之中。尼亚加拉瀑布的自然神力、大峡谷的鬼斧神工，以及铁路道桥和城市建筑等方面的技术成就，都被看作是艺术和科学胜利的符号，是这个年轻的共和国实现了人的精神解放的标志。关于美国的基本叙事又从对广袤的荒野吟诵转向对一种开放包容、自由平等和繁荣兴旺的大熔炉般的社会的赞美，这片土地和居于其上的人们，依靠种种技术成就正享受着富足和无上的荣光。各类技术成就被置于一个由事件构成的因果链条中，以描绘一个看似必然的社会和技术进步的历程。

① Popkewitz, T. S. Curriculum History, Schooling and the History of the Present. *History of Education*，2011，40（1）：1～19.

波普科维茨建议,应该在这种不断变化着的美国例外论所创制的社会文化情境中考虑大众教育的产生和美国进步主义教育的兴起。① 无论是教育中或是更广阔的政治范围里的进步主义,都包含着美国对理性和科学的普适性、个人的解放以及社会的进步的"启蒙运动"式的信仰。国家的形象由 19 世纪早期的庄园图景被重绘为如今的城市样貌,不断扩张的学校系统似乎也可以替代不断扩张的版图,持续地给人们带来新希望。20 世纪初的普通综合高中起初打算使用"世界性(cosmopolitan)高中"的名称,用其中"世界大同"(cosmopolitanism)的意味去显示这个不同寻常的国家的包容性,以及美国例外论式的自信和乐观。②

美国进步主义运动中产生的新的社会和教育科学包含了关于科学和技术的叙事以及关于救赎的叙事。波普科维茨考察了社会学家查尔斯·库尔利、儿童研究的领军人物斯坦利·霍尔以及进步主义教育的旗帜约翰·杜威的作品,发现其中都饱含着美国例外论式的充足信心。

库尔利是一位较早关注教育问题的社会学家,在其作品中不难找到美国例外论的故事。库尔利认为美国与和之前的国家全然不同,它可能更接近理想的秩序。斯坦利·霍尔在国家的情境中谈论教育,"唯一完整的历史,是关于人在实现自我完善时受到种种影响而发展得迅速先进或者迟缓落后的故事,而人的完善,永远是一个理想的状态,也永远只存在于未来之中"③。爱德华·桑代克对教育目标的陈述中则暗含着个人主义的、面向未来的美国叙事,他认为科学是要发现关于个体的内在本质的规律,把握这些规律可以推动个体获得幸福。教育心理学旨在塑造人的心智和灵魂,好让个体对自己的进步、自己的未来负责。

美国例外主义对光明未来的预见和对科学的信仰,同样可以在约翰·

---

① Popkewitz, T. S. Curriculum History, Schooling and the History of the Present. *History of Education*, 2011,40(1):1~19.

② Popkewitz, T. S. *Cosmopolitanism and the Age of School Reform: Science, Education, and Making Society by Making the Child*. New York: Routledge,2008:41~50.

③ Hall,G. S. Aspects of Child Life and Education: The Contents of Children's Mind on Entering School. *Princeton Review* II, 1924:249~272.

杜威的实用主义中找到。① 在杜威那里,关于个人实施善行的基督教价值观和整个国家的民主是相通的。杜威的民主愿景,把基督教(加尔文教派)中普遍的道德观与真理的渐进式展现联系了起来。新教中自我反思的道德模式暗含在对民主的论述中,因为民主也是个人持续不断地发现生命真意的过程。新教的和民主的生活模式在这一点上都是相同的。杜威早期作品中所说的"基督教民主",在对民主的呼唤中强调理性和科学的重要作用。与基督的教导相似,民主的精神意义在于自由就是对真理的不懈追求,因此要松动传统的束缚,突破对个人的成长和发展的各种限制。杜威认为,考虑宗教和民主的这种关系,目的是要将民主的政治过程作为一种生活模式而非一种统治机制来思考。

杜威在谈论课程时,使用了新教改革中关于先知预言的话语,依从了英国加尔文教派的观点,②声称"民主是一种(上天的)启示"。英国新教加尔文教派用理性的原则、天赋信仰和神命天启替代教会的教条和戒律。作为上天启示的民主要促使人们用开放的精神引领自己的生活模式。波普科维茨认为,杜威对"心智习惯"、问题解决、实验、社区以及实用主义的一些核心概念的探讨,都与作为天启的民主有关。科学是一种统摄着学校课程和学习的思维模式,课程要保证儿童在思考和行动时是一个道德的人,在这个不确定的世界中寻找真理。对杜威而言,科学是让个体能够克服那些屈从于本能、欲望和习俗的不加反思行为习惯的最好方法。

各种进步主义的教育社会学和心理学,尽管对于个人和社会的关系有着不同的认识,但是在把科学作为规划未来的力量和把教学作为进行宗教式规训、使人皈依的途径这两点上是相同的。③然而在课程中,科学展现了相互关联的两个方面。首先,科学可以对社会变革进行设计和控制。这种对变革进行计划的倾向也影响着课程中关于儿童是什么、在日常生活中该如何生活的文化议题。科学的第二个方面是渗入到儿童的学习、发展和成长的理论中,例如认为儿童的学习就是通过解决问题设计出美好未来。将儿童作为一个问题解决者来讨论,这并不仅仅是一个帮助儿童学习和成为更好的人的范畴。问题解决是一种特定的生活模式的一个原则,对那种生活

---

①②③ Popkewitz, T. S. Curriculum History, Schooling and the History of the Present. *History of Education*, 2011, 40(1):1~19.

而言,问题解决是走向圆满和幸福的路途。

用科学对社会和生活进行规划,包含了对未来的希望,以及对那种未来所面临的种种威胁的恐惧这双重姿态。[①] 在某种层面上,这种恐惧来自纷杂的当代社会以及某些"危险"的人群。在这种情境里,科学作为一种计划和作为一种生活模式的想法交叠在一起,成为应对危险和促进进步的实践。

杜威认为,科学方法为日常生活带来了一种反思和行动的途径,避免盲目跟风,抑制邪恶力量的增长,保护社会免受权力滥用的影响。对不假思索的盲从习惯的恐惧,促使对个体倾向做了区分,某些个人特质被认为是适合未来的民主生活的,而另一些则不是。换言之,某些东西必须要被排除在外。

进步主义的"社会问题":科学和对危险人口的恐惧

进步主义教育运动及其教育科学通常被视为是一项独特的国家事业,然而波普科维茨认为,实际上可以把它看作是与北欧和北美新教(加尔文)改良主义相关的一场跨大西洋的社会改革运动的一部分[②]。居于这一运动中心的,是"社会问题"。"社会问题"一词,由德国社会理论家在19世纪提出,它关注的是通过有计划的干预以改善城市的物理、社会和道德状况。新的社会科学与这种社会变革结合在了一起,努力找出酗酒、犯罪、卖淫,以及其他违反了既定文明规范的行为背后的原因。改革努力的重点是对穷人的救济,城市交通的发展及公有化,城市街道和分区的规划,雇佣劳动的保护,公共和现代住房发展以及面向城市人口的大众教育。

波普科维茨认为,关于"社会问题"的大背景有助于我们更好地将进步主义教育在历史中定位,它不仅仅是学校教育发展的产物,而且形成于更广泛的国际社会和文化变革中。在审视美国进步主义教育时不难发现,它体现了北欧新教改革运动中对城市变革的一些特点。尽管使用的主要是关于民主的措辞,但改革的目的是要铸造一个志同道合的美国,创造出包容的社区,有能力且善良的个体,以实现美国的"美好宿命"。

对于营造一个道德高尚的良性社会的进步愿望,却又同时包含着恐惧:

---

① Popkewitz, T. S. The Culture of Redemption and the Administration of Freedom as Research. *Review of Educational Research*, 1998, 68(1): 1~34.

② Popkewitz, T. S. Curriculum History, Schooling and the History of the Present. *History of Education*, 2011, 40(1): 1~19.

假如有人完不成这样的目标该怎么办？对学校课程的批评提出了一些突出的问题，比如对技能的学习能否保证城市中的儿童成为有生产力的公民。在移民和种族问题方面的一些声音就凸显了对既定的社会统一性的威胁的恐惧。加之一些"能力不足"的儿童有极大的学业压力，学业失败率很高，使得有人批评，在学校中教授代数等科目，正在"毁掉数以千计的儿童的心智、健康和生活"①。

这种忧虑似乎弥散开来。对教学的变革和教育科学的兴起，都与通过"提升"城市人口素质以改变城市生活的计划相关。例如杜威的同事，芝加哥社会学派的开创者之一莱斯特·弗兰克·沃德（Lester Frank Ward），其社会学思想就包含着对公民道德的追求，以及对威胁了道德标准的人群的担忧。沃德的社会学里有着明显的社会达尔文主义的印记，他关注对移民家庭进行干预，改变他们的民族传统和习惯，使之"文明"。沃德认为教育应该是绝对统一的，以便能中和掉那些未开化的因素，从而避免拉低整个社会的层次。教育就是要拉高那些不文明阶层的层次，将那些"文明水平不高的"、"依情绪而非理性行事的野蛮人"社会化。爱德华·罗斯，在其《社会学原理》的第一版中，把学校看作是应对美国人口日益多样化所带来的威胁的最重要工具。他认为人口的多样性，必然带来文化、语言和规范等多个方面的差异和区隔。罗斯认为，美国要依靠教育消除移民原有生活方式的影响，传播美国例外主义的理念和理想。要有相当的社会凝聚力，防止"破坏性的想法"的散播，比如那些把雇主看成剥削者的观点、乃至布尔什维克革命中展现的那些"危险"思想。波普科维茨将罗斯的这些观点解读为"人口多样化给社会带来的割裂，要用对那些'令人骄傲'的美国观念的传播来弥合"②。

波普科维茨还指出，为选择和组织学校课程提供指导的教育和发展心理学，同样关注着对城市中的愚昧无知和道德败坏现象的纠正。③举例来说，桑代克对儿童学习的研究与对社会问题和城市生活的关注紧密相关。桑代克的心理学包含了一种智力和道德的可遗传观，他在对智力和道德人格的讨论中认为美国黑人在智力方面要逊于白人。在他看来教育的作用是"让

---

① Popkewitz，T. The Alchemy of the Mathematics Curriculum：Inscriptions and the Fabrication of the Child. *American Educational Research Journal*，2004，41(1)：3～34.

②③ Popkewitz，T. S. Curriculum History，Schooling and the History of the Present. *History of Education*，2011，40(1)：1～19.

学生学习'恰当'的科目,以确保他们保持健康,免受贫穷,享受闲暇,不然他们可能会和那些一般的、不太理想的人想要同样的东西"。桑代克认为,通过确定处理种族、犯罪、公共健康、家庭新观念等问题的事实和规律,就可以创造并强化人的良好意志,达尔文主义开始蔓延到政治与社会控制领域。对桑代克而言,对差别的测定是与遗传学和优生学紧密相关的。

城市中道德的混乱和败坏一直是所谓的"社会问题"的一个核心主题,这也使得社区的观念在有关家庭和儿童的理论与实践中处于令人瞩目的位置。在各种不同的进步主义中都包含新教的城市改革思路,比如其中对"自然"的向往,实际上是勾勒了一种关于以前的乡村邻里生活的充满乡愁的怀旧图景,希望那种社会关系模式可以被移植到城市中的移民和少数民族的社区里。社区这个概念出自芝加哥社会学派,源于对德国社会理论中关于城市的堕落,以及将城市重建为一个文化中心和一方家园的论述的改造。对社区的乡村田园式设想中,包含着对贴近自然的、邻里间可以面对面互动的前现代生活的追忆,而与之形成鲜明对照的是这个难以建立信任和道德秩序的现代社会。例如,库尔利就运用社区的概念考察社会的变迁,小型社区的生活模式一定程度上可以冲淡城市生活的现代意味。对杜威和他在芝加哥大学时的同事乔治·赫伯特·米德(George Herbert Mead)来说,个人的形成源自在社区中自我调适和自我实现的过程。米德的社会互动论希望在不破坏自由民主的价值的前提下,尽可能将记忆中的田园图景融入到对城市社区的勾勒中。杜威在谈论社区、问题解决和有智慧的行动时,也希望把村落中面对面交流的社区生活移植到工业化条件下的城市生活里。

新的教育科学塑造和决定了课程,而波普科维茨注意到,此时的教育科学把学习和社区(共同体)的概念联系到了一起以控制个人生活①。课程的职责不仅是实现个人的成长与发展,而同时也要完成标准化的公共道德的塑造。这种教育科学发明了一系列技术,将公共义务的规范加于儿童身上,同时又不破坏其私人权力。罗斯把这些称为"责任化"技术,借由这种技术,学校和家庭一样,"把希望社会体健康有序的公共目标与希望个体幸福安康

---

① Popkewitz, T. S. *Cosmopolitanism and the Age of School Reform*: *Science, Education, and Making Society by Making the Child*. New York: Routledge, 2008: 41~50.

的个人愿望结合了起来"①。对个人健康和高尚的私人德行追求，被与公共卫生和社会秩序相关的公德联系在一起，同时看上去又丝毫不损害，甚至是在强化家庭和个人的自主性。

从波普科维茨上面的分析中可以很清楚地看到，教育科学的特征绝不仅仅是寻找通向未来的进步之途。这种科学包含了一种做比较的思维方式，这也就决定了它在想要体现包容的时候却因为要对事物进行区别和分化而不可避免地展示出排斥性。

在杜威、霍尔和桑代克等人的教育学说里都包含着一种对童年的乐观情绪。这种乐观不单单是来自儿童将会成为这片"应许之地"、"希望之乡"的未来公民，希望的力量更源自关注的核心问题的转变——从宗教的终极问题"我如何能够得救"转向美国启蒙实用主义的问题"我如何能够快乐"。愉悦再也不是追求美德时的分心旁骛，而成了美德本身。

波普科维茨指出，在美国课程领域中，这种向获取快乐幸福的转变在桑代克的作品里被清楚地表达了出来。② 桑代克的联结主义心理学无疑包含对"社会问题"的回应，其中突出了美国例外论的救赎希望，和对给这应许的未来带来威胁的危险人群的恐惧。对桑代克来说，心理科学，就是要减少或消除阻碍个人追求幸福的外部条件制约。联结主义心理学是一种对快乐和不快乐的人群进行区分的社会干预实践。桑代克接受了本瑟姆的为最多数人寻求最大乐趣的观念，教育心理学要同时为儿童严肃的生计和事业问题以及高雅的休闲娱乐做准备。心理科学需要确定个体的本质，这样教学就可以帮助其获得更大的快乐。桑代克对使人更愉快的行为和使人更好地存活的行为之间的高度相关性进行了探究。斯宾塞"什么知识最有价值"这一问题因而也可以转化成一个关于在多大程度上满足个人愿望、使人快乐的问题。教育的终极目标是帮助个人满足自己的需求，因而不同种类的知识的相对价值也就可以借此进行判断。

在波普科维茨看来，桑代克的心理学，和他之前探讨过的课程和学校历史上的其他图腾一样，装载了"生产能为国家和公众工作的自我推动和自我

---

① Rose, N. *Powers of Freedom*: *Reframing Political Thought*. Cambridge, MA: Cambridge University Press，1999：74.

② Popkewitz, T. S. Curriculum History, Schooling and the History of the Present. *History of Education*，2011，40(1)：1～19.

负责的个人"这一更一般的文化前提。① 可以认为，桑代克的学习理论是实现共同的自由理想的手段。学习的实用目的是有效地获取思考和行动能力，以自由地发展个体的自然潜质。

在今天，特定类型的主体的建构乃是现代福利国家所要考虑的核心议题。有一种常见的观点，即更加精确地理解个体行为，可以让最适合的人在学校中受益最多，以此为国家提供优质的人力资源。桑代克对儿童能力水平的区分为这种强调教学适应个体差异的自由主义主张提供了科学研究的依据。同时，它体现了对移民所带来的危险的恐惧，包括城郊的新教徒对城市中的天主教徒移民所持的忧虑和恐惧。

同心理学一样，社会学的叙事中同样包含了对那些未接受学校教育的人群的担忧。美国社会学研究的奠基人之一，爱德华·罗斯使用了社会控制的概念来提倡通过养成固定的习惯维护社会道德秩序。在《社会学原理》一书中，罗斯对"社会问题"做出了回应，指出尽管有多种社会控制工具可以应对人口不断多样化带来的威胁，但没有哪一种比教育更为重要。要把拥有不同文化、语言和行为规范的人们团结在一起，凝聚成一个国家，传播美国例外主义的观念和理想："沙皇依靠蓝色穹顶的东正教堂使得每个村的农民都成为俄罗斯式的社会等级结构中的一员，而我们美国人依靠座座'红色小校舍'保持着统一。"②个体要学习的是如何成为能依据分配给他的角色而做出相应贡献的未来公民。

对杜威而言，对科学的学习能为以一种民主的方式去生活创造条件。这种生活方式中既铭刻着那种将科学技术作为理性巅峰、对技术推崇备至、认为它能为国家带来美好未来的美国希望，又包含着对如何创建新的道德秩序的"社会问题"的应答。科学要使儿童能在这个充满不确定性的世界里"民主"地思考和行动。波普科维茨指出这便是他所说的"希望"。

而"恐惧"，则不仅仅是害怕这种现代性状态遭到破坏，还包括对国家未来构成威胁的人群素质的担忧。"系统的思维训练是为了防止错误地发展

---

① Popkewitz, T. S. Curriculum History, Schooling and the History of the Present. *History of Education*, 2011,40(1):1~19.

② Ross, E. A. *Principles of Sociology*. New York: Century Company, 1920:409.

起邪恶的力量……思想的力量……让我们远离服从本能，欲望，和常规的奴性。"①

这种希望和恐惧的双重姿态，不是有意识地形成的，而是恰恰相反。② 与之密切相关的是理性的种种规则和标准，沃德、罗斯、杜威和桑代克所阐释的进步主义教育的不同分支，都要遵循它们。这些标准和规则汇聚在一起规定了教育学的理性是怎样的理性，它在价值的连续体中置入了区分和差别。学校教育和课程设计的科学便是这种推崇区别和划分的比较式思维的最好例证。

波普科维茨在《作为当下的历史的教育社会学：构造、差异与驱逐》中指出，当前对终身学习的论述同样包含了这样的双重姿态。③ 终身学习者这一文化议题，描述的是一个在不断地做决定、创新和合作的过程中，进行着高度的抽象思维，不断追求最大幸福的人。终身学习者不是孤立的概念，他生活在所谓的"知识社会"里，参与着"知识经济"。终身学习者作为一个确定的类别出现后，便同时开始确定和排斥"他者"。很容易发现，对承载着未来希望的儿童个体的关注当中，同时包含着一种恐惧，对可能威胁到这种美好未来的人群的恐惧。而教师则要对这些危险人群进行干预，实施"拯救"。因此在关于终身学习的论著中就不难看到诸如"在青少年早期进行干预是最有效的，以帮助儿童避免学业失败和行为问题"之类的论述。

学校科目与通过塑造儿童来塑造社会

波普科维茨认为没有上述这些历史实践的交错纵横，也就不会有学校科目的出现。在当今的认识和行动中，学校科目被看作是业已确定的范畴，认为教学就是教某种对象，比如物理和数学。改革就是要使教学中的"知识

---

① Dewey, J. The Schools and Social Preparedness. Ratner, J. *Character and Events: Popular Essays in Social and Political Philosophy*, (Vol. Ⅱ). New York: Henry Holt, 1929: 474~78. 转引自 Popkewitz, T. S. Curriculum History, Schooling and the History of the Present. *History of Education*, 2011, 40(1): 1~19.

② Popkewitz, T. S. *Cosmopolitanism and the Age of School Reform: Science, Education, and Making Society by Making the Child*. New York: Routledge, 2008: 55~56.

③ Popkewitz, T. S. The Sociology of Education as the History of the Present: Fabrication, Difference and Abjection. *Discourse: Studies in the Cultural Politics of Education*, 2012(1): 1~18.

传递"更有效和高效。在当代美国和欧洲的教师教育改革中都可以清楚地看到这种取向。改革呼唤教师拥有更多的学科知识和教学知识。从历史的角度看，这些改革中的学校科目教学原则，掩盖了与之交叠的种种实践方式，而确定了这些原则的"理性"则恰恰是由这一系列实践共同决定的。学校科目的发明绝不仅仅就是为了教音乐或者教科学本身，而是被紧密地组合在一起，成为与特定生活方式相关的对躯体和精神的规训过程的一部分。儿童是什么，儿童又应该怎样，对那想象中的未来来说什么样的人才是"适合"的，教育学与探讨这些问题的话语密切地联系在一起。

在某种意义上，学校科目的观念是一个 19 世纪的发明。17 世纪早期的学校课程就是要读的书的名字，例如，高中生阅读两本凯撒(Caesar)和三本维吉尔(Virgil)的书以学习拉丁文。至少到 1885 年，大学和学院还规定学生要阅读哪些书目才能参加它们的入学考试。到 20 世纪的第一个十年，学校科目才开始用新的科学心理学的教学原则围绕着特定学科的知识组织起来。

波普科维茨认为学校科目的组织原则好像 16、17 世纪的炼金术，如同用矿石炼金一样，教育学把自然科学、社会科学和人文知识魔术般转换成了学校科目。① 因为儿童不是科学家或者文豪，所以转换的过程无疑是必要的。问题是究竟是用了什么样的教学技术来翻译、转化和组织学校科目的。

波普科维茨通过考察发现，相比具体学科的学习实践，教授数学、语言、音乐等科目的规则和标准，与使人皈依的规训过程联系得更为紧密。从某个层面上说，学校科目的选择和组织中，围绕的是对这个国家的道德赞颂和对进步的美好假设。尽管在今天看来可能很牵强，19 世纪美国的学校教材对几何和化学的讲授围绕着如何应用这些知识去西部开矿和冶炼，当时的人认为化学不仅包括工业的过程，而且能解释很多日常生活现象，因而正是使人理解造物主的庄严神圣的计划的一扇窗。地质学教授的是上帝创世的"真理"，动物学中学习的分类学把人放置在自然界层级的顶端。理解科学规律能使人更接近上帝，这部分地通过提高生产力来实现，让学生学习生死乃是受到一种化学过程的影响，为的是让他们理解这是"尘归尘，土归土，永

---

① Popkewitz, T. S. *Cosmopolitanism and the Age of School Reform: Science, Education, and Making Society by Making the Child.* New York: Routledge, 2008: 102~106.

无休止的循环"的一部分。

待到 20 世纪之初，关于拯救的现世主题也融入到学校科目中，科学、数学、语言和历史课程围绕着关于这个国家的叙事和新教改革的救赎主题，为的是促进"人类"的发展，形成一个世界性共同体。这种叙事历史性地与技术神话联系到了一起，在关于国家前景的幻想中，作为关键力量的科学和技术发展被视作普适理性的胜利而被推上神坛。① 例如，数学教育就被看作是有相当实践意义的科目，除了让学生理解日常生活，对于建造房屋和道路也是必须了解的。桑代克对数学心理学的研究是要让人们将自己内在的天赋能力发挥出来获得幸福，进而促进民主的进步。对数学概念的学习为的是让儿童用科学的思维和数学的逻辑来认识世界和人类活动。

学校科目的教学也是作为回应"社会问题"的城市改造运动的题中之义，新的课程向"粗鄙不文"的劳动阶层和移民开放。托马斯·琼斯（Tomas Jones），是移民定居运动中的重要人物，1916 年中学教育社会研究报告的主笔，就乐观地认为新的社会科教学能极大地帮助那些原本不能"恰当地"发展的黑人和印第安人。② 英语被作为学校科目与政府提供社会福利相关。语文课文中的叙事结构和道德信息帮助读者成为拥有普世价值和"文明"观念的道德主体。为了普及道德行为的规则，课文中的故事开始与工人阶级的孩子的日常经验相关。这种相关性为学生展现了道德规范和标准行为如何可以在日常生活中践行。

与科学和社会科目不同，美国学校中音乐科的开端源于 19 世纪 30 年代的波士顿，而这与普鲁士学校作为对未来公民规训的一部分的演唱传统是有关的。③ 新创建的马萨诸塞州教育委员会的秘书贺拉斯·曼，在 1844 年给学校委员会的报告中写道，声乐教学中歌曲的和谐韵律能为儿童提供在社会中自律的模式。贺拉斯·曼讨论音乐教育时将之与传染病给公民社会带来的危险联系了起来。声乐教学提供了一种促进人体血液循环的养生之道，这将有助于防止城市人口中的生理疾病和道德问题。教授合适的歌曲

①② Popkewitz, T. S. Curriculum History, Schooling and the History of the Present. *History of Education*, 2011,40(1):1~19.

③ Popkewitz, T. S. *Cosmopolitanism and the Age of School Reform*: *Science, Education, and Making Society by Making the Child*. New York: Routledge, 2008: 106~109.

将消除对酒馆和聚会的迷恋，改用这种与国家相关的更"高层次"的闲暇生活来改善城市生活的道德状况。

20世纪初音乐鉴赏也随声乐教学一起进入了课程，其目的是减少青少年犯罪和其他社会问题。① 将其引入课程针对的是少数族裔和移民人口的"堕落"品格。讨论如何给脑和身体以适量刺激的生理心理学，与音乐审美、宗教信仰和公民道德一起，构成了关于这一科目的效用的论述空间。在这些论述中认为歌唱可以通过对勤劳生活和爱国主义的讴歌，克服黑人和移民的陈规旧习。而作为表达黑人精神的吟唱音乐，则被作为复杂的欧洲"文明"音乐的反例。一位在上世纪20年代受雇于费城女子高中的医疗专家，就宣称爵士乐会给年轻女孩和整个社会带来病患和问题。做"聆听者"显然是融入了一种"世界性"的文明生活方式，而没有学会以特定的方式听音乐的孩子则是"思想不集中"。当时"思想不集中"的人乃是一个与道德和社会差异相关的既定类别，被划入这一类别的儿童将会是流浪汉，黑帮分子，少年犯，或者是具有潜在的宗教狂热，暴躁的脾气或者性瘾的人。② 通过波普科维茨的分析，树立标准和排斥他者的倾向，即便是在这看似最为轻松闲逸的音乐科目中也显露无遗。

至此，我们可以大致地了解波普科维茨如何使用一种"网格化"的书写方法，在不同的话语和思想领域来回穿梭。他编织的美国课程史画卷场面宏大、画幅宽广，将整体社会背景纳入视野，同时其局部分析又精细入微，丝丝入扣，有极强的理论深度和洞察力，张弛有度，兼工带写。他对历史的书写摒弃了围绕单一的英雄主体的传统叙事，围绕着思维方式的产生过程，考察知识背后权力和意识形态的运作。

波普科维茨不仅自己在课程史研究方面颇有建树，而且凭其长达四十年的教学生涯和卓越的学术影响力，在身边聚拢了一批相当有创造力的课程研究者，以相近的理论旨趣共同深化着课程史研究，同在威斯康星大学工作的贝克教授便是其中一位。

---

① Popkewitz, T. S. *Cosmopolitanism and the Age of School Reform: Science, Education, and Making Society by Making the Child*. New York: Routledge, 2008: 106~109.

② Popkewitz, T. S. Curriculum History, Schooling and the History of the Present. *History of Education*，2011,40(1):1~19.

第三节　"不停歇的舞动"：贝克的课程史研究

伯纳黛特·贝克(Bernadette Baker)博士为美国威斯康星大学麦迪逊分校课程与教学系教授,丹麦哥本哈根大学客座教授,加拿大不列颠哥伦比亚大学国际课程研究中心顾问委员,兼任威斯康星大学霍尔兹"科学技术的社会学研究"中心教授,全球化研究中心教授。其主要研究领域包括课程基本理论、课程史、跨文化教育、教师教育的国际比较研究等。

贝克教授在课程史研究领域有相当的建树,自 1996 年起便在《课程研究杂志》等国际知名的教育研究学术期刊上发表了多篇与课程史有关的文章。其课程史专著《在永恒的运动中:权力理论、教育史和儿童》获得美国教育研究会课程分会"杰出著作"奖,主编的《新课程史》一书获"开拓研究领域"奖。其历史研究一直保持相当的理论敏感性,不仅注重使用后结构主义理论对西方现代学校教育中的区隔和排斥等"毒性"进行历史解析与批判,同时借助后殖民主义文化研究的种种理论资源,解构带有欧洲中心论色彩的西方主流历史话语,为跨国的课程史研究和反思打开多种可能。

贝克出生于澳大利亚,同波普科维茨一样,她的本科专业也是历史学。她在澳大利亚迪金大学获得硕士学位后,在环游世界的旅途中收到了威斯康星大学麦迪逊分校的博士生录取通知。1997 年她在麦迪逊获得博士学位,回到祖国澳大利亚度过了两年的博士后生涯以后,1999 年至 2008 年间在威斯康星大学麦迪逊分校任教,之后她在欧洲担任教职近三年,2010 年后又回到威大。贝克多次在不同大洲间迁移的经历也使她对跨国和跨文化问题保持着高度的关注。贝克是波普科维茨学派的重要成员,波普科维茨当年是其博士论文委员会成员之一,二人多年来保持着亦师亦友的良好关系。

《在永恒的运动中:权力理论、教育史和儿童》是贝克在课程史研究方面的代表作,本节的主要内容便是对其研究路径和主要内容进行介绍和分析。该书试图展现在不同的背景下对"儿童是什么"这一问题的不同解答。现代的力量/权力理论渗透到了对儿童一词的言说中,规定了儿童的一些属性,并为儿童的教育提供了建议。因此这本书"不是关于儿童做了什么,吃了什么,穿了什么,玩了什么或学了什么的历史,而是关于人们对'儿童'做了什么的历史"。① 书中追踪了约翰·洛克、雅克·卢梭、约翰·赫尔巴特和斯坦利·霍尔在著作中对儿童和力量/权力进行概念化的不同方式,以及他们对儿童的培养和教育所提出的不同策略。

贝克自陈有两个兴趣点驱动她开展了这项研究。

其一是考察 19 世纪晚期所写就的教育史里,是否运用了一些当时的新概念去讲述过去,又是如何运用的;又是什么促使 20 世纪初的历史编纂和书写启用了科学和公民的话语作为组织框架。在特定的运动出现前,是否有不同的教育史话语出现。

其二是追踪特定的变革运动自身的影响,特别是运用福柯的权力分析术来研究关于儿童的历史话语。② 诸如"儿童研究"之类的运动是用怎样的机制、技术和策略将儿童塑造为一种特定的对象的? 在儿童研究的文献中,为儿童和他们的老师规定了什么样的主体性? 对儿童的描述如何规范、区分、接纳和排斥着人和人的躯体,为定义所谓的"偏差"和"缺陷"提供了基础?

正是受这些兴趣的驱使,贝克在撰写《永恒的运动中》一书时不单单把它作为一本关于儿童的"当下的历史",不仅描述了借助儿童和"儿童中心"之类的术语生产真理的机制和条件,而且试图揭示这种建构过程的话语效果和政治影响,即意义是如何指向别的意义,被指向的意义如何又同时指向其他意义(我们不难从中领略到德里达对贝克的影响)。书中考虑诸如种族和性别之类的人口学范畴,"官能"、"能力"之类的发展心理学范畴,如何以不平衡的方式围绕着儿童构筑起一个话语空间。不仅关注这些范畴是如何产生的,而且要考察它们给对儿童的理解带去了什么,这种理解在教育上又意味着什么。

一、"历史的舞剧":研究策略

同波普科维茨一样,贝克的课程史研究同样极为重视历史研究的方法和路径问题(尽管他们并不喜欢使用"方法"一词)。在书的序言中,贝克写道:"现代、儿童中心、浪漫主义、人的'发展',这些词汇从 18 世纪以来便以多

①② Baker, B. M. *In Perpetual Motion: Theories of Power, Educational History, and the Child.* New York: Peter Lang, 2001:3~4.

样的话语形式出现在教育文献中，它们是讲述关于当代教育真理的叙事载体，然而不要忘记它们也是任意选取的标签。它们是人们通过确定异同以认识世界的努力的产物。从福柯的历史研究的角度看，与这些标签和词汇相关的延续和断裂正是最值得关注的。关于儿童、儿童的教育以及权力/力量（power）理论的各种所谓的真理叙述中包含的断裂和延续，使得这些名词既是分析时需要采用的工具，同时本身也是探究的对象。"①

话语之舞

教育研究中长久以来有着将思想和物质分离开来的传统，然而在某一情境中诞生的理论观念，可以在另一种场合里被"物质化"地应用，这使得需要使用"话语"这一概念来重塑"表达性"，贝克认为"话语"有如舞蹈一般。

贝克用舞蹈这一隐喻来说明一种不可分割性。人在跳舞时，感觉、思维和运动是混于一团、不可分割的，尽管在此我们不得不分开描述这些要素，但是它们实际上融为一个整体。舞蹈的空间性和感官性使得物质的部分与思想的部分，躯体的部分与灵魂的部分已经无法辨识了，它绝不是由各自独立但又相互联系的各部分组成，甫一尝试区分，它便不存在了。

同样，话语也不能被分割为思想的和物质的，它拒斥用这样的二分法去考察历史变化。借助话语的概念，贝克强调历史并非实证的，而是叙述的，其本质是创制的、建构的，是在语言的运作中的。它不是既定事实的呈现，而是充满不确定性的即兴表演。

舞蹈，是对已经做出的动作的感知，在各个方向和维度上感知空间，与空间做着游戏，以不可预知的方式用身体的舞动和跳跃去表达舞动和跳跃着的思维。至于这种运动和感觉能否必然地推进事物向好的方向变化，则又是另一回事了。同样，贝克的课程史研究并不确保能"改进"什么，而关注的是话语的舞蹈本身。

虽然这本作品被看作是福柯主义的课程史研究，然而在研究的过程中，贝克并没有局限在对福柯的权力分析方法的运用上，她的研究假设、研究方法都在书写的过程中不断调整，不断生成。贝克称这种历史研究是"舞动的

215

---

① Baker, B. M. *In Perpetual Motion: Theories of Power, Educational History, and the Child*. New York: Peter Lang, 2001: XI.

历史"或者"历史的舞蹈编排艺术"。① 它并不是一种一般化的常用方法，是在对儿童、力量/权力和教育进行研究时产生的。历史的舞蹈编排把所有重要的概念都一起拉进历史的舞池里，没有哪一个的舞动不带动其他人，也没有谁能作为静止的旁观者。例如儿童和权力这两个概念，很多人都认为它们是相互影响的，但问题是研究者往往使用诸如"权力关系"等视角，把儿童作为一个变化的对象来研究，其假设就是大家都对权力有着一个固定不变的共同假设。《永恒的运动中》对这种研究方式提出了怀疑，"历史"地分析儿童，并不是轻轻松松地将之作为一种"权力的效应"或者被置于"权力关系"中，而不把"权力"本身也放入历史的考察中。研究要指出，不仅仅像儿童、教师、女孩和男孩之类的人的范畴的意义是特定的，随历史时空的变迁不断转移，而当人们把某些东西看作是"人"、看作是关系、看作是权力时，不应忘记他们"看"的方式，或者说那副架在鼻梁上的"眼镜"也同时是不断变化着的。因此正如书名所示，儿童，教育和权力都被置于不断的运动中考虑，而不是将其中一个概念简单地非历史地固定住，然后去揭示其他概念的历史性和断裂。

19 世纪末、20 世纪初美国公共学校教育的扩张以及教育的专业化在美国教育史上有着非比寻常的意义，书中选取了对这一关键时段产生的美国的"新教育"和"新心理学"产生了重要影响的四位作家的作品进行考察，即约翰·洛克、雅克·卢梭、约翰·赫尔巴特和斯坦利·霍尔。相比裴斯泰洛奇等其他教育学家，上述四人的观点在这一美国教育学术成型的关键期受到了更多的关注，影响更为深远。

之所以围绕着"新教育"（儿童研究是其中重要的组成部分）来展开这段历史探究，是因为它对今时今日的教育仍然有着极大的影响。例如"新教育"中开始利用发展心理学认识学校中的"人"，而其影响贯穿了整个 20 世纪。发展心理学被用来确定一个人是"什么"，可以做什么（有什么能力），它成了一门规定着人的"存在的方式"的学科。

《永恒的运动中》所涉及的这段历史无疑主要是"现代"的，一个正规教育逐渐普及的时代。贝克认为，尽管对究竟什么是现代有着太多的争议，但

---

① Baker, B. M. *In Perpetual Motion：Theories of Power，Educational History，and the Child*. New York：Peter Lang，2001：Ⅻ～ⅩⅢ.

是她所考察的从洛克开始的四位作家的作品，无疑有一些与前现代相区别的共同特征。比如都将"力量/权力"当作一种力（force）来分析；承认所谓"自然"、"天性"乃至自然的规律；都使用"理性"思维去考虑儿童与成人、家庭等的关系而不会把它看作是孤立的存在；都会考虑"内"与"外"的关系等。

然而因为力量、权力、理性、自然等概念都相互交叉着又不断变化着，要做这样一种历史考察并不容易，理解一个概念时，不得不考察它在特定的历史时刻与其他概念的关系，而难点是其他概念也在变动中。贝克承认她的研究也无可避免地会存在用现时的理论解读过去的理论的问题，因为研究者也没法站到特定的历史时刻之外。但是借助"话语"（不单单是权力理论，也不单指知识/权力关系）分析作为这项历史的工具，研究者还是能够有办法在话语网络中构建出有意义的历史理解。同时这也意味这项关于儿童的研究要回答的问题却并不是关于"是谁"的，而是关于"是什么"的。要考察的是究竟"什么"话语产生了关于"是谁"的分类、认知和判断。

具体地说来，面对这一复杂而艰难的历史研究任务，贝克注意了三个方面的研究策略：一是如何阅读和书写作为"主体"和研究"对象"的儿童；二是如何处理时间；三是如何勾勒空间。

《永恒的运动中》一书的引言中，贝克指出了这项课程史研究受到的20世纪晚期历史哲学和历史编纂学的新进展的影响，在历史研究的前提假设和方法等方面的变化给她的研究提供了不同以往的思路，例如对主体、时间和空间的重新认识。①

反思主体

贝克引用了福柯的话来说明新型的历史研究对"主体"的怀疑和反思。

"'有效'历史与传统的历史不同之处在于它是非连续的。在'人'当中，甚至在他的身体当中，都不存在着什么足够稳定的东西可以作为自我认知或理解他人的基础。传统的研究方式旨在构建关于历史的总体观点，把过去作为一个平缓而延续的发展历程来追踪，这种方式必须被系统地拆解。我们必须要放弃那种起安慰作用的，认为存有可认知的一致性的倾向。知识，即便在历史的旗帜下也不依靠于'再发现'，它明显地排斥'对我们自身

---

① Baker, B. M. *In Perpetual Motion: Theories of Power, Educational History, and the Child*. New York: Peter Lang, 2001:15.

的再发现'。历史在多大程度上有效,取决于它在多大程度上将非连续性引入我们的根本存在方式中。"①

贝克指出她的课程史研究涉及到的关于主体的争论有三个方面特点:(1)首先,围绕着主体存在着争议;(2)对于争议中的"主体"究竟是什么,并没有一致的看法;(3)争议的方式也各不相同。② 她尝试对比福柯、德里达和尼克拉斯·卢曼(Niklas Luhmann)对于主体的观点,以确定自己在分析"儿童"这一主体时所应采用的方法。

贝克首先指出,福柯的早期和晚期作品中对于主体有着不同的看法,在《词与物》中,主体是由一定条件决定的,主体是一种假设的先验存在,作为书写有意识的历史的方法论跳板;而在《性史》中,主体是通过所谓"主体化"的过程和技术从个体中锻造出来的特定历史和文化产物。"德里达对主体的批判则和语言学相关,认为主体是一种'元语言'的存在而应被解构;卢曼则在其系统理论中通过质疑人和'非人'世界的界限来反思主体,并指出主体的特殊性和根本性并非是书写历史的基础,而是历史书写的产物。"③

贝克认为这些对旧式"主体"的批判有一些相通之处,比如都批评其非历史性、普适性和超越性;同时也有一些显著的差异,比如福柯对主体批判的逻辑本身隐含着一种超越性,对"人"进行质疑的分析过程中预先假定的人的影子仍然清晰可见,而卢曼对人的解构则力求模糊人与非人的边界。

那么,在人们对主体的理解已经推进至斯的今日,要如何研究"儿童"的历史呢? 如果是简单地弃绝主体,对儿童这种"人"的研究也就没了可能。如果片面地去理解福柯的论断,不相信有任何"可以被认知的一致性",接受"在'人'当中不存在着什么足够稳定的东西可以作为自我认知或理解他人的基础"的话,就根本无法开展这项研究。④从希腊语到拉丁语,再到英语、法语和德语等现代语言,西方世界表示"儿童"的语汇何其多样,即便是同一种语言指涉"儿童"的词汇也往往有多种,这样就意味非要去处理一般性和相似性的问题不可。因此,贝克认为,真正可行的是对主体进行解构和重置,

① Foucault, M. Nietzsche, Genealogy, History. Bouchard, D. F. *Language, Counter-memory, Practice: Selected Essays and Interviews by Michel Foucault*. Cornell University Press: Ithaca, NY. ,1997:153~154.

②③④ Baker, B. M. *In Perpetual Motion: Theories of Power, Educational History, and the Child*. New York: Peter Lang,2001:15~16;20~22;16.

而不是摒弃,可以通过"延迟"和"悬置",使研究中的"儿童"成为一种新的主体,一种非中心的主体,一种不断被掏空又被充填的主体,跟他越是熟悉和亲近,就越是感到陌生。① 因而在这部著作中,研究的主体和被研究的"主体"依然具有先验的性质,但那不是一种贯穿历史的"空洞的恒常性",而是探究的起点,正是这种主体使得对"断裂"的发现成为可能。

为何要在开始这项历史研究之前探讨关于主体的问题呢? 对福柯而言,对主体的认识影响着研究者看待什么是真理,什么是真实,什么可以被看作是一个历史事件,对主体的反思因而同时也和对权力的反思内在地相关。而对权力/力量的思考又离不开对时间和空间的分析。

时间的意义

贝克多次指出她的历史研究属于"当下的历史",所谓"当下的历史"是对福柯式的历史研究的一种指称,贝克认为可以将之视为是一种介于福柯的早期的考古学(如《人文知识的考古学》、《词与物》)和晚期的系谱学(如《性史》)之间的研究路径②。米切尔·迪恩(Mitchell Dean)则认为"当下的历史"解决了福柯历史研究的方法论问题。福柯指出"当下的历史"绝非用现在的观念书写过去的历史,而是有如一面破碎的镜子,映照出"当下"自身的断裂。在这面镜中我们看到,当下,或者说现在,是由一些意想不到的全然不同的事物聚合一处生成的产物,这面镜子让熟悉的东西陌生了起来。

然而贝克并没有在福柯这里停下脚步,而是批判地分析了福柯的时间观。贝克指出,与谱系学一样,"当下的历史"同样不相信变化是渐进和有序的,拒斥单一起源的观念,拥抱无序和突变。她认为种种振动和意外搅乱了平滑流动的时间观,从而也挑战了与之内在相关的意识的渐变渐进论。这种研究路径实际上预先暗示了历史学者所要寻找的东西,他们会偏爱混乱、陌生、差异以及非连续性,会探求"开端处"种种"力量"的交错竞逐,而不再试图追踪单一的"起源"。这似乎成了用福柯的方式研究历史的一种必然

---

① Baker, B. M. *In Perpetual Motion：Theories of Power, Educational History, and the Child*. New York：Peter Lang,2001:18~30.

② 对于福柯的考古学、当下的历史以及系谱学,米切尔·迪恩有过专门的论述,贝克等人认为这一问题是相当重要的,然而这并非本文的论述范围,在此不做展开,可参见 Dean, M. *Critical and Effective Histories：Foucault's Methods and Historical Sociology*. London：Routledge,1994.

"模式"了。另外,在《规训与惩罚》中所展现的"当下的历史",其兴趣不是简单地站在"过去"之外,拉开一定距离实证地报告过去发生了什么,而是明确地意识到了现在是如何重写了过去的。福柯挑战了线性的时间观:认为时间的流逝并不必然地意味着进步;而且如果从空间的角度审视话语,审视真理和认知的条件,时间的流动甚至是难以被注意到的,大量的震荡、突变乃至翻转,使得时间的线性特点变得如此模糊。

贝克指出,福柯对线性时间观的挑战遇到了很大的困难,这是因为"当下的历史"和谱系学在处理历史事件时仍然追踪着时间的线条,而且认为历史的和文化的特殊性在历史书写中扮演着极为重要的角色。而正是这种对特殊性的重视,特别是对断裂和非连续的作用的依仗,使得"当下的历史"在追求新的处理时间的方式的路途上绊住了自己。在试图拒用"时间的词汇表",而求诸"空间的隐喻"来把握话语转变的节点时,却无可奈何地不得不依靠时间词汇来开展话语分析。在尝试确定话语转换的确切节点时,这种历史研究失策地滑回到隐含的线性的时间进程里,尴尬地使用了时段作为区分话语类型的方式。① 对时间的认识似乎回到了旧式的划分方式里,甚至显得静止和保守(纪元、时代、阶段、"古典"、"现代"等词汇都常常出现在福柯的作品里)。似乎对于任何一种强调社会历史特殊性的历史研究,都逃不脱这种尴尬。例如,"这一时代所言说的与之前的时代显著地不同,因为规定应该如何组织论述才能表达真理的规则变了",这一强调社会历史特殊性的论断,就少不了将时间作为线性的存在,并对之进行了切割。历史的特殊性,及其不可避免的推论,文化的偶然性,要求对时间进行分割。如果说话语是"特定于"某种文化历史的,那便必然假设了时空是可分的,是可以分为多个的,且每个都是可辨识、可命名的,从而是可知、可述的。

贝克认为福柯的历史研究未能摆脱一种非对称的时间观,即时间由过去、现在和未来组成,现在永远居于过去之后。因而在处理时间问题时,贝克从福柯转向了法国哲学家米歇尔·塞尔(Michel Serres)。塞尔认为时间不是刚性的,而是蜿蜒的、折叠的、扭曲的,好像壁炉中跳跃的火光,不可预

---

① Baker, B. M. *In Perpetual Motion*: *Theories of Power*, *Educational History*, *and the Child*. New York: Peter Lang, 2001:31～34.

期,无法追踪。① 他借助混沌理论来理解时间,认为其中有无数的断点和破裂,有低陷的深井和高耸的烟囱,时间可以是线性的,也可以不是,塞尔使用关于空间、运动和声音的隐喻来帮助我们思考时间。贝克认为塞尔揭示的不单单是时间性质,同时也是语言的性质,他给如何书写历史带来相当多的启示。

基于上述这些借鉴和思考,贝克认为自己的课程史不应在已然意识到自己隐含地接受关于时间的一些线性假设的前提下,仍完全拒斥时间的线性。她的课程史关于时间的基本假设有如下四点:(1)时间仍然被想象成是一维的;(2)线性的一维的时间流动,并不意味着对儿童的认识和教育的方式一定会变好或一定会越来越坏;(3)对线性时间的想象允许话语中进一步想象出不同的范畴、意义、判断、断裂、延续和反转;(4)过去并不是一种躺在文献里确定可知的东西,而是研究者借助文献书写出的。② 对历史的书写不断穿梭于现在和过去之间,书中研究者的视角不断在历史、哲学和文艺批评之间切换。使用线性的时间假设,依次地论述洛克、卢梭、赫尔巴特和霍尔的作品,以顺畅地讲述这个故事,同时又允许这条线索蕴藏其他意义,包容其中的断裂和反转,允许不断回到现在,使用当下的概念、假设和策略。

空间之外

尽管福柯声称自己的历史研究痴迷于空间,但他从没有解释过空间为什么能存在于历史中。福柯认为空间能帮助人们理解知识和权力的关系,洞悉权力的策略和把戏,空间是一种勘察和测绘,是解读话语的一种方式。福柯认为哲学太关注时间和时间意识,把空间看作是被动和静止的,而他的绘图式研究方法对此构成了挑战。③ 然而贝克认为,福柯在一些作品中把物质空间和话语空间一分为二,另一些作品则将空间描述成关系性的,却没有指出空间和同为关系性存在的权力之间的差别在哪里,没有说明什么是可

---

① Serres, M. & Latour, B. *Conversations on Science, Culture, and Time*. University of Michigan Press, 1995:57～59.

② Baker, B. M. *In Perpetual Motion: Theories of Power, Educational History, and the Child*. New York: Peter Lang, 2001:38.

③ Foucault, M. Questions on Geography. Gordon, C. *Power/Knowledge: Selected Interviews and Other Writings*, 1972～1977. New York: Patheon, 1980: 63～77.

以用空间描述的，什么不能。

同样，尽管到 20 世纪末，空间的概念已经越来越多地出现在教育研究的文献中，但是在教育领域中却很难见到对空间究竟是什么这一基本问题的深入探讨。因此，贝克转向物理学、数学、神学、艺术，特别是建筑学对空间的讨论以求有所启发。特别是在相对论诞生以后，人们的时空观发生了根本性的变革，在这种背景下如何重新理解空间，如何理解研究者、观察者在空间中的位置，是一个相当有挑战的课题。贝克于是考察了著名建筑评论家和设计师伯纳德·屈米（Bernard Tschumi，又译楚米）关于空间的论述。

屈米首先指出，定义空间一方面指"使空间变得清楚、明白"，另一方面指"陈述空间的确切的本质"。然而目前关于空间的种种困惑大都源于没有搞清楚这两种认识取向的不同，把二者混为一谈。屈米认为诸如艺术和建筑等学科关心的是定义的第一方面，而哲学、数学和物理学则关心空间定义的第二方面，并给出了种种唯物或者唯心的界定。然而在二战后受语言学发展的影响，人们开始注意到空间和语言的关系，考虑空间是一种先于语言的条件还是一种语言的构造物，空间是可以"阅读"的吗？

屈米于是区分了作为概念的空间和作为生活经验的空间，或者说理想空间（ideal space）与真实空间（real space）。① 理想空间犹如金字塔，有一个俯瞰全局的制高点，这样的空间内嵌了一种关于空间的语言观。当空间首先是概念的，而非事实的，语言就成了它的绝对背景，空间因而成了一种推论性建构（话语建构），并受制于理性。而真实空间则像是一个迷宫，对它的感觉和感知存于语言之前。空间由此是直观的，不可由理性把握的，不能还原为语词的。落入迷宫中时，并没有一种迷宫的概览或总图可以作为线索将人从中引出来。那么，这一对金字塔式的空间和迷宫式的空间的区分，是不是又落入了那老生常谈的精神与物质、意识和存在的二元对立之中了呢？似乎并非如此。因为迷宫式的空间不再是闭合的，不再受自然主义立场的影响而被想象成一种幽闭和禁锢的牢笼。由于没有对全局的概览，人也就无从知道自己身处迷宫内还是迷宫外，甚至和克莱因瓶一样，这迷宫本身就没有内外之分，有一种真正的开放性。同时，这也意味着没有人能走到迷宫外面一览其全貌，人人"身在此山中"。因而它对于任何关于自身的想象都

---

① Tschumi，B. *Architecture and Disjunction*. Boston：MIT Press，1996：29,42～43.

是开放的，而金字塔式想象，作为其中一种想象，自然也是允许的，正是迷宫式的感知保证了金字塔式的梦的可能性。

借助这些思考，贝克阐释了其课程史研究对话语空间的处理方法。① 首先，她拒斥观念和现实的二分法，认为话语空间是真实存在的。即便洛克、卢梭、赫尔巴特和霍尔对好的教育和理想的学生都抱有乌托邦式的想象，但这些理想图景并非是不真实的，因为他们提出这些东西的目的在于交流，而这些理想图景也在激发进一步的交流方面起到了"实实在在"的作用。在她的课程史研究中没有"语词中的儿童"和"现实中的儿童的活动"之间的区分，它们不是两个分立的空间。话语不单单命名事物，它也能创造事物。因此儿童这个名词是个话语空间中不断运动的点，以动态的方式不断塑造着自己的意义。

其次，话语空间中的点，当它被固定住的时候，便将开始部分地否定自身，破坏自己的具体性。例如，儿童是话语空间中的一个点，我们需要靠它与其他点的关系来认识它，如果将它固定住，声称已经熟悉了它，掌握了它，那么它就没有办法随其他的点一起在不同的文本中流动。由于点和点存在着相互定义的紧密关系，其他的点的移动会使这个固定的点出现幻影，作为一个定点，它将不得不面对着分裂、重叠和模糊，它的具体性由此遭到破坏，它由此走向消失。因此我们不能希求获得对这个点的长久的熟识，而只能任由它再次走向新的陌生。

概言之，贝克对主体、时间和空间对于历史书写的意义做了极为深入的思考，作为一位深受后结构主义影响的学者，在书写这样一段关于儿童与权力的历史时，她自然不会绕过福柯，但是她又没有停留于福柯。贝克对主体的批判无疑比福柯又多了一重否定之否定的意味：承认主体的先验存在，然而这种先验性本身就注定了主体将要崩塌和重建。对于时间和空间的分析同样依循了这种辩证：时间是线性的，而正是这种线性催生了它的模糊性；空间是推论存在的，同时这又确保了它将消失。通过对福柯关于主体、时间和空间的观点进行扬弃，贝克对这些基本的哲学问题做了既高屋建瓴而又细致入微的把握，为自己的课程史研究奠定了坚实的方法论基础。

223

---

① Baker, B. M. *In Perpetual Motion: Theories of Power, Educational History, and the Child*. New York: Peter Lang, 2001:49~51.

二、"儿童"与"权力"之舞：别样的课程思想史

在确定了研究方法之后，贝克也没有急于转入对四位经典作家的作品的考察，而是首先考察了西方哲学对"权力/力量"的认识的变迁。这是因为从 17 世纪晚期起，在育儿的建议里就常常认为儿童拥有某种会受外在事物影响的"内在"。① 在贝克所要考察的三百多年的历史中，人的"内在"有多种多样的形式：观念、精神、理性、良心、内在的声音、意识、心智能力乃至细胞和基因等。而外在影响则包括成人的行为，养育的环境，教学的技术，学科的内容或者上述多种因素的综合等。然而如果非历史地看待对人的这种内外之分，将之看作是普适的东西，就很容易使我们误入歧途。内部世界和外部世界的关系是复杂且多变的，而不总是线性的。教育不应该永远是自外而内的工作，也不该总是围绕着先天和后天的问题争论不休。关于内与外的划分这种思维方式本身，也是可以质疑和思考的。② 洛克、卢梭、赫尔巴特和霍尔无一例外地将内与外作为重要的范畴来论述，人的内部世界和外部世界似乎是任何关于教育的论述都不得不倚靠的概念支柱，尽管每个人对内外关系的理解都不尽相同。

洛克的儿童

例如，在洛克看来儿童的特殊性在于他所拥有的内在本质，那是将他和其他人乃至和这个世界区分开来的关键所在。在他的内部有一种"力量"，而教育作为外在事件，就是要去控制这种力量，以使得儿童有一个更好的未来。作为贝克所探讨的"现代"这一时段中的第一位经典作家，洛克的观点影响着其后的卢梭、赫尔巴特和霍尔。而这些"现代"时段中的思想所具有的共同认识特征，认为教师要从外部施以影响，去控制儿童的内部力量以把他推向一个想象中的完善境界，则是以对事物和力量的某种特定理解为基础的。因此贝克追溯了西方世界对力量的认识，从柏拉图和亚里士多德开始，直至与洛克同时代的牛顿，以求理解为什么到了洛克的这个时代，对于儿童的内部和外部以及力量的理解和想象会是那种样态的。

---

① Baker, B. M. *In Perpetual Motion*：*Theories of Power*，*Educational History*，*and the Child*. New York：Peter Lang，2001：63～68.

② Baker, B. M. Moving on（part 1）：The Physics of Power and Curriculum History. *Journal of Curriculum Studies*，2001,33(2)：157～177.

表面上看来，牛顿从不曾有过关于教育的直接论述，关于力量的种种论述和教育主题似乎也相去甚远，然而贝克的著作中却力图揭示洛克对儿童的理解，与当时的机械论哲学和经典力学的提出与流行，以及洛克和牛顿之间的亲密友谊不无关系①。

贝克认为洛克所身处的时代正是人们对世界的认识开始不囿于亚里士多德式的分类、物质和形式等观念，转向重新评价人的知识及其对象的时代，关于感知者的心智以及感知的对象这些概念开始建立起来。② 在儿童和教育的历史中，洛克因为其关于感觉认识论，以及这种认识论与人的心灵、政治组织和家庭教育等主题的联系的论述而占有非常重要的地位。贝克认为洛克的这些认识与机械论哲学中对运动和力量的理解的巨大转变紧密相关。她考察了洛克是如何把对自然和力量的论述与把儿童分成内部和外部这样一种具有政治和宗教意味的观点结合起来，从而在关于秩序的理论论述中赋予了儿童一种全新的角色的。

贝克对洛克的儿童观得以存在的认识方面的基础进行了分析，认为至少有三个方面的话语突变使得洛克的儿童观与前现代的观点有很大的区别。③ 其一是政治哲学中开始使用机械论的思维方式，用力量/权力解释各种社会运动，洛克可以将儿童看作是内部富含着力量的社会"粒子"，它们受到来自其他"粒子"的力量的作用，同时也可以影响其他"粒子"；其二是文艺复兴中的人体解剖实践使得人们对人的内部有了新的认识，人的内部不再是黑暗和罪恶的所在；其三是英国新教改革中给"家庭"赋予了新的意义，一定程度上用家庭替代了教区，用父亲替代了神父，因此当对自己在寄宿制学校中的教育生涯不满时，洛克会转而论述如何在家庭中培养他理想中的"绅士"。这些话语的断裂，给出了关于力量、自然、理性和"内与外"的新的认识，重新认识了"人"以及"人"在世界中的位置。这些新的意义散布在洛克对人、主权、政治和教育的理解之中。

---

① Baker, B. M. *In Perpetual Motion*：*Theories of Power*，*Educational History*，*and the Child*. New York：Peter Lang，2001：120～125.

② Baker, B. Moving on（part 1）：The Physics of Power and Curriculum History. *Journal of Curriculum Studies*，2001，33(2)：157～177.

③ Baker, B. M. *In Perpetual Motion*：*Theories of Power*，*Educational History*，*and the Child*. New York：Peter Lang，2001：118～142.

贝克指出，洛克关于自然、本质和认识等方面的哲学贡献，实质上是与当时神学方面的一些争论分不开的①，尽管他的有些观点在今天会被看作是属于认识论的、政治学的或教育学的，然而在言说这些问题的当时，它们是与宗教改革和教派斗争密切相关的。贝克细致地分析了洛克不同作品中对自然和本质的不同论述，力求让读者认识到它们与新的政治哲学的建立、解剖学的发展、本体论的转变、神学中的种种论辩以及关于家庭的新观念等的联系，抛开"经验主义"、"浪漫主义"和"现代"等后世标签，解析那些原本为人们所忽视的洛克儿童观形成的一些背景因素。同时，洛克在不同的作品中对本质(nature)有不同的定义，时为内在的能力，时为外在的秩序和样貌，时为因，时为果，时为关系的总则。正是在这种多样的本质观之下，权力、力量和主权的概念被重新定义了，通过对本质所做的政治色彩浓厚的解读，儿童也明确地成为了一种"政治"主体。

洛克为回应罗伯特·费尔默爵士的《先祖论即论国王之自然权》而写下了他的第一篇《政府论》。在费尔默和洛克的政治哲学辩论中，对于家庭关系的认识扮演了极为重要的角色，费尔默在论述君权神授时使用了关于父权的类比作为一个重要的逻辑环节，洛克对费尔默父权—君权学说进行反对时也着力论述了自己对家庭、"父—子"和"人—神"关系的看法。因此这场辩论对于思考如何看待儿童，又如何在家庭中教育儿童有着不可忽视的意义。

贝克指出，之前人们在考虑力量/权力(Power)和统治问题时，并不会这样思考："是不是因为国王比臣民拥有更大的力量、更多的权力，他就应该是统治者呢？"因为在那个时候，力量/权力还不是一种会为人所"具有"的东西，而是流动于人之外的存在，是力量/权力"使得"国王成为优越的、上等的、统治着他人的人，而不是说国王"拥有着"力量/权力。君主是力量/权力的产物，而不是它的所有者。只有当机械论哲学出现了变化，力量成为了世界中的物体会具有的东西，而不是某种神意的、超越性的存在时，像费尔默和洛克那样思考权力和君权问题才成为可能。② 费尔默的困难在于他尝试

---

① Baker, B. M. *In Perpetual Motion: Theories of Power, Educational History, and the Child*. New York: Peter Lang, 2001:142~157.

② Baker, B. M. Moving on (part 1): The Physics of Power and Curriculum History. *Journal of Curriculum Studies*, 2001, 33(2):157~177.

用新的概念去捍卫旧的观点,当他在论及权力时探讨了"拥有"还是不"拥有",而非利用"天然地继承"来滑过这一问题,因此他便注定会被洛克抓住把柄。

而这些对力量/权力的新论述对于儿童的认识的重要性在于,力量现在是一种儿童可以"拥有"的东西,儿童在体内保有着力量,并可以使用它。洛克认为力量是以意志力(willpower)为形式的、牛顿力学式的,能够引发变化的力量,是所有个体与生俱来的东西。意志力能引发和阻止,它可以移动事物,可以驱使身体去为某种欲望行事。儿童的意志力属于他们自己,而非父母,然而也正是因为拥有自己的意志力,儿童也就成为一个问题,他拥有了可以引发某种结果的力量但却并不具备完全的理性——他还未曾参与到社会契约之中。因此育儿就是要考虑如何使儿童接受一个业已存在的,但他自己一开始并未加入的社会契约中去。这种关于契约、以及儿童是他自己的身体的主人的论述,使得在后世,特别是在 19 世纪晚期的教育话语中将洛克的思想作为儿童中心论的一个源头。

然而贝克认为把洛克对儿童,特别是男孩的关注看作是"儿童中心",实在是一种有"时空错乱"意味的误读。① 儿童中心的言说在西方教育论述中占据了越来越重要的地位,对洛克著述的这种看法传播得越来越广,越来越顺利,与此同时却忽略了究竟是在怎样的条件下,才出现了一般化的"儿童"概念,并赋予了它新的重要性(作为"中心"),忽视了这种论述往往是从关于社会政治和宗教问题的论断当中抽取出来的。如果把《教育漫话》和两篇《政府论》等其他著作结合起来,可以看到论述中确实对"人"给予了明确的尊重,但是儿童的地位却是在一种模糊和矛盾中。审视洛克作品中的男孩,可以看到,作为未来的绅士、上层的男性,男孩和其他家庭成员之间的关系是很微妙的,很难说他是居于边缘还是中心。而家庭成员的这种关系背后,还有着来自商业、医学和神学等方面的观点影响着洛克对"身—心"关系的认知,进而决定了他可以怎样认识儿童。例如,贝克指出,洛克把儿童的教育与工商业联系了起来,不同的人应该受到不同的教育,教育的花费和收益被考虑了进来,贫困儿童的教育应该赋予他们从事生产劳动的能力,这种看

227

---

① Baker, B. M. *In Perpetual Motion: Theories of Power, Educational History, and the Child*. New York: Peter Lang, 2001:197~210.

法的产生与当时重商主义的盛行不无关系。

洛克对儿童和教育的认识与对 Power（力量/权力）的认识不可分割，Power 在他的感官经验论中同样是一个关键概念，因此，儿童如何健康地成长，如何获得知识与"力量"的定义密切地关联着。① 经验的教育通过身体实现；人能够获取观念是因为那些能作用于感官的对象中包含内在固有的"力量"。儿童能够认识世界，这既是源于事物具备力量，也是因为儿童也具备力量。洛克曾说，"阳光拥有将蜡漂白的力量，反过来蜡则拥有被阳光漂白的力量，据此黄色被除去，白色显现出来。这里，我们是借助可感知的理念的变化来思考力量的。因为我们无法观察到其中的任何变化，也没观察到对事物的施为，而是通过对应的感觉理念的变化来观察到的。因此力量被认为是双重的，即，能够引起改变或者能够接受改变……"②在本体论层面上，力量是以意志力为形式的牛顿力学式的，能够引发变化的力量，是所有个体与生俱来的东西。当婴儿啼哭时他就是在表达自己的意志力。如上文所介绍的，意志力被赋予能引发和阻止的性质，它可以移动事物，比如可以驱使身体去为某种欲望行事。

不过与此同时，贝克也没有忽略洛克给出的"阳光和蜡"的隐喻的政治哲学意义。洛克并没有明确地谴责君权，而是反对把君权看作是天赐的，反对只有国王拥有权力而民众没有的说法。就像阳光和蜡都具有力量一样，洛克认为国王和人民都拥有权力，是人民和领导者之间的契约使统治者的权力合法化了。人民和统治者都是理性的存在，实施暴政是没有根据的；同样，由于儿童和成人都是理性的存在，儿童同样拥有意志力，所以洛克也反对体罚，而推荐使用各种方法劝说儿童。

儿童拥有意志力这一论断，无疑将儿童推上了相当高的位置，在《政府论》中，是理性建构了自由，而在《教育漫话》里，是儿童自己建立起了理性③（当然是在某种引导之下）。

总而言之，贝克对洛克的儿童概念的研究关注的是一个"现代的"、"浪

---

① Baker, B. M. Moving on (part 2): Power and the Child in Curriculum History. *Journal Curriculum Studies*, 2001, 33(3): 277~302.

② Baker, B. M. *In Perpetual Motion: Theories of Power, Educational History, and the Child.* New York: Peter Lang, 2001:182.

③ 同上，第 192~196 页。

漫主义"的"儿童"是如何可能诞生的,这一形成过程借助多种轨道的力量。洛克的儿童之所以是"现代的",源自他开始使用现代的机械论世界观来看待儿童的本质、天性、内部和外部,把儿童的力量/权力当作一种机械力来分析,同时儿童又被浸染于许多有浓重现代色彩的论述中,特别是关于社会契约的政治哲学里,使得这样的"儿童"浑身透着现代的气息。同时,洛克把道德完善的美好未来,寄望于将会成为"绅士"的儿童,寄望于儿童自己的身心;儿童必须被倾听和观察,他的个人特征和脾气秉性也需被留心关注;儿童的理性只是尚未完善,不应单纯地惩罚他,要适当地进行劝说。这样的儿童观无疑又是"浪漫主义"的。贝克并没有止于对洛克的儿童观作一描述或概括,而是着力挖掘相比于前世的种种关于"儿童"的观念,洛克解读儿童的方式为何可以出现变异和断裂,政治、宗教、家庭关系乃至人体解剖,贝克把注意力广布到各个领域中,去思考儿童观变迁的话语背景。

这种在家与国,微观与宏观视角间的自由变焦,对层次丰富、立体感十足的洛克的作品做了一次思想和文化的全息扫描。洛克的《教育漫话》与两篇《政府论》之间没有互相引述,而且看上去连一丁点交叠的话题都没有。然而贝克自由地穿梭于家庭的具体场所,和话语的抽象空间,使用关系思维把洛克关于儿童和力量/权力的庞杂论述汇聚到了一起,并深入地发掘和成功地展示了这些作品背后共同的思想/社会/文化基础。无独有偶,芝加哥大学的政治学教授塔科夫同样致力于将《教育漫话》和洛克的政治学著述联系起来,重新估价这本原来不受政治学界重视的教育著作中包含的道德与社会生活的观点,同样注意了洛克的论述中的"家庭"关系对于他倡导的开明政治,对于社会的自由和平等的意义。① 贝克对洛克的重读在教育思想史领域有着相当的颠覆性意味,这与"新文化史"的旗手林·亨特对传统政治史的反叛颇有几分神似。亨特使用类似精神分析的独特视角,"将新政治秩序的建立同家庭秩序中变化的形象结合起来,进行法国大革命的文化解读"②,成为"新文化史"研究的典型范例之一。贝克则从家庭关系与家庭成员的角色定位角度理解洛克作品中的"童年"世界。

---

① 纳坦·塔科夫:《为了自由:洛克的教育思想》,邓文正译,三联书店出版社 2001 年版,第 424 页。

② 周兵:《林·亨特与新文化史》,载《史林》2007 年第 4 期。

后概念重建主义的课程史

贝克在《永恒的运动》一书中对洛克、卢梭、赫尔巴特和霍尔各自使用了一章的篇幅做细致的讨论，而对每个人的论述都有一百页左右。美国伊利诺伊大学尼古拉斯·伯布勒斯（Nicholas Burbules）教授称这本书的每一章在回顾我们熟悉的作者的作品时都能提出一些新的观点，每一章都足以独立成书，这种赞扬并非溢美之词。从上文展现的贝克处理洛克的作品时的深挖细掘之态，可以窥一斑而知全豹。与此同时，这本书各章之间也保持着紧密的联系。

例如，为了展现与洛克所处的时代相当接近，而且同被视为浪漫且以儿童为中心的卢梭的儿童观念与洛克的儿童观之间的根本性差异，贝克首先回顾了卢梭如何对历史、自然和"人"进行重写，如何理解儿童的天性，如何确定一般意志和个别意志的关系，接着讨论了儿童与力量/权力以及性别等主题的相互关联，从而深入发掘两人观点之间的断裂①。比方说，对于洛克和卢梭而言，婴儿的啼哭这一现象，因为对力量作分析的角度不同而意味着不同的东西。对洛克而言，啼哭是儿童在表现自己的力量，特别是意志力，而卢梭则认为婴儿啼哭只是表达自己的意愿而已，是尚缺乏力量的人获取力量的一种手段。再如，对于赫尔巴特和霍尔，他们共同关注的行为不是婴儿的眼泪，而是小男孩的躁动，赫尔巴特将这种不安分的扭动看作是源自理念的力量的持续扰动而表现出的症状，霍尔则把它看作是未加工的能量的表现，是在人类生物进化过程中传递下来的过剩的动能导致的。

从"教师中心"转向"儿童中心"，被视作是教育学发展中的哥白尼式革命。在新教育兴起的时候，教育研究者大量地借用了之前的一些哲学家和教育家，特别是洛克、卢梭和赫尔巴特等人的论述来标榜儿童中心，然而贝克揭示，这些经典作家的理论之间的差异其实非常巨大，而他们之间的共同点或者说延续性，也并非存在于表面文字的相似或者主题的相近，而是在于对人、对人的本质和天性、对人的内部和外部以及对作为一种力（force）的力量/权力的思考方式上的延续性。比如，上文提到的对婴儿的眼泪和孩童的扭动的不同解读，贝克发现在所有这些例子中，都在充满关心的情绪里包裹

---

① Baker, B. M. *In Perpetual Motion: Theories of Power, Educational History, and the Child*. New York: Peter Lang, 2001:219~221.

和掩藏着一种对"下一辈"的注意，对未来的希望和忧虑，对"儿童"之于其他宏大事业的用途的盘算①。"儿童"需是这样一个对象：你可以爱他，他也会爱你而不会被宠坏；不必使用体罚也可以管教他；他会用自己的爱回报成人，这种爱会由起初的依赖渐渐转为永恒的感激。简言之，年轻人被以一种他们好像有"童年"一样的方式对待着，好像他们是可控制的主体，可以像理解牛顿力学中的力一样去理解他们的欲望或内在力量，并可以借由力量去实现某种"理性—道德"的乌托邦愿景（尽管这种愿景可能对每个理论家来说都是不相同的）。

贝克时时关注认识的可能性问题，"为什么这个时候人们可以这样想问题了，而不是那样想？"最重要的不是洛克或者卢梭说了什么，这种论述对今天又有怎样的启发，而是他为何可以这样言说。在今天，我们以某些特定的方式去看待和思考与"儿童"和教育相关的问题，这样的方式是怎么来的？贝克的研究为我们展示了如何以"当下的历史"的路径书写课程思想史，这种书写和过往的思想史研究有着怎样的差异。

例如，同样是分析洛克关于体育和健康教育的观点，与前人不同，贝克注意到作为《教育漫话》中优先论述的问题，身心健康是儿童被纳入到教育过程中的前提，同时也就意味着这是将一些非"正常"的儿童排除在教育之外的标准。贝克发现，在洛克的作品中，"正常"的儿童意味着既不反常也不超常：意志力不足的那些"疯子"和"傻瓜"的出局自不待言；太过有自己想法，不愿服从教导的儿童同样不是教育的最理想对象。同样关注到洛克的教育对象的局限问题，贝克通过细究其论述过程背后的思维方式里预设的种种标准和规则，揭开其中包含的阶层、性别和能力方面的排斥问题，而这种思维在今天的教育理论和实践中仍然能够轻易地找到影子。比起简单地去赞扬洛克对体育的重视，或是举起阶级问题的大镰刀一挥而下，批评洛克的教育建议都是提供给资产阶级和新贵族培养绅士，贝克的分析无疑深入得多，以一种更为合理的方式将历史和现在联系到了一起。福柯在《规训与惩罚》中的那段经典名言，"如果这意味着从现在的角度写一部关于过去的

---

① Baker, B. M. Why Curriculum History Is Not the Same as the History of Education: Post-Reconceptualist Approaches to Rethinking Education, Power, and the Child. 主题演讲，2012 年 12 月 3 日于浙江大学。

历史,那不是我的兴趣所在。如果这意味着写一部关于现在的历史,那才是我的兴趣所在"①,无疑是这种研究的最好注脚。

按贝克自己的说法,她的这一研究可以划归为"后概念重建主义"的课程史研究。这种课程史研究解构主体中心话语,对持续进步的时间观和历史观持怀疑态度,关注历史中的变革、意外和断裂。② 研究模糊了本体论和认识论的界限,打破身与心、物质与精神等二元对立,寻找新的资料来源书写新的历史,考察了一些今时今日仍在沿用的重要概念在历史中的交汇。贝克沿着福柯式的历史研究前行,又寻求对福柯研究路径实现批判和超越。她回顾洛克、卢梭、赫尔巴特和斯坦利·霍尔这些在西方教育史上具有重要影响的经典作家的作品,历史地分析了关于力量/权力的理论如何渗透在关于什么是儿童,儿童能够做什么的论断中。贝克将力量(权力)作为一种分析透镜来批判和重构"儿童研究"和"发展心理学",意识到其权威效应,审视了关于儿童发展的修辞方式如何限制了"说的方式,看的方式和存在的方式",使我们只能从限定了的角度思考儿童和教育。她通过考察今天我们习以为常的概念和范畴是如何在特定的时空条件下历史地建构起来的,帮助我们展开根本性的反思。

第四节　波普科维茨学派:"教育学中的福柯"③

除了波普科维茨和贝克以外,玛丽·布伦南(Marie Brennan),伊内斯·杜塞尔(Inés Dussel)和米格尔·佩雷拉(Miguel Pereyra)等人都对波普科维茨学派的课程史研究卓有贡献,著名的课程史学者,毕业于威斯康星大学麦

---

① 米歇尔·福柯:《规训与惩罚:监狱的诞生》,刘北成、杨远婴译,三联书店 2007 年版,第 33 页。

② Baker, B. M. Why Curriculum History Is Not the Same as the History of Education: Post-Reconceptualist Approaches to Rethinking Education, Power, and the Child. 主题演讲,2012 年 12 月 3 日于浙江大学。

③ 派纳在读了贝克的《永恒的运动中》一书之后曾评论道:"看起来教育学界有了自己的福柯。"(It appears that the field of education now has its own Foucault.)

迪逊分校的巴里·富兰克林（Barry Franklin）也与波普科维茨学派过从甚密。波普科维茨曾经自述①，他们的课程史研究与威斯康星大学麦迪逊分校悠久的课程史研究传统，与爱德华·克鲁格、赫伯特·克利巴德等人的工作是分不开的；汉密尔顿和古德森的课程史研究同样对他们有很大影响②。然而如果说有一个名字对于这一学派的影响是根本性的，是无论如何也绕不开的，那么它必然是米歇尔·福柯。

在波普科维茨与布伦南合编的《福柯的挑战》一书中，学校教育的思维方式之历史建构是最重要的主题。正如该书的副标题，"教育中的话语、知识与权力"所示，波普柯维茨学派的课程史研究所关注的，不是历史人物或者历史事件，而是围绕着教育和课程的种种"话语"。在福柯那里，话语是无中心的散漫结构，时刻处在局部的流变之中而自行解构，新的结构原则取代旧的结构原则，不存在普遍不变的结构。因此，历史性是福柯话语分析的核心。福柯最为人所熟知的学术贡献，也是他以"考古学"和"谱系学"为形式所做的历史探究。对福柯主义者来说，要理解现在，就必然回到历史中去，而反过来，这种历史探究所要书写的，也必然是"关于现在的历史"。而波普科维茨学派就明确地指出自己所做的工作正是书写"当下的历史"。与此同时，和福柯的历史探究一样，波普科维茨学派的历史研究关注断裂和非连续，质疑连续的、线性的时间观和关于"进步"的宏大叙事。

福柯的历史研究所重点关注的主体性、权力和知识等议题，也正是波普科维茨学派的课程史研究所着力探究的。

波普科维茨学派质疑旧式"主体"的非历史性、普适性和超越性，因而其课程历史也就不可能再像本书第三章中介绍的一些作品那样，满是结构和主体间的互动。由于主体性被看作是启蒙运动中制造出来的东西，波普科维茨学派拒绝用它作为解释一切的原因，而是钻进历史的黑屋里拷问"主体"是如何被权力关系捏造出来的。

知识和权力的联系则是波普科维茨的课程史研究的中心问题之一。他认为课程是以特定形式组织起来的知识，它可以将个人规训为某个社会或

---

① Popkewitz, T. S. Curriculum History, Schooling and the History of the Present. *History of Education*, 2011, 40(1): 1~19.

② 克鲁格和克利巴德的课程史研究可参见本书第二章，富兰克林和古德森的课程史研究可参见本书第三章。

团体的成员,是实现社会控制的一种重要手段。而这种控制,并不单纯反映在课程知识的选择上,尽管这一问题非常重要,但是学校政治学的批判已经使这些问题暴露得较为充分了。一个隐藏得更深的问题是,我们谈论和思考学校教育的方式本身——也是我们讲述关于自己和他人的"事实"的方式本身——也与权力和控制密切相关。福柯式的探究关注的不是"真理是什么,知识是什么"或者"谁的知识",而是历史地去探索"真理是如何被当作真理创制出来的"。谱系学要"对那种认为目前的状况是永恒的和自明的观点提出质疑,揭示隐藏在中立或友善面具下的权力与统治的实际运作状况"①,展现教育文本与教育实践中权力生成和演化的踪迹,"通过揭示其历史的、偶然的和任意的谱系来产生一种非神秘化作用,彻底揭穿所谓不言自明或妄称客观真理所造成的'真实的幻觉'"②。

波普科维茨借用了福柯的"治理术"(governmentality)概念,借助这一概念来聚焦教育中的新的控制原则。③ 福柯认为,在 19 世纪,国家的统治实践和个人的行为和习惯之间出现了一种新的关系。如果国家对其公民的福利负有责任,那么个人的身份认同必将与社会中建立起的统治模式相关联。在健康、劳动和教育等很多社会领域中,作为统治的一部分的新型机构和国家社会福利的新目标是同时诞生的。

波普科维茨学派在对"教育科学"进行反思时,指出社会科学居于治理术的核心。科学被看作是启蒙运动的重要遗产,它推动着社会的进步,而社会科学则是现代性中的"社会问题"逐渐凸显出来的 19 世纪的一项重要发明。就像物理科学对自然界的作用一样,社会科学是用来描述和解释"社会问题"的,然而不同的是,它不仅仅限于思考和理解社会生活,还要为"解决"社会问题提供方向,产生其中的概念不断地被带入社会实践中,又为社会所重塑。福柯的研究提醒着批判学者,知识并非是物质和社会生产的副产品,而是社会生活的一个具有物质性、生产性的要素,知识对社会运行方式有着不可估量的影响,有关教育的知识也是如此。

---

① 道格拉斯·凯尔纳、斯蒂文·贝斯特:《后现代理论:批判性的质疑》,张志斌译,中央编译出版社 1999 年版,第 66 页。

② 于文秀:《"文化研究"思潮导论》,人民出版社 2002 年版,第 103~104 页。

③ Popkewitz, T. S. The Production of Reason and Power: Curriculum History and Intellectual Traditions. *Journal of Curriculum Studies*, 1997,29(2):131~164.

这种历史探究的任务之一是"去恢复被总体化叙事所压制的自主话语、知识和声音。历史中被压制的声音证明了统治的隐蔽性；让这些被压制的声音发言，对于修正人们关于权力是什么以及权力在什么地方的看法至关重要"①。例如波普科维茨和贝克在研究中都分析了斯坦利·霍尔和"儿童研究"的发展心理学话语背后所蕴含的关于种族，文化，性别，健全与残疾等问题的假设，这种心理学与人口控制、优生学等的联系，对差异问题的关注使得这种后结构主义理论展现出与女性主义、后殖民主义等其他具有浓重批判色彩的理论之间的亲和性。

作为一种批判研究，从课程政治学的视角来看，这样的研究看似有些悲观，它揭示了课程与社会控制的密切关系，展现了权力的无所不在。但这种依循福柯式研究路径的工作并非是一种面对强权的无可奈何，这样的分析并不必然地导向悲观主义，而是可以饱含着乐观精神，其关键在于不能将权力是"无处不在"的错误地等同于权力是"无所不能"的②。虽然波普科维茨在多个场合强调了他们的课程史研究并不能对如何开展变革给出任何直接的建议，也没有什么根本性的策略，然而正是历史研究指出了当前强大的权力机制的脆弱性和偶然性，才让我们更加相信变革的可能。对福柯这样的学者来说，"真正的政治任务应该是去批判那些表面上看来中立或独立的机构的运作；应该用批判的方法揭去借助这些制度隐蔽地发挥其作用的政治暴力的假面具，只有这样，我们才能战胜它们"③。

235

除了福柯以外，波普科维茨学派的作品也受到德里达、德勒兹和伽塔里等后现代理论家的影响，同时也不能忽视波普科维茨转向后现代理论之前对教育的政治社会学的长期研究对他们自身研究取向的锚定作用，特别是关于教育研究的意识形态等问题的一些观点，与其课程史探究中对教育研究进行的历史分析与批判有着相当的延续性。

而从历史书写方面来看，波普科维茨注意到了"新文化史"浪潮给史学领域带来的一些重要转变。同时，因为新文化史本身也吸收了后现代主义的内容，不再认为历史研究的目的是为了还原过去真实的历史，历史只是一

①②道格拉斯·凯尔纳、斯蒂文·贝斯特：《后现代理论：批判性的质疑》，张志斌译，中央编译出版社1999年版，第65～66；63页。

③于文秀：《后现代差异理论："文化研究"的理论基石》，载《天津社会科学》2003年第3期，第33～38页。

种史家智识上的训练和依据材料的主观建构。所以波普科维茨学派从不掩饰自己的理论旨趣，不会刻意装扮为中立和客观的从旁记录者，不否认研究者对历史材料的"污染"，而是把历史书写作为是携着现在的使命对历史进行一种批判性的参与。如此显著的后现代研究取径，自然会使人担心"事实与虚构之间的界限将变得模糊不清"，历史与文学之间的此疆彼界就会被取消①。而且，波普科维茨学派的一些研究依循了福柯的路径，在传统的历史学家看来，使用的材料比较有限，论断则十分大胆。但上述问题并不能掩盖他们的研究所拥有的理论价值光芒，传统历史研究很难做出这样的理论上的贡献。这些学者们的工作，就像福柯描述自己的知识考古学时所说的那样，是"史学工地中的哲学片简"。

概言之，此类课程史研究的精髓，在于把最为熟悉的语言陌生化，看峰峦平地起，于无声处听惊雷。我们日常使用的概念，观念，思维方式，无不是来自历史的深处，来自我们并不熟悉的"他乡"。只是我们陷在语言的梦里而不知身是客。不能轻易辨识当下的思维和语言的真面目，乃是源于我们未曾走出庐山。"社会历史认识论"、当下的历史、知识的考古学、谱系学，不管用什么名称来指代，总之这种课程史研究将我们从话语言说的此时此刻，带到言说话语的彼时彼刻，理解今日所谓的主体与客体，对象与范畴是如何建构起来的。而变革的可能，正蕴于这种理解之中。

---

① 张仲民：《典范转移：新文化史的表达与实践》，载《社会科学评论》2006 年第 4 期。

第五章

另一半故事：打破女性的缄默

... to be a woman is to have become a woman, to compel the body to conform to a historical idea of "woman," to induce the body to become a cultural sign, to materialize oneself in obedience to a historically delimited possibility... ①

—Judith Butler

......"是女人"意味着已成为了女人，意味着强迫身体符合有关"女人"的历史观念，诱导身体成为一个文化符号，使自己成为一个被历史地限定了可能性的具体存在......

——朱迪斯·巴特勒

How subject identities have been "produced" as natural and unitary has been the critical work of reconceptualizing curriculum as poststructural text. ②

—Petra Munro Hendry

思考主体身份如何被打造成了看似"天然的"单一的，已成为将课程再概念化为后结构主义文本的关键工作。

——佩特拉·芒罗·亨德里

---

① Butler, J. Performative Acts and Gender Constitution: An Essay in Phenomenology and Feminist Theory. *Theatre Journal*,1988,40(4)：519~531.

② Hendry, P. M. *Engendering Curriculum History*. New York：Routledge,2011：x.

第一节　课程与历史领域中的女性声音

为"全人类的二分之一"发声的女性主义（feminism，来源于妇女解放运动，因而又常常被译为女权主义），如今已是影响到人类思想文化各个领域的一种活跃的社会思潮。在课程和历史等研究领域中，我们也不难看到女性主义的政治诉求和理论光芒。很难把在这些领域中的丰富多样的女性主义理论活动做一个简单的概括，而且即便一些女性主义者希望在远离其他课程和历史的理论与实践的地方开展独立的研究，她们/他们也无可避免地会被卷入人文社会科学奔流激荡的整体变革洪流中。内部纷杂多歧，与外部的界限也流动不定，也许只能用"将课程和历史理解为性别文本"这类略显含糊的说法，来说明女性主义课程史研究产生的理论背景。

一、课程领域对边缘群体的关注

课程领域对性别问题的深入关注和对女性主义的接纳，是与"概念重建运动"分不开的。在 20 世纪 60 年代课程学界遭遇了前所未有的专业危机后，课程学者们对以泰勒原理为核心的传统课程理论进行了深刻的批判，到 70 年代，这种对传统课程研究的技术理性倾向的集中反思，对人的存在性和创造性的重视，对知识的情境性和诠释性的再认识，以及对价值的导引和冲突的关注①，逐渐形成了一股波及整个课程领域的变革潮流。尽管这场变革的参与者并不都接受概念重建主义者（reconceptualists）的标签（这一自我命名的方式是由派纳提出的，阿普尔等人则并不愿接受这一称谓），他们的研究兴趣也并不统一，但无论如何这一时期课程学者的集体努力共同推动了研究视域由单一的课程开发向多元课程理解转换。

如果说早期的概念重建主义者还主要聚拢在吸纳了批判理论和新教育社会学的社会学—政治学取向（如阿普尔、吉鲁、韦克斯勒和麦克唐纳等人）

---

① 汪霞：《概念重建课程研究的后现代本质与评价》，载《比较教育研究》2005 年第 4 期，第 68～72 页。

以及借助了现象学、解释学、精神分析和存在主义的哲学—美学取向（如派纳、格林、休伯纳、格鲁梅特和范梅南等人）这两大阵营中的话，那么当所谓的"范式转变"已然实现了之后，课程研究者则使用更为多样的话语，从历史的、政治的、种族的、自传的、美学的、神学的、制度的、性别的、现象学的、后现代和后结构主义的等角度来展开理解课程的学术努力。①

一定程度上，可以说课程领域对边缘人群的关注，与信奉马克思主义和新马克思主义的一批学者对课程的"政治性"所做的揭示是分不开的，在此之前，"学校课程的政治中立性是课程领域中一种老生常谈的假定"②。对课程中的性别和种族歧视问题的思考，是从将课程作为政治文本的解读中分离出来的，女性主义最初是被归入阶级分析的。然而随着这方面研究的快速发展，种族和性别问题很快就不再居于从属的或者附带的地位了。麦卡锡等人指出，在课程研究中，最初把课程作为政治文本进行解读时没有对种族问题做充分的分析③，而女性主义者也指出概念重建运动中无论是"现象学/自传"阵营还是新马克思主义阵营最开始都没有比传统的研究更为关注女性主义议题。关注种族和性别问题的学者逐渐开拓了自己相对独立的学术领域，为了在课程领域表达边缘群体的诉求，他们将身份、差异、边际性、空间和声音等主题纳入了理解课程的理论尝试中，取得了极为丰硕的学术成果。从对种族和性别的身份问题所做的解读，到对多元文化主义和女性主义课程的倡导，如同于板块边缘处隆起的喜马拉雅和科迪勒拉，社会不公的现实挤压造就了绵延不断的座座理论高峰。其中不乏从历史角度对课程中的种族和性别问题进行了极具价值的思考的优秀作品。

威廉·H·沃特金斯(William H. Watkins)1993 年在《哈佛教育评论》上发表了一篇极有影响的论文：《黑人课程取向：初探》。派纳等人在 1995 年出版的《理解课程》一书中用了整整一节的篇幅介绍这篇文章（这在这本概念重建后的课程领域的"圣经"中是不多见的），贝克则在 2009 年出版的《新课程史》一书将这篇"老"文章全文收入。

---

① Pinar, W. F. Curriculum Theory Since 1950: Crisis, Reconceptualization, Internationalization. *Handbook of Curriculum and Instruction*, 2008: 491~513.

② ［美］派纳等：《理解课程：历史与当代课程话语研究导论》，张华等译，教育科学出版社 2003 年版，第 238 页。

③ 同上，第 328 页。

沃特金斯对非洲裔美国人过去三百年来的教育经历中出现的主要课程取向进行了历史梳理。他首先指出,黑人的课程历程与历史上美国黑人所遭受的被奴役和被压迫的经历是分不开的。接着他列举了六种课程取向:功能主义、顺应主义、自由主义、黑人民族主义、非洲中心论和社会改造主义①,每一种取向都体现了非洲裔美国人对历史现实的各不相同,但又时有交叠的社会政治回应。同时作者相信,由于美国社会中对少数族裔的隔离和压迫依然存在,黑人课程取向既作为美国整体课程演变的一部分,又相对独立地发展的这种情势也将延续下去。他特别提醒人们,在考察当代的城市教育等问题时,假如能细致地研究民族、种族和文化与课程之间的关系将肯定会很有启示。

六种课程取向中,功能主义和顺应主义课程取向与早期的殖民实践和种族隔离政策相关,它们与广大第三世界国家中受压迫的民众的课程有较大的相似性,是很基本的教育,而且是为外部势力所强加的。功能主义取向的课程诞生于蓄奴的社会环境中,旨在培养黑人基本的劳动生产和人际交流技能;而顺应主义课程出现时面对的则是一个实行种族隔离的工业化国家,它强调职业训练,旨在将被解放的黑人奴隶转化为大工业生产中的劳动力,同时课程中具有严重的殖民主义和种族主义的色彩,强化种族顺从,引导黑人接受被压迫和被隔离的事实。自由主义取向反映的是"黑人在新兴的工业化民主国家中获得普通教育的希望"②,这种课程希望将学生培养为具有分析能力和批判能力,能够参与社会活动的个体,一个能实现自由民主的国家理想的公民。而后三种取向则是对20世纪美国教育和课程政策中的殖民性和歧视性因素的激进反应。它们或者体现了分离主义者建立独立的黑人社会的诉求,或者从恢复非洲的历史和文化地位的角度向欧洲中心论课程观提出挑战,或者融入社会改造主义的潮流中,与拉格和康茨等人一样质疑当代的经济社会秩序,倡导进步的教育和政治议程。

沃特金斯的文章"以一种易于理解的、有组织的方式,对过去三百年来美国历史上的几大黑人课程运动做了概述"③,是课程研究中从历史的视角

①② Watkins, W. H. Black Curriculum Orientations: A Preliminary Inquiry. *Harvard Educational Review*, 1993, 63(3): 321~339.

③ [美]派纳等:《理解课程:历史与当代课程话语研究导论》,张华等译,教育科学出版社2003年版,第333页。

理解种族压迫等主题的经典力作,也引领课程史研究关注边缘群体,聆听原本被压制的声音。

二、经验与记忆:课程与历史领域中的女性主义

从沃斯通克拉夫特的《女权辩护》起,女性主义的先驱们一直对女性教育问题保持着高度的关注。沃斯通克拉夫特认为她所处时代的女性远没有达到有知识、有理性和有道德的水平,其很大一部分原因是教育造成的。自此以后,教育领域一直是女性主义者精心耕耘的一方论述园地。自由主义女性主义者将没有获得与男性同等的教育看作女性居于劣势地位的原因,因而极力倡导让女性和男性获得相同的教育权,并且揭露教材和教学向学生灌输的是关于性别的刻板印象,教育政策和学校规章中含有性别歧视的因素。而批判的和激进的女性主义则往往更进一步,她们认为即便女性表面上获得了和男性同等的学习机会也是远远不够的。由于学校传授的是"男性的"学习科目,在学校日常运行以及课堂教学中突出男性的支配作用,由此不断地"再生产"男性对女性的统治,因而女性在学校的教学内容和日常生活中都是沉默的,她们的话语权被剥夺,声音被屏蔽。

女性的经验

女性主义对课程问题的认识很多都是围绕着经验问题展开的,尤其是女教师和学生的经验。例如女课程学者玛德琳·格鲁梅特(Madeleine Grumet)的作品就"涉及到女性主义、精神分析、现象学的理论和知识,她非常注意把日常生活的直接经验与理论的复杂性糅合起来"①。"注视"和"触摸"等都成为女性主义将课程和教学概念化的工具,课堂当中教师和学生最细微的体验,内心的矛盾,他人的目光,被阻隔的触碰,都成为"女性主义的、政治的和现象学的事件"。女性主义课程学者希望用富含感情又饱含力量的学术努力去突破对女性的噤声。米勒(Janet L. Miller)认为,女性主义在教育和课程领域所察觉到的沉寂是女性经验的沉默,是"女性生活世界与公共教育话语的剥离"。② 女性主义的研究积极地借鉴、吸收或者融入那些将

---

① 谢登斌:《当代美国课程话语研究》,华东师范大学 2005 年度博士学位论文,第90 页。

② Miller, J. L. The Sound of Silence Breaking: Feminist Pedagogy and Curriculum Theory. *Journal of Curriculum Theorizing*, 1982, 4(1): 5~11.

课程理解为自传/传记文本和理解为美学文本的学术努力,在原有的"课程开发"范式不曾关注到的、不起眼的、沉寂的角落,发现很多微小、细致却又具备极为重大理论意义的问题。

而如果说在课程研究中有什么女性主义不能回避也不愿回避的"传统"理论问题,那便是作为女性主义课程和教学观的重要哲学基础的认识论问题。女性是否可以成为认知的主体,女性的经验能否成为知识的来源,如何理解现代科学和学校科目的"真理性"。对现存教育制度中的男性霸权的批判,对女性主义课程政治目的的声张,对女性的知识、女性的情感和经验的关注等,都需要以女性经验主义(feminist empiricism)、女性主义立场认识论(feminist standpoint epistemology)或者后现代主义女性主义认识论等作为自己的认识论基础。

尽管这些女性主义认识论的观点各不相同,但都"对现代科学的传统认识论提出了根本性的挑战"①。传统的"科学的、经验主义的认识论"将现代科学的一些内在特征作为保证"真理性"的条件和任何人类认识活动都应极力适应的标准,运用实验方法等科学的探究途径,使用数学语言进行描述,追求所谓的客观性和普适性等。而女性主义认识论则希望揭示这种"经验科学可以脱离于价值、独立于社会"的观点是虚妄的。女性主义认识论强调,所谓的科学性和客观性忽视了科学探究背后的欲望、价值和利益,掩盖着男性的统治地位。"科学的"等同于"客观的",等同于"男性的",这是一种排斥女性认知方式的把戏。科学中的二元结构的逻辑乃是等级制和父权统治的基础,它将理智与情感强作分离,并将前者归属给男性,而女性只能拥有后者。这种认识论需要建构出一个抽象的认知主体,将知识与塑造它的社会环境、文化与时代的背景割裂开来,否认知识具备历史的、具体的形式。

在一些人看来,挑战和颠覆传统的、包含男性霸权的认识论就必然要树立女性认识的标杆,确定女性独特的经验和特殊的认知方式,并将这种女性的共同经验纳入到学校课程之中。然而这种立场一出发就陷入了悖论之中:相对于男性的"独特"和之于全体女性而言的"普遍"存在着根本的冲突。"女性"本身是一个历史的构造物,是不断流变的不稳定的范畴,女性经验不是统一的,每位女性的种族、阶级、宗教、年龄、身体条件和精神状态不同,也

---

① 肖巍:《女性主义教育观及其实践》,中国人民大学出版社2007年版,第74页。

就意味着她们的经验经受了不同的筛子的过滤。只要强调"女性的"经验，或者"女性的"知觉方式，就会犯下一种尝试普遍概括的"本质论"错误，可能把某一阶层某一种族的特殊的经验当作"本质"，从而排斥其他女性的经验。对此，有人希望以高扬边缘群体在认知上的优先性来求得突破，认为应该以处于最边缘的、受压迫最深的女性的经验作为出发点。然而，如何界定谁是最急需发声的人仍旧是一个人言人殊、难以解决的问题，正如德勒兹和伽塔里的蚁群隐喻，当一团云雾状的蚁群滚动着前进时，此刻处于边缘的蝼蚁下一刻便可能混入中心，今天的挑战者明天就可能成为新的权威。女性主义批判原是对父权制的挑战，但是假如它依循生物决定论或者其他的本质论形式，把对男性/女性，中心/边缘的定义固化在二元对立的体制中，那就是不自觉地模仿了自己所反对的，恰恰把它原本要摧毁的那种思维永久化了。因此，女性主义者不得不面临这样的挑战：一方面要解构旧的中心，又要时时提防形成新的中心，既要为女性经验的地位奔走呼号，又要避免去定义"女性"的经验。对女性的教学实践的倡导，也同样需要在从女性的"关爱"和"母育"本性出发的同时，谨防将这种独特的伦理实践降格为出自某种生理的或者社会心理的"本质"。

女性的历史

在历史领域，女性主义也同样反映了女性主义思想整体上从"求平等"到"求差异"的转变，原本以男性的方式填补女性的内容，以男性的规则从事女性的游戏，而后发展到从根本上对传统的历史书写方式提出挑战。

美国威斯康星大学的著名女性主义历史学家格尔达·勒纳（Gerda Lerner）写道："历史是之前人类的经验和思想的记录；历史是我们的集体记忆。"[1]然而无论是女性的记忆，还是关于女性的记忆，都是零星碎点。在历史中被记载的女性多数作为男性目光的审视对象存在，所谓"倾国倾城"，无论是西周的褒姒还是斯巴达的海伦，容貌出众的女子却又往往难逃"红颜祸水"的指责。像秉承父兄遗志的"曹大家"班昭那样有能力和权力去书写历史的女性更是凤毛麟角，况且少数几位女性史家也很难开创对父权和男性历史编写方式进行有力挑战的著史模式。据勒纳的研究，克里斯蒂娜·德·皮

---

① Lerner, G. The Necessity of History and the Professional Historian. *The Journal of American History*，1982,69(1):7～20.

桑(Christine de Pizan)书写了西方第一部完全以女性的视角为中心考察历史的女性史作品,"通过建构女性的历史来创造女性的集体意识"①。而真正有规模地开展妇女史研究,有意识地去探索女性历史的书写方式,则是 20 世纪 60 年代以后的事。

妇女史研究大体经历了由"填补史"向"普遍史"和"社会性别史"演变的历程。② 起初的"填补史"阶段针对传统历史的"厌女症",将女英雄的故事加入到历史中来,希望用少数符合男性价值标准的杰出女性的事迹来填补历史空白的半边画卷。而在妇女史研究真正兴起之后,研究重心则转向了"压迫史"和"贡献史",即描述女性独特的历史贡献以及女性在历史中受到的压迫和不公正待遇。然而其关注的重点,仍然是传统的公共政治领域,依然习惯用男性的视角审视女性的历史。在意识到这一点之后,女性历史研究开始注意婚姻和家庭等所谓"妇女的领域",将女性独特的历史经验与独立的文化作为研究主题,并且追求用女性的语言来言说女性的历史,构筑真正的"女性记忆"。之后的研究者一方面受社会性别论的影响,开始将性别理解为历史的和社会的建构物,"社会性别史"成为学者瞩目的新方向,同时特别关注妇女生活的多元和差异。另一方面,勒纳等人也开始注意到,只从女性的视角关注女性,某种意义上会"又走上男性史学的旧路,将两性分开研究,忽视人类社会另一半的经验"③,因此勒纳呼吁一种综合的历史,探索新的普遍史的标准。

相应地,在课程领域里,女性主义研究者也对如何在课程中纳入女性历史做了深入的思考。佩吉·麦金托什(Peggy McIntosh)将恢复女性历史的课程努力划分为五个阶段,每个阶段反映了课程中的女性呈现的不同水

---

① Lerner, G. *The Creation of Feminist Consciousness：From the Middle Ages to Eighteen-seventy.* Oxford：Oxford University Press, 1994：261.

② 参见金利杰：《从"填补史"到"普遍史"——勒纳的女性史学分期理论》,载《河北大学学报(哲学社会科学版)》2011 年第 1 期；也可参见侯艳兴：《社会性别史与妇女史：范式的演变与论争》,载《湖南人文科技学院学报》2011 年第 2 期。

③ 金利杰：《从"填补史"到"普遍史"——勒纳的女性史学分期理论》,载《河北大学学报(哲学社会科学版)》2011 年第 1 期。

平。① 第一阶段是"没有女性的历史"（womanless history），历史只关注西方世界中处于优势阶层的白人男性，而将其他人都排斥在外。第二阶段是"历史中的女性"，尽管历史学家开始关注到女性，但其中女性是作为一个例外而存在，仅仅是少数几个有名的女性被加入进来。第三个阶段是把女性作为一个需要思考的问题，"开始考察把女性排斥于历史的障碍和结构"②。第四阶段是"女性生活作为历史"（women as history），比以往纳入了更多的女性，而且视线不再局限于传统公共领域，转向家事的、私人的和内心的世界，审视性别化的知识建构，批判成王败寇、充满控制和压迫的层级体制。第五个阶段则是最难达到的阶段，以整体主义和关系思维为基础，在全球化的视野中认识自我和社会，重新定义并重新建构历史，将女性作为集体纳入进来。尽管麦金托什主要论述的是课程问题，并且她认为在上述的五阶段中可以将历史替换为文学、心理学和生物学等其他学科，不过这种划分方式显然是受到了史学研究中勒纳和娜塔莉·罗斯等人的女性史学分期说的影响③。

尽管这些阶段划分方式并非绝对，但我们还是可以从中看到女性主义对男性历史进行挑战的基本理路，首先反对的是内容方面对女性活动的忽视，继而批评形式方面对女性的思维和叙事方式的排斥。受到后现代理论的影响，女性主义历史学家对原有的男性史学的宏大叙事进行了质疑。琼·凯利（Joan Kelly）④质询了西方传统历史的分期框架中，诸如"文艺复兴"之类的时代标签对女性的意义是什么，"对女性来说有所谓的文艺复兴吗"？她认为，将女性的解放作为考察历史的出发点，就是要发现那些推动了男性的历史发展，将他们从自然、社会和意识形态的限制中解放出来的事件，对于女性可能有着极为不同、甚至是根本相反的作用。⑤ 琼·凯利指出，文艺复

---

① McIntosh, P. Interactive Phases of Curricular Re-Vision: A Feminist Perspective. Working Paper No. 124, Wellesley, MA: Center for Research on Women, Wellesley College, 1983: 1~36.

② ［美］派纳等：《理解课程：历史与当代课程话语研究导论》，张华等译，教育科学出版社 2003 年版，第 386 页。

③ Warren, K. J. Rewriting the Future: The Feminist Challenge to the Malestream Curriculum. *Feminist Teacher*, 1989, 4(2/3): 46~52.

④ 凯利有时署名作"琼·凯莉－加多"，即 Joan Kelly-Gadol。

⑤ Kelly, J. Did Women Have a Renaissance? Hutson, L. *Feminism and Renaissance Studies*. Oxford: Oxford University Press, 1999: 21~47.

兴所带来的变革使得"国家"取代了封建体制，成为社会的主要组织者，尽管女性在封建体制中处于被统治的地位，但是由于权力结构相对松散，女性仍有较多的机会参与政治、经济和文化活动，以"典雅之爱"(courtly love)为代表的性别关系中还存有人与人之间相互依赖的要素。而其后，当两性之爱被重新定义，女性被剥夺了爱的力量和权力时，就成了随"民族国家"诞生的新的社会关系中被动的"他者"。男性成为"主体"，女性成为"客体"，对性别关系的认识不再紧贴着对人际关系的感知，而是与国家密切相连，随着私人和公共领域的分离，女性要学习如何在国家中扮演操持家事的公民之母的角色，而男性则要接受教育成为国家的公民，承袭天赋之权的"主体"。与稍早的时代相比，对女性的定位更被动，女性对男性的依附性大大增强。中世纪和"现代"之间的巨大转变对之后的性别角色定位有着深远的影响，然而这一时期对女性而言很难说是一种复兴或者进步。

要从根本上挑战这种男性的历史分期和"进步"观念，就要重新思考时间和历史。茱莉亚·克里斯蒂娃在《女人的时间》里提出，在文明史中存在多种时间模式。线性的时间产生了基于民族国家和社会文化共同体的主体身份认同。克里斯蒂娃认为这种沿"时间"延展的历史遮蔽了女性的主体性，这是因为，女性的主体性与线性的时间少有关联，女人的经验是循环往复、周而复始的。环状的时间观使得我们可以对历史作与线性时间观不同的解读，历史成为一个关系性的、递归性的"空间"。① 在现代的观念里，时间是一条不可逆转的射线，进步沿着时间线展开，历史中的每一步都将我们引向真理，而把蒙昧的过去甩在身后。理性思维的崛起引领我们不断走向理性认识的高峰，而过去则被抛在山脚下，这种"山巅"式的知识观实际上包含着极深的性别意味。"女性"和"过去"一起，成为非理性的、无逻辑的、混乱的，而"男性"和"现在"，则代表着理性和秩序。把历史局限在普适的、严苛的、线性的时间中，不仅是性别差异化的知识生产的核心要素，同时也导致了课程领域的非历史性，"女性"和"过去"都被当作落后的事物被遗忘和抛弃。所以在女性主义者看来，从女性主义的视角去重读和重书课程史有着不可替代的意义。美国学者佩特拉·亨德里的《课程史的生成》一书，便是

---

① Kristeva, J., Jardine, A. & Blake, H. Women's Time. *Signs*, 1981, 7(1): 13~35.

女性主义课程史的一部最新力作。它是女性的集体课程记忆，也是对古希腊女诗人莎孚的那句"未来会有人记起我们"的回应。

第二节　女性主义之《课程史的生成》

佩特拉·芒罗·亨德里（Petra Munro Hendry）的 *Engendering Curriculum History* 一书在国内被译为《课程史的生成》或《引发课程史中的女性声音》。① 其中 engendering 一词源自拉丁语，意思是产生、引起，而除了表示引发、生成的意义以外，更夹藏着 gender（性别）一词，点明了全书的主题。在翻译成中文时很难找到保留这种原汁原味的词汇，"孕育"或者"分娩"勉强可以反映 engender 所要表达的这一作品和女性的相关性，但"孕育"就意味着尚未产出，而"一朝分娩"又不同于延续不断地"生成"，因此本文只好暂时仍采用"课程史的生成"这一译法。

亨德里是路易斯安那州立大学教育学院教授，20 世纪 80 年代在伊利诺伊大学先后获得历史学学士和教育学硕士学位，1991 年在俄勒冈大学获得教育学博士学位后开始在路易斯安那州立大学任教至今，教授课程理论、课程史、口述史方法以及性别研究等课程，并致力于推动跨学科教育研究，将教育实践置于广阔的社会、政治和文化框架内理解。亨德里教授已经出版了五本专著，她的研究注重检视"叙事"在建构课程史、教育研究以及教师生活史方面的作用。

亨德里在 20 世纪 80 年代开始她的教育学硕士学习生涯时，惊讶地发现，虽然教学被看成是"真正属于女性的职业"，而课程史领域中却几乎无一例外全是男人的名字。② 亨德里看到，教育史的课程从苏格拉底、柏拉图和亚里士多德讲起，接着是圣·奥古斯丁和托马斯·阿奎那，接着是洛克、卢梭、裴斯泰洛奇和福禄贝尔，高峰是杜威，而玛利亚·蒙台梭利只是作为一

---

① 陈华：《西方课程史的研究路径及内涵探析》，载《全球教育展望》2012 年第 4 期。

② Hendry, P. M. *Engendering Curriculum History*. New York：Routledge，2011：XI.

个注脚被提及。对她而言,在教育的历史叙事中没有女性简直是不可想象的。女性怎么可能没有关于教育的深刻认识,怎么可能没有为课程史做出过显著的贡献呢?因此《课程史的生成》一书寻求将女性作为课程理论家重新置入课程史之中。

当亨德里在90年代继续研究时,课程理论,女性主义理论和文化人类学使她怀疑那种简单"添加加搅拌"式的重建历史的方法。"历史"并非是躺在那里等着被人发现的,而是像性别和文化一样,是一种深植于权力关系之中的社会建构。她转向了米歇尔·福柯、海登·怀特和雷蒙德·威廉姆斯等人的著作,并借鉴了女性主义史学家格尔达·勒纳,丹妮丝·赖利(Denise Riley)和琼·凯利的作品来解构原有的历史呈现。

亨德里认为尽管后结构主义、女性主义和语言学转向席卷了包括课程理论在内的其他许多学科和领域,在课程史研究中却还远未成为显学。① 她的研究尝试在历史和理论之间架设起桥梁,展现过去和现在之间的复杂关系,使得我们能在课程史中言说人性的美丽和丰富。亨德里写道,"重提那些'已死'的过往,为的是要让课程史'活'起来。假如说课程是鲜活的经验,那历史就总在我们中间"。②

248

一、后结构女性主义对传统课程史的批判与解构

亨德里从后结构女性主义的视角,对课程史进行了全新的阅读、理解和书写。而这一过程,是从对传统课程史的书写方式进行深入批判开始的。亨德里认为,美国课程历史如同妈妈给孩子讲的睡前故事一样,一遍遍地重复着抚慰人心的叙事。原本居于乡村荒野中的孤独的学者(殖民地时期的学校里的男教师)开始面临工业化和城市化的威胁,新与旧的斗争开辟了反叛与变革生长的土壤。叙事的模式人们也很熟悉——纯真年代,危机岁月,

---

① 从亨德里个人的课程史研究来看,曾在路易斯安那州立大学共事过的概念重建派领袖派纳对她有相当的影响。亨德里认为概念重建派从一开始就非常重视课程史研究。在课程史研究方面,本书第四章介绍的波普科维茨学派的波普科维茨和贝克等人的作品对亨德里的影响更为直接,由于同样关注后结构主义和语言学转向对课程史研究的影响,亨德里对这两位学者的作品引述颇多,而贝克对亨德里的研究也相当推崇。

② Hendry, P. M. *Engendering Curriculum History*. New York: Routledge, 2011: XI.

启蒙时代，深植在这种情节中的，是潜藏着的高度性别化的故事。这是一种典型的英雄传奇，其叙事的前提是分割化（孤独的男教师），个人化（关于个人奋斗和主观能动性的显著的男性化的话语）和控制（变革与进步主义、技术理性、专业化）。亨德里写道，"这部传奇故事实际上充满压抑和恐惧，它并非是'真实'的事件序列，而彻头彻尾是我们称为'历史'的叙事在制造着性别差异"。①

在西方文化中作为叙事主体的讲述者需要能够创造连续性（因果链条环环相扣），一致性（过去现在相通相连）和个体性（独立的自我意识）。这些叙事传统不应仅仅被看作是对历史所做的一些限制和约束，因为其力量远不限于此，它们从根本上确立了叙事的可能性。分析连续性、一致性和个体性是如何被看作是"真实存在"于历史中的，可以帮助我们剖析和理解历史在主体身份的生产方面的作用。以关于学校教育的叙事为例，当课程历史被书写成一个统一的线性的故事，一个从只有一个房间的校舍到公立学校运动再到进步主义运动的故事时，这一叙事会使得什么样的身份/主体成为可能，又会让什么样的主体或身份无从存在？亨德里认为必须要去理解历史书写传统在这方面的巨大力量。

那么，我们如何才能搅乱这种被修饰得"干净整洁"的课程史，好让性别和历史的复杂性能够回归我们的视野？换言之，从女性主义的角度做分析，我们能揭示出传统课程史书写的哪些问题呢？亨德里主要对传统课程史建构"公私对立"、迷恋"追根溯源"和编造"全面进步"这三个方面的问题进行了批判。

对建构"公私对立"的批判

美国课程史往往从公立学校教育的兴起讲起，贺拉斯·曼和亨利·巴纳德（Henry Barnard）是教育史和课程史研究对这一教育民主化过程所进行的赞颂中最常提到的名字（例如《自由社会中的教育：美国历程》②和《美国教育史：一场伟大的美国实验》③等）。从单间的乡村校舍到公立学校，将这些

---

① Hendry, P. M. *Engendering Curriculum History*. New York: Routledge, 2011: 16.

② 亚历山大·里帕：《自由社会中的教育：美国历程》，於荣译，安徽教育出版社 2010 年版，第 101～114 页。

③ 迪安·韦布：《美国教育史：一场伟大的美国实验》，陈露茜、李朝阳译，安徽教育出版社 2010 年版，第 165～169 页。

事件组成的序列当作是一个自然的发展过程,实际上是将叙述的产物转变为了现实。这里被掩盖的是这种从私人到公共领域的教育转变所必然带来的社会性别的重建。亨德里指出,把教育建构为公共的、男性的,也就意味着要舍弃原来作为私人的、女性的教育空间(家庭或者乡村校舍)。不仅教育任务被视作男人的领地,而且知识本身也被性别化为公共的和男性的。将私人的(家庭的、女性的)与公共的(社会的、男性的)相分离,为男性身份的确立提供了界标。对早期的美国而言,文化传递的最重要途径并非正式的教学机构或者公共传媒,而是家庭。公立学校运动在促使文化传播中心实现转移的同时,也促进了统一的、集中的教育体系的发展,削弱了家庭的重要性和完整性,当把孩子送给国家去教育时,家庭无疑让渡了相当的自主权。当我们从性别叙事角度重新解读作为美国民主化进程的一部分的公立学校运动时,会获得更为复杂丰富的意义。

亨德里指出,对性别以及教育的重新定义,也是由社会变革带来的,即美国向一个工业国家转变时所需进行的抑制个体(私人)推崇国家(公共)的社会变革。公立学校的建立,是促使美国民众认同包括共和政府、新教文化和资本主义在内的公共领域的制度和文化的一种手段。以往对公立学校作为一种社会控制模式的批判,往往集中在阶级的角度,而很少有人注意性别问题也同样被掩盖在传统的历史叙事中。教育从私人向公共的领域迁移,对社会性别而言乃是一个事关重大的变革。教育中的"教学法"和医学中的"儿科学"的产生,既是塑造个人身份的重要手段,也是对个体进行控制的核心。这些传统上和私人领域相关的社会生活,如今和国家的民主化联系了起来,这不应该简单地被看作是历史的发展或进步,而是统治的又一新篇章。

课程史往往将这一时段的女性课程理论家,如凯瑟琳·比彻(Catharine Beecher)和艾玛·威拉德(Emma Willard)等,刻画为父权制的教育学的赞同者。大部分课程史作品中女性教育家都被塑造成恭敬顺从的好女儿的形象,她们帮助"父亲"通过公立学校教育扩大民主的范围。事实上,假定她们处于从属和辅助的位置,更使得社会性别角色本质化。特别是在贺拉斯·曼和凯瑟琳·比彻的例子中,贺拉斯·曼通常扮演着"公立学校运动"之父的角色,而比彻则因为将教学女性化而为人所铭记,她被人们看作是一个"公立学校运动"的志愿参与者,同时也自愿地背上了单一的、固定的性别标尺。然而亨德里指出,在这些话语中没有什么是自然的或者固定不变的,这其实是一个去探索身份是如何被提出，接受和抵制的绝好机会。

亨德里认为，如果声称比彻是父权制的教育学的赞成和参与者，那就否定了她对19世纪有关性别的社会关系的深入分析以及关于女性角色的独到见解。比彻认为家庭事务、育儿和教育等工作应该交给女性来做。与流行的"女人热衷操持家事"或者"女主内"的世俗看法不同，比彻认为女人的角色可以既是女性的，又是公共的。家中的事物同样可以是一个知识的领域，家庭同样可以是认知的场所，这不但为女性在教育中占据重要地位奠定了理论基础，而且确保了女性在公共领域占有一席之地。比彻实际上对将公共事务的价值置于家庭生活之上提出了挑战，反对那种认定家庭生活与政治无关的观点（需要指出的是，亨德里也并不赞同将比彻描绘成一个十全十美的女英雄，比彻的论著和言论中使用了很多当时流行的具有严重的种族歧视色彩的话语①）。

从贺拉斯·曼开始书写课程史，描述公立教育的起起伏伏，这种课程历史把家庭中的教育，日常审美中的教育和合作机构中的教育（女子俱乐部、移民定居点、社区中心）排除在外。② 掩盖了公共场域以外的教育，女性、非裔以及其他被边缘化的群体的知识也没法成为课程理论知识的源泉。课程史从私人向公共演化的自然而然的进步过程，使人很容易遗忘殖民地和前工业时代的大量女性教师的存在（只有《美国学校：教育的传统与变革》等著作开始充分肯定"公共学校运动的真正英雄乃是学校女教师"③，并尝试以女教师为中心叙述这段历史）。尽管教师中女性逐步成为多数，而教学却日趋"男性化"，教学和教育被男人们和父权教育学所控制。"教学的女性化"这种提法，只看到女性数量上的优势，却忽视了知识和主体性的构成方面男性的绝对优势。知识和主体性都是高度性别化的。"教学的女性化"和"公立学校运动"等话语一道掩盖了这一现实。这些话语维护了规范化的性别实践，使得将男性和女性区分开来成为必要，这也就为男性对女性的持续压迫

251

---

① Hendry, P. M. *Engendering Curriculum History*. New York：Routledge，2011：211.

② Hendry, P. M. & Winfield, A. Bringing Out the Dead：Curriculum History as Memory. *Journal of Curriculum Theorizing*，2013，29(1)：1～24.

③ 乔尔·斯普林：《美国学校：教育传统与变革》，史静寰等译，人民教育出版社2010年版，第183页。

铺平了道路。

这种压迫在倡导"进步主义"、技术理性（及其对客观性的强调）以及专业化的持续改革进程中不断发酵，其控制能力也不断增强。课程史的叙事将公立学校教育的产生作为开端，不仅限制了其他认知方式，而且也将教育彻底和私人事务分离开来，成为彻头彻尾的公共事务。

对迷恋"追根溯源"的批判

历史叙事通过建构关于起源（根源、存在的源头）的假象压制了与主流叙述不相吻合的多元故事。有起源就意味着有始有终。关于起源的假说带来了直线性、一致性和连续性的假象。课程的历史书写要维持这种追根溯源的可能性，也就是要维持一种有唯一轨迹可循的单一叙事。对根源的这种痴迷本质上是对父权的迷恋，这样的故事充满控制和压制。根源意味着"根"，无疑是一种阴茎的象征符号。父亲是谁？种子从何而来？谁做的播种释精的工作？谁扮演了父亲的角色？对根源的探寻实际上关心的正是这样一些问题。

追溯根源，研究宗谱，意味着遵从父权制家族的历史书写方式，女性处于从属地位，母子间的亲和性被同脐带一齐剪断，母亲的姓氏无从保留，一切都要以父系血缘为中心，确保财产和头衔的有序继承。将课程历史书写理解为追溯源头，将公共学校运动追溯到贺拉斯·曼，儿童研究运动追溯到霍尔，进步主义追溯到杜威，技术理性追溯到泰勒，这种线性的追溯使得女性被排除在外，销匿无闻。既然寻找根源会不可避免地遮蔽女性和他者的经验，那么我们又该用怎样的新方式去书写这一故事？

为人们所熟知的那些课程史作品，很少涉及女性，一旦涉及，就将她们塑造成"好女儿"的形象。她们执行着"父亲"的理念，维护父亲作为创始人或发起者的地位。凯瑟琳·比彻之于贺拉斯·曼，安娜·茱莉亚·库伯之于弗雷德里克·道格拉斯，简·亚当斯、埃拉·弗拉格·杨（Ella Flagg Young）和玛丽·白求恩·迈克里奥德（Mary Bethune McCleod）之于杜威，乃至今天的一些女性理论家之于福柯、弗莱雷和德里达，都被塑造成这样一种关系。① 忠顺的女儿复制和再现父亲的作品，她们本身却没有创作的权

---

① Hendry, P. M. *Engendering Curriculum History*. New York: Routledge, 2011: 19.

力。被建构为顺从的女儿的女性教育家要确保财富（知识）和头衔沿父权的线索有序传承。女儿与母亲之间的亲和性被切断，父权被再生产，而母系的联系被彻底切断。对应特定的家庭结构的话语限制了历史中的身份建构，这种家庭结构是"正常的"、规范的、异性恋的、性别差异化的。

　　具有讽刺意味的，往往是善意地尝试将女性纳入课程故事的努力进一步地将性别身份本质化，从而使这种家庭构型更加稳固。戴维·泰亚克(David Tyack)在《一种最佳体制：美国城市教育史》一书中将埃拉·杨描述为"杜威的一位最有力的支持者……一个富有智慧和同情心的女人，她引领教师们学习了解杜威的新教育"①。埃拉·杨讲授的是杜威的思想，她的工作是衍生性的。她很少被描绘成一个拥有自己独立见解的知识分子或社会批评家。她自身的学术作品基本上被忽略，她对实用主义的贡献和发展女性主义的努力都被遗忘了。作为孝顺的女儿，她只是传递他人思想的渠道。

　　关于埃拉·杨生活的标准版本的故事往往是这样展开的：她是一名尽责的教师，沿着职业的阶梯拾级而上成为了一位校长，在芝加哥大学跟从杜威学习，而后成为第一位城市中较大的学区的女性负责人，最终成为国家教育协会(NEA)第一位女性主席。对传统的历史而言，这两个"第一"具有相当重要的意义，在这种被看作是公共的、政治的和男性的领域里，女性终于入场了，被"补充"进来了。埃拉·杨能成为这种传统的历史中的主体，那只是因为她的生活被赋予了完全适合男性的情节。尽管是女性，她被塑造成依循着男性式个人奋斗、职业进阶的路径而获得成功的人，承袭和践行了"父亲"的理念，她是优秀的女性，但又是男性标准下的优秀女性。在课程历史中包含这种版本的关于杨的故事，实际上成为一个对男女身份做本质化区分的具体实例。尽管一位女性被"接纳"到历史中了，但文本中性别差异化的情节依然如故。

　　这种在男性情节框架中的演绎，使得性别的界限看起来越发地"自然"，从而掩盖了这种关于进步主义的特定叙事是如何建构了性别差异的。将焦点集中在公共和政治的领域，埃拉·杨的主体性被编码为单一的和男性的

---

　　① Tyack, D. B. *The One Best System：A History of American Urban Education.* Harvard University Press, 1974：178(可参见中译本，泰亚克：《一种最佳体制：美国城市教育史》，赵立玮译，上海人民出版社 2010 年版).

（主动的/公共的），这不仅使人难以看到她作为女性的自主性，而且令人无视她与社会性别话语的持续交锋。

亨德里认为，埃拉·杨的课程理论对看似相互对立的两极，进步主义和社会效率论，同时提出了挑战。① 尽管对教育目的的理解迥异，进步主义者和社会效率论者实际上都坚持妇女对教育的影响是间接的这一假设。在进步主义者那里，女性的能动性要让位于儿童，女教师要遵从儿童的意愿；而社会效率论则要求女性服从"专家"和校长。将埃拉·杨塑造为忠实执行杜威理念的"好女儿"的形象，使得她针对男性课程话语所做的交涉、颠覆和修正的努力都湮灭无闻了。亨德里认为她不能让女性课程理论家们在这方面的贡献被传统的课程史抹杀，铭记这些是她的女性主义课程史所必需担负起的工作。

当关于起源的故事建构了本质主义的男性一元化叙事后，"进步主义时代"中构成事件的因素的多样性就掩盖起来了。福柯的谱系学方法对连续的历史和构造的主体提出了质疑，后结构主义思想家提出了与"追根溯源"不相同的思维方式，德勒兹和伽塔里的"块茎"隐喻是对具有阳具崇拜意味的树状根系思维的根本性颠覆。如果仅仅在研究历史时补上社会性别的角度，继续使用关于线性和根源的话语去书写填补上了女性角色的历史，并不能从根本上扭转历史书写对女性的压制，关于主体的设定依然是单一和固定的。亨德里希望能够通过自己的研究去帮助人们理解女性是在怎样的条件下扮演起"女人"的角色的，她们如何占有这一身份，又为何接受这一身份。她希望通过研究揭示"进步主义"和"社会效率"的话语并不具备本质或源头，它们也不天然地是解放性或压迫性的，不过借助这些语言，我们能够忆起自己是如何被一种复杂而矛盾的方式定义了社会性别的。

对编造"全面进步"的批判

现代主义的历史书写总是带着这样一个前提假设，即变革等同于进步。历史是由一系列势必发生的事件构成的序列，在其中人类不断进步，从无知走向启蒙，从野蛮走向文明，从压迫走向自由。然而福柯等思想家已经提醒我们，变革可能也意味着从一个统治模式走向另一个。在教育领域，大多数

① Hendry, P. M. *Engendering Curriculum History*. New York：Routledge，2011：180.

的历史叙述还未摆脱启蒙运动以来的假说,变革总被同"真理"和"进步"联系起来,而斗争则总是以自由为目的。

多数的课程史也总是脱离不了进步的神话,对这所谓的"进步"的叙述则与主体性、现代性、民族国家和殖民主义等话语缠绕在一起。进步是通过争取自由的斗争实现的,因而课程史中少不了对相互对立的教育学说和派别的描写。传统历史总是寄托着男性梦想的关于战斗和征服的英雄故事。亨德里赞同贝克的观点,即过往的课程史总喜欢采用"矛盾冲突/协同一致"的描述模式,因而也难脱离"斗争/妥协"的基本框架。① 在关于进步主义的传说里,冲突首先体现为人文主义、儿童研究、社会效率和社会重建四个派别间的争斗②,课程史被描述成不同理论间的战争,这种争斗不仅是关于教育目的的论争,而且给"什么是可以被认知的"、"我们如何求得知识"以及"谁可以成为认知者"划定了边界(参见本书第二章)。这种分界建构出的标准文化身份不可避免地在阶级、种族和性别等方面带有排斥性质,女性(亚当斯、比彻和皮博迪等)和非洲裔(杜波依斯等)课程理论家甚至根本没被纳入到这一对话当中。

亨德里认为,将视线集中在确立"正确"的课程的斗争上,强化了关于进步主义的不断延续的叙事,从而在父权制笼罩下的叙事里塑造了一个叛逆的儿子形象,约翰·杜威。在这种叙事中,杜威是一位英雄和胜利者,他是社会效率论的抗逆之子,同时身上又流淌着"儿童研究"以及"社会重建"的血脉。当故事继续下去时,又不断有新的反抗父亲的儿子出现,泰勒带着他的理性主义,阿普尔和吉鲁等人带着新马克思主义依次登上舞台。然而,抗逆的儿子和顺从的女儿共同维护着父亲的地位,保障着父权的传递。③ 女性在文化上的顺从,使得唯有儿子对父权的继承和反叛才能保证历史的延续和进步。

这种围绕着冲突组织的课程故事的主要情节是俄狄浦斯式的父子对

255

---

① Baker, B. *New Curriculum History*. Rotterdam; Boston: Sense Publishers, 2009: 27.

② Kliebard, H. M. *The Struggle for the American Curriculum*, 1893～1958. New York: Routledge, 2004: 23～25.

③ Hendry, P. M. *Engendering Curriculum History*. New York: Routledge, 2011: 24～25.

立,是对男性性别身份的再生产。在进步主义的故事里,这种性别剧本由"传承叙事"和"解放叙事"交织而成,谁的知识最有价值——是父亲的(再生产)还是儿子的(抵制)？原本为批判理论家所关心的"谁的知识"的问题,在这里展现的是对父子外的他者的压制。俄狄浦斯情节通过抵制和再生产的二元对立构成了传统课程史的主流叙事,个人化和社会控制成为故事的重要主题。当进步主义历史被写成社会效率和社会重建、父与子之间的斗争,这一故事就必然会丢弃女性课程理论家的经历,尽管这些课程话语被表现为无性别差异的、自然的、中性的,而实际上在父亲、抗逆的儿子和顺从的女儿这样的情节设置中,社会性别力量和性别压迫因素很明显地限定了历史叙述的结构。

那么,究竟是什么使我们可以把进步主义时代称为是"进步的"？原本人们理解的进步意义主要是对基于社会控制的威权教育的超越,而如今除了将之批评为有相当阶级局限性、包含着新的社会控制形式的资产阶级自由主义运动之外,我们又发现了进步主义在建构童心和母性,建构儿童和母亲的身份时包含的性别差异方面的意识形态缺陷。尽管后现代和后结构主义的批判已经指出了进步主义继承了启蒙运动以来关于变革、进步和单一主体的观念,包含着意识形态方面的霸权,但直至今日进步主义仍然被当作是一种纯粹的解放性话语。很多人倾向于忽视,进步主义的意识形态在具备解放性的同时,在对性别和种族身份进行规范化限定的时候扮演着压制性的角色。课程理论的历史在自由和解放的话语的掩盖下,与男性的、欧洲中心的、异性恋的主体再生产过程暗通款曲。因此亨德里问道:"我们如何想象一部不包含斗争叙事,不以性别一元化的方式建构主体的课程理论历史？在将进步主义时代从性别意识形态和俄狄浦斯式的家庭角色设定模式中解放出来后,我们又该如何对之进行反思？"①

在进步主义的意识形态中,变革对女性而言未必意味着进步。进步主义意识形态要求教师使自己的经验服从于儿童。假如儿童的天性能够不受外力压制而自由地展现,儿童都会发展成为能够独立、自由思考的个体,从而也成为民主的公民。当然,关于进步主义,特别是杜威就"儿童中心"和

---

① Hendry, P. M. *Engendering Curriculum History*. New York：Routledge,2011：25.

"经验"等问题的观点究竟是怎样的,多年来一直有很多争论。但比较清楚的一点是,教师不是要去传授和传递知识,而是要将它从儿童自身中引发出来。关于进步主义的叙事往往遮蔽了这一意识形态对已有的"对教学的性别化建构"的依赖。因为女性天生的养育能力而假定她们适合从事这种教学是相当有误导性的。

儿童中心论者并不认为妇女的传统活动场所,家庭,是进行知识活动的良好场所,关于"儿童中心课程"的论述的前提假设是儿童要离开家到学校里来。儿童中心课程并不将私人、家庭和女性作为学习或知识的场所和源泉。进步主义课堂中女性教师的角色是知识的"促进者"而非"创造者"。教师的首要角色是被动的,她要帮助儿童展现出其内在的自我。瓦莱丽·沃克丁(Valerie Walkerdine)认为,进步主义的观念中的儿童解放并不意味着妇女的解放,在某种意义上,它将女性固化为照料者。① 女性被束缚在关怀和照料的角色定位上寸步难移,她质疑进步主义的解放概念带来的并非是真正的告别压迫的自由。亨德里认为,就像福柯所说的那样,这种解放开启了新的权力关系,是一种必须通过解放而实现的控制。对"进步主义"的教师们来说,她们要通过提供母性的关怀来允许个人按照他们自己的需求成长。

257

在沃克丁看来,母性的关怀可以有效地抑制反叛,既然儿童没有受到强制,也就不会有反抗,现状就可以维持不变。理性的力量保障了自我监控的个体的生产和再生产。如福柯所说的,公开的统治权力转变为通过社会控制的技术和装置运行的暗藏的权力。进步主义话语依照公共与私人、理性与感性的二元对立的思路以单一的性别标准不断重复建构着主体身份。于是亨德里不禁再次问道,所谓的"进步"又是什么?

亨德里指出,将"进步主义时代"描绘为不可逆转的解放过程,掩藏了这一意识形态内部复杂而相互矛盾的作用机制。一方面,儿童中心话语在强化女性"育人"的传统性别定位的同时,客观上使得人们容易接受女性在学校教育这样的公共领域发挥作用。另一方面,这一意识形态进一步将女性所谓母性的温柔、和顺与被动当作本质性的东西处理,从而抹杀了女性的主动性。"儿童中心"的话语起到调整社会性别规范,维持女性的原有社会定

---

① Walkerdine, V. *Schoolgirl Fictions*. London: Verso, 1990: 32.

位的作用,这一点在进步主义时代儿童中心主义和社会重建主义两种流派之间的"斗争"中比较明显地展现了出来。

尽管儿童中心主义是作为社会控制的对立面流行起来的,杜威和康茨等人还是担心这种对儿童中心的提倡会缺少社会的和政治的方向。亨德里认为,儿童中心论者不太愿意利用儿童中心课程使教育成为"个体政治化和社会化"的一种形式,有部分原因是他们将民主与政治教化看作是对立的。大部分儿童中心主义教育家反对过往的形式主义教育,也倾向于反对任何形式的强制和教化。因此,儿童中心论的进步主义者(通常是女性,包括 Margaret Naumburg, Marietta Johnson, Jane Addams, Patty Smith Hill, Lucy Gage, Lucy Sprague Mitchell, Caroline Pratt, Laura Zirbes, Mary McCloud Bethune, and Alice Miel)[1]并不愿意提出关于社会变革的固定的单一的理论。然而这被男性理论家看作是她们缺乏政治上的抱负和理论觉悟,因而不把这些女性儿童中心论者看作是严格意义上的理论家,这客观上也对性别界限的维持和对女性的压制起到了推波助澜的作用。

在主流认识中,儿童中心导向的女性教育家对社会问题关注不够,缺乏政治视野,然而仔细考察她们对自身工作意义的认知,却会为我们讲述一个全然不同的故事。[2] 例如,帕蒂·史密斯·希尔(Patty Smith Hill)的曼哈顿威利项目就是对乔治·康茨鼓励教师在建立新的社会秩序的过程中发挥作用的"社会重建"号召的响应。露西·斯普雷格·米切尔(Lucy Sprague Mitchell,银行街学院的创立者)和卡洛琳·普拉特(Caroline Pratt,一位公开自己信仰的社会主义者,在纽约的移民定居点从事教学工作,并为妇女工会联盟工作)共同建立的幼儿园中,尽管信奉杜威的进步主义,但这里的教学理念是有相当政治色彩的,米切尔和普拉特都更喜欢用"实验"而非"进步"一词来描述她们的学校,因为在她们看来,进步一词太过模糊,自大,又有局限性。这两位女性教育家拒绝使用进步主义的标签是因为它的政治性不足(特别是缺乏性别方面的分析)。许多这样的女性教育家将她们的工作看作是政治性的,对社会变革起着中心作用,然而这常常被儿童中心的概念

---

① Hendry, P. M. *Engendering Curriculum History*. New York：Routledge,2011：171～204.

② 同上,第 26～28,186～194 页。

中隐含的性别假设,以及在进步主义理论化过程中性别分析概念的缺失所掩盖。因为女性当时在社会关系中处于(也将一直处于)和男性不同的位置上,因此他们对社会关系,特别是对变革、能动性和权力等概念的理论化方式与父权制所支持的普适性论断有着相当大的差别。

女性教育家不太愿意接受社会重建主义,有的时候是因为很多主张社会改良和重建的理论在分析问题时缺乏性别意识。① 例如,简·亚当斯拒绝被人称为是社会主义者,这并非是因为她缺乏政治主张,而是因为她反对在使用马克思主义理论时一味鼓吹阶级斗争,对女性的地位和价值问题却又缺乏足够的分析。在亚当斯看来,阶级斗争乃是尚武好斗、甚至是军国主义的表现形式,最终它会危害和谐社区的构建从而妨碍民主的实现。注意到托尔斯泰和克鲁泡特金的合作理念,亚当斯认为应该把非抵抗和和平主义的概念作为定义和改变阶级剥削的关键。许多女性进步主义者不愿提出或者接受一个关于社会变革的全面而宏大的理论,然而却很少有人把这种不情愿理解为是对进步主义意识形态的性别差异化本质的一种抵制。将进步主义时代的历史缩减为社会重建派和儿童中心派之间的斗争,性别的边界被从根本上再生产而且被正常化了。可能的主体身份被限定在俄狄浦斯的家庭情节中,在父子之争当中去定义权力、抵制和变革。

因此亨德里要努力打破这种父子之争的情节限定,还历史以复杂、冲突和断裂。② 女性进步主义教育家的理论如何对进步主义意识形态中对主体身份和性别角色所做的限制做出回应?她们如何看待理性和儿童中心的话语将知识看作是与性别无关的(实际上是只看到男性的知识)?她们当中的一些人又如何修正和运用儿童中心的话语阐述与性别相关的问题,拒绝把性别问题从对进步主义教育的讨论之中移除?亨德里认为这正是她的故事中要讲述的。

亨德里指出,假若课程史简单地将进步主义时代称为是"进步的",那就掩盖了在教学和课程的认识方面对女性经验的排斥。在 20 世纪 30 年代,教育界开始出现所谓的"女性威胁"论调(几乎与此同时儿童中心论也受到了

① Hendry, P. M. *Engendering Curriculum History*. New York:Routledge,2011:27~28.
② Hendry, P. M. & Winfield, A. Bringing Out the Dead:Curriculum History as Memory. *Journal of Curriculum Theorizing*,2013,29(1):1~24.

前所未有的批评），有人担心由于女性教师的数量和比例占优，会使得男孩"女性化"，声称女性带给教学的影响必须得到控制和改变。因此，我们可以看到进步的大旗下所掩藏着的对女性的恐惧，一种阉割恐惧。这种恐惧使得分离、控制和压制成为必需。这种性别压制的倾向直至今日仍然出现在教师身份的话语塑造过程中，不管是"专业化"（倡导再生产的话语）还是"知识分子/社会活动家/文化工作者"（倡导抵制的话语），都同样排斥着女性的主体性和能动性，否定女性所建构的知识。因此亨德里力图揭示将进步主义时代描绘为持续的进步，其内里包含的是怎样的欲望和恐惧。

二、重书女性主义的课程历史

亨德里自小喜欢历史，历史对于她而言，有一种额外的力量，比文学、艺术或科学都更能帮她了解自己。然而，作为一个小女孩，她从历史中学会的是无声。并没有明确的规定禁止她发声，然而作为女性，历史在潜移默化中教会她噤声。这促使她后来对历史进行思考时，将后结构主义时代的历史建构看成是从斯皮瓦克所说的作为"认识论暴力"的历史中挣脱出来。① 传统的历史曾是给人带来伤痛的东西，它拒绝人的欲望，给个体和集体的实践无情地套上枷锁。这些限制来自于标榜客观和理性的现代性的压制，它使得单一的主体概念，线性的、连续的且一致的时间观，以及认为进步是必然的且不可逆转的史观，都看起来是理所当然的。通过对知识的客观性和与现实世界的严格对应性的质疑，解构主义者把包括现代史学在内的众多现代的知识形式作为批判的对象，指出这些看上去自然而然的东西其实都是语言和权力的偶然的社会历史建构。虽然这并不是否认有过去存在，过去确实存在而且是有证据的。但是证据展现给我们的并不是过去，而是指向关于过去的解读。

亨德里多年来一直对课程史研究饱含热情，然而她也一直怀疑历史是否具有稳定的本质，历史是不是同赫尔墨斯一样，具有欺骗我们的能力，给我们营造出确定性、进步和绝对的胜利的假象。亨德里对历史的最初兴趣，就是来源于对确定性的寻求，一种能找到一条清晰的路径的幻想引领着她，

---

① Hendry, P. M. *Engendering Curriculum History*. New York: Routledge, 2011: X～XI.

去探寻树的根本、水的源头，却不知道这是一条杂草丛生、布满荆棘的路途，将她引向未知，也带来未曾料想到的割伤和划痕。她原未曾想到，历史的力量并非是确定性的，而是断裂与迷狂。

展现理论和历史的复杂性

当亨德里还是一名研究生时，她读到埃伦·拉格曼（Ellen Lagemann）《教育研究的多重世界》（The Plural Worlds of Educational Research）一文时，那句"除非你意识到桑代克赢了，杜威输了，不然你就没有理解20世纪的美国教育史"①给她带来相当的震撼。这种"胜利"似乎奠定了课程理论史的宏大叙事的基调。处于优势地位的是那些技术官僚的、行为主义者的、实证主义者的研究范式，他们的探究模式反映的是现代工业化的美国的一种特定信念，即相信成功源自效率、秩序和控制。探究被化约为作为一种方法、一种系统闭合的研究，一种产生绝对真理的科学。与这种技术专家的世界观相对的，是杜威以及其他实用主义者的观点，他们把科学理解为持续不断的实验。科学不是一种"方法"，而是一种新道德的核心要素，不断进行探究的过程乃是实现民主思想的重要途径。把教育思想划分为互不兼容的"行为主义"或"实用主义"两类，在这种僵化的二分法框架之下，历史的效用就是把复杂的过去简化成单一的呈现。历史被理解成一种早已完结了的文化叙事。然而，所谓的一种意识形态战胜了另一种，这样的历史理解乃是一种误解，是一种有失偏颇的不完整的解读。历史应该包含着多种多样，甚至是彼此冲突的世界观，能够丰富我们对人类境遇的理解。

把历史建构成赢家和输家、成王与败寇的故事，满足了人们把事件简单化的愿望，却遮蔽了历史原本的复杂性。② 亨德里在阅读拉格曼的著作时正在进行女教师的生活史研究，其研究的时间跨度横贯20世纪。她发现，作为教育者，女教师们的故事根本没法被放置到相互对立的两大研究者阵营的争斗大戏里。她们鲜活的经历，对教学和课程的持续形塑着的、不断变化着的理解，交杂使用的多元的甚或相互冲突的种种话语，使得她们实际上一直在打破静态的课程哲学或课程话语格局。课程，实际上是她们活生生的经

---

① Lagemann，E. C. The Plural Worlds of Educational Research. *History of Education Quarterly*，1989，29(2)：183～214.

② Hendry，P. M. *Engendering Curriculum History*. New York：Routledge，2011：Ⅹ～Ⅺ，1～3.

验，是多种教育意识形态和话语的持续交锋和妥协。在她们的故事中，对课程的理解绝不是简单地在桑代克的行为主义和杜威的实用主义之间进行抉择，而是以一种复杂的方式真真切切地生活在历史里。这种复杂性不单单给出了与主流课程史不同的"相反叙事"，而且从根本上改变了所谓的"历史"的范畴。也正因为如此，亨德里开始从根本上反思，历史究竟是什么？

亨德里引用了爱德华·卡尔对这一问题的思考。卡尔1961年在剑桥大学演讲时说，对于历史是什么这一问题的解答，总会有意或无意地折射出我们自己在时间长河中所处的位置，答案总是部分地来自于对自身所生活的社会的理解。借鉴柯林伍德的论述，卡尔认为历史哲学既不是仅仅关于"自在的过去"（历史事实），也不仅仅是关于历史学家自身的思考（历史解释），而是关于这两者以及它们之间的相互关系。历史是过去和现在的关系。历史学家所研究的过去，并非是已死的过去，而是一种在某种意义上仍活在当下的过去。卡尔对历史是什么这一问题的最终回答是，它是"现在与过去之间的一种永无止境的对话"。这一对话就正如亨德里的书名所题，是一个"生成"（engendering）课程的过程。① 开启过去和现在的对话，就是打破历史是"无限的未知"这种印象，好让人们记住过去总牵连着现实，而现实又总牵连着过去。

《课程史的生成》一书试图对课程史进行改造和重新想象。原有的主流历史是线性的，充满着个人主义和不可逆转的进步历程；而《课程史的生成》邀请读者穿越时空重新邂逅历史。历史被理解为一个不断萌发的过程，而不是已完工的成品，它是一场无止境的对话，开创冲突的、矛盾的、多重的解读相互交流的空间，引发更多的问题和探究。历史探究，和教育一样，在本质上就是无休止的交谈。在这本书里，桑代克那所谓的"最终"胜利，被重建为他和杜威之间的持续对话，同时也为其他人（如，简·亚当斯 Jane Addams，卡特·伍德森 Carter G. Woodson，安娜·茱莉亚·库伯 Anna Julia Cooper）的加入开创了空间。这些人原本被固态的、稳定的且确定的历史建构排除在外。《课程史的生成》希望以允许断裂的方式重思历史，在这里，探究要面向无尽的问题，寻求更多的思考，更强的复杂性和多样性。这是一部适应了偶然性和模糊性的历史，而非一部宏大叙事。

---

① Hendry, P. M. *Engendering Curriculum History*. New York：Routledge，2011.

在塑造课程史这一领域时，克利巴德着力将课程的理论和历史联系起来，他把历史分析作为一种理顺课程理论的可能意蕴的方法（参见本书第二章）。与之相反，亨德里的研究目标则不是要把课程理论拆解理顺，而是要极力反映理论和历史之间关系的复杂性。

要挖掘和展现出二者之间关系的复杂性并非易事，关于课程的传统观点将之看作是中立的、普适的（不以时间为转移）、非政治的，最终是技术的。而课程的"非历史性"便必然地包含在这种观念的核心部分里。从根本上说，"课程"被建构成一种没有历史的东西，课程领域的中心话语，如"儿童"、"理性"、"学习者"、"教师"和"知识"等，都被当成是没有历史的、静态的、固定不变的观念。在不知不觉中，这些话语被当作是"标准"和"规范"，而概念重建主义运动和语言学转向则对这种建立规范的运作提出了挑战①，批判研究将课程再概念化为后结构主义的文本，审视那种被当作是自然的、单一的主体的身份认同是如何被"生产"出来的（可参见第四章波普科维茨学派的相关论述）。承认课程的这种符号本质，意味着其历史不再是所谓的"事实的再现"，而是对历史叙事、主体性和课程之间关系的展现。因此，亨德里的研究关注的问题是：在特定的时空中什么被当作知识？为什么某些知识被当作合法的，而另一些知识被排除在外了？是在怎样的条件下，特定形式的知识被合法化为官方知识的？

亨德里赞同海登·怀特的说法，历史学者并非从过去中寻找到意义的模式，而是借助能获取的与过去有关的资料和证据，借着这些"打了马赛克"的模糊素材自己去建构出意义来。作为一位课程理论家，亨德里的历史关注的是课程领域对"谁可以做认知者"，以及"什么是可以被认识的"所进行的建构，而这种与性别差异紧密相关的文化建构又向我们展示了什么。

将历史带入现实

亨德里认为，将历史，特别是课程史带到现在，是她的《课程史的生成》一书所要完成的任务。也就是这部作品希望带我们摆脱时空的束缚参与到历史中去。把历史重新置入时间之中展开，让它重获生命。亨德里说，

---

① Cormack, P. & Green, B. Re-reading the Historical Record: Curriculum History and the Linguistic Turn. Baker, B. *New Curriculum History*. Rotterdam: Sense Publisher, 2009:223~240.

历史不是无生命的过往，它在此刻呼吸着。历史是记忆的场所，它就是回想。记忆，正如简·亚当斯所言，乃是社会重组的关键要素，也是人的能动性的重要来源。什么被记得，什么被遗忘，这里面隐含着政治的和伦理的问题，因为知识就是权力。记忆不只是对如风往事的伤感或怀恋，更是一种重要的解释性的，政治性的和创造性的参与，它要求我们直面一些根本性的问题：人如何可以获取知识？谁能够成为认知者？什么是知识？《课程史的生成》一书所要探讨的记忆，是对形塑知识和性别而言都极为重要的课程的历史。

亨德里认为，需要把她所要从事的记忆和回想，与简单的"话旧"（reminiscence）区别开来。① 话旧是对过去的叙述，是传统史学的先驱，它把叙事者作为主体而把所要讲述的历史故事作为客体。而记忆则是一个回想的过程，回想的过程不单单关于记住了什么，谁，在什么时间，怎样，重要的还有呈现时所面临的局限，以及回想特定事件时遭遇的阻力。因此记忆也就是过去与现在交互和对话的过程。在古时，历史也并非是一系列存在因果关系的事件的序列，而是对某些主题的反复低吟或浅唱。重复，一次次地回到过去，并非要建立固定的联系，而是不断地变奏，不断地修改，它拒绝同一性，也不是对什么所谓的"绝对真实"的再现。作为重复、递归和自反的记忆，是不可思议的一体两面，既是呈现又是反呈现，既给出了秩序又隐含着混乱，既包含了理性又包容着疯癫。

和波普科维茨学派一样，亨德里同样把自己的《课程史的生成》一书看作是福柯式的"当下的历史"。她认为当下的状况充满诸多问题，而不仅仅是所谓的"教育危机"。亨德里的研究尝试表明这种危机并非是一种教育带来的危机，而是更深层次的，如何对教育进行"想象"的危机。亨德里所说的危机，并不是办学失败，学生测验分数较低，或者美国学生在数学和科学方面的表现不如其他国家的学生。尽管这些也是重要的问题，但亨德里坚持这些都是"改革"中厚今薄古、忽视历史的这一隐藏着的更大的问题所带来的，这种漠视过去的逻辑限制了人们重新"想象"课程所能使用的语言。简单地说，这本书要强调的问题是关于想象的，我们如何才能不再把教育单纯地当作是一种技术化甚至产业化的事业。

① Hendry, P. M. *Engendering Curriculum History*. New York：Routledge，2011：5.

我们不难看出上述的这种研究思路所具有的后结构主义色彩，与其他后结构主义课程史学者一样，亨德里将历史作为话语来处理，以揭示理论和历史之间难以为人觉察的复杂关系，帮助人们理解我们是如何经由语言和记忆的媒介而一直与过去相连的。

传统历史的体裁、分期和书写风格等都不曾体现女性的主体性和自我呈现方式。《课程史的生成》的叙事要为那些原本被否认和拒斥的身份正名。为探究历史中与性别相关的主体性，亨德里常常需要去寻找传统历史研究所不曾采用的其他文本，无论是基督教的《圣经》还是中国的《道德经》都是亨德里的引述对象。而为了了解中世纪欧洲女性的生活和认知方式，她还专门飞往欧洲参观教堂，拜访宗教团体，以寻访遗迹并收集资料。

同波普科维茨学派一样，亨德里也赞同福柯"有效的历史"（又译"效果历史"）的提法，认为历史的有效性取决于它在多大程度将非连续性引入我们的根本存在之中，"它将情感分化，将直觉戏剧化，将身体多样化"[1]，历史并不居于自我之外，它就是我们的躯体、能量、欲望、幻想和日常经验。

亨德里指出，传统历史声称自己处理的是现实、同一和真理，有效的历史极力反对这种虚妄之言，认为历史包含的是仿拟、游离和献祭（parody, dissociation and sacrifice）的要素。[2] 首先，历史是仿拟，而不是什么如实再现。仿拟是滑稽或拙劣的模仿，认识到历史是仿拟，就是认识到历史是永远不可知的，永远不会是真实，而只能是仿冒。其次，历史是游离的，而不是同一的，它不是某一传统的延续和表现。认识到历史是游离的，就是意识到历史呈现的不应该是绝对的东西，它没法被简单地认同。第三，历史是牺牲和献祭，而不是获知真理。要理解历史是献祭，就是认识到我们要把它献出去，放弃它，失去它，就像亚伯拉罕献出他的儿子一样，我们必须信任，必须放手，相信历史是终会被给还的。亨德里指出历史所包含的仿拟、游离和献祭，并不是要建立新的宏大叙事。而是要尝试脱离主流历史研究中线性、机械、逻辑的建构，在这种建构中，假设历史再现了过去，将历史与真知直接对等，而忽略记忆、意识、想象和权力等要素在历史建构中的重要作用。历史是对二元对立和"绝对真实"的挑战。历史的"真相"既源于事实，也源于虚

---

① Hendry, P. M. *Engendering Curriculum History*. New York：Routledge，2011：4.
② 同上，第4～5页。

构,源于记忆。

源于记忆的历史,打乱了作为线性的、进步的和真理的历史观念,将历史学者复杂的回想和生成过程包含其中。亨德里赞同贝克等人的观点,认为"课程的历史探究应该深入考察是在怎样的条件下,特定话语得以展开,特定的问题被提出"①。亨德里的《课程史的生成》以一种反思的、不断生成的方式书写历史,拒绝静止和封闭。相比之"知识",这部课程史对"主体地位"的关注要更突出一些。这种主体地位被包含在话语和思维方式里,潜藏在看上去是正常的、明显的知识结构中。因为这些东西规定了什么是可以思考的,什么是不能思考的。亨德里选取了多种话语考察其中的身份建构,以求理解性别主体身份是如何被采纳、抵制、调整和争论的。这些话语并不躺在过去里面,而是作为影子和脚印存在于当下。亨德里认为课程是由无数的话语构成的,而她选择把重点放在课程史中对性别身份的建构颇为关键的五种话语上:图示想象、具身体验、非殖民、扰动和经验(imaging, embodying, decolonizing, unsettling, and experiencing)。

散列于历史中的话语空间

《课程史的生成》一书的各章节尝试展示主体身份是如何随着时间变化的。尽管这里仍然有一些线性时间的意味,然而每一章都将过去折叠到现在当中,也把现在翻折回过去里,因此这里的时间实际上又不是线性的。作为一位课程理论工作者,亨德里认为自己的任务是寻找合适的主题和模式,去回忆和重述,把历史作为回归和反思的时刻。这些章节绝不是要完整地重写课程史,而是选择那些关于"什么能构成知识"的文化理解和社会理解发生显著变化的特定时刻。按照亨德里原有的想法,这些变化与性别化的主体性变迁的过程深深地交织在一起。所以她原本想追踪知识与性别间的直接联系。然而过去远非这样简单,性别不是一个静态的固定的概念,而是一种不断变化的动态关系。性别不是一个独立存在的概念,而是与多种话语交织在一起,构成这本书主要结构的话语,图示想象、具身体验、非殖民、扰动和经验这五种话语也不可能将性别与知识相交叠的话语空间一一穷举,不过这些时刻无疑都是女性理论家、哲学家、社会批评家和活动家争取

① Baker, B. M. & Heyning, K. E. *Dangerous Coagulations?：The Uses of Foucault in the Study of Education*. New York：Peter Lang Pub. Incorporated,2004：29.

她们作为认知者的身份的重要节点。

亨德里在书的引言中先为分析课程历史搭建了一个女性主义的、后结构主义的理论框架。将性别作为一个核心分析类别，这一章是对古德森增强教育史和课程理论之间的交流的号召的响应（参见本书第三章）。然而在后结构主义时代，启蒙运动殿堂中供奉的传统概念——根源、进步和线性等——已被发掘出其虚构的特征，因而这成为一个愈发复杂的任务。当历史的尸首已经被高高悬起的时候，我们该如何书写历史？亨德里尝试提出一种后结构女性主义的解读课程史的方式，打破对根源的追寻和对单一主体的痴迷。不像有些用补充的方式对历史进行的改写，并不触及主流的历史范畴，亨德里审视了课程史的叙事结构如何建构了性别差异化的主体，在质疑单一主体的同时又并不放弃重新发现女性历史的政治任务。

亨德里认为，以往的课程史一般探讨的就是教育的历史，特别是学校教育的历史。[1]　然而学校无疑是一种晚近的发明，把教育与学校教育等同起来，无疑是将课程历史拦腰截断了。课程理论，如今是一个从社会，政治和文化等角度动态地探讨"知识"和"学习"问题的领域，已然超越了"学校"的范围。作为话语实践的课程可以被当作一种历史文本来解读。因此亨德里的课程史研究的范围远远超出学校历史的范围[2]，甚至推到尚且没有书面文字的传说时代。

亨德里考察的第一种话语空间是"想象课程"，在这里亨德里考察了古老的智慧，内在的认知（不是依靠外在的文字、法条甚至神），此时课程的核心乃是智慧，而不是知识。在辽阔的想象空间中，这种智慧可以超出语言和理性的限制，突破主体/客体、男性/女性的二元对立。在这个古老的时代，图像而不是语词才是人们形成理解的基础，由于没有事物和表征它的语词之间的区隔，人类的理解并不以对终极意义的探寻为特征。在亨德里看来，这一图像的时代可以从公元前10万年一直延续到公元600年左右，这个时

---

① Hendry, P. M. & Winfield, A. Bringing Out the Dead: Curriculum History as Memory. *Journal of Curriculum Theorizing*, 2013, 29(1):1~24.

② 已经有越来越多的教育史学者，在描绘女性教育家的贡献时，将主要的精力投注到学校机构之外，参见 Crocco, M. S. & Davis, O. O. L. *"Bending the Future to Their Will": Civic women, Social education, and Democracy*. Oxford: Rowman & Littlefield, 1999.

代逻各斯还未成为排定社会关系的中心力量。① 对课程研究者而言,这一时代可以让我们更好地理解图示和想象对于认知的意义,此时的认知还没有像日后那样明确地以二元方式看待世界,也不必执着于探讨"现实"和"知识"之间有怎样的对应关系。而当文字出现以后,知识的来源开始转向外在的典籍,于是人类的认识活动发生剧变,而这种变化有极深的性别意义。在亨德里眼中这是多神的时代、游牧的时代,她要追踪从口述的、水平的、神话—诗学的文化,向书写的、垂直的、逻辑—分析的文化的转变。

亨德里指出,过往的课程史对历史的追溯最早不过到古希腊和古罗马,而无视欧洲以外的文明。② 对西方史学来说,在基督教神学统治着历史思维的时代,基督以前的时代被看作不过是对基督降临以后的"真正的历史"的一个准备阶段;而当达尔文的理论深入影响历史思维以后,"史前"则被看作是人类由简入繁的演化过程当中的"野蛮"的、未开化的阶段。

亨德里力图摆脱这种传统历史思维的影响,从中国的女娲开始追溯古代智慧,接着转向中东犹太人的智慧概念,然后才转向古希腊早期以至基督教早期玛丽福音和诺斯替教派中的智慧。③ 亨德里认为此时的课程还并未被理解为现代意义的"知识",而是对世界的一种整体的、非二元的悖论式理解。世界与人类经验未曾分离,知识融在世界里,是它的内在的组分。人们对自然充满好奇和敬畏,智慧乃是寻求人类和自然、神祇之间的关联的过程(通过直觉、占卜、仪式、传说、艺术和舞蹈等)而不是将人和它们区分开来。

在这一时段流传的关于世界起源的古老传说,往往与基督教的创世故事不同,它们将某些女神作为世界或者人类的创造者,包括中国的女娲,苏美尔的混沌女神纳穆(Nammu)以及希腊的众神之母盖亚等。亨德里认为不应把这些带有母性色彩的女神简单地理解为今日性别意义上的女性(female),也不能像以往的某些女性主义者那样将这些传说看作是母系社会的写照,因为彼时对世界的理解中还没有对男女两性做截然相异的身份区分。她们是一种与自然融为一体的母亲形象,这与后世的造物主成为一个高于一切的抽象存在显然有差别。女神的地位后来开始下降,在一些传说

---

① Hendry, P. M. *Engendering Curriculum History*. New York: Routledge,2011:7.

② 同上,第 33 页。

③ 同上,第 31~62 页。

中,女神的创世行为由自发的变成是由男神驱使的,最终则让位于男性神,并逐步由多神论走向一神论,由融于自然中的神演变为抽象的神。而这种变化是由古犹太人实现的。对于古犹太人来说,智慧是一个过程而不是一个终点,古犹太人并不像古希腊人一样追寻真知,而是追寻一种"真"的生活。教育是寻找答案的过程,而不是答案本身。我们可以从施瓦布的课程思想中再次看到和这种思维相合的要素。亨德里认为,古犹太人实现了从悖论思维(渔猎—采集/多神论)向神话—诗学(农业/一神论)思维的转换,而到古希腊三杰时代则转向了逻辑推论思维。① 每一种思维都是一种特殊的存在方式,也限制着我们如何对课程进行思考。

在其后的宗教和文化中(特别是基督教文化),女性不但不再能扮演神明的角色,而且逐渐失去与神沟通的机会,从而失去获得知识的权力。智慧由男人与男人,男人与上帝之间的关系来确定,知识在父与子,男老师和男学生之间传递。而女性不仅不再是智慧的创造者,而且女性获得知识的努力,成了罪恶的源泉(夏娃在伊甸园中偷食禁果)。②

接着亨德里谈到了古希腊的莎孚和西雅娜(Theano,毕达哥拉斯的妻子)等古代女性诗人和思想家的认知特点,她们的作品体现了对世界整体性的把握。莎孚的诗歌的叙事主体是女性,而且诗的内容与女性的日常生活和感情经验不分离;而西雅娜等毕达哥拉斯学派的女性则将世界理解为处于符合数学之美的和谐中。对于早期基督教历史,亨德里的目光则集中在诺斯替教派以及抹大拉的马利亚身上,关注他们崇尚个人内在体验的独特认知方式以及对女性可以作为基督教思想家的地位的肯定,而这些在日后都被天主教派所否定和压制。从诺斯替教派对个人内在体验的肯定,相信人能直接感受神命天启转向依赖耶稣和经文作为人理解上帝意旨的中介,这是西方认识论方面的一个重要转变,也对如何理解教育和课程有着深远的影响,"启示"的地位逐渐被"解释"所取代。诺斯替教派和莎孚的认知都展现了某种"缺失",即没有将男与女、神与人、天与地的分离作为智慧的起点。而这正是女性主义所要赞同的"缺失",是一种整体的思维方式,这种有

269

---

① Hendry, P. M. *Engendering Curriculum History*. New York: Routledge, 2011: 41~47.

② 同上,第60页。

些"神秘"色彩的框架使得精神的、心理的、社会的、政治的和神学的话语可以在"对性别方面的不公进行抵制"这一大原则下整合到一起，形成合力。

书中讨论的第二种话语空间"具身体验课程"中，亨德里考察了中世纪末段(12～15 世纪)的女性神秘主义者的认知方式，她们以身体作为认知的场所，将爱、性欲和激情作为认知的中心。基于一神论、二元性、理性和语言的世界观的出现，其前提是身/心，男/女的二元对立以及把知识当作理性产物的认识论转变，在这一转变的过程中，女性作为认知者的地位被边缘化了。亨德里以宾根的希尔德加德(Hildegard of Bingen)，诺维奇的朱莉安(Julian of Norwich)，阿维拉的特蕾莎(Teresa of Avila)和马格德堡的梅希蒂(Mechthild of Magdeburg)等人为考察对象，探究了中世纪女性的宗教和神秘主义的认知方式(ways of knowing)。亨德里认为，具身认知(或者说涉身认识，embodied knowing)是一种整合了身体、心智和精神的整体认识论和世界观。① 这些和宗教信仰紧密相连的女性(有时是男性)神秘体验，将"身体"作为认识的场所，常常与强烈的身体反应(大病忽愈、幻视幻听、身体悬空)相关，肯定女性的认知能力，甚至认为神性本身兼具女性和男性的性质，反抗了对女性认识能力的刻板定位，为重塑性别开启了无尽的可能。

如今，身体又再度成为关于人类认知的争论焦点，女性主义和后现代主义者都强调理解"身体的感知"对于突破身心二元对立和解构单一认知主体的意义，而认知心理学等学科的现代科学研究也同样将具身认知作为一个新兴的重要研究方向②。课程理论家不得不开始理解"身体课程"的含义，尤其当这个世界上的儿童面临着饥饿、鞭挞、疾病、毒品、身体艺术、肥胖、厌食和性等多样的身体经验时，重读这段与具身体验相关的历史很可能让课程研究者获得一些有益的启示。

到 16 世纪，随着科学话语的出现，原本被当作"上帝的启示"的神秘体验的地位急转直下，而今已被看成是装神弄鬼的异端邪说。启蒙话语对将理性(男性的)作为知识来源进行肯定，因而必须要对将身体作为认知场所(女性的)进行压制。尽管传统意义上殖民被理解为欧洲人对"他者"的征服，亨

---

① Hendry, P. M. *Engendering Curriculum History*. New York: Routledge, 2011: 98.

② 叶浩生：《具身认知：认知心理学的新取向》，载《心理科学进展》2010 年第 5 期。

德里在第三种话语空间"非殖民课程"中指出，"殖民"的施为者和对象都是人，因而它需要对主体性进行剧烈地重构①。此时身体被理解成了一个具有内部空间的具体实体，这在启蒙运动的知识观中处于中心位置。只有这样理解身体和主体，启蒙运动才可能建构起关于理性/感性、主体/客体、男/女、自我/他者、公共/私人、殖民者/被殖民者的二元论。在这里，"殖民"作为一种话语实践，不仅是殖民者与被殖民者之间的一种直接的权力关系，更是一种复杂的意识形态，它在主体的教育和主体性概念的建构过程中发挥着重要的作用，并使得这些过程具有显著的性别化特征②。正式教育或者学校教育，成为保证殖民得以实现的一种"技术"。假如历史研究将这一时段简单地理解为走向启蒙的进步过程，就会忽视在以二元对立的方式制造主体性和性别差异的过程中起着关键作用的教育话语，在展现了解放性的同时也具有压制性。性别化的主体身份的制造，需要让男人成为有道德的公民，女人却要成为"公民之母"，角色被限定在家庭和育人的范围内，民族国家的教育正是要实现这种对男与女、公共与私人的分离。

亨德里考察了克里斯蒂娜·德·皮桑和玛格丽特·卡文迪许（Margaret Cavendish）等人的著作，看她们如何拒绝女人只能作为认知的对象而非主体的限定，使用怎样的策略来宣扬自己的知识和主张。当性别化成为身心被殖民的主线时，这些女性理论家如何定位自己的主体身份，这即是"课程的非殖民化"这一"话语空间"想要向读者展现的主题。其中一些理论家的主张，既有争取男女平等的积极因素，认为男女的差别不是天生的而是由教育带来的，主张女性接受教育；同时也受到时代的限制，一定程度上接受当时的性别定位，且将性别差异当作本质性的东西来理解。亨德里还在美洲大陆的早期欧裔移民在"新世界"建立新的"伊甸园"的努力中，看到女性对性别意义上的殖民的抵制，无论是清教派的安妮·哈钦森（Anne Hutchinson）还是天主教派的乌苏拉姐妹会，都在自身既是殖民者又是被殖民者的微妙

271

① Hendry, P. M. *Engendering Curriculum History*. New York：Routledge, 2011：133.

② Hendry, P. M. & Winfield, A. Bringing Out the Dead：Curriculum History as Memory. *Journal of Curriculum Theorizing*, 2013, 29(1)：1～24. 参见 Baker, B. M. *In Perpetual Motion：Theories of Power, Educational History, and the Child*[M]. New York：Peter Lang, 2001.

身份定位中,建立起了自己特殊的主体地位和认知方式。

接下来在第四种话语空间中,亨德里研究了女性课程理论家如何实现对诸如"共和公民的母亲"、"家事狂"等限定了女性的主体身份的话语的突破。"这些话语直接源自启蒙运动的政治思想,而在古典自由主义的民主诉求中达到顶点。"[1]这一所谓"民主"话语将带有性别压迫意味的女性定位作为民族国家建设的基本前提。女性的作用是间接的,它呈现为一种影响,而不是一种实实在在的力量,要借助他人实现,同时目的也是为了他人而不是女性自身。这种女性主体的定位,并非出于民主的无私,而是彼时新兴的工业化国家对个人服从于国家的要求的一个组成部分,同时也是将公共领域和私人领域对立起来的性别化建构,它使得"公立学校运动"和"教学的女性化"乃至"进步主义"等的课程话语包含着对女性进行分离和压制的意识形态[2]。

扰乱这种"父权制的教育学"的女性努力是"扰动课程"(Unsettling Curriculum)这一章所关注的重点。亨德里认为,"定居救助之家"运动(往往根据其内涵译作城市社区改良运动,settlement house movement)中的社会改革工作是对上述的分离和压迫的回应。这一运动不仅包含了让更多人获得教育机会的课程创新,而且挑战了关于教育是公共的、个人化的、适合男性的这样的假设,提出了一种与之不同的、植根于社群的教育哲学,学习不是发生在每个个体中,而是在群体中。亨德里特别关注了 19 和 20 世纪之交,安娜·朱丽亚·库珀(Anna Julia Cooper),简·亚当斯(Jane Addams)和艾达·威尔斯(Ida B. Wells)的学术作品对于创建新的课程理论的重要作用,尤其是亚当斯对自由主义民主和主流的教育话语(包括社会效率论和进步主义)的批评和她提出与个人主义迥然相异的关于教育和民主的观点。[3]对亚当斯等女教育家而言,个人受教育乃是为了更好地为群体的共同利益服务并促进社会的整体进步。她们的观点挑战了当时对美国公民身份的个人主义设定以及对教育的"甄别"作用的过分强调,同时对当时严重的性别

---

① Hendry, P. M. *Engendering Curriculum History*. New York: Routledge, 2011:9.

② Hendry, P. M. & Winfield, A. Bringing Out the Dead: Curriculum History as Memory. *Journal of Curriculum Theorizing*, 2013, 29(1):1~24.

③ Hendry, P. M. *Engendering Curriculum History*. New York: Routledge, 2011: 135.

和种族歧视作出了强有力的挑战。

最后，在第五种话语空间里，亨德里继续对"进步主义"时代的女课程理论家的作品进行解读，关注其中的性别意味。亨德里关注进步主义运动对于女性到底意味着什么。将教师作为知识的促进者使得女性自身不能作为认知主体的这种性别定位固化，她们只能执行别人的理念。亨德里考察了这一时段包括埃拉·杨在内的众多女性教育家的理论和实践，厘清她们对"经验"概念的独特理解。经验不是普适的，其中包含有性别、种族、阶级和区域的差别，女性教育家将经验的意义丰富化了。她们不赞同社会改良主义者将民主教育看作一种教化，因为在她们的理论中民主教育只能是学生自己去"经验"的而绝不能是被强加的。

亨德里在对传统课程史进行批判时，讨论了其中对埃拉·杨等女性教育家在进步主义运动中所发挥的作用的片面解读。因此在这里她试图重读埃拉·杨的故事，寻找其中的非延续性和离散性，并解释旧有叙事的控制倾向。①

作为一位教育家和社会活动家，埃拉·杨活跃的时代是女性分离主义和社会行动主义颇为盛行的年代，人们相信受过教育的女性担负着特别的使命。杨和进步主义时代的其他一些著名知识分子和社会活动家，包括简·亚当斯、约翰·杜威和乔治·赫伯特·米德等共同从事社会重建运动，是赫尔堂（Hull House）的积极参与者。埃拉·杨和杜威、亚当斯和米德一起参与了多项为女性争取权利的运动，包括建立妇女工会、扩大选举权、为女性赢得高等教育机会等方面的努力。同其他进步主义者一样，她相信学校教育在社会变革中起着中心作用。对杨来说，女性作为教师的工作居于社会变革的中心位置，它是一种重要的民主实践。杨倡议应该严肃地看待女性教师的经历，因为这方面的变革可以在社会重建中扮演极为重要的角色。作为国家教育协会的主席，她不仅提倡扩大教师的自主权，而且倡导女性应该拥有选举权，呼吁同工同酬，建议提高教师的薪酬水平。她的工作的一个重点是探索新的管理模式，使得教师（女性）能够参与到课程政策和管理的过程中。②

---

① Hendry, P. M. *Engendering Curriculum History*. New York: Routledge, 2011: 21~23.

② 同上，第 170~182 页。

与此同时，这个年代也是教育史学家们笔下显现出集权化和官僚化特征的时期，人们愈发地强调效率和标准化，依赖专家的力量而将教师的作用等同为"工厂工人"。杨的博士论文《学校中的隔离》（1900 年于芝加哥大学获得博士学位，导师是杜威）是对社会效率的意识形态的分析和批判。她认为集权化和官僚化剥夺了教师（女性）的权力和自主性，使得教师被隔离，失去参与课程和学校政策决策的权力，将其拱手让与所谓的专家（男性）。在文中杨警告说，当教师无法参与决策时，学校就只能沦为一部巨大的机器。

那些相互冲突的话语和意识形态，一方面通过"教学是女性的真正职业"这类话语赋予受过教育的女性以特别的使命[1]，另一方面，专家对教学的控制越来越强从而导致了教师的去技能化[2]。在女性天生的养育能力的基础上建构"教学法"，以一种复杂的方式既肯定了女性的价值又破坏了它。这为我们理解杨与性别差异意识形态所做斗争的复杂性提供了背景。一方面她提倡教师的自主权，颠覆社会效率论的层级体系；另一方面她又拾起作为社会效率论的潜台词的专业主义话语，作为争取教师独立地位的武器。杨希望通过权力分化来保证教师在课程决策方面的影响力，维护教师的自主性。这与进步主义和社会效率论都形成了鲜明的对比，在后两者中，女教师都是知识习得的促进者，而不是创造知识的能动主体。

杨坚持认为，女性教师的经验是知识生产的源泉之一，对女教师的决策权力的保障对于塑造学校中的民主来说至关重要。把女性经历作为认识的发生地，对进步主义和社会效率论的规范的性别意识形态是一种挑战，这两种话语都一定程度上对女性的知识进行压制。从时人对埃拉·杨的攻击言论中可以体会她所承受的压力，同时也可以想见她必然给主流意识形态带来了相当的冲击。在她担任学区的负责人时，批评者称她实行的是"疯狂的女性理财"，"滥用她作为老妇人和天主教徒的同情心，恨不能把整个商店都发给公立学校的教师们，包庇动乱的因素，而对学校董事会的权威缺乏尊

---

① ［美］埃伦·拉格曼：《一门捉摸不定的科学：困扰不断的教育研究的历史》，花海燕等译，教育科学出版社 2006 年版，第 3 页。

② Apple, M. W. Curricular Form and the Logic of Technical Control. *Economic and Industrial Democracy*, 1981, 2(3): 293～319.

重"。① 尽管得到杜威、米德和亚当斯的力挺,杨后来还是离开了负责人的岗位。

给杨贴上老迈和女流之辈的标签,是想通过将她建构为一个"老处女"(spinster)来把她所挑战的社会性别的枷锁重重地压在她本人身上。"老处女"的形象也常常被包含在对教师的形象建构中,在亨德里看来,这也许并非是种偶然②。"老处女"被描述成性冷淡的、男性化的、未婚的古怪生物,是不顺从男性的社会权威和性权威的女性不得不扮演的形象。

而把杨建构为忠顺的女儿,则抹杀了她对社会性别问题的独特理解和不懈抗争,追根溯源式的书写方式成功地掩盖了进步主义和社会效率论等意识形态在性别方面的非延续和离散,阻碍对这一问题获得更为丰富的理解。"进步主义时代"的这些话语的控制和隔离的倾向被掩藏了起来,而这正是女性主义历史所要忆起的。亨德里站在女性主义的立场上对埃拉·杨的理论和实践做了重新解读,努力地恢复她在实用主义哲学和进步主义教育方面的独特贡献(特别是在处理与性别相关的问题时)。

亨德里的女性主义课程史所覆盖的时间范围从没有文字的"史前"一直延续到 20 世纪初,其广阔的视野令人惊叹。当然,她不可能面面俱到照顾到各个时段,这是一个不可能完成的任务。亨德里谈到,在开展这项研究时,她不断地被历史的丰富性所震惊,过去的复杂性不断地挑战着她原有的假设,她从未想到精神、爱、欲、躯体、热情和神秘的观念,会与理性、逻辑和科学的观念混杂在一起,相互冲突又共同产生意义。③ 许多过往的故事一再重现,这让她从根本上怀疑原有的时间观念,去聆听活在当下的历史。亨德里本也无意书写一部覆盖各个时代的"通史",而只是选取散列于过往中,给她本人带来相当震撼的某些话语空间。《课程史的生成》一书的各章是对不同时空中女性呼声的"回应"。它们力图在人们所熟悉的传统教育和课程叙事之外提供一些不同的叙述,每一章都会先从现有研究出发,对目前关于特定时代的"传统"历史做一简短回顾,然后提供一种颇为不同的解读,最后回过头来把它与目前的学术研究联系起来。这种环状结构是为了用递归的形式

---

① Hendry, P. M. *Engendering Curriculum History*. New York:Routledge,2011:19~23,171~175.

② 同上,第 22 页。

③ 同上,第 7 页。

去打破原有的线性的、进步的、目的论的观念。第二到第六章回顾的五种话语空间，它们之间同样没有绝对的顺序，没有首尾之分地围成一个圆环，紧密地围在一起，相互交叠也环环相扣，展现了女性对时间和历史的独特理解方式。正如威廉·多尔在为《课程史的生成》写的推荐语中所说的那样，亨德里为她的读者提供了在其他课程史著作中找不到的东西，课程研究领域需要这样一本书。

第三节　从"谁的课程史"到历史中的"谁"

一、补充新的主体？

历史创造了主体，而非主体创造了历史，这一后结构主义的观点似乎已经尽人皆知。然而课程历史中的话语如何生产出了与"在性别、种族和性向上有差别的各种主体"相关的规范性假设，却是仍然需要深入探讨的问题。[①]亨德里研究的首要目标是着力审视课程史的话语实践如何使特定的主体身份成为可能。

现代历史要呈现的统一性完整性，不可避免地需要某种形式的暴力为之铺平道路。传统历史的主体——单一的，男性的，异性恋的，白人的——是通过排斥了他者才实现的。历史展现出来的统一性、连贯性和秩序性，并非跟某种现实的直接对应，而是对与之不同的其他故事的压制。这些不同的故事多数源自女性、有色人种和工人阶级。没有对他者的噤声，就没有我们所熟知的那种正统历史。这种压制他人的"认识论暴力"，塑造了一个统一且固定的主体，限制了多样性和差异，使得历史以一种普适的、无性别差异的面目出现。而作为记忆的历史，首先要铭记的便是这种压制。[②]

亨德里认识到，把历史和主体拉出来拷问，同时又质询历史的主体是否

---

① Hendry, P. M. *Engendering Curriculum History*. New York：Routledge, 2011：11.

② Hendry, P. M. & Winfield, A. Bringing Out the Dead：Curriculum History as Memory. *Journal of Curriculum Theorizing*，2013，29(1)：1～24.

真的存在，看上去有些自相矛盾。既要思考主体，又要揭示它的虚构性，既要书写历史，同时又要怀疑它，便是这类研究所要面对的困难。这注定是一份苦差。如果不再有主体，又如何写就历史呢？是否在书写历史之前就要放弃它呢，假如历史一直以来都是压迫的一种重要形式，将女性和少数族裔等人群边缘化了，那作为一位女性主义课程理论工作者，为什么还要从事历史研究呢？

亨德里认为，不应把历史作为一种主体至上的人文主义遗产弃掷迤逦。她希望对课程史做一次女性主义、后结构主义的阅读，尝试打破追寻"根源"的探究传统，不再以唯一的英雄主体作为中心，无论这一主体是男性还是女性。她还想挑战进步的神话，将历史理解为相互联系的多种潮流的合流，因而没法还原出单一的故事主线（宏大叙事）。① 亨德里不愿仅仅以一种做补充的方式重写历史，不去触及主流历史的分类和分期。她要直接挑战原有的课程史，揭示其叙事结构如何在性别差异主体的构造中起了作用。在质疑"主体"这一概念的同时，又要不放弃恢复女性历史的政治任务，这是女性后结构主义者所遭遇的一大挑战。亨德里认为，撰写《课程史的生成》一书，便是要接受这样的挑战。她追求对课程理论的历史有一种更复杂的，不那么整齐划一的，非线性的理解，对她而言，重新想象历史是重塑未来的途径。

拒绝"补充的历史"

将女性重新写入历史一直是女性主义学术努力的重要目标，然而，仅仅把女人、黑人和其他被边缘化的人们的故事加入到历史中，对传统的历史很难带来冲击。

格尔达·勒纳就指出，尽管早有人书写女性的历史，但由于长久以来在女性历史写作方面追求的是与男性相同的价值观，这种历史写就的不过是"一系列贵族女性和女英雄的名册，记录的是她们的个人生活与功绩。这种女性的历史被称为'补充的历史'或'贡献的历史'"。② 这样仅仅在历史中加入一些女性英雄的名字，会使得历史书写中隐蔽的性别差异化操作固化下来难以撼动。例如，尽管埃拉·弗拉格·杨等女性已经被包含在进步主义

---

① Hendry, P. M. & Winfield, A. Bringing Out the Dead: Curriculum History as Memory. *Journal of Curriculum Theorizing*, 2013, 29(1):1~24.

② 金利杰、周巩固：《性别视角下的集体记忆——格尔达·勒纳女性主义历史记忆理论探究》，载《东北师大学报（哲学社会科学版）》2011年第2期。

的故事里了,然而所谓的进步主义运动这一分期标识中隐含着性别意识却不曾被质疑。从本质上说,那些经典的叙事历史的形式特征仍旧保持不变,还是一元化的主体,也还是或明或暗地以进步、发展和增长作为主题和情节。这样一来,历史还是会给人一种天衣无缝的错觉,其叙述者是隐匿无形的,却又是无所不知的。换言之,历史还是植根于一种客观主义的认识论,遮蔽了女性形象的种种历史范畴还是没有被推翻。

这种"补充的历史"的观点,在声称书写"更好的",至少是更严格和完整的历史的时候,会加强对历史的"客观性"的诉求。这种发现女性历史的"真相"的努力可以打碎原来"标准的历史"中关于女性的种种谎言和神话。然而由于这些神话正是在假定历史是客观可知的实证主义认识论指导下创制的,所以寻求所谓"更客观"的"补充性历史"或"对抗性历史",在很多女性主义者看来是很有问题的。因为它们同样把"女人"当作了一个本质的、固定的类别。这样一来,不仅女性经历的丰富性和多样性被忽视,"女人"这一类别本身是一种社会建构、是话语的产物这一重大问题也被遮蔽了。"补偿性历史"还容易使人忽视叙事给过去的事件赋予了它们原本并不具备的形式因素。不存在可以独立于叙事之外的抽象的"身份",它是被叙事给予的。因为事件和自我都是重建的,经验的原初的纯洁性永远没法实现。在教育史和课程史当中,仅仅将女性补充进来是不够的,因为假如不排除本质主义的影响,就会固化对女性社会角色的定位,使得女性的历史形象刻板化。对于力图将女人重新写入历史的女性主义者来说,这既是一个重要的理论问题,又有显著的政治意义。

理解叙述的复杂性

亨德里的后结构女性主义课程史的书写,则与实证主义认识论指导下的"普适的"、"客观的"且"无性别的"史学做了根本的决裂。对亨德里而言,历史是叙事,是虚构,而从来都不是真实的再现。

亨德里面对的难题是,既要把女性、非裔美国人和其他被边缘化的群体重新写入课程理论的历史,同时又要解构这些历史范畴,因为正是它们使得抹杀和镇压他者的暴力成为可能。这两种目的之间存在着巨大的理论张力,但亨德里认为这并不是不可调和的。她不准备采用非此即彼的二元对立的逻辑,她认为把理论简单化的倾向使人明知知识是多样的、矛盾的、不

278

断流动的,却还是寻求单一的观点而丧失理论的厚重。①

因此如前文所介绍的那样,亨德里希望保持历史、理论以及二者之间联系的复杂性。而其关键在于对叙述(narrative)的复杂性的充分理解。在亨德里看来,所有的探究的本质都是叙述,无论自然科学还是历史等人文学科的叙述。② 亨德里赞同波普科维茨学派关于课程史研究对后现代理论不够敏感的看法,课程历史的书写仍然倾向于把历史当作线性的、不可逆转的进步过程,仍坚持做追根溯源的努力。尽管历史既是事实又是虚构,既是纪实又是神话,既是记忆也是再现,课程研究领域却还是常常把历史当作绝对的、必然的真实,把具有复杂的政治和文化意蕴的问题简化为非真即假的判断题。把历史的问题简单地还原为事实和虚构的问题,完全忽视了"叙述"作为一种求知的方式的复杂性。在这个后现代的时代里必须承认课程史的文本本质,它是通过叙述建构起来的,是一种虚构。

虚构的神话常常被认为是一种"神圣"的叙事,其神圣性在于神话值得我们尊重和敬畏。神话不仅有相当的解释力,而且它在对制度和权力进行评判时扮演着重要的角色,它告诉我们事物是怎样来的。通过公立学校教育实现民主化的理想,再生产和抵制之间的斗争情节,进步主义的胜利和悲剧,英雄们和他们忠顺的女儿的人物设定,亨德里承认这些制造了课程的神话的高超叙事手段都是值得我们尊敬的。

然而她本人的课程史工作则要探寻这种叙事如何保证了特定的主体身份的出现,而使另一些主体无法在历史中获得一席之地。亨德里想用自己的研究回答这样一个问题:假如不依靠线性、一致性、连贯性甚至不依靠一个单一的主体来作为组织历史的线索,历史将会是个什么样子? 她想要发挥自己的想象,组织的历史不再有开端、高潮和结局,而是递归的又是非连续的;历史文本引入的是矛盾,而非单一的故事线;引起行为的是种种矛盾和悖论,而不是单一的因与果。被以往的课程史以复杂而矛盾的方式所噤声的、所扭曲的和所遮蔽的东西,正是亨德里所要重拾的记忆工作。

---

① Hendry, P. M. *Engendering Curriculum History*. New York: Routledge, 2011: 11~13.

② Hendry, P. M. Narrative as Inquiry. *The Journal of Educational Research*, 2009, 103(2):72~80.

二、遭遇他者

亨德里要努力应对的,不再是谁的课程史的问题,而是在历史中叩问主体,叩问所谓的"谁",叩问女性是如何被建构为女性、成为"他者"的。简单地写就一部所谓的"女性"的课程历史,并不能满足理论理解和实践变革的诉求。因为历史思考的功能不是制造对立,必须提防陷入性别本质论的泥潭。① 如果抱住抽象的"性别"不放,使得抽象概念先于个人和群体的具体社会关系而存在,则很容易导致男女的二元对立和性别的"普遍化",遮蔽女性内部不同群体之间的差异。"白人中产阶级妇女在表达女性理论上具有优先权,她们是叙述'妇女故事'的主体和权威"②,然而其遭受的单纯的性压迫显然无法代表少数族裔妇女混入了种族歧视、阶级因素和其他压迫的性压迫感。作为"女性中的他者"(相对西方白人异性恋女性),第三世界妇女、有色人种妇女和女同性恋者显然处于更边缘的位置。如今课程领域对差异问题的研究已经越发"混杂化"了,对诸如"贫困的黑人女同性恋穆斯林"的教育经历进行分析,已经很难简单地从阶级、种族、性别、性向以及宗教信仰等角度中抽取其中任何一个开展研究而不去考虑其余的视角。

为了尊重差异,拥抱差异,后结构女性主义的课程史书写不是源自任何特殊的种族和阶层的女性的声索,甚至不只是"女性"的诉求。这种研究不愿简单地将女性推上主体的宝座,重复先前用"人"(男人,Man)来替代神(上帝,God)的方式,用"女人"去替代男人③,而是要从根本上揭示这类主体的虚妄性,去宣告"男人之死",将男性理性主体祛魅。这种学术进路是女性的(feminine)而不是女人的(women's),因为从某种角度来看,每个人都有女性的属性,都有被单一主体叙事所压制的一面,都会成为他者。

然而在拥抱差异的同时,亨德里的课程史探究还是保有浓重的欧洲中心主义色彩,例如在看待上古时代的文字和图像关系时,只考虑语音文字的文图分离,而忽略了象形文字在这方面的独特意义。再比如亨德里对古代女神传说的叙述,实际上处处都在留心这些传说和基督教创世说的差异,比

---

① 肖巍:《女性主义教育观及其实践》,中国人民大学出版社 2007 年版,第 61 页。

② 于文秀:《"文化研究"思潮导论》,人民出版社 2002 年版,第 292 页。

③ Jardine, A. Introduction to Julia Kristeva's "Women's Time". *Signs*, 1981, 7 (1): 5~12.

如造物主的性别、人神间的协约关系、罪恶的起源等等。因为借助"域外"文化的目的是对西方传统进行解构，所以在论述时应该特别小心，不要使得这种抵御欧洲中心主义的努力恰恰每时每处都围绕着西方为中心展开。遗憾的是，亨德里滑落进了这一思维陷阱，尽管她力求从非基督教文化中寻找力量，但是仍然以基督教传说的要素结构作为比对的基础框架，丢弃了其他文化叙事的组织形式和逻辑理路（或者非逻各斯的理路），暴露了她在理论实践方面的不彻底性。这并非是有意对亨德里求全责备，根据研究主题以及研究者自身的资源和能力，选取熟悉的材料展开论述本无可厚非。但是作为一个对"书写"实践有着明确的自觉和深入反思的史家，一个对欧洲中心主义的历史撰写多有批判的研究者，不曾意识到，或者不肯指出自身的论述结构中的问题，实在不能不说是《课程史的生成》一书中的一个遗憾。顺带要提一句的是，亨德里在史学理论和史料选取方面都深受格尔达·勒纳的影响，特别是书的前半部分似乎有过于依赖勒纳的作品之嫌，这一定程度上也限制了研究的突破性和开放性。

在叙事方面，亨德里没有明确地指出她的写作和原本的男性历史叙述的差异。从其自身的书写实践来看，尽管她着力批判了以往男性的课程史总是围绕着"斗争"和"冲突"展开，然而诸如"这绝非没有经历斗争就实现了"（原书第 73 页、97 页），以及"通过斗争/与……斗争，从而获得/成为……"（第 68 页、73 页、95 页、100 页、153 页）等言说方式还是遍布于她的叙事中。而且叙述的组织还是会依循时间的先后顺序，或按照宏观社会背景、个人经历到事迹再到影响的次序。尽管她的作品中交叠着铺垫与照应、预言与回想、前进与倒退，但我们还是会发觉作者在面对语言结构的限制性时的无奈，正像罗兰·巴尔特所说的那样，"一种来自一切先前写作以及甚至来自我自己写作历史的顽固的沉积，捂盖住了我的语词的当前声音"①，言说者终归是语言的囚徒。

在此处，我们遭遇另一个更大的"他者"问题，即语言的他异性。女性往往"有口难言"，想要表达时却不得不说着别人的话。在拉康看来，虽然"我"认为自己是说话的主体，但实际上"我"只是在被语言言说，因为我只能说语

---

① 罗兰·巴尔特著：《写作的零度》，李幼蒸译，中国人民大学出版社 2008 年版，第10 页。

言允许说、能够说的内容,语言的象征世界是一个"大他者"。①

　　对于我们来说,读亨德里的这部作品好似坐上一部时光机,于不同的话语空间之间往返穿梭,在这一过程中不断遭遇着"他者",男性的他者,女性之中的他者乃至作为他者的语言,而当返身回看自己作为读者的这种际遇和参与时,无疑又会不断有新的我他关系涌现。对中国课程学者而言,作为西方的他者,如何解读这些来自大洋彼岸的美国课程史文本才能产生独特的跨文化理解,要怎样聆听他人的回忆,又如何一边质疑他异性的语言一边讲述自己的故事,这是我们必须要面对的难题(参见本书结论中的内容)。

---

① 张剑:《西方文论关键词:他者》,载《外国文学》2011 年第 1 期。

结　论

Fellow Educators—are we not lost?

Do we know where we are,

Remember where we have been,

Or foresee where we are going?①

—Dwayne Huebner

教育同仁们——我们难道没有迷失吗?

可知道自己身处何地,

记得到过哪里,

或者预见要去向何处?

——德韦恩·休伯纳

曼海姆很早就指出过,现代的知识是"能动的、富有弹性的,处于不断的流动状态,永远面临新的问题"②。因此上文关于美国课程史这一研究领域的叙述还远远没有完结,因为作为一个有生命力的、开放的领域,它永远在生产着新知识。本书在绪论中便确定将课程史(复数的,curriculum histories)作为"根茎"似的多元体来处理。德勒兹和加塔利告诫我们思考多元体时一定要遵循这样的要求来写作:"形成线,决不要形成点! 速度将化点为线!"③即便原地不动也要"迅如脱兔"。如前文所述,之前的课程史元研究都尝试对研究状况进行静态描述,而本书则尝试做动态把握,突出其中的

---

① Huebner, D. Education and Spirituality. *Journal of Curriculum Theorizing*, 1995,11(2):13~34.

② [德]卡尔·曼海姆:《意识形态与乌托邦》,黎鸣等译,商务印书馆 2000 年版,第 159 页。

③ [法]德勒兹,加塔利:《资本主义与精神分裂(卷 2):千高原》,姜宇辉译,上海书店出版社 2010 年版,第 32~33 页。

变化。与"树"不同,在作为"根茎"的多元体中我们本就无法发现点或位置,而只有线。① 因此在逐个走近美国课程史的经典文本后,接下来本书将从三个维度刻画它们之间的联系和区别,描述整体发展趋势。不过这并非是站在高峡崖岸之上呼一声"大江东去",而是浸润在水里感觉湍急舒缓、冷暖沉浮。因为一个根茎或多元体"不允许其自身被超编码,不会拥有一个超越于它的线的数目之上的替补维度"②。因此这是谦卑的内在线索和维度,而不是高傲的外来框架和界定。虽然下文会借助一些概念,不时将前面几章考察过的作品归入到某个类别中,但是这种考察的意图不在于归属,而在于流变。

重构历史—建构历史—解构历史

首先将借用艾伦·蒙斯洛(Alun Munslow)的历史哲学理论考察不同时段和不同作者的课程史作品之间的差异。蒙斯洛使用重构历史、建构历史和解构历史(History as reconstruction/construction/deconstruction)的概念区分了历史学者们开展研究的三种不同方式。③ 蒙斯洛认为身处"后现代状态"中的我们必须重新思考对历史书写的既存认识,不把一些历史哲学问题思考清楚就无法应对新时代对历史研究提出的挑战。因此他从一连串基本问题出发,来考察人们在思考和撰写历史的时候彼此间有怎样的差别。这些问题包括:经验主义能保证历史成为一种独特的认识方式吗? 所谓历史"证据"的特征是什么,它又起到什么样的作用? 历史学家本人、他所使用的社会理论以及他所建构的解释框架在历史理解过程中扮演了怎样的角色? 历史解释的叙述形式究竟有多重要? 正是对这些问题的不同解答,显示了史家们对历史研究的不同理解。

在历史研究中,重构主义者相信历史研究生产的是客观可信的知识,历史学家可以通过特定的方法在过往事件留下的踪迹中获得关于过去的准确认识。他们通常认为历史是一个独立的基于经验的学科,历史是对事实的客观重建。历史研究就是要根据原始资料、依赖原始资料,有一分材料说一分话。他们继承了兰克史学的传统,强调如实直书,历史书写需要避免意识

---

① ② [法]德勒兹,加塔利:《资本主义与精神分裂 (卷 2):千高原》,姜宇辉译,上海书店出版社 2010 年版,第 9 页。

③ Munslow, A. *Deconstructing History*. London; New York: Routledge,2006:20.

形态的干扰,基于理性的、独立的和全面的调查。① 对埃尔顿(G. R. Elton)等保守的重构主义者来说,不仅仅是意识形态,历史学家应该谨防受到任何主观因素的干扰。历史绝不是什么"再创造",史学家自身的主观能动作用应该淡化,更不要过多地去借助理论。重构主义者反感马克思主义和女性主义对历史领域的侵染,他们一定程度上表现出了"反理论"的倾向。② 其中一些人认为历史与社会科学有着巨大差异,历史处理的原始资料是过去遗留下来的,过去是不可复制的,是具体的和独一无二的,而理论处理的是概括性的、普遍适用的东西。

与之相对的,建构史学则积极地使用社会科学理论来处理历史,一些人甚至认为历史研究必须要融入到社会科学研究中去。③ 建构史学认为特定的事件都是某种可辨识的行为模式的组成部分,而这些行为模式则反映了人类行为的一般规律。历史研究不仅仅要处理史料,而且要将实证证据置入一定的理论框架内(这些理论源自社会学、经济学、政治学、心理学和人类学等学科,探讨的通常是人类活动的一般规律),这样历史才能够得到解释。建构史学兴盛的标志是法国年鉴学派的崛起,从布洛赫到布罗代尔都是建构史学的代表,欧洲大陆诸多借鉴了人类学方法的历史研究,以及英国的 E. P. 汤普森的马克思主义史学研究也都可看作是建构史学。④ 与重构史学家形成了鲜明的对比的是,20 世纪五六十年代以后的建构史学家运用社会学和政治学等学科的理论解读历史时往往带着强烈的批判意识,通过书写历史为边缘群体声张正义,而从不回避意识形态的问题。尽管有上述这些差异,建构史学与重构史学同样都以客观性作为前提。建构史学认同自己借助理论形成的认识都是暂时性的,其效用需要由实证证据来检验。重构史学默认语言在描述世界时不会有任何障碍,语言建构的意象与世上的事物存在对应关系,而建构史学同样相信运用语言进行精确表达的可能性。

285

---

① Munslow, A. *Deconstructing History*. London; New York: Routledge, 2006: 22~24.

② 邓京力:《重构,建构与解构之间——从文学形式论史学类型与史学性质》,载《史学理论研究》2012 年第 1 期。

③ Munslow, A. *Deconstructing History*. London; New York: Routledge, 2006:24.

④ 同上,第 25~26 页。

"随着解构主义的兴起，历史将不再是对过去真实探寻的建构，历史或可成为历史学家在当下语言的、叙述的创造物。"①解构史学认识到历史学家的主要作用是叙述故事，而叙事的基础来自他们对其他叙事的理解和业已建立的解读。这种叙事的基础总是先于历史经验，建构史学明确地将这种先在的解读基础用社会科学理论明确地表述出来，而重构史学则将自己的先设隐藏了起来。然而在解构史学看来，无论如何历史学家都摆脱不了这些先设，它们会在叙事的过程中，在给过去赋予情节，给故事设计结构的时候展现出来。对解构主义者来说，历史可以看作是文学的一种形式。利奥塔在《后现代状态》当中关于叙述的观点以及德里达关于解构的论述为解构史学提供了哲学基础，而海登·怀特突出叙述之核心地位的历史诗学则可以看作是解构史学的直接源头。尽管倡导回归叙事，但解构主义者并非只"讲故事"而反对理论解读。他们只是反对单一化的解释，要求史家认识到自己的解释只是"多"当中的"一"，从而向其他解释敞开大门。同时解构史学对待自身的叙述和解释时都抱着深入反思的态度，意识到自己在使用语言进行历史书写，而语言并非是透明的，它本身就对书写活动进行了限定。历史写作对过去进行了怎样的"处理"，叙述语言又为之平添了什么色彩，这些都值得思考。问题已不再是如何才能真实地叙述过去，而是怎样诚实地对待自己。

重构历史—建构历史—解构历史这一区分方式，为我们提供了一个理解课程史作品之间差异的良好视角。坦纳夫妇的《学校课程史》和克利巴德的《美国课程斗争》都是介于重构和建构史学之间的作品。坦纳夫妇指出严肃的历史均是重构物，需要以学术的客观性去探究历史，他们反对修正主义史学家从理论命题出发，在历史材料中寻找证据支撑自己的命题。但同时他们也承认历史写作所具有的主观性，历史学家会对史实进行选择、解释和整理。虽然没有明确地使用任何一种理论来解读材料或搭建叙述框架，但他们在开篇处就亮明了自己的历史观，即历史是进步的，自己正是使用线性发展的观念来梳理和组织关于过去的事实。《美国课程斗争》则更清楚地体现了一种从重构史学到建构史学的转变。《美国课程斗争》的第一版同诸多

① 邓京力：《重构，建构与解构之间——从文学形式论史学类型与史学性质》，载《史学理论研究》2012年第1期。

重构主义历史作品一样，没有明确地说明作者在使用什么样的理论来解释史实，把自己的理论预设隐藏于叙述之中，所有的论述都"内蕴于显在的故事里"①。而九年后再版时他决定吐露自己的心迹，将藏在背后引领着自己的叙述的理论框架点明，为此在第二版中加上了一篇名为《探寻进步教育的意义：地位政治学语境中的课程冲突》的后记。这既是《美国课程斗争》一书的撰史手记，也可以说是一篇关于历史编纂问题的论文。克利巴德在其中指出，理论方面的思考从一开始就引领着这部课程史的撰写工作，但是起初他并没有阐明自己对理论的借助，部分原因是起初他自己的这种理论认识不够清晰，还没有足够的自信去阐释这样一个框架。② 而当他对"地位政治"(Status Politics)③和"象征行为"(Symbolic Action)等概念有了更好的把握之后，他决定将自己在理论方面的考量明确地表达出来。

古德森的学校科目社会史研究则充分体现了建构史学注重利用社会科学理论的特点，他的很多历史研究以修正已有的社会科学理论为出发点和旨归，史实成为理论建构所需的实证材料。很多美国课程史研究也体现了历史研究与社会科学理论的紧密结合，社会阶层、意识形态、文化霸权等理论概念成为观察和书写历史的有力工具，研究者不再局限于使用基本的叙事逻辑来组织材料，转而借助抽象的理论思维获得一些关于人类行为规律的一般认识。很多时候可以说，如果不是借助了社会科学理论和方法，研究者不可能如此深刻认识课程历史，揭示埋藏于表象之下的深层机理。在建构主义的课程历史研究中，与其说研究者的分析源自事实，不如说事实来源于分析。没有理论工具就发掘不出真相。在行文方面，研究者倾向于呈现结果之前先介绍清楚分析的过程，在展开分析之前先明确地表述自己用以构架思维和论述的理论框架。

而"语言学转向"之后的课程史，则展现了解构史学的研究特点。波普科维茨、贝克和亨德里等研究者都不赞同历史研究的任务是探究外在于人

287

---

① 罗伯特·伯克霍福：《超越伟大故事：作为话语和文本的历史》，邢立军译，北京师范大学出版社 2008 年版，第 131 页。

② Kliebard, H. M. *The Struggle for the American Curriculum*：1893～1958. New York：Routledge,2004：Ⅸ.

③ Brandmeyer, G. A. & Denisoff, R. S. Status Politics：An Appraisal of the Application of a Concept. *The Pacific Sociological Review*,1969,12(1):5～11.

的"绝对事实"，而将话语置于历史考察的中心位置。课程领域中最常用的概念，"课程"、"儿童"和"教师"等，本身都是话语，是历史的建构物，而并非某种现实的简单对应物。在这些研究中，历史叙事的关键作用也被凸显出来。历史并非仅仅由所谓的证据和事实构成，历史解释是一种语言行为，是一种文学创造。正如亨德里指出的，以往的课程史研究希望人们将叙述的产物当作现实①，而解构主义的历史研究帮人们看清那些所谓的现实乃是话语建构。"过去本身并没有故事、叙述、情节设置或论证，过去中也不存在任何节奏或理性；过去本身并不内在地具有历史的身份，过去是通过历史学家的工作转变为历史的。"②以往的历史学家不加质疑就假定在语言和现实之间存在着相互分离同时又相互对应的关系，解构史学家则朝着"去指涉化"的方向努力，抛弃了这种假设。他们认为语词的意义是任意的，是后天被给定的，本身负载着意识形态和权力关系，而并非是价值无涉的，叙述历史时所使用的语言本身应该成为反思的对象。上述的几位课程史研究者都站在后结构主义的立场上对语言进行了反思，由此不同程度地反映了解构主义史学的特点。如我们在第四章和第五章当中看到的，解构主义的史学家不再将历史书写和历史编纂的问题置于历史研究之外单独处理，而是作为历史研究必然的组成部分。因为历史的意义并非由史料赋予的，而是生成于作者组织叙述的过程中，思考以怎样的历史意识展开叙述成为历史研究者必须要首先迈出的一步，而且应该将自己在这方面的思考诚实而明确地向读者表露出来。

思想史—社会史—文化史

从思想史—社会史—文化史之间的转换这一维度理解美国课程史研究的演变，并不仅仅要考察研究内容上的重心转移，还要看到方法上的更新。同时还需认识到这些转变不独受到 20 世纪中期和后期在史学研究中先后兴起的新社会史和新文化史两股潮流的影响，同时也是课程学术领域中典范转移的结果。

课程史研究的最初动力便是整理课程领域的学术遗产。除了专门回顾

---

① Hendry, P. M. *Engendering Curriculum History*. New York：Routledge，2011：4～15.

② 邓京力：《重构、建构与解构之间——从文学形式论史学类型与史学性质》，载《史学理论研究》2012 年第 1 期。

课程领域先前涌现的重要思想和思想家的专著和论文,课程教科书中对课程思想演变历程进行梳理的章节也是早期课程史研究的重要形态。贝拉克1969 年对课程史研究的状况进行了概述,当时他总结的四个方面的主题中有三个都基本属于课程思想史研究。① 思想史的一度兴盛与课程作为一个智力/思想领域受到的严重挑战不无关系,正是由于课程开发研究范式遭遇了危机,课程领域对教育实践的影响日渐微弱,研究者们才开始反思这一领域原本"非理论"和"非历史"的倾向。人们开始思考这个研究领域"怎么了",又为什么会这样。在这一过程中,一些研究者希望通过回顾本领域的往日荣光,鼓舞士气,让课程工作者在困局中保持对专业精神的坚守。同时整理领域中已有的成果,使得后来的研究者可以站在巨人的肩膀上,不盲目跟从外部社会政治环境的变化而抛弃本领域的核心思考,推动本领域朝专业化的方向快速发展。而另一些研究则在历史的情境中理解早期课程研究的局限性,借此寻找突破和超越的可能。例如克利巴德的课程思想史研究中对哈里斯、霍尔、博比特、查特斯和泰勒等人的课程思想的局限性做了深刻的批判,成为 20 世纪 70 年代前后重塑课程研究领域的学术变革潮流(派纳口中的概念重建运动)中的一支重要力量。

289

然而当课程领域进行了概念重建之后,单纯的思想史研究越来越无法满足理论建设的新需求。当广泛借鉴各种社会科学理论的新一代课程研究与倡导历史学与社会科学联姻的新社会史产生共振,课程社会史的崛起便不可阻挡。课程社会史研究不满足于仅仅考察文件、报告、著作和论文中反映的课程认识,还希望了解在特定的社会情境中,学校里究竟教了什么,又为什么在教这些。因此一方面研究者通过地方和学校层面的案例研究打开学校的黑箱,将历史研究的目光从"课程辞令"转向"课程实践",另一方面通过社会史研究揭示特定的知识如何在各种社会势力的激烈斗争中取得的合法地位。英国学者古德森的科目社会史研究为美国课程史学者树立了典范,而克利巴德的学生富兰克林的《构建美国共同体:学校课程与对社会控制的追求》一书则反映了原本偏重思想史研究的课程史学者群体也开始积极地通过案例研究来打开新局面。除案例研究外,统计方法的使用也显示

① Bellack, A. A. History of Curriculum Thought and Practice. *Review of Educational Research*, 1969, 39(3): 283~293.

出当时课程史研究与"新社会史"的亲和。关注重心和研究方法的双重转变共同体现了课程思想史与课程社会史之间的差异。

波普科维茨在总结课程史研究中的思想史和社会史传统时写道："思想史关注认识和观念的组织与变化，而社会史更注重制度、政策和机构等层面的变革。例如，课程社会史倾向于考察学校里实际教的是什么，如何组织师生的工作、学习和生活，从公平平等的角度看学校中的改革如何影响民主和社会公正等。在这些研究中，结构和事件都被置于一个按时间先后顺序排列的序列里，一个接一个地相互牵连，相继出现，构成一部学校历史……关于学校的历史叙事都表达着民主的进步希望，以及与社会控制和结构性不公等问题的抗争。"①思想史研究注重精英的理性力量，相信人人都是理性的个体，任何行为都有明确的动机。"伟大的理想包含着自我实现的种子"②，人类积极地改造着世界，塑造着历史。课程社会史研究较之思想史有更强的批判性，对课程的"社会控制"属性作了深入考察，将课程的社会性和政治性面相展现给读者。然而课程社会史研究也仍然未曾摆脱行动者与结构、经济基础与上层建筑等二元对立的思维方式，仍然保留着线性时间观，因此社会史要么同思想史研究一样将社会进步的希望寄托在抽象的"主体"身上，要么悲观地认为"行动的原因与社会主体的能动性毫无关系"③，主体性只是对人类置身其间的社会背景的某种反应或表现。古德森早期的科目社会史研究就一定程度上反映了这种"结构决定论"，与马克思经典的"经济基础—上层建筑"模式和布罗代尔等人的地理决定论一样，身份认同、价值观念和路径选择等都取决于个人所处的社会经济位置，行动者自身的特性消失了。④

而波普科维茨等人带有新文化史色彩的课程史研究首先颠覆了以往历史书写的惯常假定，突破行动者与结构的二元对立，将"主体"和"进步"去中心化。这些研究借助后现代特别是后结构主义理论，以课程话语作为中心展开研究。这并非是思想史研究的简单复归，话语不是只居于精神世界的抽象存在，而是同时具有某种"物质性"。这些话语"构造了课程实践的场

---

① Popkewitz, T. S. Curriculum History, Schooling and the History of the Present. *History of Education*, 2011, 40(1): 1~19.

②③④ 陈磊：《超越新文化史范式？——读〈后社会史初探〉》，载《社会科学管理与评论》2012 年第 3 期。

域,同时课程实践又反过来加强或者修正了它们"。同时,即便是同样处理权力和社会控制等主题,受新文化史影响的课程研究也展现出与"修正主义"社会史和历史社会学研究截然不同的风貌。① 课程社会史认为学校知识执行着社会控制的监管和压制性功能,知识被看作是某种反映着社会利益和社会力量的"东西"而没有把它本身看成是权力建构中的生产性实践——而这正是文化史研究的中心议题。从把知识当作社会控制的附带现象,转向把知识当作一个文化实践和文化再生产的领域,这是课程史研究中的一个关键转变。

新文化史学一方面用"身份、意识和心态等替代了社会结构、社会组织和社会权力的经济基础"②,使用文化人类学式的方式丰富和修正了社会史对人类历史的理解,同时又"打破了传统思想史惟精英人物、知识阶层的狭隘偏见,用一种更广义的文化概念,还原了普通人的文化和生活"③。波普科维茨的《课程史,学校教育与当下的历史》和《世界主义和学校变革的时代:科学,教育和通过制造儿童来制造社会》等论著充分地展现了上述的新文化史研究取向在课程史领域中的影响。

在《文化史与教育》一书中,波普科维茨等人用"文化之战"来描述文化史的兴起给课程史乃至教育史领域带来的巨大冲击:这场变革裹挟着审美的、伦理的、阶级的和性别的价值关切,将"文化"作为审视和把握所谓的"晚期现代性"或者"后现代"的种种难题的关键工具。这种后现代历史探究,并非是"反现代"的,也并未遗忘启蒙运动以来的"进步"观念,而是体现了一种现代性(如解放被压迫者的意识形态斗争)和后现代性(如拒斥宏大叙事、关注语言的作用)的复杂而精致的组合。④

单一主体—多样主体—反思主体

对历史中的主体问题的不同处理,是理解课程史研究发生的变化的又

291

① Popkewitz, T. S., Franklin, B. M. & Pereyra, M. A. *Cultural History and Education: Critical Essays on Knowledge and Schooling*. New York; London: Routledge Falmer,2001:10.

②③ 周兵:《"自下而上":当代西方新文化史与思想史研究》,载《史学月刊》2006 年第 4 期,第 12～17 页。

④ Popkewitz, T. S., Franklin, B. M. & Pereyra, M. A. *Cultural History and Education: Critical Essays on Knowledge and Schooling*. New York; London: Routledge Falmer,2001:8～9.

一重要维度。上文已经就历史学家在历史认识中扮演的角色进行了探讨，而这一小节要谈论的"主体"则并非历史认识的主体，或者说作为叙事主体的历史学家，而是历史故事当中的"人物"。与小说不同，历史叙事并不能随意虚构一个具体人物，而只能在历史材料中选取人物纳入到自己的叙述中来。具体的人物都被限定在特定的时空里，在历史作品中，关公不会战秦琼，乔治·华盛顿也没法和亚伯拉罕·林肯握手。

至于叙事中选取哪些人物又忽略哪些，则属于历史学家的自由。不仅如此，当借助理论认识进行抽象以后，历史学家还可以处理虚构的"人的类别"，例如人民、统治者和"优势群体"等，并且可以把这些主体类别当作是超越时空的绝对化存在。由此史学家可以对人做一般化的处理，遮蔽其具体意义。

在美国历史研究中，高举"进步主义"的大旗，使用综合性原则将美国经验捆绑在一起，构造属于所有美国人的共同的"伟大故事"，便是一种在历史叙事中塑造单一的、抽象的主体的典型努力。通常情况下，这类叙事的主要故事情节是保守与进步势力之间的争斗，但其中心主题——社会的总体进步——并非属于斗争双方的，而是只属于一方，因为进步势力的胜利是必然的。就像美国历史学家比尔德（Beard）的著作所表现的那样，进步性是"资产阶级道德的最高、最典型的表达"①，整个故事是某种单一群体的意志的实现过程。坦纳夫妇的《学校课程史》尝试在课程领域构造比尔德式的伟大故事，用"进步主义"观念将他们笔下的课程事件全部组织起来，进步主义是"将美国生活的愿望，即民有、民治、民享的理想应用于 19 世纪后半叶所形成的城市工业文明的最大的人道主义努力"，而进步教育则是"进步主义者利用学校改善人民生活所作出的努力"。② 坦纳夫妇这本著作的主要内容是对一些教育家的课程思想进行述评，此外还用不太长的篇幅概述了一些较有影响的课程实践，然而作者们却相信这些精英的课程思想能够代表整个美国课程思想的"主流"。《学校课程史》中的"进步主义者"是一个具有很强包容性的主体概念，内部也存在着矛盾和对立，其中会出现各种偏激的声音，

① ［美］罗伯特·伯克霍福：《超越伟大故事：作为话语和文本的历史》，邢立军译，北京师范大学出版社 2008 年版，第 69 页。
② ［美］丹尼尔·坦纳、劳雷尔·坦纳：《学校课程史》，崔允漷等译，教育科学出版社 2006 年版，第 19 页。

一些偏离主线的思想和实践会给进步教育带来很多困难。但是在这一阵营中存在一种核心力量，它是进步教育的真正代表，《学校课程史》描绘的就是这种进步力量战胜自私、无知和保守的过程。坦纳的《学校课程史》的叙事遵从的是一种主义（进步主义），一位英雄（杜威），一脉正统（杜威—拉格—八年研究—塔巴—泰勒—坦纳），一个范式（以泰勒原理为核心的课程开发范式）的假设。他们只是从一个视角用一种声音讲述了一种故事，却希望它成为唯一一种故事。

然而，关于进步主义教育究竟是什么，学界从来没有形成共识，"进步主义的课程思想"的内涵也是人言人殊。克列巴德的《美国课程斗争》从根本上质疑所谓"进步主义教育"的存在，通过刻画人文学科论者、儿童发展论者、社会效率论者和社会改良论者这四大"利益群体"之间围绕美国课程展开的斗争，将一种传统化为多种传统，将一个声音化为多种声音。《美国课程斗争》摆脱了目的论的干扰，历史不再是宏大目标的必然体现，而是包含了多种可能，历史的走向是多种力量共同作用的结果。虽然克利巴德考察的对象仍然是精英群体，但却向课程历史主体多样化的方向迈出了坚实的一步。

上述课程史研究关注的人物基本都限于有名的大学教授和身居高位的教育管理者，这一状况的改变则有赖于人文社会学科研究风气的转移。上世纪 60 年代末激进的社会氛围或早或晚地影响到了美国学术的方方面面，无论是历史研究中的"新左史学"、"新社会史"，还是教育研究中的修正主义教育史学、批判的和政治学取向的课程研究，都将关注的焦点从精英转向下层。在课程社会史的文本中，我们逐渐看到了各种社会力量的身影，教师、家长、学校管理者、大学教师乃至工商界人士都被纳入到课程故事中来。不仅如此，课程历史也不再仅仅是盎格鲁—撒克逊白人男性的历史，少数族裔和女性的课程经历也被发掘出来，用以修复历史的残缺，课程史所描述的"主体"前所未有地丰富了起来。课程领域在经历了概念重建后将研究关注的重心从中心转向边缘，课程史研究也同样如此。然而边缘群体打破缄默后，却又面临着一个更难解决的问题，即为什么张开了自己的嘴，却或多或少地在说着别人的话？

仅仅将先前被排斥在外的群体填补到新的历史叙述里，把边缘人群受压迫、做贡献乃至求解放的经历书写出来，虽然对主流历史构成了有力的挑战，但却并不能化解区隔、对立和偏见，甚至将这种差异本质化了。明明是历史研究，却将女性、黑人等主体概念作为非历史的东西使用。

在经历了语言学转向之后，学者们开始对研究使用的语言进行反思，中产阶级与工人阶级，黑人与白人，男人与女人等原本在历史书写中被不加质疑地使用的"主体"范畴，其本身成为了历史研究首先要质疑和考察的对象。人的类别并非是"给定的"，而是历史的构造物，无论是"黑人"还是"女人"都不具备某种永恒不变的本质，"各种'本质'范畴的内涵无非是人对各种对象的关键内容的想象性构造和推理性猜测"①。"如果说概念重建时期的课程史研究的显著特点是对知识的非中立性的认识使得知识的社会学和政治学受到重视，批判理论的（马克思主义的）、女性主义的和反种族主义的理论受到欢迎；那么20世纪90年代以后'后概念重建时期'的课程史研究则对概念重建阵营的本质主义倾向进行了质疑，新近的欧陆哲学理论开始产生影响。"②先前研究的努力方向是将历史叙事中主要行动者（the main actors）的外延扩大，将原本被排斥在外的群体纳入进来，而后结构主义的课程史则从根本上反对围绕各种主体或行动者展开叙述，认为这是"意识哲学"在历史书写中的流毒。研究开始尝试将"主体"去中心化，反思预先设定行动者的优先地位给历史叙述造成的局限。正是所谓的"理性思维"制造了"人的类别"、制造了"区隔和分化"，后结构主义的历史研究要将这种思维规则本身置入历史语境中审视，思考我们为什么会这样看待人、这样思考问题。用波普科维茨的话说，主体的"去中心化"就是尝试不再把行动者和能动性作为历史解释的中心，把关注点放在"生产了统治与服从关系的话语空间"上。它关注的不是黑人，而是"黑人民族性"（Blackness）的建构；不是妇女，而是"性别"的建构；不是孩子们，而是"童年"的建构。

总之，反思主体或者说解构"主体"，并非抛弃人的能动性，而是以新的方式观察人们所受到的制约，并寻找突破这些制约的可能。它也不是要消弭"主体"的差异性和多样性，而是为我们提供了一条突破"类别和归属"的解域之线，让我们由此逃逸。这种研究路径帮助我们抽掉一根固有的划分维度，也只

---

① 韩震：《本质范畴的重建及反思的现代性》，载《哲学研究》2008年第12期。

② Baker, B. Why Curriculum History Is Not the Same as the History of Education: Post-Reconceptualist Approaches to Rethinking Education, Power, and the Child 主题演讲，2012年12月3日于浙江大学。

有去除这种区分和限定,才能走近真正的多样性。正如德勒兹所说的,不是在原有的维度里面添加,而是要走向"n-1维",那才是真的走向"多"。

至此,本书将课程史研究中的范例作品置于美国课程理论、教育史学乃至史学研究的整体学术络脉中进行把握,从三个维度分析了美国课程史研究的发展方向:即从依循"重构史学"的路径,转向"建构史学",再转向"解构史学";从着重书写思想史转向书写社会史,而后又转向"新文化史";历史研究关注的"主体"从单一转向多元,之后又转而将"主体"本身也作为历史的建构物进行反思(见表6.1)。

表 6.1　美国课程史学的多维演变

本书章节	第1章	第2章	第3章	第4章	第5章
领域状况	专业危机　⇒　概念重建			后概念重建时期	
史学取向	重构史学　⇒　建构史学			解构史学	
	思想史		社会史	文化史	
关注的主体	进步主义者	多种专业群体	精英⇒大众	边缘群体⇒反思"主体"	

295

在华勒斯坦眼中,现代学科的知识领域的本质是开放的,也就是说它"具有无穷的增殖潜能(无穷的意思是不论在任何时刻,都无法为学术科目列出一张最后清单)"[1]。因此,本书也只是从某几个角度对美国课程史的研究状况做了解读,而不敢妄称能完整地反映这一领域的全貌。另外,从上述三个维度理解美国课程史研究的演变时,还需要注意两个问题。首先,尽管前文第1至第5章中介绍的作品有相当的代表性,但并不是所有的课程史论文都能划归到其中一个特定的类别中去。其次,虽然无论从上述的哪一个维度看,课程史研究领域都出现了多次典范转移,并且呈现出了较为清晰的演变趋势。但这并不意味着原有的书写方式随着研究的发展而完全被放弃,例如课程思想史研究就一直保有相当的影响力。[2]

---

[1] 刘正伟编:《规训与书写:开放的教育史学》,浙江大学出版社2013年版,第25页。

[2] 本书第一章中介绍过以坦纳夫妇和他们的学生为代表的课程开发派和概念重建派之间围绕课程思想的持续论战从上世纪末一直延续至今,而且最近两派就课程学科发展的一些问题形成某种程度的共识,可参见 Hlebowitsh, P. Centripetal Thinking in Curriculum Studies. *Curriculum Inquiry*, 2010, 40(4):503～513. 以及 Pinar, W. *Intellectual Advancement Through Disciplinarity*:*Verticality and Horizontality in Curriculum Studies*. Rotterdam, the Netherlands:Sense,2008.

从隐喻到反讽

正如绪论中所谈到的，受到海登·怀特等人叙述主义史学研究的影响，本书将很大的精力放在考察作者们如何叙述课程历史上，本书无意比较是否某一课程史家的著作比别的著作更"准确"、更接近所谓的"真实的过去"，更不会尝试自己重新描述过去的美国课程究竟是怎样的。

因为笔者相信，"过去的美国课程"并不具有某种一成不变的本质，而是在课程史家的"预构"中被赋予了意义。如怀特所说，"在先于对历史领域进行正式分析的诗意行为中，史学家既创造了他的分析对象，也预先确定了他将对此进行解释的概念策略的形式"①。任何历史作品都包含着历史哲学的观点，都有一种对"过去"是什么的基本判断，就像本书中介绍的课程史学者就都对课程是什么有着自己独特的理解一样。

怀特认为研究历史作品的最佳切入方式是认真地看待其文学方面，使用那些被称为比喻学的语言学、文学和符号学的理论。② 话语的比喻理论是海登·怀特的史学思想的核心，借助比喻—修辞理论，怀特分析了历史话语的不同层面，并揭示出历史的解释模式从根本上是诗性的。正是借助修辞性语言，历史学家能够为"不再被能感知到的对象创造出意象，赋予它们某种'实在'的氛围……史学家通过将一系列历史事件表现得具有叙事过程的形式和实质，以此对它们进行解释"③。四种诗性语言的"比喻—修辞"类型，即隐喻、提喻、转喻和反讽，同时也可以看作四种主要的历史意识模式。可以说这四种比喻标识了历史学家对历史的思考和书写方式，我们同样可以从四种比喻的角度分析美国课程史研究中对过去的课程以及对"历史"的不同理解。其中有些理解是提喻和转喻式的，如"课程即学科"、"课程即经验"、"课程即课表"；更多的是隐喻式的，如将课程看作"黑箱"、"竞技场"或"控制手段"，把课程历史比作钟摆或河流等；语言学转向之后的研究者们对先前的课程观和历史观的评述则多为反讽式的。正是对过去的课程的这些"预构"式理解，奠定了作品的书写方向，作者由此决定关注哪些方面的史

①［美］海登·怀特：《元史学：十九世纪欧洲的历史想象》，陈新译，译林出版社 2009年版，第 35 页。

②海登·怀特：《〈元史学〉中译本前言》，见［美］海登·怀特：《元史学：十九世纪欧洲的历史想象》，陈新译，译林出版社 2009 年版，第 1 页。

③同上，第 3 页。

料,铺设怎样的情节,又如何组织论证。因此本书第一至第五章都使用了相当长的篇幅介绍课程史研究者关于课程和历史书写的基本观点,并尝试将它们放置在社会和学术背景当中解读。

本书的考察本身也建立在一系列隐喻性理解的基础上,绪论中谈论的"记忆"、"声音"和"根茎"等隐喻,便反映了本书作者理解美国课程史研究的方式和角度。例如,作者希望借助根茎隐喻反映美国课程史作品的多样性,拒绝使用分类树式的方式认识这一领域。根茎当中"都包含着节段性的线,并沿着这些线而被层化、界域化、组织化、被赋意和被归属,等等;然而,它同样还包含着解域之线,并沿着这些线不断逃逸"①。对本书来说,一方面在使用"社会史"、"文化史"和"重构史学"等类别和范畴并使用章节式的论述结构时,文本无可避免地被层化、界域化和组织化;另一方面,本书在行文中也同样包含着解域之线,使得阅读和思考可以实现从一章向另一章的跳转,从课程史多元体的内部向外部"逃逸"。然而即便如此,一些根本性的矛盾依然存在。其一,本章用三条线索梳理研究发展的趋势,显然会给人留下课程史研究依照时间顺序线性发展的的印象。其二,全书按照声音线索(同时大致上也是按时间先后顺序)组织叙事,在力图反映美国课程史研究超越线性叙述,纳入越来越多的叙述主体和叙事方式,走向纷杂多样的同时,这种组织和描述自身却是线性的,声音从单一到丰富的变化,本身不就是一种单一指向的增长?书写总体性的变化趋势,就意味着本研究自身变成新的宏大叙事。从某种意义上说,本书的中心主题是"多样"、"差异"和"可能",然而当"多样性"和"差异性"成为确定的结论时,是否就成了关于美国课程史研究的单一的总体化叙述,而消弭了其余的可能呢?

这一悖论性的难题,唯有认识到"反讽"修辞在本书中所起的作用才能解决。本书首先强调了历史书写的特点很大程度上来源于作者的种种假定和预设,如果读者们认为本书的分析是合理的,那么它们的合理性也完全是基于作者的假设,而不以某种本质性存在为前提;既然整个分析都不过是基于某种先前的假设,那么对于美国课程史研究的状况显然可以提出另一种假设,从而形成完全不同的一种理论分析,因此新的可能性永远存在。

---

① [法]德勒兹,加塔利:《资本主义与精神分裂(卷2):千高原》,姜宇辉译,上海书店出版社 2010 年版,第 10 页。

作为一项元研究,似乎也只有借助反讽修辞才能实现所需的表达效果,反讽在一定意义上是元比喻①,本身即具有反思的意味。假如你相信它,它会告诉你真相并不唯一;假如你怀疑它,你便会去探求不唯一的真相。唯有让读者们看到"反思总体化的叙述"自身都无法完全摆脱总体化的倾向,才能揭示这种惯性对思维的巨大限制作用,令人意识到开拓新可能的必要和急迫。

几点补充

正如绪论中所介绍的,本研究的目的在于认识美国课程史研究的丰富性。但是想在一部作品中将这种丰富性反映出来必然是个不可能完成的任务。作者选择将精力集中在课程领域内独特的历史思考上,不去涉及一般的教育史研究当中对课程问题的讨论。更进一步地,本书只集中考察专门研究课程史问题的专著、论文集和系列论文,单个理论主题的回顾、个别理论家的思想研究和传记研究、教师个人生活史研究等都未被列入考察范围内,对大学课程历史所做的研究也没有被纳入进来。对研究范围做出这种限定的原因在本书的绪论中已有所交代,这里想指出的是很多没有被纳入的研究也都有其独特的价值,其中一些主题将来可以作专门考察。

首先要强调的是,虽然不及前述的美国课程史学专著那般光辉耀眼,课程史料的整理、收集和汇编工作却也是不可或缺的基础性工作。书籍总录、资料汇编等为领域内的研究者们提供了重要的研究工具,在这方面,威廉·舒伯特等人的《课程书籍:最初的百年》②做出了极大的贡献,该书整理了20世纪的全部课程书籍的目录,并以十年为一个时间单位,对每个时代的课程书籍出版情况做了概述(见本书第二章)。除了编辑图书总目,舒伯特还对作者之间的师承关系进行梳理③,整理了主要课程研究者的谱系,把它作为

---

① [美]海登·怀特:《元史学:十九世纪欧洲的历史想象》,陈新译,译林出版社2009年版,第41页。

② Schubert, W. H., Schubert, A. L. L. & Thomas, T. P. et al. *Curriculum Books: The First Hundred Years*. New York; Bern; Berlin; Oxford: Peter Lang Pub. Inc., 2002.

③ Schubert, W. & Posner, G. Origins of the Curriculum Field Based on a Study of Mentor-student Relationships. *The Journal of Curriculum Theorizing*, 1980, 2(2): 37~67.

理解课程学术领域的另一条重要线索。

　　舒伯特还参与了乔治·威利斯(George Willis)主编的《美国课程文献史》(*The American Curriculum：A Documentary History*)的编辑工作。①这本书于1993年由格林伍德出版社出版,编者们从美国17世纪至20世纪的大量教育文献中,精心挑选了36篇(见附录2)能够突出展现课程思想和实践变化的重要原始资料编辑成书。这本文献汇编覆盖了很长的时间跨度,收录的第一篇文献为1642年哈佛学院关于学程的规定,最后一篇则是1983年国家优质教育委员会的那篇著名的报告《国家在危急中：教育改革势在必行》。编者们希望这本文献汇编可以为日后的课程史研究提供方便,同时让课程领域中的初学者们领略"原始文献"的魅力。

　　除此之外,德克萨斯大学的戴维斯(O. L. Davis)②在课程历史文献的收集和保存方面也做了杰出的贡献。本书在绪论中曾介绍过,戴维斯是课程开发与管理协会1976年出版的年鉴《课程发展之视角：1776～1976》的主编,也是课程史研究早期的重要领袖之一。戴维斯与国际教育荣誉联合会(KDP)合作,收集了大量记录当代美国中小学课堂活动的文档、照片和口述史材料,这些材料将被长期保存在德克萨斯大学奥斯汀分校的美国历史研究中心,使以后的课程史研究者不再"只能徘徊于教室外",可以有机会去了解师生们鲜活的课程经验。③

299

　　一切历史都是当代史,换句话说,没有对"当下"的课程领域的深入理解就不知道如何书写过去。作者对领域整体发展概况的看法影响了、甚至可以说决定了书写历史的方式。例如,坦纳夫妇认为课程领域仍然延续着过往的"进步主义"传统,课程史研究可以在前人的基础上继续前进,因此他们的教科书中关于历史的部分注重延续性。而比他们更年轻也更"新派"一些

---

　　① Willis, G., Schubert, W. & Bullough, R. V. et al. *The American Curriculum：A Documentary History*. Westport, Conn.：Greenwood Press, 1993.

　　② 德克萨斯大学奥斯汀分校荣休教授,是课程开发与管理协会主办的《课程与视导》杂志主编,曾因其在课程研究方面的突出贡献获得AERA终身成就奖。

　　③ Kridel, C. & Newman, V. A Random Harvest：A Multiplicity of Studies in American Curriculum History Research. Pinar, W. F. *International Handbook of Curriculum Research*. Mahwah, New Jersey：Lawrence Erlbaum Associates, Inc., 2003：637～650.

的学者则倾向于相信课程领域发生过一次"科学革命"式的变革,因此着重刻画"重建"前后学术取向的差异和断裂。其中最杰出的代表当推派纳等人编著的《理解课程:历史与当代课程话语研究导论》。

《理解课程》希望对课程领域做一个"全景式的素描",全面地反映课程研究话语的多样性。书中尝试展现学者们从不同角度理解课程的多样方式,包括将课程理解为历史、政治、种族、性别、现象学、后现代、自传/传记、美学、神学、制度和国际文本。然而诚如中文版译者在译者前言中所说的,"若将其洋洋115万言概括为一句话,那就是从课程开发走向课程理解"①。如果说这本书在课程史研究方面有一个最突出的贡献,那便是对课程学术领域的发展状况做了一个基本判断,领域中出现了一次库恩所说的"科学革命"式的剧烈转向,并使用"概念重建"这一概念对这种范式转换进行了描绘。

说这本厚度惊人的书可以看作"课程领域发生了概念重建"这个基本判断的一个注脚也并不为过。因为正是基于这种判断,《理解课程》把绝大部分笔墨放在描绘1980～1994年"经历了概念重建之后的课程领域"上,而对"历史话语"的考察所占篇幅不到两成。这其中又有约三分之一(整个第4章)是在介绍"概念重建"的十年(1969～1979),而前面第2章和第3章则分别用相同的篇幅描述了几十年甚至上百年的变化。

从内容方面看,这部百科全书式的作品可以称得上包罗万象,作者们尽量不因自己的学术取向而有意地忽略某些学术作品,因此他们声称自己"如实地"反映了整个领域②。这种判断既展现了作者们的自信,也透漏了作者对历史书写的认知情况。他们相信历史学者可以客观、真实地再现过去——如前文所述,如今这种观念已经遭遇了越来越多的挑战。作者们或许没有意识到,"概念重建说"这个基本判断决定了他们自己对材料的选择和组织。"去罗列就是去遗漏",没有人能在一部作品里反映整个研究领域的多样性,《理解课程》也不过是他们对课程领域的众多理解当中的一种而已(当然,是相当深刻且较为全面的一种)。

《理解课程》的副标题为"历史与当代课程话语研究导论"(An

---

① [美]派纳等:《理解课程:历史与当代课程话语研究导论》,张华等译,教育科学出版社2003年版,第 I 页。

② 同上,第 I～III,4,10 页。

Introduction to the Study of Historical and Contemporary Curriculum Discourses），然而对于何谓"历史话语"，作者们的观点比较模糊。纠正原有课程研究的"非历史"和"非理论"的倾向，是概念重建运动的重要目标，因此课程历史研究（或者称其为"将课程作为历史文本来理解"）可以看作是与"将课程理解为政治的、性别的和美学的文本"等学术取向相并列的一种取向。课程史研究（特别是克利巴德、舒伯特、艾斯纳和富兰克林等人的课程史研究）应该被划归为当代（即概念重建后）课程话语中的一支。然而派纳却没有把它作为与其他课程话语相并列的一种，没有专门介绍概念重建后的课程史研究。相反，书的第二部分"历史话语1828～1979"，是作为与第三部分"当代话语1980～1994"相对的、"旧"的话语出现。也就是说这里的"历史话语"是指"过去的课程研究"，而非"用历史的方式研究课程"。简单地说，使用"历史话语"这个模糊的概念，作者们将"以往的研究"和"历史研究"混淆了。在题为"历史话语"第二部分中，作者们用他们自己书写的一种课程历史，代替了概念重建后丰富的课程史研究。至于他们自己书写的这部分课程历史（即第2至第4章），虽然内容非常丰富，但对内容的组织方面却并不出色。第2章借助克利巴德等人的理解框架①，尚能对官能心理学、赫尔巴特学派儿童中心主义、社会效率派做较为清晰的梳理，第3章和第4章则以每十年为一个单位介绍课程领域的发展，虽面面俱到，却也杂乱无章。

因此除了比较全面地反映了1980年之后的课程领域的学术面貌以外，《理解课程》一书在课程史研究方面的最大贡献，也许还是"概念重建说"的提出。尽管我们知道，被派纳看作是"概念重建"之前的传统主义者的坦纳夫妇，十分反感这种划分方式；而被派纳归入概念重建阵营的许多重要理论家也都拒绝承认自己是概念重建主义者②。然而谁都无法否认如今的美国课程领域与20世纪60年代已经大为不同了，越来越多的年轻课程学者接受了"概念重建"的说法，就算它并非这场课程领域的广泛变革兴起之时人们

____

①《理解课程》第2章最重要的参考资料是克利巴德的《美国课程斗争》和坦纳夫妇的《学校课程史》这两部著作。

②如玛克辛·格林（Maxine Greene）、麦克·阿普尔、赫伯特·克利巴德、埃利奥特·艾斯纳和亚历克斯·芒勒（Alex Monlar）等。

所高举的旗帜，而只是在它已经展开了之后才被贴上的一个标签而已①，但是"概念重建"这个概念在传播方面取得了成功。

在《理解课程》之后，马歇尔(J. D. Marshall)、希尔斯(J. T. Sears)和舒伯特(W. H. Schubert)的《课程中的拐点：当代美国实录》也是一部描写美国当代课程研究领域的重要作品。在舒伯特对课程书目的统计和总结工作的基础上，作者们尝试以一种别具一格的方式向读者们展现二战之后美国课程研究的总体发展。尽管赞同课程理论研究确实出现了复兴的情况（即派纳所说的概念重建），但是马歇尔等人并没有像派纳等人那样把它看作是一场运动，而是认为这一领域一直处于持续的运动变化中。② 在这本书中，作者们采用了非常多样的形式来描绘课程领域，包括对时代背景的介绍、对专著的评述、对学者的访谈、对原著片段的呈现以及用课程领域以外的故事做比拟等，而所有这些都被有机地融合到了一起。派纳在为此书作序时不禁感叹，这是一部兼具思想意义、教育功用和审美价值的"风格独具"的作品，为课程学术建立了一种新的样式。

余论

在国际教育学研究当中，"课程"话语主要源自英语世界，特别是美国的理论与实践。课程作为一个专业领域，它于20世纪早期在美国诞生时，学校教育的发展与当时美国的工业化和城市化进程交织在一起，逐渐建立起紧密而复杂的关系，美国学校教育的发展与社会进步的联系从来没有被如此明确地表达出来。也正是这一时段奠定了美国作为课程话语的发源地和中心的地位③，形成了世界性的影响力。因此，美国课程史研究不约而同地都将目光投向这一时段，希望借此对课程专业领域、对学校教育乃至对"知识和认识"问题获得更丰富和深入的理解。任何深受美国课程话语影响的教

----

① 在课程领域，詹姆斯·麦克唐纳1971年就使用了 reconceptualist 这个概念，1975年派纳编辑的文集《课程理论化：概念重建者》则在学术圈内为人们所熟知，但是这个词真正被广为使用则是后来的事情。

② Sears, J. T., Schubert, W. H. & Marshall, J. D. *Turning Points in Curriculum: A Contemporary American Memoir*. Upper Saddle River, N. J.: Merrill, 2000:X.

③ Hamilton, D. *Curriculum History*. Geelong, Vic.: Deakin University Press, 1990:42.

育学术共同体，都应该努力将这种原本具有显著的"地方性"、源自特定时空中的制度安排和思想模式置入其社会历史环境当中去理解，而避免将它"自然化"，当作普世性的东西。正如克利巴德所说，唯有历史能让我们明白理论的真正意义。

派纳在谈到课程研究的未来发展时曾说："任何一个教育学院或者教育系都应该配备至少一位课程历史方面的研究人员，课程专业的研究生也应该接受最基本的关于课程历史方面的专业训练，但是这些在我们的课程学科领域却没能得到强化。"①缺乏对课程话语的历史性理解，导致理论创新受到现有的言说方式限制，张开自己的嘴却只能说别人的话，欲脱离人云亦云之窘境而不可得。假若没有将具有显著的"程序主义特征"的课程开发范式置入历史中审视其局限性，概念重建不会如此成功地开创理论新局面；同样，如果没有历史的视野，后概念重建时期的课程研究也没法摆脱对"再生产"和"抵制"等概念的依赖，用知识创新克服"课程领域自身的概念枯竭"②。任何一个希望在理论建设方面有所建树的课程学术共同体，都不能忽视课程历史研究。透过本书，读者可以在一定程度上了解美国课程的历史。虽然笔者没有尝试去博采各家之言，创制一个关于美国课程的主叙事，只是分别呈现了多部课程史研究作品。然而如此一来，读者在不同故事的交叠处，更容易体会历史的丰满与厚重；在多面棱镜交相映照下，可以捕捉到一个更多姿的身影。相信日后汉语学术界必然会有更多的美国课程史方面的作品出现。这对于思考我们借鉴和运用美国课程理论的过程中产生的问题有很重要的意义。

相比聆听和思考别家的故事，探索如何回顾和讲述自己的历史可能是一项更为关键的任务。尽管从前文的叙述中，我们可以看到美国课程史领域中新近出现的作为"新文化史"和"解构历史"的作品中都出现了去本质化、去神秘化、去指涉化和去等级化等共同特征，但笔者并不准备就此断言这便是中国课程史研究的必然方向。

就像美国课程研究不能给中国的课程改革实践提供直接的指导和借鉴

---

① 屠莉娅：《课程研究的学科化与国际化：一个领域的智力突破及其可能的未来——威廉·派纳教授访谈录》，载《全球教育展望》2008 年第 12 期。

② ［美］威廉·派纳：《公立学校教育的"终结"和范式转换——美国课程研究的境遇与回应》，张文军、陶阳译，载《全球教育展望》2013 年第 6 期。

一样,如何开展中国课程史研究同样是要由中国学者来自己解决的问题。本土思考的缺位不仅令我们可能受困于外来模式的适用性问题,同时会丧失"取道中国反思西方"、在异质文化中重新理解课程的现代性品质及其局限的机会。我们不需要舶来的确定性,而需要更多的可能性。

如何整理自己的记忆,决定了我们将以怎样的姿态加入到国际课程研究的对话中。换言之,没有历史我们就无法确定自己的身份。在这个日趋国际化的学术领域中,跨国探究或者比较研究,不会是一个子领域,而是所有学者的一项共同任务。历史探究也是这样,它不再是学科疆域中一块孤立的高地,而是学科存在的"一种基础性方式"。① 也就是说,一方面我们要质疑使用传统方式书写历史的可能性,一方面我们将同文学研究和社会科学一道迎来学科的历史化。② 唯有依靠纵向的(历史)和横向的(国际)双重定位③,我们才能在瞬息万变的后现代学术世界里找到自己的坐标。

在当前的研究语境里,事关身份体认的历史研究,本身就要同时处理纵向和横向的关系。如今的课程史研究本质上是跨国家的,甚至是超国家的。④ 首先,人人都需要借别人的眼光反观自己,才能获得真正的自知之明,在不同国家和文化之间进行比较是认识和言说自身历史的基本方式。其次,如今商品、资金和人员频繁地跨国流动,"国家"作为身份界限的意义在弱化。在后殖民主义思潮的冲刷下,欧美的课程史研究不仅反思原本欧洲中心论视角的局限性,并且从根本上质疑"民族国家"(nation-state)作为基本分析单位的有效性。⑤ 民族虽然被宣称是一种统一的身份认同,"但实际上是一种包容差异的现象"。⑥ 课程作为现代性进程的题中之义,与民族国家本身的密切联系使得课程史研究欲理清这一关系时会遇到更多的困难。

对非西方国家的学者来说,书写课程历史更是要面对非凡的挑战,遭遇

304

---

①② [美]罗伯特·伯克霍福:《超越伟大故事:作为话语和文本的历史》,邢立军译,北京师范大学出版社 2008 年版,第 1 页。

③ 屠莉娅:《课程研究的学科化与国际化:一个领域的智力突破及其可能的未来——威廉·派纳教授访谈录》,载《全球教育展望》2008 年第 12 期。

④⑤ Baker, B. *New Curriculum History*. Rotterdam; Boston: Sense Publishers, 2009: xviii~xxiii.

⑥ [美]杜赞奇:《从民族国家拯救历史:民族主义话语与中国现代史研究》,王宪明译,江苏人民出版社 2008 年版,第 5 页。

的两难境地类似德里达口中的"难题时刻/绝境"（Aporia）。这意味着在非西方的却又深受西方影响的特殊语境中书写,研究者必须既利用西方的思想和概念,又要不断地质疑它们。它们既是必要的,又是不足的;既是生成性的,又是限制性的。尽管罗兰·巴特等人曾经"假设叙述是跨文化和跨历史的,但是他们却无法就叙述的本质是什么达成一致的意见"①,如今借助后结构主义的理论力量我们有充分的理由怀疑历史叙述方式本身受到了特定意识形态的局限。课程史曾经作为政治史和革命史的接续,一方面使用阶级和民族等概念反对外来力量的侵蚀,一方面又将西方传来的马克思主义和自由主义关于解放和进步的宏大叙事作为组织叙述的主线,使用"为了摧毁本国旧有历史而被制造出来的主体形象"作为叙述的主角(如以"国民"重写国史)②。在其后的"现代化"的叙述结构里,历史意识则于不知不觉中成就着西方人的偏见,工业社会假定的优越性由此得到回溯式的证明。即便是在中国自己的历史当中寻找课程智慧的尝试,也常常要么削足适履地比附外来概念,挖掘其所谓的"现代意义",要么以西方为参照凸显差异,将"中国"本质化,自我放逐为一种西方易于理解的"他者"。很多的限制是历史书写者在未曾意识到的时候就已然背上了的重负。而如今的任务,是既要使用这些工具,又不能让它们束缚住自己的手脚。我们需要整理行囊,重新上路,向未来,去寻找记忆。

305

---

① [美]罗伯特·伯克霍福:《超越伟大故事:作为话语和文本的历史》,邢立军译,北京师范大学出版社 2008 年版,第 63 页。

② [美]杜赞奇:《从民族国家拯救历史:民族主义话语与中国现代史研究》,王宪明译,江苏人民出版社 2008 年版,第 85～92 页。

参考文献

著作类

［1］Baker，B. M. *In Perpetual Motion：Theories of Power，Educational History，and the Child* ［M］. New York：Peter Lang，2001.

［2］Baker，B. M. *New Curriculum History* ［M］. Rotterdam；Boston：Sense Publishers，2009.

［3］Baker，B. M. & Heyning，K. E. *Dangerous Coagulations？：The Uses of Foucault in the Study of Education* ［M］. New York：Peter Lang Pub. Incorporated，2004.

［4］Cooper，B. *Renegotiating Secondary School Mathematics：A Study of Curriculum Change and Stability* ［M］. Lewes：Falmer Press，1985.

［5］Crocco，M. S. & Davis，O. O. L. *"Bending the Future to Their Will"：Civic Women，Social Education，and Democracy* ［M］. Oxford：Rowman & Littlefield，1999.

［6］Cuban，L. *How Teachers Taught：Constancy and Change in American Classroom* 1890～1980 ［M］. New York：Longmans，1984.

［7］Dean，M. *Critical and Effective Histories：Foucault's Methods and Historical Sociology* ［M］. London：Routledge，1994.

［8］Franklin，B. M. *Curriculum and Consequence：Herbert M. Kliebard and the Promise of Schooling* ［M］. New York：Teachers College Press，2000.

［9］Franklin，B. M. *Building the American Community：The School Curriculum and the Search for Social Control* ［M］. London；Philadelphia：Falmer Press，1986.

［10］Foucault，M. *Discipline and Punish：The Birth of the Prison*

[M]. Sheridan, A. trans. New York: Vintage, 1977.

[11] Giles, H. H. , MacCutchen, S. P. & Zechiel, A. N. *Exploring the Curriculum* [M]. New York: Harper & Row, 1942.

[12] Goodson, I. *International Perspectives in Curriculum History* [M]. London; Wolfboro, N. H. : Croom Helm, 1987.

[13] Goodson, I. *School Subjects and Curriculum Change: Studies in Curriculum History* [M]. Washington, D. C. : Falmer Press, 1983.

[14] Goodson, I. *Social Histories of the Secondary Curriculum: Subjects for Study* [M]. London; Philadelphia: Falmer Press, 1985.

[15] Goodson, I. *Studying Curriculum: Cases and Methods* [M]. New York: Teachers College Press, 1994.

[16] Goodson, I. *The Making of Curriculum: Collected Essays* [M]. London; Washington: Falmer Press, 1995.

[17] Goodson, I. & Ball, S. J. *Defining the Curriculum: Histories and Ethnographies of School Subjects* [M]. London; New York: Falmer Press, 1984.

[18] Gwynn, J. M. *Curriculum Principles and Social Trends* [M]. New York: Macmillan, 1943.

[19] Halbwachs, M. & Coser, L. A. *On Collective Memory* [M]. Chicago: University of Chicago Press, 1992.

[20] Hamilton, D. *Curriculum History* [M]. Geelong, Vic. : Deakin University Press, 1990.

[21] Hendry, P. M. *Engendering Curriculum History* [M]. New York: Routledge, 2011.

[22] Hlebowitsh P S. *Radical Curriculum Theory Reconsidered: A Historical Approach* [M]. New York: Teachers College Press, 1993.

[23] Iggers, G. G. *Historiography in the Twentieth Century: From Scientific Objectivity to the Postmodern Challenge* [M]. Hanover: University Press of New England, 1997.

[24] Kelly, J. Did Women Have a Renaissance? [A]. Hutson, L. *Feminism and Renaissance Studies* [M]. Oxford: Oxford University

Press, 1999.

[25] Kliebard, H. M. *Changing Course: American Curriculum Reform in the 20th Century* [M]. New York: Teachers College Press, 2002.

[26] Kliebard, H. M. *Forging the American Curriculum: Essays in Curriculum History and Theory* [M]. New York: Routledge, 1992.

[27] Kliebard, H. M. *Schooled to Work: Vocationalism and the American Curriculum*, 1876～1946 [M]. New York: Teachers College Press, 1999.

[28] Kliebard, H. M. *The Struggle for the American Curriculum: 1893～1958* [M]. New York: Routledge, 2004.

[29] Kridel, C. *Encyclopedia of Curriculum Studies* [M]. Thousand Oaks, CA: SAGE Publications, Incorporated, 2010.

[30] Lerner, G. *The Creation of Feminist Consciousness: From the Middle Ages to Eighteen Seventy* [M]. Oxford University Press, USA, 1994.

[31] McCulloch, G., Jenkins, E. W. & Layton, D. *Technological Revolution?: The Politics of School Science and Technology in England and Wales since* 1945 [M]. London: Falmer Press, 1985.

[32] McIntosh, P. *Interactive Phases of Curricular Re-Vision: A Feminist Perspective* [M]. Working Paper No. 124, Wellesley, MA: Center for Research on Women, Wellesley College, 1983.

[33] McMahon, D. *Happiness: A History* [M]. New York: Atlantic Monthly Press, 2006.

[34] Moon, B. *The "New Maths" Curriculum Controversy: An International Story* [M]. London, UK: Falmer Press, 1986.

[35] Munslow, A. *Deconstructing History* [M]. London; New York: Routledge, 2006.

[36] Pinar, W. *Understanding Curriculum: An Introduction to the Study of Historical and Contemporary Curriculum Discourses* [M]. New York: Peter Lang Pub. Incorporated, 1995.

[37] Popkewitz, T. S. *Cosmopolitanism and the Age of School Reform: Science, Education, and Making Society by Making the Child* [M]. New York: Routledge, 2008.

[38] Popkewitz, T. S. *Inventing the Modern Self and John Dewey: Modernities and the Traveling of Pragmatism in Education* [M]. New York: Palgrave Macmillan, 2005.

[39] Popkewitz, T. S. Struggling for the Soul. *The Politics of Schooling and the Construction of the Teacher* [M]. New York: Teachers College Press, 1998.

[40] Popkewitz, T. S. & Brennan, M. P. *Foucault's Challenge: Discourse, Knowledge, and Power in Education* [M]. New York: Teachers College Press, 1998.

[41] Popkewitz, T. S. , Franklin, B. M. & Pereyra, M. A. *Cultural History and Education: Critical Essays on Knowledge and Schooling* [M]. New York; London: Routledge Falmer, 2001.

[42] Rooney, J. R. *The History of the Modern Subjects in the Secondary Curriculum* [M]. Washington: Catholic University of America, 1926.

[43] Rose, N. *Powers of Freedom: Reframing Political Thought* [M]. Cambridge, MA: Cambridge University Press, 1999.

[44] Schubert, W. H. , Schubert, A. L. L. & Thomas T. P. et al. *Curriculum Books: The First Hundred Years* [M]. New York; Bern; Berlin; Oxford: Peter Lang Pub. Inc. 2002.

[45] Sears, J. T. , Schubert, W. H. & Marshall, J. D. *Turning Points in Curriculum: A Contemporary American Memoir* [M]. Upper Saddle River, N. J. : Merrill, 2000.

[46] Serres, M, Latour, B. *Conversations on Science, Culture, and Time* [M]. University of Michigan Press, 1995.

[47] Stahl, D. E. *A History of the English Curriculum in American High Schools* [M]. Chicago: Lyceum Press, 1965.

[48] Tanner, D. *Schools for Youth: Change and Challenge in*

Secondary Education [M]. New York：Macmillan，1965.

[49] Tanner，D. & Tanner，L. N. *Curriculum Development*：*Theory into Practice* (2nd edition)[M]. New York：Macmillan，1980.

[50] Tanner，D. & Tanner，L. N. *Curriculum Development*：*Theory into Practice*[M]. New York：Macmillan，1975.

[51] Tanner，D. & Tanner，L. N. *History of the School Curriculum* [M]. New York：Macmillan，1990.

[52] Tschumi，B. *Architecture and Disjunction*[M]. Boston：MIT Press，1996.

[53] Tyack，D. B. *The One Best System*：*A History of American Urban Education* [M]：Harvard University Press，1974.

[54] Walkerdine，V. *Schoolgirl Fictions* [M]. London：Verso，1990.

[55] Willis，G.，Schubert，W. & Bullough，R. V. et al. *The American Curriculum*：*A Documentary History* [M]. Westport，Conn.：Greenwood Press，1993.

[56] Woolnough，B. E. *Physics Teaching in Schools* 1960～85：*Of People*，*Policy and Power* [M]. London：Falmer Press，1988.

[57] 艾沃·古德森. 环境教育的诞生——英国学校课程社会史的个案研究[M]. 贺晓星、仲鑫译. 上海：华东师范大学出版社，2001.

[58] 白亦方. 课程史研究的理论与实践[M]. 台北：高等教育教育文化事业有限公司，2008.

[59] 别尔嘉耶夫. 历史的意义[M]. 张雅平译. 上海：学林出版社，2002.

[60] 布尔迪厄. 实践理性——关于行为的理论[M]. 谭立德译. 北京：三联书店，2007.

[61] 丹尼尔·坦纳、劳雷尔·坦纳. 学校课程史[M]. 崔允漷等译. 北京：教育科学出版社，2006.

[62] 道格拉斯·凯尔纳、斯蒂文·贝斯特. 后现代理论：批判性的质疑[M]. 张志斌译. 北京：中央编译出版社，1999.

[63] 德勒兹、加塔利. 资本主义与精神分裂（卷 2）：千高原[M]. 姜宇

辉译.上海:上海书店出版社,2010.

[64] 迪安·韦布.美国教育史:一场伟大的美国实验[M].陈露茜、李朝阳译.合肥:安徽教育出版社,2010.

[65] 丁钢.声音与经验:教育叙事探究[M].北京:教育科学出版社,2008.

[66] 杜成宪、邓明言.教育史学[M].北京:人民教育出版社,2004.

[67] 杜赞奇.从民族国家拯救历史:民族主义话语与中国现代史研究[M].王宪明译.南京:江苏人民出版社,2008.

[68] 海登·怀特.元史学:十九世纪欧洲的历史想象[M].陈新译.南京:译林出版社,2009.

[69] 赫莱伯威茨.学校课程设计[M].孙德芳、孙杰译.北京:中国轻工业出版社,2006.

[70] 拉格曼.一门捉摸不定的科学:困扰不断的教育研究的历史[M].花海燕等译.北京:教育科学出版社,2006.

[71] 劳伦斯·克雷明.学校的变革[M].单中惠、马晓斌译.上海:上海教育出版社,1994.

[72] 利奥塔尔.后现代状态:关于知识的报告[M].车槿山译.北京:三联书店,1997.

[73] 刘正伟.规训与书写:开放的教育史学[C].杭州:浙江大学出版社,2013.

[74] 吕达.课程史论[M].北京市:人民教育出版社,1999.

[75] 罗伯特·伯克霍福.超越伟大故事:作为话语和文本的历史[M].邢立军译.北京:北京师范大学出版社,2008.

[76] 罗兰·巴特.写作的零度[M].李幼蒸译.北京:中国人民大学出版社,2008.

[77] 迈克尔·阿普尔.意识形态与课程[M].黄忠敬译.上海:华东师范大学出版社,2001.

[78] 麦克·扬.知识与控制:教育社会学新探[M].谢维和、朱旭东译.上海:华东师范大学出版社,2002.

[79] 米歇尔·福柯.规训与惩罚:监狱的诞生[M].刘北成、杨远婴译.北京:三联书店,2007.

［80］纳坦·塔科夫. 为了自由：洛克的教育思想［M］. 邓文正译. 北京：三联书店出版社，2001.

［81］派纳等. 理解课程：历史与当代课程话语研究导论［M］. 张华等译. 北京：教育科学出版社，2003.

［82］乔尔·斯普林. 美国学校：教育传统与变革［M］. 史静寰等译. 北京：人民教育出版社，2010.

［83］肖巍. 女性主义教育观及其实践［M］. 北京：中国人民大学出版社，2007.

［84］亚历山大·里帕. 自由社会中的教育：美国历程［M］. 於荣译. 合肥：安徽教育出版社，2010.

［85］杨智颖. 课程史研究观点与分析取径探析：以 Kliebard 和 Goodson 为例［M］. 高雄：高雄复文图书出版社，2008.

［86］于文秀. "文化研究"思潮导论［M］. 北京：人民出版社，2002.

［87］周采. 美国教育史学：嬗变与超越［M］. 北京：人民教育出版社，2006.

其他类

［1］Apple, M. W. Curricular Form and the Logic of Technical Control［J］. *Economic and Industrial Democracy*, 1981, 2(3)：293～319.

［2］Apple, M. W. & King, N. R. What Do Schools Teach? ［J］. *Curriculum Inquiry*, 1977, 6(4)：341～358.

［3］Baker, B. Moving on（part 1）：The Physics of Power and Curriculum History［J］. *Journal of Curriculum Studies*, 2001, 33(2)：157～177.

［4］Baker, B. The History of Curriculum or Curriculum History? What Is the Field and Who Gets to Play on It? ［J］. *Pedagogy, Culture & Society*, 1996, 4(1)：105～117.

［5］Baker, B. Why Curriculum History Is Not the Same as the History of Education：Post-Reconceptualist Approaches to Rethinking Education, Power, and the Child. 主题演讲，2012 年 12 月 3 日于浙江大学

［6］Bellack, A. A. History of Curriculum Thought and Practice［J］. *Review of Educational Research*, 1969, 39(3)：283～293.

[7] Bellack, A. A. Forword [A]. Franklin, B. M. *Curriculum and Consequence*: *Herbert M. Kliebard and the Promise of Schooling* [C]. New York: Teachers College Press, 2000:vii.

[8] Brandmeyer, G. A. & Denisoff, R. S. Status Politics: An Appraisal of the Application of a Concept[J]. *The Pacific Sociological Review*, 1969, 12(1): 5~11.

[9] Butler J. Performative Acts and Gender Constitution: An Essay in Phenomenology and Feminist Theory[J]. *Theatre Journal*, 1988, 40(4): 519~531.

[10] Canning, C. Feminist History after the Linguistic Turn: Historicizing Discourse and Experience[J]. *Signs*: *Journal of Women in Culture and Society*, 1994, 19(3): 68~104.

[11] Carson, C. C., Huelskamp, R. M. & Woodall, T. D. Perspectives on Education in America: An Annotated Briefing, April 1992 [J]. *The Journal of Educational Research*, 1993, 86(5): 259~310

[12] Charlton, Kenneth. The Contributions of History to the Study of the Curriculum[A]. J. F. Kerr. *Changing the Curriculum*. [C] London: Univ. of London Press, 1968: 63~78.

[13] Clifford, G. J. The "Sticky Wicket" of Curriculum History[J]. *Educational Researcher*, 1990, 19(9): 26~28.

[14] Clifford, G. The Reviewer Responds [J]. *Educational Researcher*, 1991, 20(7): 41~42.

[15] Cormack, P. & Green, B. Re-reading the Historical Record: Curriculum History and the Linguistic Turn[A]. B. Baker (Ed). *New Curriculum History* [C]. Rotterdam: Sense Publisher,2009:223~240.

[16] Eisner, E. W. Franklin Bobbitt and the "Science" of Curriculum Making[J]. *The School Review*, 1967, 75(1): 29~47.

[17] Foucault, M. Nietzsche, Genealogy, History[A]. Bouchard, D. F. *Language, Counter-memory, Practice*: *Selected Essays and Interviews by Michel Foucault* [C]. Ithaca, NY: Cornell University Press, 1997: 153~154.

313

[18] Franklin, B. Historical Research on Curriculum[A]. Lewy, A. *The International Encyclopedia of Curriculum* [C] Oxford, England: Pergamon Press, 1991：63~66.

[19] Franklin, B. M. Book Review: History of the School Curriculum [J]. *Historical Studies in Education/Revue d'histoire de l'éducation*, 1991, 3(1)：169~172.

[20] Franklin, B. M. Herbert M. Kliebard's Intellectual Legacy [A]. Franklin, B. M. *Curriculum and Consequence: Herbert M. Kliebard and the Promise of Schooling* [C]. New York: Teachers College Press, 2000:1

[21] Franklin, B. M. Review Essay: The State of Curriculum History [J]. *History of Education*, 1999, 28(4)：459~476.

[22] Franklin, B. M. Curriculum History: Its Nature and Boundaries [J]. *Curriculum Inquiry*, 1977, 7(1)：67~79.

[23] Freedman, K. Art Education as Social Production [A]. Popkewitz, T. S. *The Formation of School Subjects: The Struggle for Creating an American Institution* [C]. New York: Falmer Press, 1987：63.

[24] Giroux, H. A. Toward a New Sociology of Curriculum [J]. *Educational Leadership*, 1979, 37(3)：248~253.

[25] Goodlad, J. I. Curriculum: State of the Field [J]. *Review of Educational Research*, 1969, 39(3)：367~375.

[26] Goodson, I. About Ivor Goodson [EB/OL]. http://www. ivorgoodson. com/about, 2013－8－7.

[27] Goodson, I. Becoming an Academic Subject: Patterns of Explanation and Evolution [J]. *British Journal of Sociology of Education*, 1981, 2(2)：163~180.

[28] Goodson, I. Subjects for Study: Aspects of a Social History of Curriculum[J]. *Journal of Curriculum Studies*, 1983, 15(4)：391~408.

[29] Goodson, I. Subjects for Study: Case Studies in Curriculum History [A]. Goodson, I. *Social Histories of the Secondary Curriculum*:

Subjects for Study [C]. London; Philadelphia: Falmer Press, 1985: 10.

[30] Goodson, I. Towards Curriculum History [A]. Goodson, I. *Social Histories of the Secondary Curriculum: Subjects for Study* [C]. London; Philadelphia: Falmer Press, 1985: 6.

[31] Hazlett, J. S. Conceptions of *Curriculum History* [J]. Curriculum Inquiry, 1979, 9(2): 129~135.

[32] Hendry, P. M. & Winfield, A. Bringing Out the Dead: Curriculum History as Memory [J]. *Journal of Curriculum Theorizing*, 2013, 29(1):1~24.

[33] Hlebowitsh P. S. More on "Generational Ideas" (a rejoinder to Ian Westbury and Handel Kashope Wright) [J]. *Curriculum Inquiry*, 2005, 35(1):119~122.

[34] Hlebowitsh, P. S. Generational Ideas in Curriculum: A Historical Triangulation [J]. *Curriculum Inquiry*, 2005, 35(1): 73~87.

[35] Hlebowitsh, P. S. Interpretations of the Tyler Rationale: A Reply to Kliebard [J]. *Journal of Curriculum Studies*, 1995, 27(1):89~94.

[36] Hlebowitsh, P. S. & Wraga, W. G. Social Class Analysis in the Early Progressive Tradition [J]. *Curriculum Inquiry*, 1995, 25(1):7~21.

[37] Hlebowitsh, P. S. Centripetal Thinking in Curriculum Studies [J]. *Curriculum Inquiry*, 2010, 40(4):503~513.

[38] Hlebowitsh, P. S. More on "The Burdens of the New Curricularist"[J]. *Curriculum Inquiry*, 1999, 29(3): 369~373.

[39] Hlebowitsh, P. S. The Burdens of the New Curricularist [J]. *Curriculum Inquiry*, 1999, 29(3): 343~354.

[40] Hlebowitsh, P. S. Amid Behavioural and Behaviouristic Objectives: Reappraising Appraisals of the Tyler Rationale [J]. *Journal of Curriculum Studies*, 1992, 24(6):533~547.

[41] Huebner, D. Curriculum as Concerns for Man's Temporality [A]. Pinar, W. F. *Curriculum Studies: The Reconceptualization* [C].

Berkeley, CA: McCutchan Publishing, 1975: 318~331.

[42] Huebner, D. Education and Spirituality [J]. *Journal of Curriculum Theorizing*, 1995, 11(2), 13~34.

[43] Jardine, A. Introduction to Julia Kristeva's "Women's Time" [J]. *Signs*, 1981, 7(1): 5~12.

[44] Jr. Davis, O. L. The Nature and Boundaries of Curriculum History: A Contribution to Dialogue over a Yearbook and Its Review [J]. *Curriculum Inquiry*, 1977, 7(2): 157~168.

[45] Kliebard, H. M. Constructing a History of the American Curriculum[A]. Jackson, P. W. *Handbook of Research on Curriculum* [C]. New York: Macmillan, 1992: 157~184.

[46] Kliebard, H. M. Curricular Objectives and Evaluation: A Reassessment [J]. *The High School Journal*, 1968, 51(6): 241~247.

[47] Kliebard, H. M. Curriculum Past and Curriculum Present [J]. *Educational Leadership*, 1976, 33(4):245~248.

[48] Kliebard, H. M. Curriculum Theory as Metaphor [J]. *Theory into Practice*, 1982, 21(1): 11~17.

[49] Kliebard, H. M. The Curriculum Field in Retrospect [A]. Witt, P. W. F. *Technology and the Curriculum* [C]. New York: Teachers College Press, 1968: 69~84.

[50] Kliebard, H. M. The Tyler Rationale [J]. *The School Review*, 1970, 78(2): 259~272.

[51] Kliebard, H. M. Vocational Education as Symbolic Action: Connecting Schooling with the Workplace [J]. *American Educational Research Journal*, 1990, 27(1): 9~26.

[52] Kridel, C. & Newman, V. A Random Harvest: A Multiplicity of Studies in American Curriculum History Research [A]. Pinar, W. F. *International Handbook of Curriculum Research* [C]. Mahwah, New Jersey: Lawrence Erlbaum Associates, Inc. , 2003: 637~650.

[53] Kristeva, J. , Jardine, A. & Blake, H. Women's Time[J]. *Signs*, 1981, 7(1): 13~35.

[54] Kuhn, T. The Relations between History and History of Science [A]. Gilbert, F. & Graubard, S. R. *Historical Studies Today* [C]. New York: W. W. Norton, 1972:180.

[55] Labaree, D. F. Curriculum, Credentials, and the Middle Class: A Case Study of a Nineteenth Century High School [J]. *Sociology of Education*, 1986: 42~57.

[56] Labaree, D. F. Does the Subject Matter? Dewey, Democracy, and the History of Curriculum [J]. *History of Education Quarterly*, 1991, 31(4): 513~521.

[57] Labaree, D. F. Essay Review: Politics, Markets, and the Compromised Curriculum [J]. *Harvard Educational Review*, 1987, 57 (4): 483~495.

[58] Lagemann, E. C. The Plural Worlds of Educational Research. [J]. *History of Education Quarterly*, 1989, 29(2): 183~214.

[59] Lerner, G. The Necessity of History and the Professional Historian[J]. *The Journal of American History*, 1982, 69(1): 7~20.

[60] Lybarger, M. B. Need as Ideology: Social Workers, Social Settlements, and the Social Studies[A]. Popkewitz, T. S. *The Formation of School Subjects: The Struggle for Creating an American Institution* [C]. New York: Falmer Press, 1987:176~189.

[61] Miller, J. L. The Sound of Silence Breaking: Feminist Pedagogy and Curriculum Theory. [J]. *Journal of Curriculum Theorizing*, 1982, 4(1): 5~11.

[62] Morrison, K. R. The Poverty of Curriculum Theory: A Critique of Wraga and Hlebowitsh [J]. *Journal of Curriculum Studies*, 2004, 36 (4): 487~494.

[63] Peltier G. L. Teacher Participation in Curriculum Revision: An Historical Case Study [J]. *History of Education Quarterly*, 1967, 7(2): 209~219.

[64] Pinar, W. F. Curriculum Theory since 1950: Crisis, Reconceptualization, Internationalization [J]. *Handbook of Curriculum*

and Instruction,2008:491~513.

[65] Popkewitz, T. S. A Changing Terrain of Knowledge and Power: A Social Epistemology of Educational Research [J]. *Educational Researcher*, 1997, 26(9): 18~29.

[66] Popkewitz, T. S. Curriculum History, Schooling and the History of the Present [J]. *History of Education*, 2011,40(1):1~19.

[67] Popkewitz, T. S. Forword [A]. *The Formation of School Subjects: The Struggle for Creating an American Institution* [C]. New York: Falmer Press, 1987:ix.

[68] Popkewitz, T. S. The Culture of Redemption and the Administration of Freedom as Research [J]. *Review of Educational Research*, 1998, 68(1): 1~34.

[69] Popkewitz, T. S. The Production of Reason and Power: Curriculum History and Intellectual Traditions [J]. *Journal of Curriculum Studies*, 1997, 29(2): 131~164.

[70] Popkewitz, T. S. The Sociology of Education as the History of the Present: Fabrication, Difference and Abjection[J]. *Discourse: Studies in the Cultural Politics of Education*, 2012(1): 1~18.

[71] Popkewitz, T. S. & Brennan, M. Restructuring of Social and Political Theory in Education: Foucault and a Social Epistemology of School Practices [J]. *Educational Theory*, 1997, 47(3): 287~313.

[72] Popkewitz, T. S. Curriculum as a Problem of Knowledge, Governing, and the Social Administration of the Soul [A]. Franklin, B. M. *Curriculum and Consequence: Herbert M. Kliebard and the Promise of Schooling* [C]. New York: Teachers College Press, 2000: 76.

[73] Ramsay, J. G. Book Review [J]. *History of Education Quarterly*, 1993, 33(3): 459~461.

[74] Reid, W. A. & Walker, D. F. *Case Studies in Curriculum Change: Great Britain and the United States* [C]. Boston: Routledge & Kegan Paul, 1975.

[75] Reid, W. A. Curricular Topics as Institutional Categories —

Implications for Theory and Research in the History and Sociology of School Subjects [A]. Goodson, I. & Ball, S. J. *Defining the Curriculum: Histories and Ethnographies of School Subjects* [C]. London; New York: Falmer Press, 1984: 67~76.

[76] Reid, W. A. Curriculum Theory and Curriculum Change: Can We Learn from History? [A] Taylor, P. H. *Recent Developments in Curriculum Studies* [C], Berkshire: NFER-Nelson, 1986: 75~83.

[77] Rosenthal, D. B. & Bybee, R. W. Emergence of the Biology Curriculum: A Science of Life or Science of Living [A]. Popkewitz, T. S. *The Formation of School Subjects: The Struggle for Creating an American Institution* [C]. New York: Falmer Press, 1987:123~144.

[78] Schubert, W. H. Perspectives on Four Curriculum Traditions [J]. *Educational Horizons*, 1996, 74(4):169~176.

[79] Schubert, W., & Posner, G. Origins of the Curriculum Field Based on a Study of Mentor-student Relationships[J]. *The Journal of Curriculum Theorizing*,1980,2(2): 37~67.

[80] Schwab, J. J. The Practical: A Language for Curriculum[J]. *The School Review*, 1969, 78(1): 1~23.

[81] Stanic, G. M. A. Mathematics Education in the United States at the Beginning of the Twentieth Century [A]. Popkewitz, T. S. *The Formation of School Subjects: The Struggle for Creating an American Institution*[C]. New York: Falmer Press, 1987:145~175.

[82] Stengel, B. S. Academic Discipline and School Subject: Contestable Curricular Concepts [J]. *Journal of Curriculum Studies*, 1997, 29(5): 585~602.

[83] Tanner, D. A Nation Truly at Risk[J]. *The Phi Delta Kappan*, 1993, 75(4): 288~297.

[84] Tanner, D. Curriculum History[A]. Mitzel, H. *Encyclopedia of Educational Research* [C]. New York: Macmillan, 1982: 412.

[85] Tanner, D. & Tanner, L. N. Emancipation from Research: The Reconceptualist Prescription [J]. *Educational Researcher*, 1979, 8(6): 8~12.

[86] Tanner, D. & Tanner, L. N. The Emergence of a Paradigm in the Curriculum Field: A Reply to Jickling[J]. *Interchange*, 1988, 19(2): 50~58.

[87] Tanner, L. N. Curriculum History and Educational Leadership. [J]. *Educational Leadership*, 1983, 41(3): 38~39, 42.

[88] Tanner, L. N. Curriculum History as Usable Knowledge [J]. *Curriculum Inquiry*, 1982, 12(4): 405~411.

[89] Tanner, L. N. The Meaning of Curriculum in Dewey's Laboratory School (1896~1904)[J]. *Curriculum Studies*, 1991, 23(2): 101~117.

[90] Tanner, L. N. The Path Not Taken: Dewey's Model of Inquiry [J]. *Curriculum Inquiry*, 1988, 18(4): 471~479.

[91] Tanner, L. N. & Tanner, D. Environmentalism in American Pedagogy: The Legacy of Lester Ward [J]. *The Teachers College Record*, 1987, 88(4): 537~547.

[92] Thorndike, E. L. Darwin's Contribution to Psychology [A]. *Psychology and the Science of Education: Selected Writings of Edward L. Thorndike*, ed. Geraldine M. Joncich [C]. New York: Bureau of Publications, Teachers College, Columbia University, 1962: 145.

[93] Tyler R. W. Toward Improved Curriculum Theory: The Inside Story[J]. *Curriculum Inquiry*, 1977, 6(4): 251~256.

[94] Unger, I. The "New Left" and American History: Some Recent Trends in United States Historiography [J]. *The American Historical Review*, 1967, 72(4): 1237~1263.

[95] Urban, W. J. Educational Reform in a New South City: Atlanta, 1890~1925[A]. Goodenow, R. & White, A. *Education and the Rise of the New South* [C]. Boston: GK Hall and Company, 1981:114~128.

[96] Warren, K. J. Rewriting the Future: The Feminist Challenge to the Malestream Curriculum [J]. *Feminist Teacher*, 1989, 4(2/3):46~52.

[97] Watkins, W. H. Black Curriculum Orientations: A Preliminary

Inquiry[J]. *Harvard Educational Review*, 1993, 63(3): 321~339.

[98] Westbury, I. Reconsidering Schwab's "Practicals": A Response to Peter Hlebowitsh's "Generational Ideas in Curriculum: A Historical Triangulation"[J]. *Curriculum Inquiry*, 2005, 35(1): 89~101.

[99] Westbury, I. The Burdens and the Excitement of the "New" Curriculum Research: A Response to Hlebowitsh's "The Burdens of the New Curricularist"[J]. *Curriculum Inquiry*, 1999, 29(3): 355~364.

[100] Westbury,I. Reading Schwab's the "Practical" as an Invitation to a Curriculum Enquiry [J]. *Journal of Curriculum Studies*, 2013, 45 (5):640~651.

[101] Winters, E. A. Harold Rugg and Education for Social Reconstruction [D]. Ph. D. Dissertation, University of Wisconsin, Madison,1968.

[102] Wraga W. G. "Extracting Sun-Beams out of Cucumbers": The Retreat From Practice in Reconceptualized Curriculum Studies [J]. *Educational Researcher*, 1999,28(1):4~13.

[103]Wraga W. G. "Interesting, If True": Historical Perspectives on the " Reconceptualization " of Curriculum Studies. [J]. *Journal of Curriculum and Supervision*, 1998,14(1):5~18.

[104] Wraga W. G. The progressive Vision of General Education and the American Common School Ideal: Implications for Curriculum Policy, Practice, and Theory [J]. *Journal of Curriculum Studies*, 1999,31(5): 523~544.

[105] Wraga W. G., Hlebowitsh P. Toward a Renaissance in Curriculum Theory and Development in the USA [J]. *Journal of Curriculum Studies*, 2003,35(4):425~437.

[106] Wright, H. K. Does Hlebowitsh Improve on Curriculum History? Reading a Rereading for Its Political Purpose and Implications [J]. *Curriculum Inquiry*, 2005,35(1):103~117.

[107] Young, M. F. Curriculum Change: Limits and Possibilities [J]. *Educational Studies*, 1975, 1(2): 129~138.

[108] 白亦方. 课程史研究,此其时矣[J]. 课程研究,2006(2):3～4.

[109] 蔡曙山. 论哲学的语言转向及其意义[J]. 学术界,2001(4):16～27.

[110] 陈华. 西方课程史的研究路径及内涵探析[J]. 全球教育展望,2012(4):10～15.

[111] 陈华. 中国公民教育的诞生——课程史的研究[D]. 博士学位论文,华东师范大学,2012.

[112] 陈磊. 超越新文化史范式?——读《后社会史初探》[J]. 社会科学管理与评论,2012(3):105～110.

[113] 陈其. 历史"重塑"中的得与失——美国新社会史评析[J]. 历史教学,2003(4):42～46.

[114] 邓京力. 重构,建构与解构之间——从文学形式论史学类型与史学性质[J]. 史学理论研究,2012(1):41～50.

[115] 韩震. 本质范畴的重建及反思的现代性[J]. 哲学研究,2008(12):54～57.

[116] 何珊云. 课程史研究的经典范式与学术意义——试析《1893～1958年的美国课程斗争》[J]. 北京大学教育评论,2010(5):164～171.

[117] 贺晓星. 课程研究的生活史视角[J]. 南京师大学报(社会科学版),2001(4):83～88.

[118] 金利杰. 从"填补史"到"普遍史"——勒纳的女性史学分期理论[J]. 河北大学学报(哲学社会科学版),2011(1):50～55.

[119] 金利杰、周巩固. 性别视角下的集体记忆——格尔达·勒纳女性主义历史记忆理论探究[J]. 东北师大学报(哲学社会科学版),2011(2):108～112.

[120] 靳玉乐、李殿森. 课程研究在中国大陆[J]. 教育学报,2005(03):8～18.

[121] 梁民愫. 英国新社会史思潮的兴起及其整体社会史研究的国际反响[J]. 史学月刊,2006(2):5～14.

[122] 刘徽. 概念史:当代课程研究历史回顾的新路径[J]. 全球教育展望,2008(11):22～27.

[123] 刘正伟. 民族主义与近代课程改革(内部交流手稿,未发表).

[124] 罗兰·巴特. 历史的话语[A]. 张文杰编. 历史的话语: 现代西方历史哲学译文集[C]. 桂林: 广西师范大学出版社, 2002: 119～120.

[125] 莫伟民. 福柯的反人类学主体主义和哲学的出路[J]. 哲学研究, 2002 (1): 56～63.

[126] 莫伟民. 论福柯非历史主义的历史观[J]. 复旦学报, 2001(3): 76～82.

[127] 牛可、李芸. 历史是一种思维方式[N]. 科学时报, 2009-4-16 (B3).

[128] 钱扑. 论教育社会学对知识社会学的接纳[J]. 教育科学, 2003 (05): 19～23.

[129] 任平、邓兰. 不能忽视和懈怠的主题: 课程史研究[J]. 中国教育学刊, 2007(5): 44～47.

[130] 石艳. 课程研究中的社会史视角[J]. 全球教育展望, 2005(4): 34～37.

[131] 石艳. 信息技术课程的诞生: 一项课程社会史的个案研究[D]. 硕士学位论文, 南京师范大学, 2005.

[132] 宋明娟. D. Tanner、L. Tanner 与 H. Kliebard 的课程史研究观点解析[J]. 教育研究集刊, 2007, 53(4): 1～32.

[133] 汤锋旺. 中间路线——伊格尔斯眼中的后现代史学[J]. 晋中学院学报, 2011(5): 78～82.

[134] 田正平、刘徽. 课程理论研究六十年——基于概念史的研究[J]. 社会科学战线, 2009(11): 9～15.

[135] 屠莉娅. 课程研究的学科化与国际化: 一个领域的智力突破及其可能的未来——威廉·派纳教授访谈录[J]. 全球教育展望, 2008(12): 3～13.

[136] 汪晖. 关键词与文化变迁[J]. 读书, 1995(2): 107～115.

[137] 汪霞. 概念重建课程研究的后现代本质与评价[J]. 比较教育研究, 2005(4): 68～72.

[138] 王希. 近 30 年美国史学的新变化[J]. 史学理论研究, 2000, 2: 61～75.

[139] 威廉·派纳. 公立学校教育的"终结"和范式转换——美国课程

研究的境遇与回应[J]. 张文军、陶阳译. 全球教育展望 (6):3～9.

[140] 吴刚平、夏永庚. 学业考试为主课程评价制度的古典遗产与现代转型[J]. 全球教育展望,2012(3):12～18.

[141] 吴刚平、余闻婧. 白鹿洞书院"道—化"课程思想探析[J]. 全球教育展望,2011,(8):3～9.

[142] 夏雪梅. 1642～1989:杜威式的课程者眼中的冲突年代——评《学校课程史》[J]. 全球教育展望,2006,35(10):78～80.

[143] 谢登斌. 当代美国课程话语研究[D]. 博士学位论文,华东师范大学,2005:90.

[144] 杨昌勇. "西方马克思主义"思潮与"新"教育社会学理论的关系分析[J]. 华东师范大学学报:教育科学版,1998(1):23～23.

[145] 杨智颖. 课程史研究的历史回顾及重要议题分析[J]. 课程与教学季刊,2006,9(2):105～115.

[146] 叶波. 20世纪美国课程史研究的取向[J]. 全球教育展望,2012(9):22～25.

[147] 叶浩生. 具身认知:认知心理学的新取向[J]. 心理科学进展,2010(5):705～710.

[148] 于文秀. 后现代差异理论:"文化研究"的理论基石[J]. 天津社会科学,2003(3):33～38.

[149] 喻春兰. 从泰勒原理到概念重构:课程范式已经转换?——论现代课程范式与后现代课程范式之关系[J]. 教育学报,2007(3):34～40.

[150] 张宏. 社会科学与当代美国教育史研究[J]. 比较教育研究,2006,27(7):32～36.

[151] 张剑. 西方文论关键词:他者[J]. 外国文学,2011(1):118～127.

[152] 张仲民. 典范转移:新文化史的表达与实践[J]. 社会科学评论,2006(4):40～58.

[153] 赵婧. "碎片化"思维与教育研究——托马斯·波克维茨教授访谈录[J]. 全球教育展望,2012(10):3～7.

[154] 钟鸿铭. H. M. Kliebard 的课程史研究及其启示[J]. 教育研究集刊,2006(1):91～118.

[155] 钟鸿铭. 美国课程改革的历史辩证[J]. 课程与教学季刊,2005,8

(4):1～18.

[156] 周兵."自下而上":当代西方新文化史与思想史研究[J]. 史学月刊,2006(4):12～17.

[157] 周兵. 林·亨特与新文化史[J]. 史林,2007(4):170～182.

[158] 周兵. 西方新文化史的兴起与走向[J]. 河北学刊,2004(2):151～156.

[159] 周采. 战后美国教育史学流派的发展[J]. 比较教育研究,2005(5):7～12.

[160] 周建漳. 历史与故事[J]. 史学理论研究,2004(2):120～130.

附录1

课程史的边界：关于独立性的辩论

1977 年,富兰克林和戴维斯等人在《课程探究》杂志上围绕课程史的本质与边界问题展开了一场学术论辩。这次讨论充分展现了课程史研究领域形成初期,研究者们对课程史研究的定位,特别是他们对课程史如何成为教育史之外一个相对独立的研究领域的相关认识。

引发这场讨论的,是课程开发与管理协会于 1976 年出版的年鉴,《课程发展之视角:1776~1976》。如前文所说,这份年鉴是课程史研究领域逐渐形成的标志之一,是争取课程史作为一个研究领域的合法地位的诸多努力的一个累积和汇总。考虑到课程开发与管理协会当时在美国课程研究者和实践者当中都有着巨大的号召力,可以说年鉴对课程史研究的本质和边界等问题的认识在课程领域中能够产生较为重要的影响。

年鉴的主编戴维斯认为区分课程史和学校中的其他事业的历史,正是年鉴的核心任务。他认为之前的课程史研究都以学校教育的一般历史为材料是有问题的,年鉴就是要确定课程史这一研究领域的边界。然而实际上戴维斯以及年鉴的其他作者,似乎并没有非常明确地区分课程和学校教育的其他方面。戴维斯在后记中指出,课程史研究的材料是"所有东西",从学生的教科书到课程委员会的报告,直至学校关心的项目甚至学校的图片。年鉴的另外两位作者,Doyle 和 Ponder 在后记里提供了课程史的参考书目,他们提供的文献目录似乎和一般教育史研究的文献目录没什么区别。106种文献中只有 31 种是专门以课程为主题的。

富兰克林将此视为年鉴的一个重大失误。年鉴中的"课程史"与范围更广的教育史研究有很大的交叠,富兰克林认为,年鉴的作者尽管意识到 20 世纪以前,特别是殖民地时期的教育史与课程领域的联系不很紧密,但却执意对殖民地时期的教育也做了叙述。

富兰克林将课程史看作是课程领域的专有之物,认为课程史应该与教育史分开。"课程史的研究者应该是课程工作者,而不是偶然对过往之学程发生兴趣的教育史家。课程史应该像医学史、心理学史和社会学史一样,关注的是一个特定的职业角色和专业群体的历史演进。教育史研究者并不适合做课程史研究,因为他们没有经受课程领域的专业训练,会忽视和误读课程领域最为重要的东西。"①

托马斯·库恩曾谈到一般历史学家在试图理解一个特定智力领域的历史时可能会遇到的问题,"无论是继承还是反叛传统,艺术家们都是在过往的艺术的基础之上进行创造的。像科学家,哲学家,作家和音乐家,他们都既生活在较大的文化背景之中,又拥有他们自己的相对独立的学科的小传统。两种环境共同形塑了他们的创造物,然而历史学家往往只考虑前一种"②。类似地,富兰克林认为,尽管教育史关心课程变革的特征和本质,但它很少将课程发展作为一个专业领域的变化过程来考虑。富兰克林认为年鉴的作者们花费了大量精力利用和借用一般教育史研究者所使用的概念,而这些概念是由与他们持不同的研究目的的人所使用的,这让课程史研究者受限于此,难以对课程作为一种专业的发展做更好的研究。

面对富兰克林的批评,戴维斯回应说,他也赞同课程史研究应该有与教育史研究相区别的身份,但是他现在并不赞同独立,因为在他看来这种独立会导致研究很难有好的产出。正如教育史研究要遵循一般历史研究的一些规律一样,课程史研究也必然要满足教育史研究的一些标准。课程史研究与教育史研究有必然的联系。而且这种联系应该被加强,而不是被削弱。诚然,将关注的焦点放在学校教育的一般方面而不是集中于对课程领域而言重要的事件,可能会得出错误的观点。但是错误的观点并不是这种聚焦

---

① Franklin,B.M. Curriculum History:Its Nature and Boundaries[J]. *Curriculum Inquiry*,1977,7(1):67～79.

② Kuhn,T. The Relations Between History and History of Science[A]. Gilbert,F. & Graubard,S.R. *Historical Studies Today* [C]. New York:W.W. Norton,1972:180.

方式的必然结果，另外的聚焦方式也不能保证得到正确的观点。①

戴维斯承认年鉴里没有在课程的定义上做明确的陈述，然而他辩解说，他们不想纠缠于此是因为处理课程这一概念往往徒劳无功。"读者可能觉得年鉴中将课程作为学校教育的同义词处理。这也许是一个显而易见的问题，然而可能同时也是其最大的优点。"②年鉴反映了这一领域的多样和模糊，而与此同时，也就有望得出更好的理解。我们不可能既做到定义明确又能保持开放。明确而小心的定义，会在抛掉一些事实的同时抛掉一些思想。课程史应该是持续而负责的对话，而不是教条化的限制。

富兰克林认为，对课程工作者而言，和"为理解课程大纲的本质和内容提供视角"相比，课程史研究的价值更在于将课程理解为一种职业角色。③当代课程工作者遇到的很多问题都源自他们对课程作为一种职业的本质和起源缺乏理解。富兰克林和戴维斯都赞同应该将课程史研究的边界搞清楚。但是戴维斯和他的同事们关注的是美国学校中的教学内容和学程的演变，而富兰克林将课程史看作一个更窄的概念，更关心它作为一个研究领域或职业角色的发展。课程作为一种职业曾经对学校教育有着巨大的影响。然而使得课程研究作为一种职业而合法化的，不是其实践者对工作的掌控，而是在大学里能够授予学术学位。

对于为何采取这一立场，富兰克林给出了两方面的原因。其一，当代课程领域的很多研究，都受限于这一领域的固有倾向，而这些倾向，都根植于课程领域诞生之时的社会情境。课程领域的开拓者们把课程技术看作是传递美国统一文化，实现社会控制和文化统合的工具。课程史研究能帮助我们摆脱一些不合时宜的传统，克服今日之课程研究的保守的社会倾向。对此，克利巴德和波普科维茨也表达过相近的看法。④ 其次，富兰克林不认同在课程作为一个领域勃兴之前，就有职业认同的观念。彼时的人们不会将

---

① ② Jr. Davis, O. L. The Nature and Boundaries of Curriculum History: A Contribution to Dialogue over a Yearbook and Its Review[J]. *Curriculum Inquiry*, 1977, 7(2): 157~168.

③ Franklin, B. M. Curriculum History: Its Nature and Boundaries[J]. *Curriculum Inquiry*, 1977, 7(1): 67~79.

④ Popkewitz, T. S. The Production of Reason and Power: Curriculum History and Intellectual Traditions[J]. *Journal of Curriculum Studies*, 1997, 29(2): 131~164.

课程工作用特定的术语概念化,也就无法和教育的其他方面区分开来。当时关于学程的观点必然与教育的其他方面无法分离,因此硬要区分它们也就没有太大的意义。

富兰克林认为,课程史研究还能帮助当代课程工作者直面他们面对的问题。通过回顾课程史上类似的问题,他们可以从复杂的亲身参与和个人利益的纠葛之中抽身而出,避免"只缘身在此山中"的尴尬。尤其是相对于当时社会科学领域实证之风大盛,人人都躲在貌似中立的统计数据之后放枪;以前的课程学者,特别是 19 世纪末 20 世纪初的学者们,对自己的政治倾向要诚实坦率得多。对课程史的回顾,能让当代课程工作者注意那些社会政治影响已经清晰地表现了出来的问题,至少在面对这些问题时,他们会比处理自己牵涉其中的问题时要客观一些。

富兰克林的观点反映了当时的课程研究者通过书写课程历史对本领域进行反思的愿望,其观点也引起了学界的广泛关注,但是关于课程史研究的独立性的争论并没有就此结束,时至今日研究者也依然还在继续探讨课程史和教育史的关系问题①。

329

---

① Baker,B. Why Curriculum History Is Not the Same as the History of Education:Post-Reconceptualist Approaches to Rethinking Education,Power,and the Child. 主题演讲,2012 年 12 月 3 日于浙江大学.

附录2

《美国课程文献史》①文献目录

作　者	篇　名	年　份
匿　名	哈佛学院学程规定	1642
本杰明·富兰克林	宾夕法尼亚青年教育的相关建议	1749
耶鲁学院	耶鲁报告书	1828
亨利·巴纳德	普通学校课程	1839,1841
贺拉斯·曼	科目选择	1842
芝加哥教育委员会	芝加哥地区学校分年级教学规程	1862
全国教育协会	小学至大学学程委员会报告	1876
全国教育协会	中学教育十人委员会报告	1893
全国教育协会	十五人委员会报告	1895
圣路易斯教育委员会	圣路易斯公立学校学程	1902
约翰·杜威	儿童与课程	1902
洛杉矶教育委员会	洛杉矶高中学程	1908～09
全国教育协会	教育中的时间经济委员会报告	1913
加尔文·戴维斯(Calvin O. Davis)	十座城市的高中系统	1914
全国教育协会	中等教育的基本原则	1918
富兰克林·博比特	课程编制的科学方法	1918
埃尔斯沃思·柯林斯(Ellsworth Collings)	项目(Project)课程的一项实验	1923
卡洛琳·普拉特(Caroline Pratt)	城市和乡村学校的实验实践	1924

---

① Willis，G.，Schubert，W. & Bullough，R. V. et al. *The American Curriculum*：*A Documentary History*[M]. Westport，Conn. ：Greenwood Press，1993.

作　者	篇　名	年　份
查尔斯·斯佩恩(Charles Spain)	底特律普雷顿学校的组织与项目	1924
卡尔顿·华虚朋	个别化教学项目	1925
亨利·莫里森(Henry Morrison)	中等学校的教学实践	1926
全国教育研究会	课程编制的基础与基本问题清单	1927
博伊德·博德	教育的重新定位	1937
约翰·杜威	经验与教育	1938
塞耶,等(V. T. Thayer *et al*)	重组中等教育	1938
美国青年委员会	高中应该教什么	1940
威尔福德·艾金(Wilford M. Aikin)	八年研究的故事	1942
参加八年研究的三十所学校	三十所学校讲述它们的故事	1942
哈佛委员会	自由社会中的通识教育	1945
哈罗德·艾伯蒂(Harold Alberty)	为满足青年的需求而设计项目	1953
杰罗姆·布鲁纳	结构的重要性与螺旋式课程	1960
菲利普·菲尼克斯(Philip H. Phenix)	意义的国度	1964
约瑟夫·施瓦布	实践:课程的语言	1970
联邦卫生、教育与福利部	课程开发多个部分的角色与关系	1976
拉尔夫·泰勒	泰勒原理再思考	1977
国家优质教育委员会	国家在危急中	1983

后 记

如果说要为本书的撰写找个起点的话，最合适的也许是我和导师刘正伟教授在麦迪逊的州街（state street）旁的一间小屋里的那次谈话。2012年暮春时分，刘老师特意从加州大学伯克利分校"溜出来"，到我访学的威斯康星大学麦迪逊分校做了短暂的访问。之前我曾带着懵懂和稚气跟刘老师提过许多个博士论文选题，每次得到的都是些"皱着眉头的鼓励"。那天，我说了自己在美国学习了大半年之后对美国的课程史研究的一些大致印象，未曾想，刘老师突然有些激动地说，"很好啊，论文的框架这不已经有了？"

州街是一条普普通通的小街，东西向，一公里长，沿街都是些不起眼的餐馆、商店和酒吧，路很窄，双向两车道，只允许公交车和行人通行，每遇集会便连公交车也绕行不至了。可是在教育领域，它又是极不平凡的一条街，它是著名的"威斯康星理念"的象征。街的一端是威斯康星大学，另一端是州议会大楼，整条街笔直无弯，而大学和当地的无间合作，被劳伦斯·克雷明称为"威斯康星进步主义实验的真谛"。

克雷明在撰写《学校的变革》时，曾在麦迪逊居住过一年，其后在1976年还担任过威斯康星大学"默尔·柯蒂讲座"教授。我在这本书中介绍过克雷明和威斯康星大学麦迪逊分校的教育史学家爱德华·克鲁格的教育史研究对早期的课程史研究的重要影响。赫伯特·克利巴德、巴里·富兰克林、托马斯·波普科维茨，谈到美国课程史学就绕不过这些名字，而这些名字又都以这样或那样的方式与威斯康星麦迪逊紧紧地连在了一起。没有麦迪逊也就没有美国课程史研究，这种说法并不夸张，可以说这里就是美国课程史研究的圣地。

颇为偶然地，我看到了伯纳黛特·贝克教授主编的《新课程史》一书。书中的一些内容，让一直想要深化中国课程史研究的刘老师颇感兴趣。后来在贝克教授和国家留学基金委的帮助下，我也来到了麦迪逊，在威大课程与教学系学习了一年。贝克教授每周四讲授的《19 世纪 90 年代至今的美国课程理论》这门课程,是她从课程史研究的泰斗赫伯特·克利巴德那里继承来的经典课程。然而即便在麦迪逊,在美国课程史研究的大本营,对此感兴趣的研究生也并不多。我修读这门课的那个学期,选课也只有五个学生,甚至一度还面临着因人数不足而被取消的危险。当时贝克教授讲了一段让我很感动的话,"文智,你是奔着课程史来的,也许在学校那里,你作为访问生不能算作正式选课的学生,但对我来说,哪怕只有你一个人选了这门课,我也会想办法继续上下去"。现在回头想来,麦迪逊那一年的学习,贝克教授、波普科维茨教授和阿普尔教授等人的课程,对我的研究的影响是方方面面的,而不仅仅是帮我对美国课程史学有了整体上的了解。甚至可以说,这本书就是关于这段求学经历的一种"记忆"。

我原本希望把自己在美国一年收集的课程史文献,分门别类、条分缕析,全都塞进我设计的框框里。而研究进展到现在,或许最大的收获,就是我放弃了这种想法。将纷杂的旁支汇入干流的努力,也便是抹杀和掩盖多样性的努力。研究本有不同的取向,有人追求精致与完满,相信能穷尽方方面面;也有人追求批判与超越,相信一次突破胜过千万次修补。所有的文本都会试着在你想象不到的地方彰显自己的特别之处。我的一位老师曾问我,论文是不是太偏重展现差别了,文中介绍的这些研究者和作品,总有很多相同之处吧。现在想来,这些研究者的共同点,或许就是对课程事业的那份热情,以及缪斯女神赠予的那份天赋,每一位作者都兼具"学人之谨"与"诗人之慧"。

何其有幸,我在酝酿和写作本书的过程中遇到了很多这样的学者,不论是在文字世界里,还是在个人生活中。我的博士论文是眼前这本著作的基础,论文从选题立意到文字表达无不凝结着导师的智慧,而没有刘老师的鼓励、督促和支持,也不会有这本书的出版。拟定书稿的工作则是我在华东师范大学教育高等研究院从事博士后研究期间完成的,合作导师丁钢教授为我提供了非常宽松的学习和工作环境,鼓励我放手去做出属于自己的、有特色的研究。丁老师总能在看似无主题的轻松谈话中帮我找到新的角度、形成新的想法。盛群力教授是我本科和硕士阶段的导师,是我学术上的启蒙者和引路人,他对待学术事业的那份勤勉与执着,一直激励着我。

当这本书即将付梓的时候,我要感谢田正平教授、刘力教授、肖朗教授

333

和托马斯·波普科维茨教授在这项研究刚刚开启时给予我的启发，感谢徐小洲教授、张斌贤教授、周勇教授，还有张文军、刘徽和屠莉娅等诸位老师在各种不同场合给出的有益建议。还要感谢山东教育出版社的刘世贵和周红心两位老师为本书付出的辛劳。

最后要感谢我的父母和女友，没有你们的支持甚至是纵容，我不可能这样从容地完成本书。谨以此书献给你们。

王文智
2015 年岁末于上海